Cette publication réalisée par la Ville et la Communauté urbaine de Strasbourg vise à conforter et actualiser la connaissance de la Grande-Île inscrite depuis 1988 sur la Liste du patrimoine mondial de l'Unesco. Elle vise également à étayer les différents projets engagés, en particulier la candidature à l'extension de ce bien à la *Neustadt*, appelée aussi couramment « quartier allemand » de Strasbourg.

Cette restitution est conçue comme une étape, dans le cadre de sa politique patrimoniale dont l'objectif est de développer la connaissance, de protéger et valoriser ses patrimoines et favoriser leur appropriation par ses habitants et leur découverte par un plus large public.

Organisation des Nations Unies pour l'éducation, la science et la culture

Strasbourg – Grande île
inscrit sur la Liste du patrimoine mondial en 1988

Auteurs
Sabine Bengel, Franck Burckel, Anne-Marie Châtelet, Jean-Louis Cohen, Michaël Darin, Hervé Doucet, Sophie Eberhardt, Hartmut Frank, Emmanuel Fritsch, Bernard Gauthiez, Philippe Grandvoinnet, Andreea Grigorovschi, Olivier Haegel, Thierry Hatt, François Igersheim, Delphine Issenmann, Benoît Jordan, Katia Karli, Alexandre Kostka, Raphaël Labrunye, Elisabeth Loeb-Darcagne, François Loyer, Yves Luginbühl, Cristiana Mazzoni, Jean-Philippe Meyer, Klaus Nohlen, Elisabeth Paillard, Marie Pottecher, Maurice Seiller, Sébastien Soubiran, René Tabouret, Wolfgang Voigt, Maxime Werlé et Niels Wilcken.

Comité scientifique
Jean-Louis Cohen (Université de New York), Bernard Gauthiez (Université Jean Moulin Lyon 3), Alexandre Kostka (Université de Strasbourg), Daniel Payot (adjoint au Maire à la Culture à la Ville et Communauté urbaine de Strasbourg) et Minja Yang (Centre international Raymond Lemaire pour la conservation).

Direction éditoriale, coordination et relectures
Dominique Cassaz, responsable de la mission patrimoine et Sophie Eberhardt, chargée d'étude, mission patrimoine (Direction de la Culture, Ville et Communauté urbaine de Strasbourg).

Traduction
Anette Post et Nathalie Roussel.

Nous souhaitons adresser nos plus vifs remerciements aux institutions et personnes suivantes :
L'agence photographique de la réunion des musées nationaux et du Grand Palais des Champs-Élysées, l'Architekturmuseum der Technischen Universität de Berlin, les archives de Strasbourg, les éditions Sutton, la bibliothèque du tourisme et des voyages de Paris, la bibliothèque nationale de Paris, la bibliothèque nationale et universitaire de Strasbourg, le cabinet des estampes et des dessins de Strasbourg, le Centre du patrimoine mondial de l'Unesco, la commission nationale française pour l'Unesco, les Dernières Nouvelles d'Alsace, la direction régionale des affaires culturelles d'Alsace, English Heritage, les éditions Ernst & Sohn, la fondation de l'Œuvre Notre-Dame, Simon Inglis, Dieter Leistner, la médiathèque de la Ville de Strasbourg, le musée des plans-reliefs de Paris, les musées de Strasbourg, le pôle d'archéologie interdépartemental rhénan, la Région Alsace, et en particulier le service de l'inventaire du patrimoine, les éditions Rosenheimer, le service SIG de la Ville et Communauté urbaine de Strasbourg et l'Université de Strasbourg, notamment le jardin des sciences.

Strasbourg
Un patrimoine urbain exceptionnel
De la Grande-Île à la Neustadt

Lieux Dits Éditions

6 – Édito *Roland Ries*
7 – Préface *François Loyer*

15 – REGARDS SUR LA VILLE

16 – Strasbourg, école de plein air *Jean-Louis Cohen*
21 – Regards sur l'architecture et l'urbanisme à Strasbourg au temps du *Reichsland* *Klaus Nohlen*
26 – Le paysage strasbourgeois, les paysages strasbourgeois *Yves Luginbühl*

35 – LA « GRANDE VILLE »

36 – Strasbourg : la formation d'une ville et ses représentations
    René Tabouret, Thierry Hatt et Andreea Grigorovschi
52 – La *Neustadt* de Strasbourg, un ouvrage militaire ? *Franck Burckel*
59 – Le chantier de la *Neustadt* *Marie Pottecher*
65 – La *Kaiser-Wilhelms-Universität* et la *Neustadt* :
    une université modèle au cœur de l'extension urbaine *Delphine Issenmann et Sébastien Soubiran*
72 – L'évolution de l'architecture scolaire à Strasbourg (1871-1918) *Niels Wilcken*
78 – Du paysage urbain au foyer confortable, un essai de synthèse de l'immeuble strasbourgeois
    Hervé Doucet et Olivier Haegel
86 – Une ville plurifonctionnelle : le cas des immeubles du tertiaire, *Altstadt-Neustadt* de Strasbourg
    Élisabeth Paillard
95 – *Altstadt* et *Neustadt*, le dialogue urbain *Marie Pottecher*

103 – LA MODERNITÉ

104 – La Grande Percée de Strasbourg *Michaël Darin*
113 – La genèse transnationale des bains municipaux de Strasbourg *Alexandre Kostka*
121 – Strasbourg et Pasteur, paradigmes de la santé et de la ville modernes *François Igersheim*
133 – Strasbourg à l'ère de la « grande vitesse ». La construction d'une métropole
    transfrontalière entre pensée technique et regard humaniste *Cristiana Mazzoni*
141 – L'hôpital de Strasbourg *Olivier Haegel*

149 – **LE LANGAGE ARCHITECTURAL**

150 – Le néogothique comme pittoresque urbain *Anne-Marie Châtelet, Élisabeth Paillard et Jean-Philippe Meyer*
158 – Régionalisme et *Heimatschutz* dans l'architecture à Strasbourg 1900-1918 *Wolfgang Voigt*
166 – *Fiat justitia*. Le palais de justice de Strasbourg (1892-1898) *Philippe Grandvoinnet et Raphaël Labrunye*
174 – Le style néomédiéval dans l'architecture privée *Emmanuel Fritsch*
182 – L'architecture du XVIIIe siècle à Strasbourg : palais Rohan, hôtels particuliers
        et demeures bourgeoises *Élisabeth Loeb-Darcagne*
188 – Le patrimoine des religions à Strasbourg : de la cathédrale à la grande mosquée *Benoît Jordan*

195 – **LES FRONTIÈRES DÉPASSÉES : LES ÉCHANGES D'INFLUENCES**

196 – La cathédrale de Strasbourg — monument phare à la croisée des cultures germanique
        et française *Sabine Bengel*
204 – L'architecture civile à Strasbourg du XIIe au milieu du XVIe siècle : un retour
        aux sources rhénanes *Maxime Werlé et Maurice Seiller †*
211 – Évolution du tissu urbain strasbourgeois : de la cité médiévale à la *Neustadt* *Katia Karli*
219 – La naissance d'une nouvelle discipline : le plan d'extension strasbourgeois de 1880
        et l'urbanisme en Allemagne *Hartmut Frank*
229 – L'extension de Strasbourg dans la perspective des extensions urbaines en Europe après 1850
        Bernard Gauthiez
239 – La construction des valeurs d'héritage de la *Neustadt* de Strasbourg *Sophie Eberhardt*

248 – Bibliographie indicative
253 – Biographies des membres du comité scientifique et des auteurs
256 – Crédits photographiques et cartographiques

ÉDITO

Roland Ries
Maire de Strasbourg

Longtemps frappée du sceau des conflits entre la France et l'Allemagne, la *Neustadt* fait aujourd'hui l'objet d'un regain d'attention et d'un intérêt qui dépassent les frontières nationales. Héritier de la période allemande de la ville (de 1871-1918, jusqu'à la seconde moitié du XXe siècle), ce quartier se déploie dans la continuité de la ville ancienne, la Grande-Île, inscrite sur la Liste du patrimoine mondial de l'Unesco depuis 1988.

Symbole d'un projet politique de planification et de construction d'une capitale, alors qu'émergeait la discipline de l'urbanisme, la *Neustadt* est également représentative de l'extension des villes européennes de la fin du XIXe et du début du XXe siècles. Ce prolongement de la ville ancienne au nord-est de la Grande-Île témoigne de la capacité de la ville à intégrer et valoriser ses legs antérieurs tout en se structurant autour de nouvelles formes de vie sociale et de production technique et artistique. C'est cette continuité architecturale et urbaine qui fonde la « valeur universelle exceptionnelle » du site.

Alors que se cicatrisent les plaies de l'histoire, notamment à la faveur de la réconciliation franco-allemande incarnée par Strasbourg, la population s'est progressivement appropriée son « quartier allemand », comme en témoigne par exemple la forte affluence lors des visites du quartier organisées à l'occasion des Journées européennes du patrimoine. Cette fréquentation ne constitue bien sûr que l'un des nombreux signes attestant du rôle majeur de la *Neustadt* dans la structure de la ville, mais surtout de son attractivité. Elle est en effet plébiscitée pour la qualité de vie de ses habitats, mais aussi comme site privilégié d'accueil d'institutions culturelles ou de sièges administratifs.

Assumant désormais son partage entre influences françaises et germaniques, Strasbourg, capitale régionale « et » européenne, est aujourd'hui pleinement consciente du caractère exceptionnel de son histoire biculturelle ainsi que de la cohérence qui a présidé à son édification, en particulier au tournant des XIXe et XXe siècles lorsque Strasbourg se hisse au rang de « grande ville » (*Großstadt*). Pour autant, l'appréciation de ses habitants ne peut emporter à elle seule l'adhésion et la reconnaissance de la communauté internationale. C'est pourquoi, les études réalisées dans le cadre de la candidature à l'extension de la Grande-Île à la *Neustadt* à l'inscription sur la Liste du patrimoine mondial de l'Unesco, et présentées ci-après, ont été menées par des experts strasbourgeois, mais aussi étrangers. Ces derniers apportent un éclairage scientifique qui atteste de l'apport du quartier de la *Neustadt* à la dimension européenne de notre ville.

Le projet de révision-extension du plan de sauvegarde et de mise en valeur conduit par l'État, la Ville et la Communauté urbaine de Strasbourg ainsi que l'inventaire du patrimoine de la *Neustadt* mené grâce à un partenariat avec la Région Alsace, témoignent donc de cette volonté partagée de valoriser nos spécificités. Ainsi, aux côtés du chef-d'œuvre unique de l'art gothique que constitue notre majestueuse cathédrale ou de l'ensemble exceptionnel que représente la Grande-Île, devrait figurer en bonne place dans notre bibliothèque patrimoniale — et partant, dans celui de la communauté internationale — un quartier pleinement intégré à notre espace urbain et paysager et qui contribue à la dimension fondamentalement européenne de notre ville.

PRÉFACE

François Loyer

Impressionnante silhouette dans la plaine d'Alsace, la cathédrale Notre-Dame de Strasbourg a depuis longtemps attiré des voyageurs venus de l'Europe entière pour admirer le tour de force que constitue sa flèche, conçue de manière si audacieuse que la hauteur en resta inégalée durant quatre siècles. Ce prodige d'architecture, d'une incroyable légèreté, est l'un des plus beaux exercices de géométrie de toute l'histoire du gothique. Il ne pouvait que fasciner l'imagination romantique, qui en fit l'expression même de l'art rhénan. Sa situation n'est pas moins attachante, au cœur d'une cité médiévale qui a survécu aux bouleversements du monde contemporain — une chance que n'ont pas eu Amiens ou Rouen. Très vite, et avant même que les voyages pittoresques n'en célèbrent la beauté, l'ambiance urbaine avait rejoint le monument, dans une admiration commune pour l'édifice et pour son site allant jusqu'à englober le paysage dans lequel il s'inscrit. La touchante pancarte qui signale encore de nos jours la rue des Orfèvres comme une « rue pittoresque », conduisant de la cathédrale à la place Kléber, est là pour en témoigner. Les vieilles maisons à pans de bois, les monuments de grès rose finement sculpté et les hautes toitures de tuile ont imprégné notre imaginaire en se confondant avec le paysage ouvert de l'Ill et de ses canaux, qui donnèrent à la Petite France une réputation mondiale. Il n'est jusqu'aux belles maisons du XVIIIe siècle, avec leurs façades de pierre de taille sobrement ornées et leurs grandes baies vitrées, qui ne se soient agrégées à cet héritage où se retrouvent avec tant d'aisance mondes médiéval et moderne, dans la continuité d'une tradition urbaine à laquelle l'Alsace était restée fidèle.

Le destin aurait pu en être tout autre, si l'on en juge par les attaques que subit la ville à deux reprises, en 1870 puis en 1944. Le siège de Strasbourg par les Prussiens ne fut pas seulement celui de la guerre à distance — triomphe du canon rayé, dont les tirs ravagèrent l'enceinte avec une précision redoutable. Il fut aussi celui d'une des premières grandes catastrophes patrimoniales de notre temps : l'incendie des parties hautes de la cathédrale, la destruction du temple-neuf d'illustre mémoire, ainsi que la perte de la bibliothèque et du musée ont laissé une trace indélébile dans l'histoire de la ville — dont les quartiers ravagés n'étaient plus que ruines, au terme d'un pilonnage intensif qui avait duré plus d'un mois. Trois quarts de siècle plus tard, les bombardements alliés d'août et septembre 1944 visaient à nouveau les abords immédiats de la cathédrale, dont la tour de croisée fut atteinte : le palais Rohan et l'Œuvre Notre-Dame furent gravement touchés, la place Gutenberg, le débouché de la rue des Serruriers et de la rue des Hallebardes ne présentaient plus que des murs noircis. Le cœur même de la cité médiévale avait été une seconde fois ravagé — provoquant au passage l'anéantissement du magnifique édifice de l'ancienne douane, célébrée par Viollet-le-Duc. Il fallut bien du courage pour relever à nouveau la ville de ses ruines, restaurer ce qui pouvait l'être, reconstruire les immeubles détruits sans atteindre à la qualité du site dans lequel ils devaient s'inscrire. Suivant une ligne définie dès avant la guerre par Gustavo Giovannoni, la prise de conscience du caractère essentiel de la continuité dans les formes urbaines en fut l'immédiate conséquence. Elle inspira le beau livre de Karl Gruber, *Die Gestalt der deutschen Stadt: Ihr Wandel aus der geistigen Ordnung der Zeiten*, paru en 1952[1]. Prenant Strasbourg pour exemple, il retraçait l'histoire depuis l'Antiquité pour en dégager les caractères spécifiques. La création d'un secteur sauvegardé, en 1974, fut l'ultime étape de cette prise de conscience : concentré sur le flanc sud de la Grande-Île qui descend en pente douce jusqu'au bord de l'Ill, ce dernier relie le quartier Saint-Thomas à celui de la cathédrale, de part et d'autre de la rue des Grandes-Arcades, tout en s'attachant à préserver l'intégrité des quais.

PRÉFACE

L'époque n'était pas encore à célébrer la dignité des ordonnances classiques. Si le palais Rohan avait cessé d'être jugé comme une œuvre étrangère, ni la longue façade de l'Aubette, ni l'étendue de la place Kléber n'entrainaient véritablement l'adhésion — pas plus que les constructions de la fin du XIXe siècle, pourtant nombreuses au cœur de la ville. Art français et art allemand continuaient de s'opposer en se nuisant réciproquement, dans une région trop longtemps disputée. Oubliant les hôtels du XVIIIe siècle et le théâtre néoclassique de la place Broglie, le secteur sauvegardé s'était enfermé dans les limites du vieux Strasbourg. Trois siècles d'histoire lui échappaient. Rapidement, cette insuffisance fut constatée : dès 1973, avant même l'approbation du plan de sauvegarde, le débat autour de la démolition de la « Maison rouge » place Kléber en apporte la preuve. Ce n'était pas un bâtiment très ancien qui était concerné, mais un immeuble d'allure monumentale construit à l'époque allemande : une nouvelle fois s'imposait l'unité de l'histoire urbaine, nonobstant la diversité des périodes qui la constituent. Quand un édifice de valeur disparait, l'opinion s'indigne du caractère irréversible d'une perte qui ne peut conduire qu'à l'appauvrissement du capital artistique de la collectivité. Au terme d'un difficile parcours, l'urbanisme planifié de la ville contemporaine construit au lendemain de l'annexion finira lui aussi par être reconnu. Son importance historique et artistique n'est plus aujourd'hui contestée. Sans doute, la disparition de nombreux exemples du même type dans les bombardements de la Seconde Guerre mondiale, n'est-elle pas étrangère à une telle réévaluation.

Mais surtout le caractère exemplaire d'un projet urbain prestigieux, qui visait à faire de Strasbourg la capitale du *Reichsland* d'Alsace-Lorraine, a-t-il enfin été pris en compte. La transformation fut radicale : sauf au travers des photographies prises par Auguste Baudelaire au lendemain du siège[2], il est difficile d'imaginer l'aspect que présentait la ville avant son annexion. Place forte majeure, tenant les contours d'un « pré carré » destiné à préserver l'intégrité territoriale de la France en cas de conflit, elle était entourée d'un système de fortifications coupant toute communication avec le dehors : entre la ville et la campagne s'étendaient de gigantesques terrassements et des fossés inondés, dont le barrage Vauban conserve le souvenir. Dans ce territoire inhabité dont la fonction était purement militaire, la ville ne pouvait s'agrandir qu'en procédant à un accroissement planifié en rapport avec la reconstruction partielle ou totale de l'enceinte. L'opération effectuée deux siècles plus tôt par les ingénieurs militaires français fut donc reconduite après l'annexion. Au territoire de la ville et de ses faubourgs, enfermé par le rempart en 1681, cet agrandissement attendu de longue date permit d'ajouter une surface près de deux fois supérieure. L'extension occupait du côté du Rhin l'emplacement de zones inondables, dont le remblaiement fut rendu possible par la destruction de l'ancienne enceinte. La *Neustadt* prit ainsi le relais de l'ancienne, sans en changer les données. Si la trame urbaine était plus large, les lots plus importants pour faciliter la construction d'immeubles, l'ambiance urbaine tirait admirablement parti du site en ménageant des espaces verts et en appuyant l'essentiel de sa composition sur le paysage aquatique. Cette ville de parcs et de bords de rivière fut le résultat d'un long et passionnant débat qui l'inscrit dans l'urbanisme à une place majeure, juste après l'extension de Lille et avant l'aménagement du Ring de Vienne. Elle intègre les savoir-faire des ingénieurs français du Second Empire, capables de concevoir les réseaux (eau, gaz, égouts, transports) à une échelle véritablement métropolitaine, comme elle intègre la capacité des grands urbanistes allemands — au premier rang desquels, Reinhard Baumeister — à concevoir l'imbrication de la ville et de la nature. Le croisement de cultures, en pleine période de conflit politique, n'en est que plus saisissant — il rappelle, par bien des points, la perméabilité qui fut depuis toujours celle des villes frontalières. Derrière l'apparence réglée de la ville

PRÉFACE

neuve, la monumentalité de ses édifices publics, l'esprit de la ville ancienne a été préservé dans une relation intime avec le paysage. Deux décennies plus tard, une autre génération de bâtisseurs devait inscrire dans l'histoire des pays rhénans un nouveau et prestigieux chapitre — qu'il s'agisse des partisans d'une culture rhénane réinventée à partir des modèles du gothique tardif et de la Renaissance, ou des tenants d'un art international brillamment exprimé, de part et d'autre de la frontière, par le mouvement de l'Art nouveau et les premiers pas du modernisme. Si dramatique qu'ait pu être l'histoire de l'Alsace durant trois quarts de siècle, le tournant du siècle aura laissé à Strasbourg le témoignage d'une vitalité intellectuelle et artistique digne de cet âge d'or qu'avait été la fin du Moyen Âge. C'est cette continuité qu'il s'agit maintenant de prendre en compte, sans exclusive.

1 Traduit en français sous le titre *Forme et caractère de la ville allemande*, Bruxelles, Archives d'architecture moderne, 1985.
2 Auguste Colas dit Baudelaire, *Strasbourg, 1870. Siège et bombardement*, album de 35 planches photographiées, Strasbourg, impr. de Fischbach, 1874.

Place Kébler.

Plan Conrad Morant, 1548.
Orig nal au Germanisches Nationalmuseum de Nuremberg. Copie A. Camissar, 1900. AVCUS.

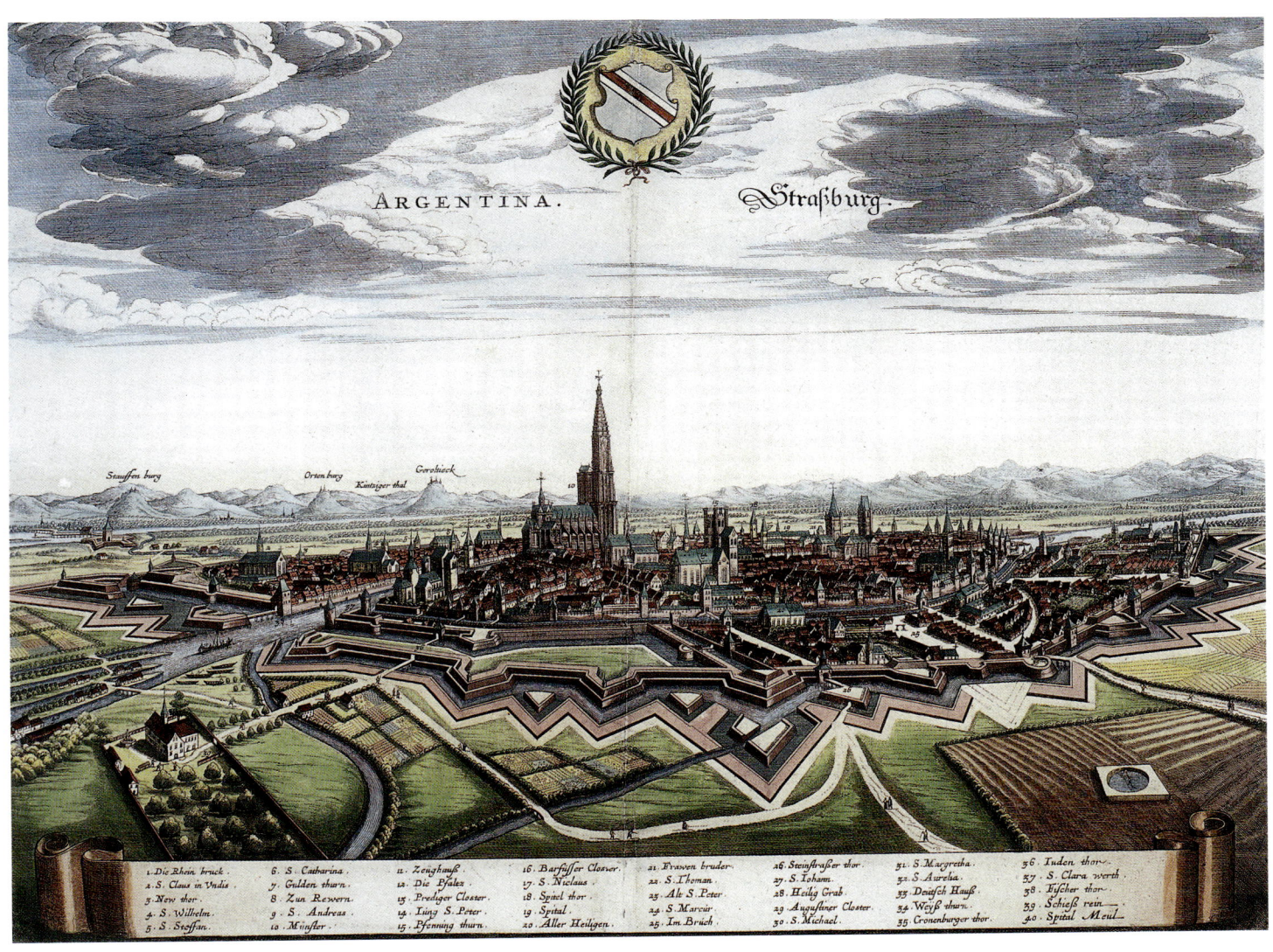

Plan Mérian, 1644.
Coll. et photo. BNUS.

Plan de la ville et citadelle, avec leurs environs, ca. 1750. Coll. et photo. BNUS.

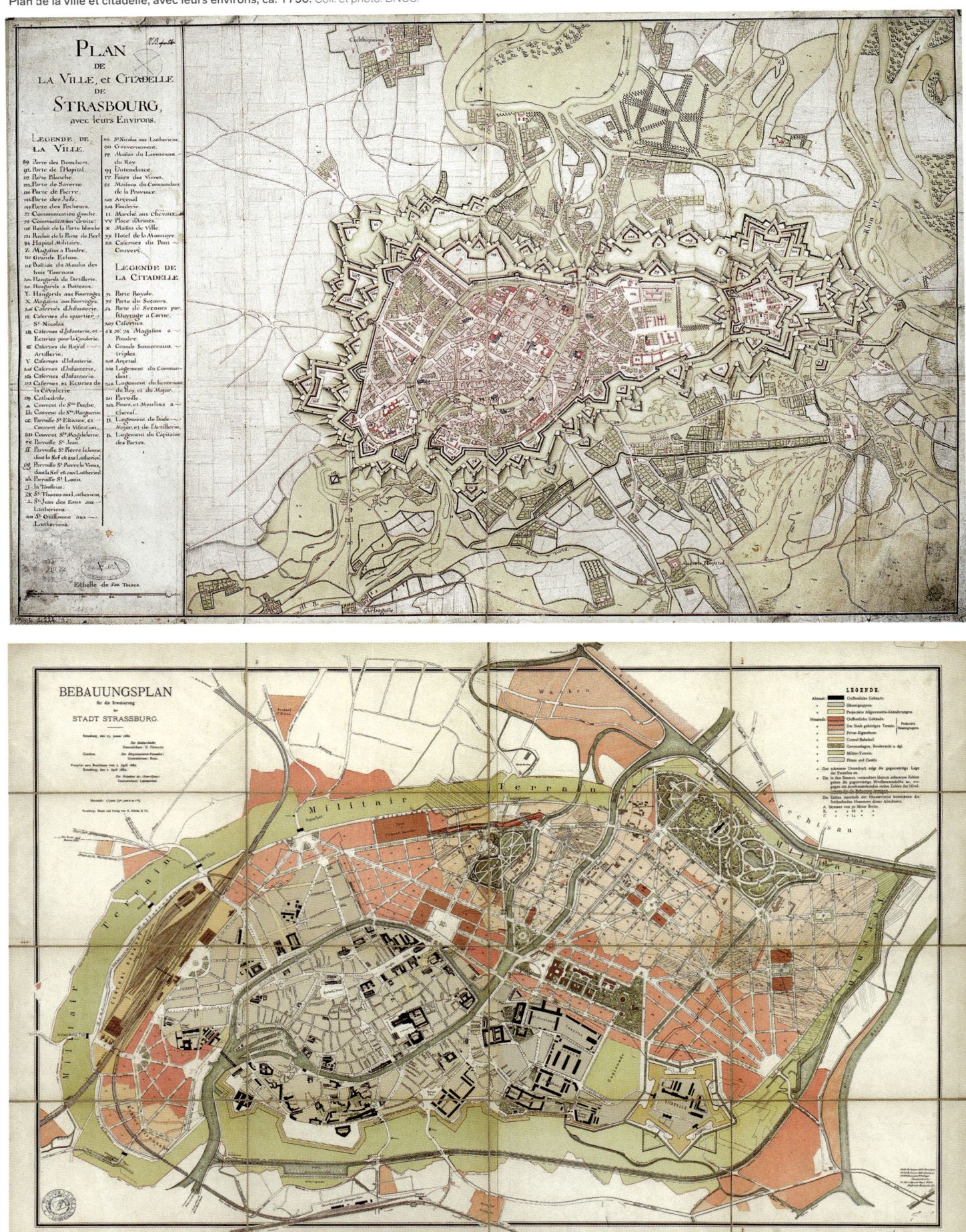

Plan d'extension urbaine (*Bebauungsplan*), J.-G. Conrath, 1880. AVCUS.

Strasbourg, la ville, le port, les environs, Société française de cartographie, 1932. AVCUS.

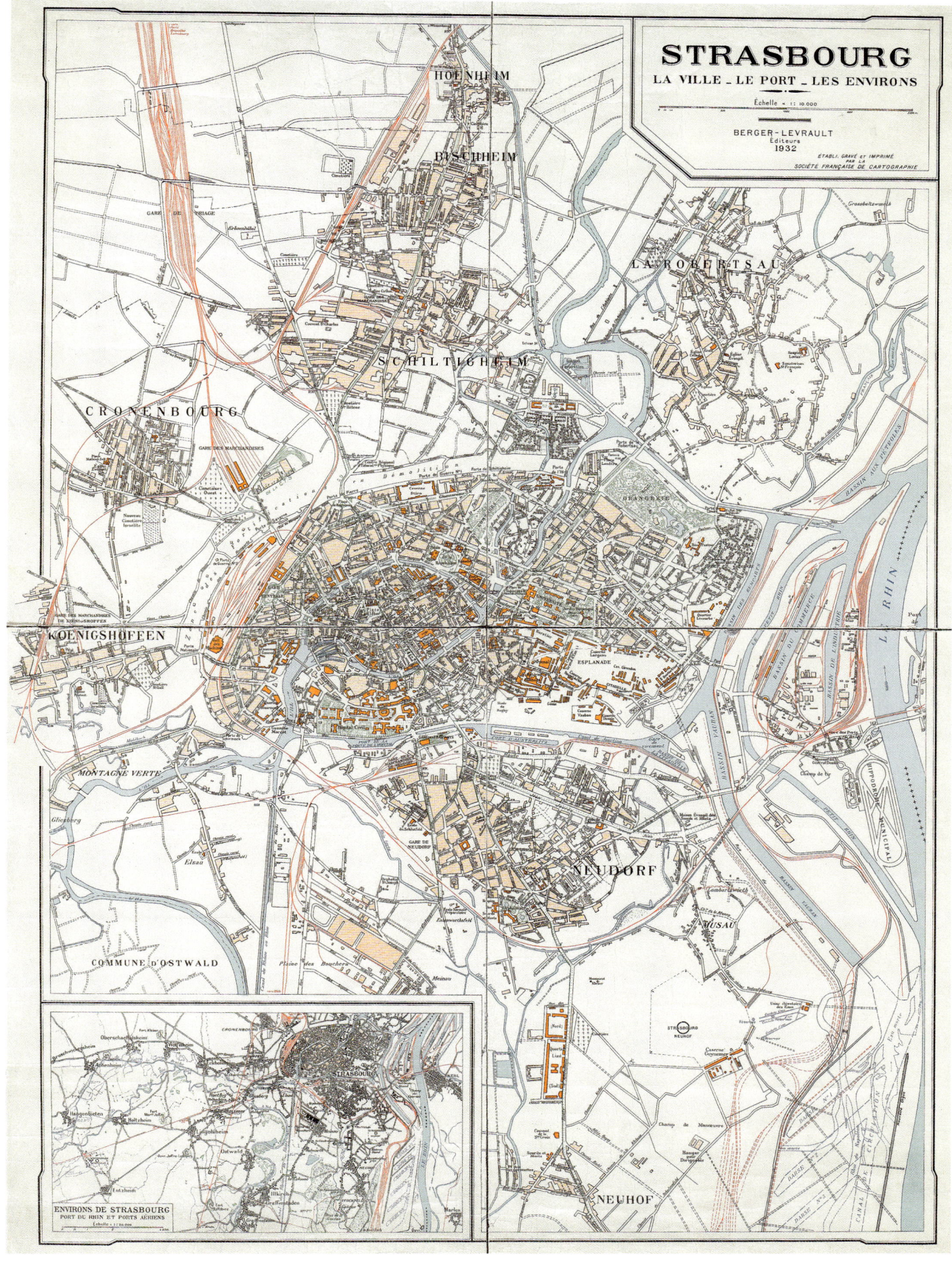

REGARDS SUR LA VILLE

STRASBOURG, ÉCOLE DE PLEIN AIR

Jean-Louis Cohen

Bien que je n'aie guère de goût pour la complaisance autobiographique, l'occasion qui m'est donnée ici de contribuer à une réflexion collective sur l'urbanisme me conduit à procéder à une sorte d'introspection, en essayant de mesurer la place occupée par cette ville dans ma formation d'architecte et d'historien, mais aussi dans mon expérience de la culture urbaine au sens le plus large. Mon enfance fut parisienne, et c'est à Paris que je dois mes premières impressions de la grande ville, dans laquelle j'habitais un ensemble d'habitations à bon marché dites « améliorées », en marge du village de la Butte-aux-Cailles. Pourtant, parmi les villes que je découvris voyage après voyage à partir de mon adolescence, en compagnie de mes parents tout d'abord, puis par mes propres moyens, Strasbourg occupe une place particulière, car chaque séjour, fût-il des plus brefs, y coïncida avec la découverte d'un lieu ou d'un quartier, dont je finis bien plus tard par faire l'assemblage mental.

C'est avec Paris en mémoire que j'ai tout d'abord exploré la ville, en commençant par la *Neustadt*, où je passai quelques jours au milieu des années 1960. Accueilli par Andrée et René Tabouret, amis de mes parents, dans un immeuble moderne dont les grandes baies ouvraient sur les arbres du parc de Contades (fig. 1), j'y reconnus, en dépit de sa taille plus modeste, les échos du bois de Boulogne et le plaisir des jeux au grand air à proximité du centre. Je fus saisi par la cathédrale, que je visitai ayant en mémoire une de mes lectures préférées du lycée — les *Bâtisseurs de cathédrales* de Jean Gimpel, publié dans la jolie série « Microcosmes » des Éditions du Seuil, et trouvai un grand charme aux rues médiévales, fort exotiques pour un Parisien.

Fig. 1 : Parc de Contades.

Page précédente : Place de la République.

J'avais considéré un temps d'étudier l'architecture à l'école nationale supérieure des arts et industries de Strasbourg, attiré par un cursus plus rationnel que celui de l'école des Beaux-Arts, mais en avais raté le concours organisé à l'issue de la classe de mathématiques supérieures. C'est donc en tant qu'étudiant de l'unité pédagogique d'architecture nº 6 que je revins à Strasbourg sur le chemin ou au retour de mes premiers voyages d'exploration de l'architecture moderne allemande qui commençait à me passionner. Les expositions organisées à l'ancienne douane sous l'égide du Conseil de l'Europe, telles que *L'Art en Europe autour de 1918* et *L'Art en Europe autour de 1925*, respectivement visitées pendant l'été 1968 et l'été 1970, me paraissent aujourd'hui comme des étapes marquantes dans la découverte d'un type de production culturelle, celui de l'exposition associant art, architecture et autres disciplines, saisies dans une conjoncture historique précise, genre auquel je me suis voué par exemple avec *Les Années 30*, exposition présentée au Palais de Chaillot en 1997. J'ai en tout cas longtemps et pieusement conservé les catalogues de ces manifestations mémorables.

Devenu chercheur en histoire, explorateur de l'avant-garde architecturale russe sur les traces d'Anatole Kopp, dont j'avais dévoré le livre de 1967 *Ville et révolution*, j'avais effectué plusieurs voyages à Moscou sur les traces des survivants et de leurs édifices, et ce fut pour rendre compte de cette saga que je revins au milieu des années 1970 à Strasbourg pour donner quelques conférences dans les combles du palais du Rhin, où l'école d'architecture campait alors (fig. 2). J'avais aussi commencé à enseigner l'histoire de l'urbanisme et me mis à regarder de plus près la forme de l'île et l'histoire de la grande forme urbaine tracée par Jacques-François Blondel et dont demeurait pour l'essentiel la seule place Kléber. J'avais découvert dans le *Städtebau* de Josef Stübben, que j'avais lu par un étrange détour à l'instigation de mes collègues vénitiens, le plan de la *Neustadt*, et entrepris de l'explorer

Fig. 2 : Palais du Rhin.

en détail afin d'en rendre compte par l'image dans mes cours nantais puis parisiens. Dans cette enquête, le travail précoce de Claude Denu et Éric Ollivier, qui avaient soutenu en 1978 à l'école d'architecture de Strasbourg un diplôme intitulé *Le plan d'extension de la Ville de Strasbourg 1871-1880*, fut un jalon important. Au-delà de cette étude, la réflexion que conduisaient alors René Tabouret, Charles Bachofen et quelques autres collègues sur la notion encore inédite de « maîtrise d'œuvre urbaine » me frappa, notamment lorsque, devenu responsable du secrétariat de la recherche architecture au ministère de l'Équipement, j'eus l'occasion de financer des travaux sur ce thème.

De jurys de diplômes en conférences, les voyages que je fis à Strasbourg au fil des années 1980 me permirent de compléter, touche après touche, ma connaissance des lieux les plus divers de la ville. L'exploration plus systématique des ensembles urbains de la *Neustadt* ou de la Grande Percée se prolongeait par celle de la cité-jardin du Stockfeld, dont Stéphane Jonas avait

Fig. 3 : Bains municipaux.

méticuleusement reconstitué la genèse et la signification historique. Mais je n'ignorais pas certains lieux plus hédonistes, qu'ils soient diurnes, comme les extraordinaires bains municipaux de Fritz Beblo, œuvre d'art totale par la continuité de son dessin — de la forme d'ensemble aux poignées de portes, ou nocturnes, comme les *winstubs*, dont le réseau était encore des plus denses (fig. 3).

Sans négliger l'histoire plus ancienne — je me souviens avec émotion de l'exposition que Roland Recht réalisa à l'ancienne douane en 1989 sur « Les bâtisseurs des cathédrales gothiques » — et dans l'incapacité de trouver les traces de ce lieu légendaire et mystérieux qu'était alors le dancing de l'Aubette, de Theo van Doesburg et Sophie Taeuber-Arp, dont j'avais vu une reconstitution en 1970, ma lecture de Strasbourg devint plus directement liée aux thématiques de mes recherches. La ville fut un des terrains du programme que je dirigeai entre 1986 et 1989 avec Hartmut Frank sur les relations entre la France et l'Allemagne pendant les années 1940, projet subversif car il ne considérait pas l'année zéro — 1945 — comme une rupture totale, mais plutôt comme un basculement qui n'interrompait pas complètement la continuité des politiques architecturales, pas plus qu'il ne dissolvait les réseaux interpersonnels des professionnels.

Au sein de notre équipe franco-allemande, Wolfgang Voigt avait engagé l'étude des projets nazis pour un « nouveau » Strasbourg, retrouvant les traces de certains des participants du concours organisé en

Fig. 4 : Cité Rotterdam.

1941-1942 pour le plan de la ville, et notamment celles de l'ex *Stadtbaurat* Richard Beblo, à qui il arracha un entretien à Munich. Grâce aux contacts amicaux établis avec l'école d'architecture et son directeur d'alors Yves Ayrault, nous pûmes partager la surprise de la découverte de la maquette du projet de Paul Schmitthenner dans les combles du palais du Rhin. Pour ce qui est du cycle historique suivant, celui des entreprises françaises d'après 1945, mes pas me conduisirent alors vers la cité Rotterdam (fig. 4), d'Eugène Beaudouin, jalon important dans le passage de la reconstruction à la politique des grands ensembles, et que j'analysai en confrontant son plan d'ensemble et sa tectonique à ceux de la cité de la Muette, que Beaudouin avait construite avec Marcel Lods en 1934 à Drancy, et de la résidence universitaire d'Antony (son grand projet suivant) que j'avais maintes fois parcourue.

Pour la recherche qui aboutira en 1991 à l'ouvrage *Des Fortifs au Périf : Paris, les seuils de la ville*, que j'avais engagée avec André Lortie, c'est une autre figure de l'urbanisme strasbourgeois qui me captiva au cours de la même période — celle de l'enceinte fortifiée et de sa transformation en ceinture verte, opération parallèle à celle, beaucoup plus étirée dans le temps, qui se déroula sur l'emprise du mur d'enceinte de Thiers à Paris, et dont notre travail visait à comprendre les logiques et les étapes. Dans cette perspective, je regardais Strasbourg à partir de Paris, comme je l'avais fait de façon intuitive, et à vrai dire naïve, lors de mes tous premiers voyages. Symétriquement, c'est à partir de ma connaissance de l'Allemagne que j'avais commencé à m'intéresser à la *Neustadt*, au Stockfeld (fig. 5), ou au concours des années 1940.

Dans un troisième cycle de découvertes, ou plutôt de réflexions, ce n'est plus par rapport à un horizon de réception parisien, ou à un horizon allemand que je me mis à réfléchir sur l'extraordinaire collection de formes urbaines et d'édifices que constitue Strasbourg. J'ai engagé en 2005 avec Hartmut Frank le travail sur ce qui deviendra huit ans plus tard l'exposition *Interférences / Interferenzen ; architecture, Allemagne, France 1800-2000*, que nous avions initialement imaginée dans les murs de l'ancienne douane — en écho, en ce qui me concernait, avec mes réminiscences des

Fig. 5 : Cité-jardin du Stockfeld. AVCUS.

Fig. 6 : Ancienne douane.

grandes heures de ce lieu (fig. 6). Le nouvel horizon de réception, le cadre d'interprétation est alors devenu celui de l'intertexte franco-allemand, celui du dispositif complexe d'échanges idéaux et matériels constitués depuis deux siècles.

Strasbourg n'était donc plus ce terrain en quelque sorte passif sur lequel se projetaient des entreprises françaises — comme celles de Blondel et de Beaudouin — ou des entreprises allemandes — comme la *Neustadt* et le plan de 1941-1942, mais bien une matrice partagée dans sa texture urbaine, dans laquelle une conversation associant des voix multiples s'était figée en tracés, dessins et édifices. Ainsi la collection des lieux visités au fil des années et dans lesquels je pouvais me remémorer des moments précis de mon itinéraire personnel, comme si Strasbourg avait été une vaste école de plein air, dont je pouvais retrouver les classes et les préaux, a-t-elle pris un sens différent. Comme notre exposition de 2013 s'efforce d'en donner l'idée, la ville est devenue une manifestation unique par son ampleur et sa complexité de ce que je proposerais de dénommer *interurbanité*, ou plutôt en l'espèce *transurbanité*, par analogie avec les concepts d'intertextualité et de transtextualité explorés par Gérard Genette. Une ville faite moins de la juxtaposition de formes urbaines produite par l'une ou l'autre des cultures s'y rencontrant que par leur dépassement au contact d'une de l'autre. C'est désormais dans ce tableau que les touches ponctuelles évoquées plus haut trouvent leur place et leur sens.

REGARDS SUR L'ARCHITECTURE ET L'URBANISME À STRASBOURG AU TEMPS DU REICHSLAND[3]

Klaus Nohlen

La séduction exercée par Strasbourg tient en grande partie à la diversité des visages qu'elle offre : la ville médiévale et ses rues étroites autour de la cathédrale, la ville de la Réforme avec son *Neubau* et ses nombreuses maisons des XVIe et XVIIe siècles, la ville royale avec ses hôtels et ses riches demeures bourgeoises.

Pourtant mon premier contact approfondi avec la ville, à la fin des années 1960, fut tout autre. Pour les étudiants en architecture de l'université de Karlsruhe en voyage d'étude, l'architecture véritablement intéressante était celle de leur époque, et nous avons examiné les bâtiments de Hautepierre et participé à des discussions avec le maire Pierre Pflimlin et les habitants du quartier avec le plus grand intérêt.

Aussi lors de mon arrivée à Strasbourg en 1972, pour y réaliser ma thèse sur l'architecture de la période impériale allemande en Alsace, j'avais le sentiment de découvrir une terre inconnue. Il n'y avait à l'époque aucune publication sur le sujet. Seul Louis Grodecki s'était intéressé au décor *Jugendstil* des habitations privées[4], il n'y avait encore ni études, ni inventaire, il s'agissait d'un travail de pionnier.

Un bref survol me fit abandonner rapidement l'idée d'étudier l'Alsace en général mais, même en me concentrant sur Strasbourg et ses bâtiments publics, l'ampleur du sujet était telle qu'il me parut plus intéressant de concentrer mon étude sur deux aspects particulièrement significatifs de la politique urbaine et architecturale telle qu'elle se traduisait à travers le plan d'extension de la ville et à travers la place représentative officielle, image du pouvoir.

L'architecture de la fin du XIXe siècle n'avait pas eu bonne presse jusque-là. Contrairement à la musique et à la peinture de la même époque, l'architecture historicisante suscitait au mieux l'indifférence et, au pire, une critique sévère. Qualifiée de mauvaise copie, on lui reprochait lourdeur et mauvais goût. À cela s'ajoutait en Alsace le poids de l'Histoire, en particulier de la Seconde Guerre mondiale qui y jetait rétrospectivement ses ombres[5].

C'est à partir du début des années 1970 qu'un nouveau regard fut porté sur l'architecture de la fin du XIXe siècle et que débutèrent les travaux de recherche. Au premier rang de ceux-ci, la série de publication de la fondation

Fig. 1 : Immeuble 18, rue Sleidan.

Fig. 2 : Aula du palais universitaire.

Thyssen[6], qui étudiait également certains monuments français[7]. Elle avait été précédée en Autriche par la série consacrée à la *Wiener Ringstrasse*[8], commencée dans les années 1960.

En ce qui concerne Strasbourg, il faut mettre au rang des premières publications de la même époque, l'étude de H. Hammer-Schenk consacrée à l'extension de la ville[9]. Les maisons privées et leur décor *Jugendstil* suscitèrent la thèse de S. Hornstein-Rabinovitch[10] (fig. 1). L'école nationale supérieure d'architecture de Strasbourg commença aussi à s'intéresser au sujet, comme en témoigne le travail de Claude Denu et Éric Ollivier[11], contemporain de ma propre soutenance de thèse[12]. Enfin le signe le plus net du changement de regard sur cette période se trouve dans la place qui lui est désormais accordée, tant dans les ouvrages historiques sur Strasbourg comme celui paru sous la direction de Georges Livet et Francis Rapp[13], que dans ceux consacrés plus spécialement à l'architecture[14].

Les études consacrées à des aspects particuliers se multiplient. En premier lieu celles de Denis Durand de Bousingen consacrées à l'hôpital et à l'architecture du début du XXe siècle[15]. Théodore Rieger puisa dans son vaste fond consacré au XIXe siècle non seulement la matière de divers articles, mais aussi un survol (en collaboration avec D. Durand de Bousingen et K. Nohlen) sur l'architecture de l'époque du *Reichsland*[16]. L'université fit l'objet d'articles de François Loyer[17] ainsi que d'une équipe de chercheurs autour de Stéphane Jonas[18]. Enfin l'urbanisme a été étudié par l'université de Sarrebruck avec les travaux de Rainer Hudeman, de Rolf Wittenbrock et de Stefan Fisch[19] et par l'agence de développement et d'urbanisme de l'agglomération strasbourgeoise[20]. Le colloque « Strasbourg 1900, naissance d'une capitale », organisé en 1999 par les musées de Strasbourg (sous la direction de Rodolphe Rapetti), et la publication de ses conclusions en un volume représentatif[21], peut-être considéré comme une des dernières étapes de cette évolution, conjointement avec l'ouvrage de Niels Wilcken qui ouvre une perspective plus générale[22].

Au cours de ces quarante dernières années, on aura assisté non seulement à l'essor des études consacrées à l'architecture XIXe siècle, mais aussi à un changement de mentalité vis-à-vis de son objet. La distance apportée par le temps, une prise de conscience historique et l'évolution du goût ont conduit à une acceptation et à une valorisation d'une architecture considérée aujourd'hui par les Strasbourgeois comme une partie de leur patrimoine.

De nombreuses mesures vont dans ce sens. Non seulement les bâtiments de la place de la République et de l'université ont droit à une illumination qui les met en valeur, mais on a procédé à des travaux de restauration comme la restitution de la polychromie de l'aula du palais universitaire (fig. 2), ou celle des appartements impériaux du palais du Rhin. La Ville et l'office du tourisme élaborent brochures et dépliants sur les bâtiments impériaux officiels et la ville nouvelle, des circuits de visite sont en place, des visites guidées et des conférences ont lieu avec un succès certain. L'association Archi-Strasbourg propose des renseignements sur Internet[23], de même qu'une association consacrée au *Jugendstil*[24].

La plus grande vigilance s'impose cependant. S'il n'est plus question de vouloir démolir le palais du Rhin (comme en 1953), l'avenir des bâtiments publics n'est pas assuré pour autant. Les interventions liées aux — nécessaires — travaux de modernisation et d'agrandissement ne vont pas sans poser de problèmes : il n'est que de songer aux bâtiments de la gare, de la bibliothèque universitaire et du tribunal, quand il ne s'agit pas de démolition pure et simple comme les pavillons de Paul Bonatz à l'hôpital civil, qui avaient en leur temps écrit une nouvelle page de l'architecture hospitalière[25].

Quant aux bâtiments privés, ils sont encore bien plus vulnérables. Sans remonter à la démolition de la Maison Rouge dans la vieille ville (fig. 3), qui n'aurait peut-être plus lieu aujourd'hui, on peut citer, par exemple, la disparition dans les années 1970 du groupe d'immeubles sis au 7, place Brandt, ou celui du 1, boulevard d'Anvers. Or il suffit d'un immeuble contemporain disproportionné pour rompre l'harmonie d'un ensemble.

Depuis le constat de la Société des Amis du vieux Strasbourg en 2004, « Strasbourg — un ensemble à sauvegarder : la *Neustadt*, 1871-1918 »[26], il y a certes tout un ensemble de mesures qui témoignent d'un souci de préservation accru : travaux de recensement et d'investigation menés par l'inventaire, projets de meilleure protection grâce à l'extension planifiée du secteur sauvegardé et de valorisation avec la demande d'extension du secteur inscrit sur la Liste du patrimoine mondial de l'Unesco.

Strasbourg mérite tous ces efforts. Au-delà du pittoresque et du charme, elle a des caractéristiques particulières qui en font une des plus importantes villes d'architecture du XIXe siècle.

Fig. 3 : Ancien hôtel Maison Rouge, sur la place Kléber, démoli en 1973. AVCUS.

Fig. 4 : *Kleine Metzig* (petites boucheries), 4, rue de la Haute-Montée.

Tout d'abord la ville possède, avec la *Neustadt*, un des plus grands ensembles urbanistiques wilhelminiens d'un seul tenant en Europe. Il ne faut pas oublier que Strasbourg, avec son nouveau plan d'urbanisme, a presque triplé sa surface à cette époque. Metz n'est pas d'une ampleur comparable et la réalisation de son plan d'urbanisme, plus tardif mais tout aussi significatif, ne fut pas terminée. Cologne, Mayence ou Wiesbaden ont été planifiées d'une manière nettement moins dense et surtout ces villes, de même que Berlin, ont vu leurs quartiers du XIXe siècle fortement détruits lors de la Seconde Guerre mondiale.

Il faut remarquer ensuite que cet ensemble se trouve encore dans son état d'origine. Le fait d'avoir installé la ville nouvelle à côté de la ville ancienne, dans un espace non encore urbanisé, a permis une planification à une très large échelle, aux axes largement conçus qui répondent encore aux besoins actuels. Aucune planification plus moderne n'est venue s'y superposer — le fait que ces quartiers n'aient pas subi de dommages de guerre y a aussi contribué — et le tissu urbain n'a pas été modifié. À ceci s'ajoute un ensemble parfaitement achevé de bâtiments publics regroupés autour d'une place d'apparat, la place de la République, comme je n'en connais aucun autre exemple — Wiesbaden, qui a eu une remarquable croissance au XIXe siècle, n'offre rien de comparable.

Le deuxième trait absolument propre à Strasbourg, est le caractère « exemplaire » de cette ville nouvelle qui en fait presque un cas d'école. Il ne s'agit pas d'une croissance organique dans des conditions déjà existantes, mais d'une création *ex nihilo*, d'un seul jet, aux limites topographiques précises, dont les axes de jonction avec la ville ancienne, centrés sur la cathédrale, témoignent d'une réflexion aboutie. Il s'agit d'un projet dû à une volonté politique qui était de faire de Strasbourg la vitrine de l'Empire allemand face à la France.

On peut suivre ce processus de création grâce à une documentation comme il en existe pour peu de villes. Qu'il s'agisse des intentions politiques, des conditions matérielles (ventes et achat de terrains, contraintes militaires, problèmes de budget, etc.), des choix urbanistiques et architecturaux, on peut en retracer les étapes à l'aide d'un remarquable fonds d'archives.

Mais dans l'autre sens également, la ville nouvelle se présente un peu comme l'illustration d'un manuel d'urbanisme et d'architecture. On y retrouve la concrétisation de théories urbanistiques pendant plus d'un demi-siècle depuis celles de l'école des Beaux-Arts, jusqu'à l'urbanisme pittoresque prôné par Camillo Sitte. De même la palette des styles architecturaux y est extrêmement variée : les immeubles y présentent toutes les nuances de l'historicisme, du gothique au XVIIIe siècle, du style « français » à la Renaissance alsacienne (fig. 4), et la lente évolution vers le style moderne, sans oublier le *Jugendstil*.

Tous ces caractères bien particuliers font de la *Neustadt* non seulement un témoin important de l'histoire de Strasbourg, mais aussi — au-delà des frontières — une partie remarquable du patrimoine européen.

---

3 Tous mes remerciements à Marie-José Nohlen pour la traduction de cet article.

4 Louis GRODECKI, « Architecture et décoration à Strasbourg vers 1900 », *Bulletin de la faculté des lettres de Strasbourg*, 1968.

5 Il faut souligner que l'aversion pour les bâtiments ne s'étendait pas aux chercheurs et que je n'ai rencontré partout qu'aide et accueil aimable.

6 Début d'une approche différente chez Hans Gerhard EVERS, « Gedanken zur Neubewertung der Architektur des 19. Jahrhunderts », dans *Bibliographie zur Kunstgeschichte des 19. Jahrhunderts*, sous la direction de Hilda LIETZMANN, München, 1968.

7 Fritz-Thyssen-Stiftung, *Studien zur Kunst des 19. Jahrhunderts*, par exemple : Monika STEINHAUSER, *Die Architektur der Pariser Oper*, München, 1969.

8 Projet de recherche « Wiener Ringstraße », commencé en 1968 par Renate WAGNER-RIEGER.

9 Harold HAMMER-SCHENK, « Die Stadterweiterung Straßburgs nach 1870. Politische Vorgaben historistischer Planung », dans *Geschichte allein ist zeitgemäß*, sous la direction de Michael BRIX et Monika STEINHAUSER, Gießen, Anabas-Verlag, 1978, p. 121-141.

10 Shelley Hornstein-Rabinovitch, *Tendances d'architecture Art Nouveau à Strasbourg*, thèse de 3e cycle, non publiée, Strasbourg, Université Louis Pasteur, 1981.

11 Claude DENU et Eric OLLIVIER, *Le plan d'extension de la ville de Strasbourg, 1871-1880*, dossier de l'école nationale supérieure d'architecture de Strasbourg, non publié, 1978.

12 Thèse soutenue en 1979 à l'université de Karlsruhe ; pour la parution : Klaus NOHLEN, *Baupolitik im Reichsland Elsaß-Lothringen 1871-1918. Die repräsentativen Staatsbauten um den ehemaligen Kaiserplatz in Straßburg*, Berlin, Gebr. Mann, 1982. Traduction française, sans le tableau chronologique ni le répertoire des architectes et des artistes : *Id.*, *Construire une capitale. Strasbourg impérial de 1870 à 1918. Les bâtiments officiels de la Place Impériale*, Strasbourg, Société savante d'Alsace, 1997. La publication avait été précédée par différents articles, notamment : *Id.*, « Die Entwürfe Skjold Neckelmanns für Parlamentsbauten in Strassburg und Bukarest », *Revue d'Alsace*, n° 106, 1980 ; ainsi que *Id.*, « Baupolitik im Reichsland Elsaß-Lothringen 1871-1918. Stadterweiterung und Kaiserpalast in Strassburg », dans *Kunstverwaltung, Bau- und Denkmalpolitik im Kaiserreich*, sous la direction d'Ekkehard MAI et Stephan WAETZOLDT, Berlin, 1981, p. 103-119. Dans le même ouvrage : Harold HAMMER-SCHENK, « Wer die Schule hat, hat das Land! Gründung und Ausbau der Universität Strassburg nach 1870 », p. 121-145.

13 Georges LIVET et Francis RAPP (dir.), *Strasbourg de 1815 à nos jours. XIXe et XXe siècles, Histoire de Strasbourg des origines à nos jours*, t. IV, Strasbourg, Éditions des Dernières Nouvelles d'Alsace, 1982.

14 Daniel LUDMANN et Jean-Louis FAURE, « Les quartiers de l'époque allemande », dans *Strasbourg, panorama architectural des origines à 1914*, sous la direction de Georges FOESSEL, Strasbourg, Le Temps des cités, 1984 ; Théodore RIEGER et Georges FOESSEL, *Strasbourg, deux mille ans d'art et d'histoire*, Strasbourg, La Nuée Bleue, 1987.

15 Denis DURAND DE BOUSINGEN, « L'évolution architecturale des Hospices Civils de Strasbourg de 1872 à 1914 », *Journal de Médecine de Strasbourg*, n° 6 et n° 9, 1981 ; *Id.*, « Die bauliche Entwicklung der Universitätskliniken zu Strassburg im Elsass von 1871 bis 1918 », *Historia Hospitalium*, n° 15, 1983/84 ; *Id.*, « L'architecture strasbourgeoise de 1903 à 1918 », *Annuaire de la Société des Amis du Vieux-Strasbourg*, 1985 ; *Id.*, « Les architectes Paul et Karl Bonatz : une préface alsacienne à une carrière européenne », *Revue d'Alsace*, n° 111, 1985 ; voir aussi : Norbert BONGARTZ, Paul DÜBBERS et Frank WERNER, *Paul Bonatz 1877-1956*, Stuttgart, 1977.

16 Théodore RIEGER, « L'architecture wilhelmienne en Alsace », dans *Encyclopédie d'Alsace*, vol. 12, 1986 ; *Id.*, « L'architecture strasbourgeoise en 1890, premier bilan de l'éclectisme de la fin du XIXe siècle », *Cahiers alsaciens d'archéologie, d'art et d'histoire*, t. XXXIII, 1990 ; Théodore RIEGER, Denis DURAND DE BOUSINGEN et Klaus NOHLEN, *Strasbourg Architecture 1871-1918*, Illkirch, Le Verger, coll. « Art Alsace », 1991.

17 François LOYER, « Le souffle de Raphaël à l'université allemande de Strasbourg », *Monuments Historiques*, n° 168, 1990 ; *Id.*, « Architecture et urbanisme à Strasbourg (1910-1930) », *Monuments Historiques*, n° 171, 1990 ; *Id.*, « Le Palais Universitaire de Strasbourg, Culture et politique au XIXe siècle en Alsace », *Revue de l'Art*, n° 91, 1991.

18 Stéphane JONAS, « La ville de Strasbourg et son université. Strasbourg », dans *Strasbourg, capitale du Reichsland Alsace-Lorraine et sa nouvelle université : 1871-1918*, sous la direction de Marie-Noëlle DENIS et Annelise GERARD, Strasbourg, Oberlin, 1995.

19 Rainer HUDEMANN et Rolf WITTENBROCK (dir.), *Stadtentwicklung im deutsch-französisch-luxemburgischen Grenzraum (19. und 20. Jahrhundert), Développement urbain dans la région frontalière France - Allemagne - Luxembourg (XIXe et XXe siècles)*, Saarbrücken, Kommissionsverlag, SDV Saarbrücker Drükerei und Verlag GmbH, 1991 ; Stefan FISCH, « Der Straßburger Große Durchbruch 1907-1957. Kontinuität und Brüche in Architektur, Städtebau und Verwaltungspraxis zwischen deutscher und französischer Zeit », dans *Grenzstadt Straßburg. Stadtplanung, kommunale Wohnungspolitik und Öffentlichkeit 1870-1940*, sous la direction de Christoph CORNELISSEN, Stefan FISCH et Annette MAAS, St. Ingbert, Röhrig Universitätsverl., 1997.

20 ADEUS, E. OLLIVIER (dir.), *Strasbourg-Kehl 1900-2000*, Paris, Gallimard, 1998.

21 Musées de Strasbourg (éd.), *Strasbourg 1900. Naissance d'une capitale*, actes du colloque décembre 1999, 2000. Pour les différents aspects du sujet on se référera aux contributions et à la bibliographie y afférant.

22 Niels WILCKEN, *Architektur im Grenzraum. Das öffentliche Bauwesen in Elsass-Lothringen 1871-1918*, Saarbrücken, Institut für Landeskunde im Saarland, 2000.

23 Mais sans référence à la littérature scientifique.

24 Association La croisée des Arts nouveaux.

25 Voir note 12 et Fritz BEBLO, « Die Baukunst in Elsass-Lothringen », dans *Wissenschaft, Kunst und Literatur in Elsass-Lothringen 1871-1918*, t. III du *Das Reichsland Elsass-Lothringen 1871-1918* (« Reichslandwerk »), Frankfurt am Main, 1934, p. 241-263.

26 Société des Amis du vieux Strasbourg, Dominique MONTANARI (dir.), *Strasbourg — un Ensemble à sauvegarder : la Neustadt, 1871-1918*, Strasbourg, 2004.

LE PAYSAGE STRASBOURGEOIS, LES PAYSAGES STRASBOURGEOIS

Yves Luginbühl

Existe-t-il un paysage de Strasbourg ? Longtemps s'est posée la question de l'existence d'un paysage urbain, tant ce concept a été attaché à la campagne, à tel point que certains spécialistes estiment que la ville n'est pas paysage et comme eux, les Français, pensent que la ville, anti-nature par essence, ne l'est pas, alors que la campagne offre un tableau plus naturel à leurs yeux. Ils conviennent cependant que les ensembles monumentaux peuvent constituer des paysages.

Pourtant, les artistes n'ont pas manqué, au XIXe siècle, de graver, peindre ou dessiner les paysages de Strasbourg, au premier chef sa cathédrale, les bords de l'Ill, le port, les places et les scènes urbaines. Ils étaient en avance sur la science, la géographie en particulier, qui considéra longtemps que le paysage était essentiellement rural. Quelques débats eurent lieu à la fin du XIXe siècle sur les formes de la ville[27], mais la véritable résurgence de la notion de paysage urbain se fit vers 1970, plus intensément à partir de 1990[28].

Le paysage urbain renaît à un moment où ses habitants manifestent de plus en plus l'exigence d'être associés à son aménagement et où ils deviennent alors davantage des acteurs de la scène urbaine. La Convention européenne du paysage fournit du paysage un sens beaucoup plus proche du paysage quotidien, vécu par les habitants. Celui-ci ne peut être réduit au paysage perçu à travers une sensibilité immédiate et éphémère, mais comme un lieu où surnage la mémoire sociale, où chaque élément est investi de sentiments mêlés et parfois contradictoires. Où le détail renvoie à un événement historique, mais aussi personnel et suggère alors une trajectoire de vie avec ses moments heureux et parfois tragiques.

Dans le paysage quotidien se confrontent aussi des représentations souvent opposées, stéréotypées ou tactiques, résultant d'amalgames et de constructions imaginaires rattachées à la manière dont chaque individu se représente le monde. Ainsi peut être envisagé le paysage de Strasbourg, qui n'est pas seulement un paysage, mais des paysages multiples, associés à ses habitants, à leur histoire et aux nombreux projets dont la ville fut le théâtre.

Le paysage strasbourgeois

« Tout à coup, à un tournant de la route, une brume s'est enlevée, et j'ai aperçu le Munster. Il était 6 heures du matin. L'énorme cathédrale, le sommet le plus haut qu'ait bâti la main de l'homme après la Grande Pyramide, se dessinait nettement sur un fond de montagnes sombres d'une forme magnifique, dans lesquelles le soleil baignait çà et là de larges vallées. L'œuvre de Dieu faite pour les hommes, l'œuvre des hommes faite pour Dieu, la montagne et la cathédrale, luttaient de grandeur. Je n'ai jamais rien vu de plus imposant. »[29] Victor Hugo campe le décor : Strasbourg s'annonce de loin dans son écrin de montagnes sombres, se distingue par la silhouette de la cathédrale. Mais s'il est fréquent que les descriptions d'une ville comme Strasbourg évoquent la ville vue de l'extérieur, il n'en est pas de même des paysages internes à la ville. L'une des caractéristiques de la capitale d'Alsace est son implantation dans un site « répulsif » : « la ville est installée à la frontière de deux unités naturelles : une terrasse de loess à l'ouest, dite terrasse de Schiltigheim, et la plaine alluviale inondable,

Fig. 1 : Bras sud de l'Ill.

où convergent trois cours d'eau, le Rhin, l'Ill et la Bruche. »[30] Cette présence de l'eau est quasi immédiate, car tout trajet dans le tissu urbain débouche sur un pont et de là, sur un paysage marqué par l'un des bras de l'Ill (fig. 1) bordé de façades d'âges divers, hôtels de grès rose, maisons à pans de bois, édifices plus modernes, et planté de saules pleureurs, d'un vert lumineux lorsque les bourgeons émergent.

L'image galvaudée de Strasbourg évoque les maisons à pans de bois et la cathédrale, alors que l'architecture y est beaucoup plus diverse et complexe, traduisant une histoire faite de ruptures et d'accidents qui se lisent dans la morphologie de la ville, changeante à chaque coin de rue, bien qu'il s'en dégage une unité essentielle. Le paysage de Strasbourg entremêle l'antique et le médiéval (fig. 2), la Renaissance et le classique à tous les styles de l'architecture et de l'urbanisme du XVIIIe au XXe siècles, même si les traces de ses différents âges sont parfois ténues, inscrits dans le sol ou dans des détails fugaces des édifices. Le Strasbourg antique se lit ainsi dans le croisement orthogonal des rues des Hallebardes[31] et du Dôme qui rappellent le *decumanus maximus* et le *cardo maximus* du *castrum* romain. Ailleurs, le style gothique flamboie de son grès rose comme dans les sculptures de la cathédrale, repère inévitable du paysage, qui permet à tout passant de se situer dans la ville. Ou dans les façades de nombreux édifices, tel l'Aubette, désormais temple de la technologie virtuelle alors que le palais Rohan fut construit en calcaire sur une base de grès rose[32].

Le grès rose alterne avec les pans de bois si caractéristiques de la Petite France, remis au goût du jour pour authentifier le paysage de Strasbourg, un peu partout dans la Grande-Île. Le passé médiéval est présent dans les vestiges de l'ancienne enceinte de fortifications du Moyen Âge, dans les encorbellements des maisons serrées les unes contre les autres, sur les ponts couverts avec leurs tours carrées et massives ; de là s'observe aussi le pont barrage de Vauban[33], les édifices commerciaux et artisanaux du port du XIXᵉ siècle et les nouvelles façades de verre du musée d'art moderne et contemporain et de l'hôtel du département. La Renaissance alsacienne rivalise avec la Renaissance italienne, comme dans les pignons de l'Œuvre Notre-Dame, l'architecture favorite de Louis II de Bavière s'est invitée dans les tourelles du lycée des Pontonniers et l'Art déco fleurit dans les volutes des maisons bourgeoises.

L'image allemande de la ville conquise par Guillaume II n'est pas réservée à la *Neustadt* : les œuvres architecturales allemandes sont aussi présentes dans la Grande-Île, aux côtés des édifices caractéristiques du XIXᵉ siècle. Mais c'est surtout dans la *Neustadt* que la ville germanique s'affirme, avec ses perspectives majestueuses, comme l'axe impérial reliant le palais de l'Empereur à l'université et ses édifices soigneusement ordonnés. Ce paysage qui signifie le pouvoir politique comme à Versailles, est cependant aéré — tranchant avec celui, dense, de la Grande-Île — et ouvert sur les façades des nombreux édifices bâtis par les architectes allemands. La place de la République et ses ginkgos immenses définissent une autre échelle urbaine, qui annonce la grande ville s'étendant vers le nord, avec des immeubles cossus construits pour les fonctionnaires et militaires allemands et occupés après 1918 par les familles nombreuses juives ou catholiques, ou les villas somptueuses de la *Robertsau*.

Le paysage strasbourgeois est une accumulation de styles d'habitats et de constructions qui allie la ville bourgeoise à la ville populaire, artisanale et commerçante, la capitale d'une région catholique, où ont cohabité protestants et juifs et aujourd'hui musulmans, à une capitale européenne, marquée pourtant par son ancrage régional. Un paysage éclectique, où cependant la diversité aboutit à une indéniable harmonie urbaine.

Les paysages strasbourgeois

À chaque moment de la déambulation dans la ville, resurgissent, plus ou moins cachées, une ou des histoires, individuelles et collectives, qui renvoient à un paysage proche ou lointain. La cathédrale semble éternelle et pourtant elle a vécu des moments tragiques : « […] tout l'édifice était enveloppé de flammes et de fumée ; le feu dévorait la forêt de charpentes qui recouvre la nef ; de temps en temps, on voyait des flammes vertes, provenant du cuivre de la toiture ; le feu léchait, avec furie, la base de la flèche qu'il ne pouvait entamer. En même temps, des incendies éclataient sur d'autres points de la ville. »[34] Mais ce témoin de la guerre de 1870 qui provoqua l'annexion de l'Alsace et de la Lorraine par Empire allemand pouvait aussi replonger dans des souvenirs heureux du paysage de Strasbourg : « Quelquefois, nous montions sur le toit et nous nous mettions à cheval sur le faîte : nous voyons l'océan des grands toits de la vieille ville, la belle façade de la cathédrale toute rose dans la lumière du soleil couchant, avec les oiseaux qui volaient alentour. Le soir, après le souper, je remontais ; la nuit venait, les dernières hirondelles criaient dans le ciel ; une cigogne sur une cheminée voisine, claquait du bec avec un bruit de crécelle. »[35]

Ces moments d'histoire surgissent des silhouettes qui se découpent sur le ciel et ne peuvent être oubliés. Même si on n'en connaît pas tous les détails, ils sont présents en creux, insinués dans la rugosité du paysage de Strasbourg. Ils rappellent un passé encore rural de l'actuelle métropole alsacienne où les Strasbourgeois s'échappaient de la ville pour sentir les parfums de la proche campagne : « […] nous avons suivi la grand-route hors la porte de l'Hôpital. Le suave parfum des tilleuls a rajeuni tout mon être et je conçois maintenant que ma tante avait envie de pleurer lorsque les tilleuls séculaires des remparts sont tombés sous une hache destructive. Nous avons cueilli des bleuets dans les champs ; que j'aimerais à me parer pour un bal d'une douce guirlande de bleuets ! »[36]. Mais ils annonçaient la fin d'une ère qui fit disparaître les citadelles de Vauban et entrer Strasbourg dans le monde industriel. Nostalgie d'un Strasbourg perdu, et naissance d'une ville qui se remodèle, tout en gardant les traces de la période des artisans, tanneurs, pelletiers, menuisiers… qui peuplaient et animaient les rues de la Petite France et ses alentours et dont les ateliers ont marqué le paysage de la ville comme les galeries ouvertes sous les toits où séchaient peaux et tissus.

Passé révolu ? Pas vraiment, tant le paysage porte encore les traces des trajectoires de vie qui ont connu des moments tragiques, comme les juifs installés depuis le XIIe siècle et régulièrement expulsés, perdant leur statut de citoyens strasbourgeois au XIVe siècle, devenus alors paysans, fournissant les chevaux et le foin de la cavalerie militaire de la ville. Leur communauté se réforme avant la Révolution française et ils acquièrent la liberté de culte en 1831. La première synagogue est érigée en 1898, quai Kléber, dans le style néoroman germanique. Elle sera incendiée et rasée en 1940[37] et les Juifs fuient la ville. Installés le plus souvent dans la *Neustadt* après 1918, ils y reviennent après la Seconde Guerre mondiale et y résident désormais, près de la synagogue de la Paix, construite en 1958. Les souvenirs refont surface, comme celui d'un élève de l'école Saint-Thomas : « À la rentrée scolaire de 1945-1946, nous avons été inscrits dans les écoles les plus proches de notre domicile, l'école de filles Saint-Louis, quai Finkwiller, et l'école de garçons Saint-Thomas. Notre admission se fit sans problème. Mais au bout de quelques jours, force fut de constater qu'un fossé était creusé entre les élèves autochtones et nous […] Il leur fallut peu de temps pour qu'ils apprennent que nous étions de confession juive. Leur comportement à notre égard changea et se fit de plus en plus agressif […] »[38].

Ces vies ont marqué les paysages de Strasbourg, leurs témoignages sont parfois rares et ténus. Mais

Fig. 2 : Ancien grenier à grains (6, place du Petit-Broglie).

lorsque ces derniers émergent de l'histoire, ils sont suffisamment porteurs de sens pour illustrer des paysages singuliers que l'histoire aurait tendance à oublier, peut-être parce qu'ils sont trop douloureux ou, à l'inverse, refont vivre des moments heureux des vies quotidiennes ; les faire renaître, c'est aussi faire revivre les paysages de la ville, reconstituer une composition paysagère en mouvement (fig. 3).

Une recomposition paysagère en perpétuel mouvement

Le paysage de Strasbourg est l'aboutissement d'une accumulation de visions d'avenir, de manifestations de volontés plus ou moins bien partagées par la société composite de la ville qui se lit à la fois dans l'organisation des rues, places et édifices et dans les divers plans composés par les silhouettes sur l'horizon. Projets qui ont tenté parfois d'effacer les précédents, sans jamais y parvenir. Sans revenir à l'époque du *castrum* romain, expression d'un projet de colonisation, et

Fig. 3 : **Place du Marché-Gaillot.**

à l'enceinte médiévale, cette succession de volontés s'exprime dans les citadelles de Vauban contraignant la ville dans un carcan défensif et dans le plan de Blondel du XVIIIe siècle qui ne se concrétisa que par l'aubette de la place Kléber.

C'est au XIXe siècle que les plus grands projets voient le jour, avec le plan d'agrandissement de Schützenberger prévoyant une percée de la place Kléber et des promenades ou un nouveau quartier ouvrier, mais dans l'enceinte des fortifications de Vauban[39]. Il ne verra pas le jour. Le plus vaste projet est élaboré après 1870, donnant lieu à d'âpres négociations entre les autorités allemandes et strasbourgeoises, liées à des enjeux politiques, militaires et urbanistiques. Celui qui fut adopté, mélange des deux propositions de deux architectes, l'un berlinois, August Orth et l'autre, Jean-Geoffroy Conrath, architecte de la ville, permit de préserver la Grande-Île et d'étendre les nouveaux quartiers vers le nord, sur ce qui est dénommé la *Neustadt*.

L'amélioration par des percées dans le centre-ville saturé où de nombreuses maisons étaient devenues vétustes et insalubres, déjà envisagée dès le XVIIIe siècle ne vit le jour qu'au XXe siècle. La Grande Percée fait disparaître tout un ensemble d'immeubles dont les descriptions ne justifient pas la permanence : « Les soussignés, habitants de la maison 1, rue de l'Aimant, ont l'honneur de vous informer qu'ils protestent de la façon la plus formelle contre l'installation d'une cage à lapins dans une remise de la petite cour de ladite maison. »[40] La requalification des immeubles, parfois contestée par des habitants inquiets de devoir déménager, dura jusque dans les années 1980, au moment où la municipalité s'engagea dans la piétonisation des voies commerçantes, autre pomme de discorde. Mais Strasbourg innovait : le projet urbain a apporté de toute évidence une amélioration nette de l'habitat et de la circulation, favorisée par l'installation du tramway dont la cloche d'alerte évoque le paysage du centre-ville.

Le mouvement du paysage n'est pas seulement celui qu'ont voulu lui imprimer les élites sociales, politiques et militaires. Il est aussi celui que chaque habitant, dans chacun de ses actes, a cherché à inscrire à la surface du sol strasbourgeois (fig. 4) et dans les façades ou les arrière-cours, comme une marque individuelle ou collective. La Société des Glacières strasbourgeoises en est un exemple, associant en tant qu'actionnaires des brasseurs comme Schützenberger, Charles Freysz, Ernest Fischer et Charles Artzner, des restaurateurs, bouchers ou chocolatiers comme Schaal et ses gérants, Othon Lambs, son fils et Pierre Mengus qui dirigea les Glacières jusqu'à sa mort en 1976. Le paysage de Strasbourg était aussi celui des entrepreneurs, des petits employés, des ouvriers, de tous les habitants qui prirent part à sa construction.

En outre, Strasbourg expose une succession de strates urbaines quasi complète où la période médiévale est très bien représentée (fig. 5). D'autres villes coloniales sont également les témoins de mélanges de styles architecturaux et urbanistiques, telle Alger, qui est restée jusqu'en 1830 une petite ville indigène et pittoresque de 30 000 habitants environ, mais qui, par l'apport de la colonisation française s'est transformée en un peu plus d'un siècle en une grande métropole méditerranéenne et Rabat qui a su allier les quartiers anciens, la Médina, la Qasba, avec les quartiers résidentiels des classes moyennes de la ville moderne et le quartier néotraditionnel des Habous de Diour Jamaâ. Mais si Alger constitue une ville indéniablement élevée au rang de métropole, elle le doit aux urbanistes français et notamment à Henri Prost qui se vit confier un plan d'aménagement régional alors qu'auparavant, son maire à partir de 1929, Charles Brunel, avait imaginé, à travers le plan d'aménagement, d'embellissement et d'extension d'Alger, une destinée méditerranéenne[41]. Rabat, accumulant les vestiges antiques, arabes, hispaniques, dans de multiples monuments et de vastes jardins comme celui des Essais[42] partagés entre les peuples maghrébins, espagnols, juifs, français est dotée d'une riche histoire culturelle et d'une grande variété de styles architecturaux qui lui a valu de figurer sur la liste du patrimoine mondial de l'Unesco. Elle doit également à Henri Prost son urbanisme moderne et à Jean-Claude Nicolas Forestier[43] les premiers aménagements de jardins.

La dynamique du paysage strasbourgeois est sa caractéristique profonde, opposée au protectionnisme qui fige parfois le paysage en patrimoine éteint, alors qu'il peut être considéré comme un organisme engagé

Fig. 4 : Boulangerie Bapst.
Elsa NAGEL, *Petite France et Grand'Rue : mémoire d'un quartier de Strasbourg*, Saint-Cyr-sur-Loire, Éditions Sutton, 2008. p. 85.

Fig. 5 : Platane sur les bords de l'Ill, Ponts couverts.

dans les remous de la vie. C'est le sens que souhaitent lui donner les actions de mobilisation citoyenne, comme les ateliers urbains, les expériences pédagogiques et participatives diverses.

Conclusion

Strasbourg, ville bourgeoise et commerçante du XIXe siècle, ville assiégée et recomposée par l'Allemagne et ses perspectives grandioses, ville meurtrie, reconstruite et étendue du XXe siècle, ouverte vers les horizons de ses banlieues, capitale résolument européenne du XXIe siècle, offre au regard un paysage réputé pour son inscription sur la liste prestigieuse du patrimoine mondial et auquel répond une multitude de paysages vécus quotidiennement par les habitants de la ville, engageant l'avenir de la cité vers des projets urbains ambitieux, orientés vers une nécessaire appropriation sociale, fondement de la citoyenneté et l'exercice de la démocratie locale.

Dans la seconde moitié du XVIIIe siècle, la modernisation de la ville libre royale s'avéra nécessaire. Son urbanisme gothico-Renaissance très germanique était anarchique. L'habitat ancien restait très dense autour de rues étroites, tortueuses et insalubres. Pour les militaires, la circulation était difficile. À Paris, les raisons de moderniser étaient politiques et des places royales étaient créées dans la capitale, mais aussi à Lyon, Reims, Nancy ou Bordeaux, comme autant de moyens de propagande. Les édiles locaux et le préteur royal Gayot pressèrent Paris d'envisager une normalisation du tissu urbain. Avec l'accord du roi, le marquis de Choiseul désigna en 1764 Jacques-François Blondel, remarquable théoricien, auteur d'un « cours d'architecture » en neuf volumes, qui réalisa un plan très ambitieux approuvé par Louis XV le 2 octobre 1768. Il perçait plusieurs axes de circulation dont un axe ouest-est reliant la route de Paris aux routes qui, de la porte des Bouchers, partaient pour l'Allemagne à l'est et pour la Suisse au sud. L'urbaniste effectua un relevé parcellaire minutieux canton par canton du bâti et des jardins. Il prévoyait deux phases de travaux s'achevant en 1800. L'axe central, qui devait réserver « quelques beautés de détail » au voyageur, s'ouvrait sur une vaste place d'Armes en fer à cheval construite sur trois côtés, dont seul le côté

Fig. 6 : Au Herrenwasser en 1955.
Elsa NAGEL, *Petite France et Grand'Rue : mémoire d'un quartier de Strasbourg*, Saint-Cyr-sur-Loire, Éditions Sutton, 2008. p. 149.

nord fut réalisé avec l'Aubette, bâtiment militaire à l'origine. La place du « Marché-aux-Herbes » devenait une place royale, puis suivait un nouvel et monumental hôtel de ville, enfin l'axe se dirigeait par le pont du Corbeau vers la porte des Bouchers qui disparaissait au profit d'un arc de triomphe.

Blondel dans un deuxième temps assainissait la ville et prévoyait « le redressement des rues... les alignements, embellissements de la ville... l'élargissement des rues et des places publiques ». L'aménagement des quais, la reconstruction des ponts en pierre devaient faire de la vieille cité une ville moderne française.

Ces travaux de grande envergure condamnaient nombre de maisons et d'édifices publics. Un esprit conservateur associé à une mauvaise conjoncture économique explique l'hostilité de la population et de Samuel Werner, architecte de la ville, porte-parole du magistrat, qui rejeta un plan jugé trop systématique. Blondel tenta de l'édulcorer, en vain. Le projet échoua, empêchant toute évolution.

Quelques opérations d'urbanisme furent cependant entreprises au cours du siècle. En 1733, la place du Marché-Neuf remplaça les jardins de la Prévôté du Grand Chapitre, cinq rues furent créées, le quai Saint-Thomas aménagé ainsi que la place du Marché-Gayot. Sur la place du Marché-aux-Herbes, l'antique *Pfalz* gothique fut détruite en 1781. On supprima les tours portes médiévales à l'exception de la porte de l'Hôpital, ce qui améliora la circulation ; les parcs de l'Orangerie, des Contades, la promenade du Broglie furent créés. Malgré ces aménagements et l'extraordinaire floraison d'immeubles, le problème crucial du logement pour les plus modestes n'était pas résolu et la ville, contrainte par sa muraille et qui comptait à la veille de la Révolution 50 000 habitants, gardait le visage d'une ville ancienne ; rien n'allait changer avant un siècle... (fig. 6)

27 François PÉTRY, « Invention du paysage et identité aux XIXe et XXe siècles en Alsace », *Revue d'Alsace*, Strasbourg, n° 131, 2005, p. 277-364.
28 Sylvie RIMBERT, *Les paysages urbains*, Paris, Armand Colin, coll. « U prisme », n° 2, 1973 ; Hélène JANNIERE et Frédéric POUSIN, « Paysage urbain : d'une thématique à un objet de recherche », *Strates, Paysage urbain, genèse, représentations, enjeux contemporains*, n° 13, p. 12.
29 Victor HUGO, *Lettre écrite à Strasbourg*, s. n., 1845, p. 1-3. [retranscrit dans *Diligence d'Alsace*, « Quand Victor Hugo voyageait en malle-poste de Paris à Strasbourg, en 1839 », 1887/2, p. 14-20]
30 Jean-Luc PINOL, « Strasbourg, ville frontière et ville pont », dans *Atlas historique des villes de France*, Paris/Barcelone, Hachette, 1996, p. 122.
31 Qui se prolonge par la rue des Juifs.
32 Il fut inscrit par la municipalité sur la liste civile de Napoléon III et sa propriété fut discutée entre le *Reichsland* et la mairie de la ville après la déchéance de l'empereur, mais finalement réattribué à la ville, siège de l'université et devenu ensuite musée (délibération du conseil municipal de Strasbourg, séance du 3 janvier 1872, rapport de M. Destrais, archives de Strasbourg).
33 Construit pour régulariser les flux des deux bras de l'Ill et inonder la partie sud de la ville fortifiée par Vauban en cas d'invasion. Vauban écrit : « [Strasbourg] est la forteresse la plus considérable d'Europe, qu'aucune puissance ne pourrait emporter. L'excellence de ses défenses la rend pratiquement invincible... » (Vauban à Michel le Peletier de Soucy, 1696). « Avec Strasbourg le roi peut se dire Souverain d'Alsace, mais sans Strasbourg il y sera toujours faible et tout au plus considéré comme un grand seigneur. Toutes ces raisons sont que, je ne voie rien qui convienne tant à la France, que cette place... » (Vauban à Jean-Baptiste Colbert, 1696).
34 Paul APPEL, *Souvenirs d'un Alsacien*, Paris, Payot, s. d., p. 91 [récit de l'incendie de la cathédrale, bombardée par l'armée allemande pendant le siège de Strasbourg, dans la nuit du 26 au 27 septembre 1870].
35 *Ibid.*, p. 44.
36 Le mardi 21 septembre 1841. Amélie WEILER, *Journal d'une jeune fille mal dans son siècle, 1840-1859*, Strasbourg, La Nuée Bleue, 1994, p. 56.
37 Une stèle devant le centre-halles en rappelle le souvenir.
38 Elsa NAGEL, *Petite France et Grand'Rue, témoignages et récits*, Saint-Cyr-sur-Loire, Alan Sutton, 2008, p. 112-114.
39 Klaus NOHLEN, *Baupolitik im Reichsland Elsaß-Lothringen 1871-1918. Die repräsentativen Staatsbauten um den ehemaligen Kaiserplatz in Strassburg*, Berlin, Gebr. Mann, 1982. Traduction française, sans le tableau chronologique ni le répertoire des architectes et des artistes : *Id.*, *Construire une capitale. Strasbourg impérial de 1870 à 1918. Les bâtiments officiels de la Place Impériale*, Strasbourg, Société savante d'Alsace, coll. « Recherches et documents », t. 56, 1997.
40 Elsa NAGEL, *op. cit.*, 2008, p. 20.
41 Zohra HAKIMI, « Du plan communal au plan régional de la ville d'Alger (1931-1948) », *Labyrinthe*, n° 13, Actualité de la recherche, 2002, p. 131-136.
42 Gaëlle GILLOT, « La nature urbaine patrimonialisée : perception et usage, les cas de deux jardins marocains », dans *Habiter le patrimoine. Sens, vécu, imaginaire*, sous la direction de Maria GRAVARI-BARBAS, PUR, 2005, p. 105-124.
43 L'urbaniste Henri Prost et le paysagiste Jean-Claude Nicolas Forestier ont tous deux créé en 1911 la Société française des architectes et urbanistes.

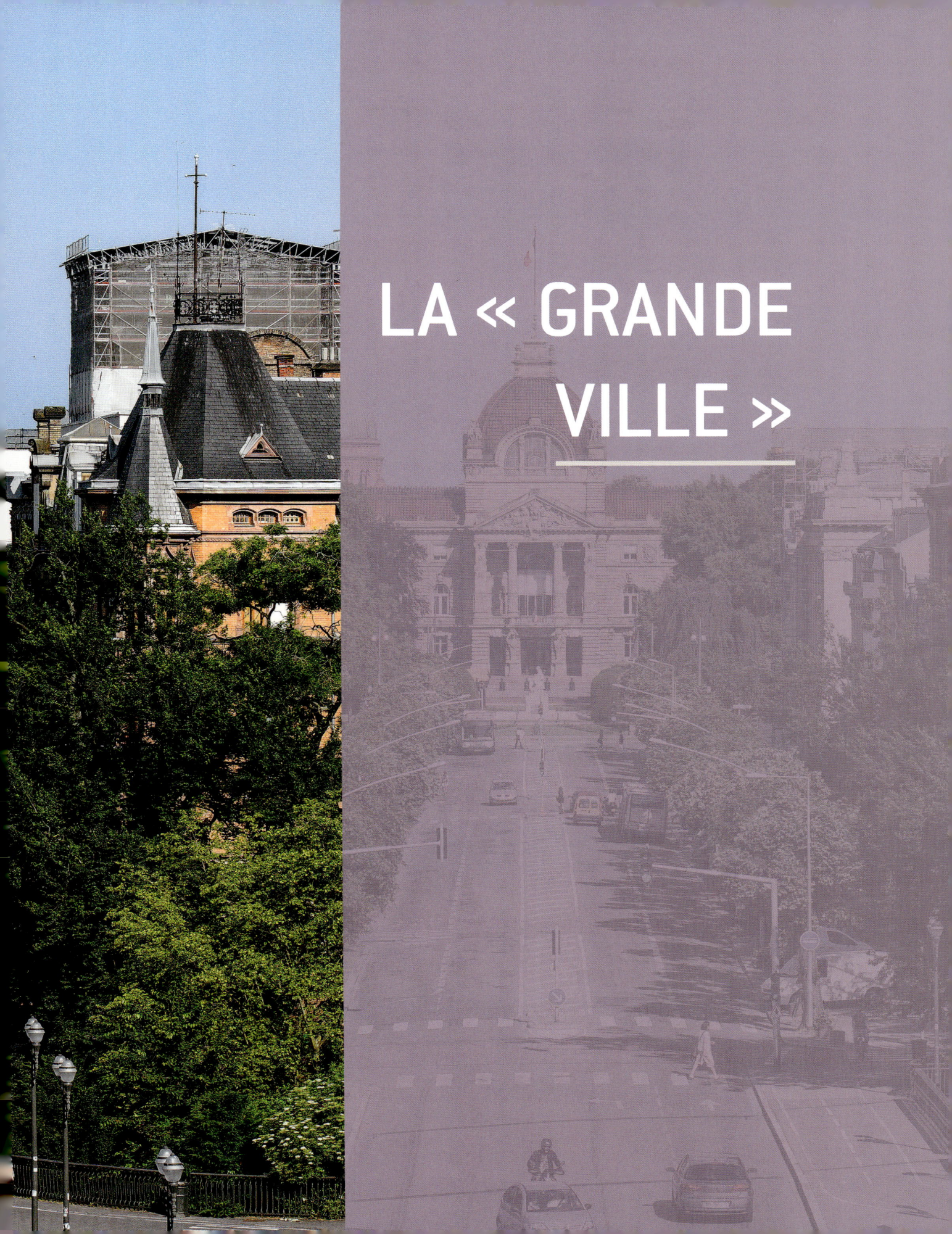

LA « GRANDE VILLE »

STRASBOURG : LA FORMATION D'UNE VILLE ET SES REPRÉSENTATIONS

René Tabouret, Thierry Hatt et Andreea Grigorovschi

Introduction : au commencement, le choix d'un site

Strasbourg se construira au contact d'un plateau de loess fertile et de la plaine alluviale du Rhin, ce dernier y reçoit deux affluents, l'Ill née dans le Jura et la Bruche ; largement anastomosé, il est traversable à gué. L'Ill enserre un terrain d'environ 800x500 m, plateforme qui pour une part échappe probablement aux crues dès l'Antiquité[44]. C'est sur ce site que les Romains établissent un *castrum,* qui entraîne la formation d'une ville *Argentorate*.

Une situation exceptionnelle. À l'est et à l'ouest se trouvent les cols les plus favorables au franchissement de la Forêt-Noire et des Vosges ; le site même offre un point de passage optimal (un unique franchissement de l'Ill) à la voie sud-nord tracée en zone non-inondable entre Ill et Rhin puis sur la terrasse loessique. Le Rhin étant navigable en aval, la ville sera point de rupture de charge, en situation favorable pour s'inscrire dans les grands courants commerciaux mer du Nord/Méditerranée.

Mais aussi situation particulièrement exposée, aux crues, aux troubles militaires et aux invasions. En moins de quatre siècles, la ville et le camp lui-même ont été menacés à plusieurs reprises. La ville renaît avec l'installation d'un évêque au VIe siècle. En 842, c'est devant la ville nommée désormais Strasbourg, que les petits-fils de Charlemagne prononcent les « Serments de Strasbourg », premier document bilingue qui établit le partage pacifique de l'empire carolingien ; Strasbourg est rattachée à la Germanie.

Toute l'histoire de Strasbourg tiendra à sa capacité de rester ouverte aux flux de marchandises, de personnes et d'idées, en perfectionnant son système défensif, ce qui impliquera maîtrise des eaux et art des fortifications, avec une compétence d'ingénierie et une culture de la transaction constamment renouvelées en fonction des enjeux et des risques de chaque époque.

Dans ses extensions successives, création de la *Neustadt* y compris, la fabrique de la ville — réseau viaire, cours d'eau, édifices majeurs — s'appuiera sur les mêmes contraintes de site, le tissu se renouvellera par substitution et réaffectation du bâti sur un parcellaire quasi inchangé. Ainsi la ville actuelle est un « grand livre de formes », palimpseste où l'on peut lire sa formation dans la durée et évoquer la société qui l'a habitée. Nous nous proposons de saisir quatre moments de cette histoire, autour de représentations de la ville interprétées chaque fois comme état des lieux à la fin d'une période et comme matrice de la suivante. En superposant les plans d'époque sur le plan de la ville actuelle, nous ferons apparaître ce qui a structuré de façon durable le développement urbain[45]. Strasbourg se révèle alors comme un exemple particulièrement lisible de la formation d'une ville, et comme l'histoire, porteuse de sens, d'une ville frontière, bâtie sur le fil d'une confrontation territoriale et culturelle constamment réactivée.

Des origines à la *Neustadt*

1548, une première représentation d'ensemble de la ville

Considérant le plan Morant (1548)[46], vue cavalière à 360° qui embrasse la ville jusqu'aux remparts, la cathédrale, 120x80 m, est sous nos pieds. On mesure

Page précédente : Ancien axe impérial, actuelles avenue Victor-Schœlcher et avenue de la Liberté.

LA « GRANDE VILLE »

l'ambition de l'évêque qui avait entamé, peu après l'an mil, la construction d'une cathédrale de cette taille au sein d'une ville d'alors 1/2 km². Achevé en 1439, on peut imaginer ce qu'a été la présence d'un tel chantier [46bis] au cœur de la ville pendant plus de deux siècles, et son impact économique et symbolique contribuant à l'unité et à l'identité de la ville. Parallèlement une société urbaine se constituait et se dotait d'institutions. En 1262, la ville se débarrasse de l'autorité épiscopale et devient ville libre d'Empire (1358). Un statut municipal, créé au XIIe siècle, entérine progressivement l'emprise des « métiers » dans la politique de la Ville. En 1448, à force d'adaptations dominées par le souci d'empêcher tout accaparement du pouvoir par un petit groupe, la constitution politique trouve sa forme définitive : un *ammeister*, chef de la ville, des « conseils » — des XXX, des XV, des XIII — qui règlent les affaires sous le contrôle des corporations. Système de gouvernement formé au fur et à mesure de la croissance de la ville, dans une recherche continue visant à organiser son fonctionnement quotidien, à contrôler strictement les activités marchandes, à faire face aux situations exceptionnelles, les guerres, la peste noire, à décider les investissements d'intérêt commun tels

Fig. 1 : Extensions successives et réseau viaire : stabilité du réseau à travers les évolutions successives des enceintes.
Andreea Grigorovschi, 2013 ; sources : fond de plan SIG-CUS, 2003 ; J.-J. Schwien (1992) ; A. Kerdilès-Weiler (2005), *op. cit.*

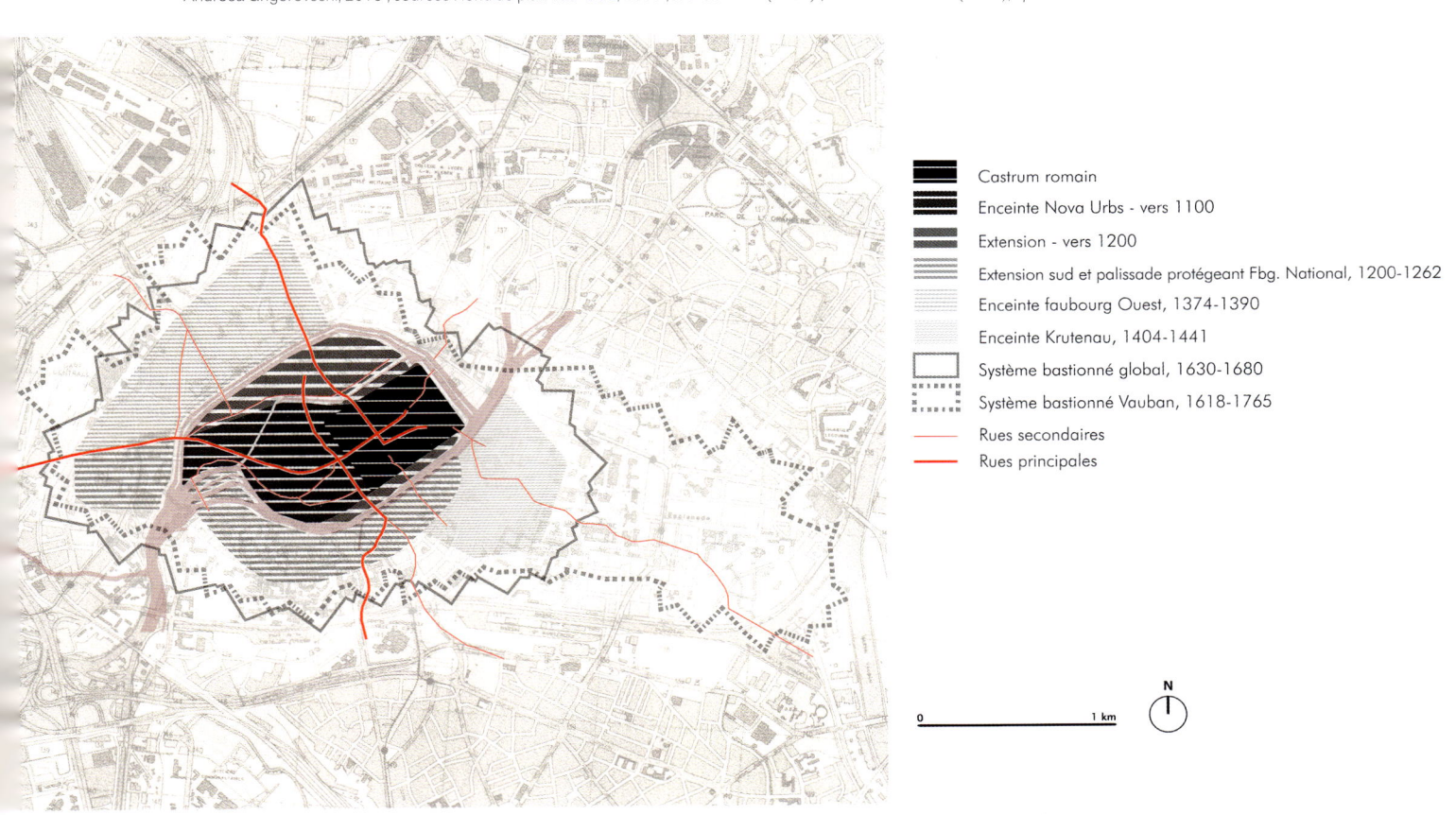

Castrum romain
Enceinte Nova Urbs - vers 1100
Extension - vers 1200
Extension sud et palissade protégeant Fbg. National, 1200-1262
Enceinte faubourg Ouest, 1374-1390
Enceinte Krutenau, 1404-1441
Système bastionné global, 1630-1680
Système bastionné Vauban, 1618-1765
Rues secondaires
Rues principales

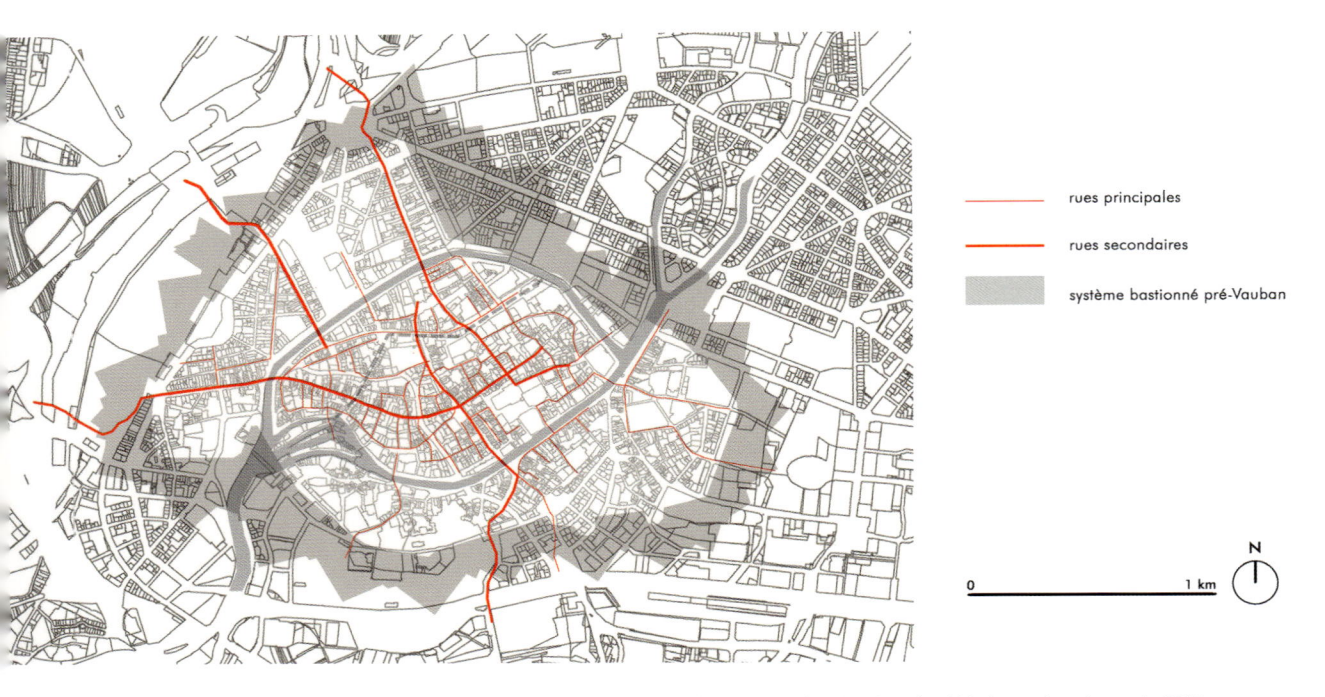

Fig. 2 : Permanences du réseau viaire médiéval : figurées sur le système bastionné pré-Vauban et le cadastre de 2013.
Andreea Grigorovschi, 2013 ; sources : fond cadastral SIG-CUS, 2013 ; L. Laguille, *Strasbourg comme elle a esté en 1680*, collection privée, 1727.

la construction de la douane qui permet le contrôle de la qualité, des prix et le paiement des taxes, l'aménagement de ponts sur le Rhin ou les travaux de fortification qui permettent à Strasbourg de traverser sept guerres entre 1360 et 1480 sans qu'aucun ennemi ne tente d'enlever la place.

Mené en prévision d'une invasion (celle des Compagnies de routiers de la guerre de Cent Ans), le recensement de 1444 dénombre 4 600 personnes inscrites dans les vingt-huit corporations, engagées à en respecter les règles, se réunissant régulièrement dans leur « poêle », participant aux décisions et aux élections de leurs représentants dans le conseil, et tenues de fournir et porter les armes pour défendre la cité. Il en émerge environ 380 « échevins », constituant un vivier d'hommes instruits capables d'assurer des charges administratives ou politiques. La population étant alors de l'ordre de 16 000 habitants, on mesure à quel point la société était structurée par ces institutions. Dans une telle situation le « dérèglement des mœurs » des gens d'Église, moines et nonnes en particulier, est une « offense à Dieu », et une atteinte à l'ordre urbain dans ses fondements. Toute la société demande réforme. Le débat inauguré par les érudits humanistes dans le dernier quart du XVe siècle fait place au mouvement social et idéologique déclenché par les écrits de Luther (affichés en 1517 à Worms et publiés à Strasbourg en 1521). Le magistrat ose imposer la rupture avec l'Église catholique, en interdisant la messe en 1529, mais s'efforce de trouver des accords entre factions (*l'Intérim* de 1548), évite que la guerre des paysans gagne la ville, transfère les cimetières *extra-muros* (1527), crée des écoles et le gymnase (1538).

LA « GRANDE VILLE »

En ce milieu du XVIe siècle, les foires et les circuits commerciaux qui font la richesse de la ville et la puissance de quelques grandes familles[47], l'imprimerie florissante et le rayonnement européen des théologiens, juristes et médecins qui formeront l'Université (1621), sont les atouts de Strasbourg vis-à-vis de l'empereur allemand et du roi de France. La cohésion de la société et l'efficacité des fortifications assurent une capacité de négociation et de résilience vis-à-vis des crises. La ville que le dessin idéalisé de Morant nous donne à voir va traverser les désastres du XVIIe siècle, devenir ville royale en 1681, et préserver son identité durant quatre siècles sans bouleverser une organisation spatiale encore présente dans la ville d'aujourd'hui comme la cartographie permet de le préciser.

Fig. 3 : Plan-relief de 1725 sur le fond topographique 2008 : le fleuve tumultueux à l'est, la ville à l'ouest verrouillée par ses énormes fortifications. Thierry Hatt, 2013 ; sources : fond de plan SIG-CUS 2013, données brutes du MNT 2008 ; lieu de conservation du relief : MH ; réalisation et assemblage de l'image aérienne : Abdessalem Rachedi ; photographies : Cl. Menninger. Inventaire général – Région Alsace.

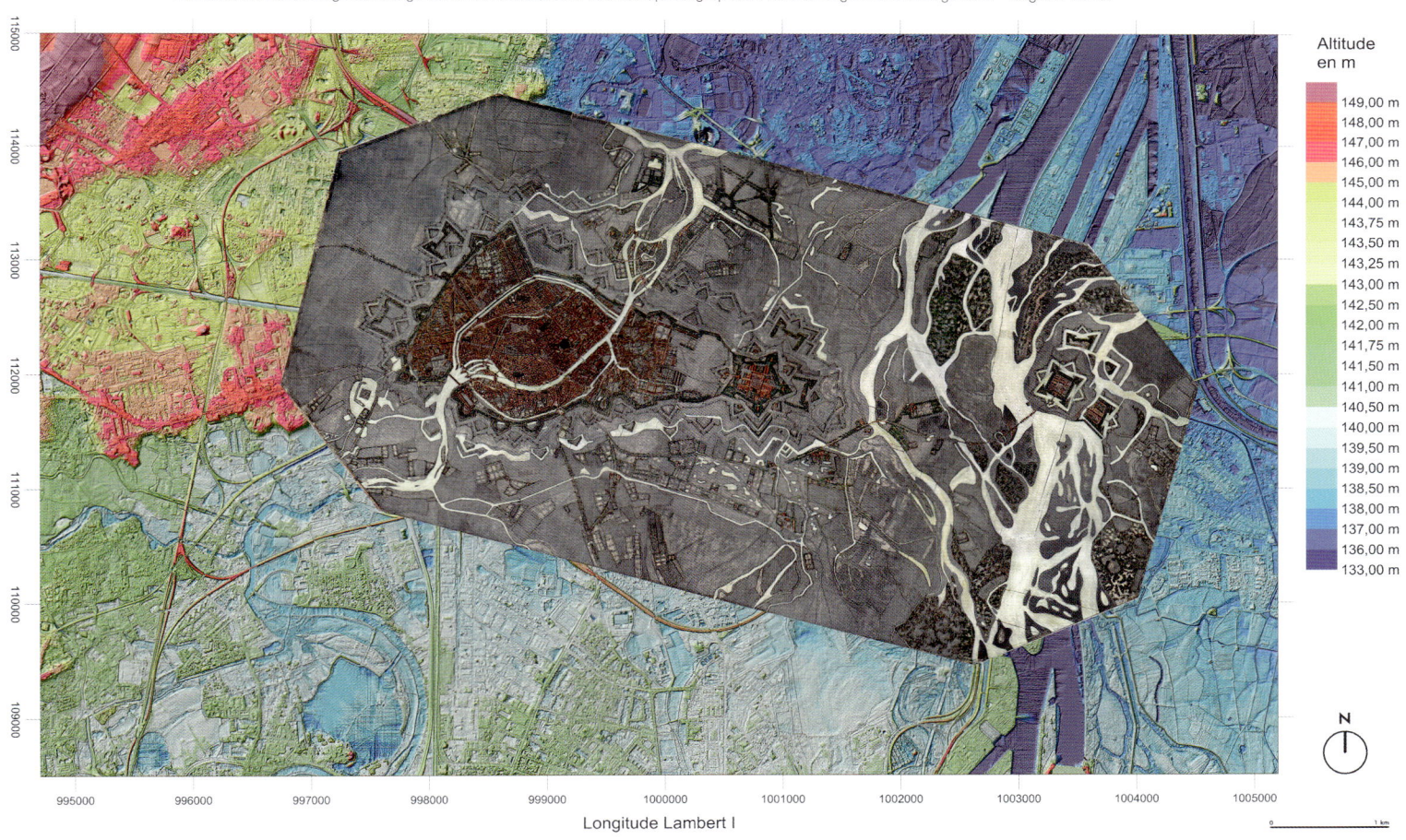

La « GRANDE VILLE »

La formation d'une ville libre, croissance et fortification

À partir du XVIIe siècle, nous disposons des plans dressés par les ingénieurs militaires, tels Enoch Meyer (1617) ou Heer (1672), ou celui de 1680 qui représente les fortifications réalisées selon le projet de Specklin, architecte de la ville cent ans plus tôt. En reportant sur ces plans les informations données par les historiens nous pouvons saisir comment la ville physique s'est développée, chaque extension exigeant la construction d'une nouvelle enceinte ponctuée de tours et un aménagement des fossés, les nouvelles portes se positionnant comme les précédentes sur les tracés romains d'origine (fig. 1). Sur plusieurs siècles, la topographie, les travaux de défense et le rôle des voies (terrestres et fluviales) dans la localisation des activités, se sont ainsi conjugués dans une organisation de l'espace complexe mais clairement structurée, et qui vaudra jusqu'à la fin du XIXe siècle (fig. 2).

Fig. 4 : Interprétation topographique du plan militaire de 1774 sur le MNT 2008 : belle adaptation des travaux de Vauban au relief, ingénierie fine pour l'inondation au sud, verrouillage par la citadelle du côté du Rhin.
Thierry Hatt, 2012-2013 ; sources : fond de plan SIG-CUS 2013, données brutes du MNT 2008 ; plan militaire de 1774 : BNU, cote ms-1.794.18.

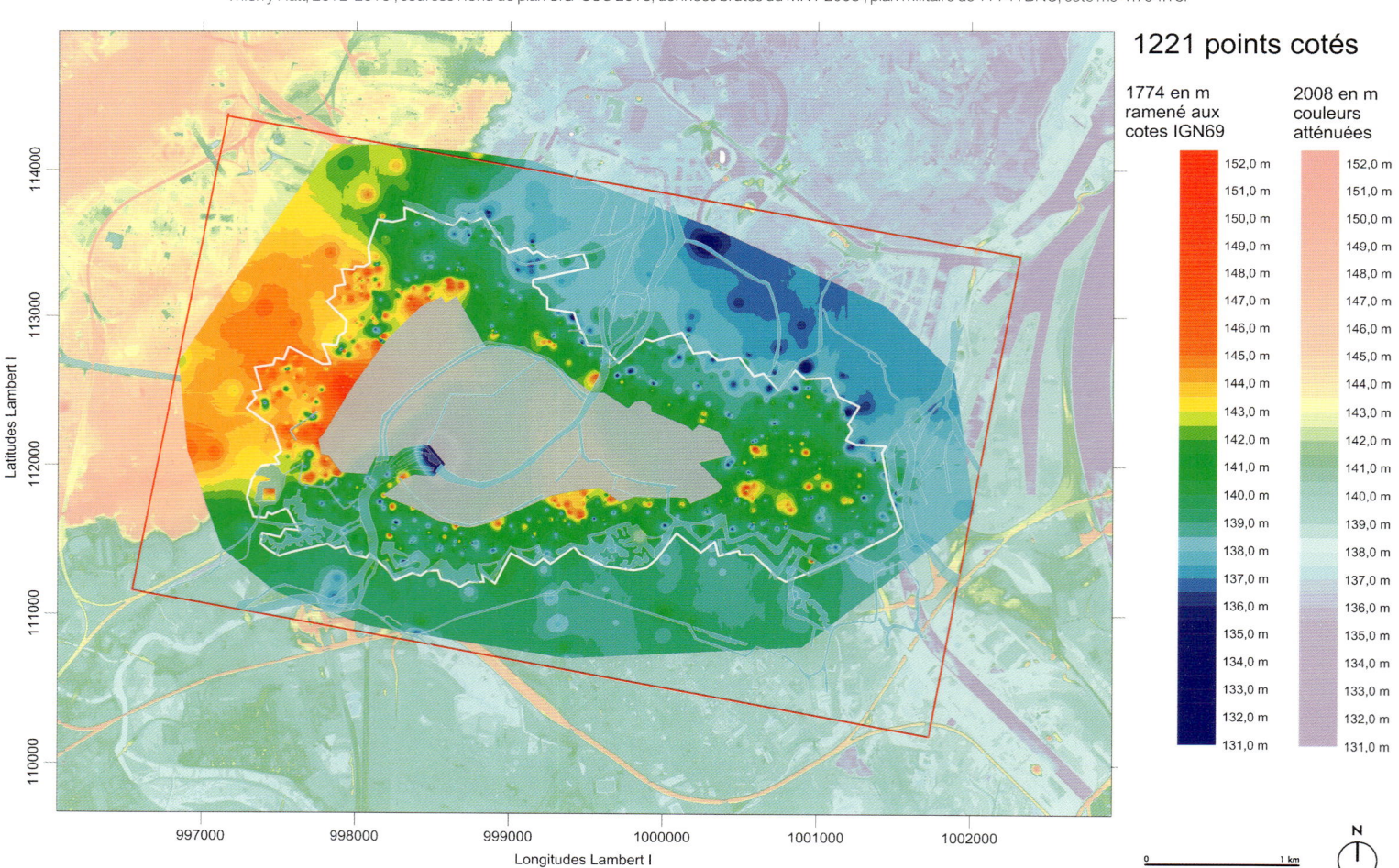

À l'extérieur, si Enoch Meyer nous informe sur les cours d'eau et les routes, le plan de 1680 reste vide. Idéologiquement, il n'y a pas de cité hors des murs ; ici c'est une réalité concrète depuis qu'au XVe siècle le magistrat a fait raser toutes les constructions extérieures. À l'intérieur des fortifications, la densité du réseau viaire caractérise les quartiers les plus anciens autour de la cathédrale, de la Grand'Rue et sur la rive sud-ouest de l'Ill. Les extensions des XIVe et XVe siècles comportent en 1680 encore peu de constructions sur rue, dans un paysage de jardins et de parcelles horticoles. Un grand aménagement intervient avec le rattachement de Strasbourg au royaume de France : la construction de la citadelle et sa jonction à la ville fortifiée selon les plans de Vauban, pour tenir la ville, rendre Strasbourg imprenable et verrouiller le passage du Rhin (fig. 3).

1725, nouvelle vue d'ensemble, la ville royale dans ses murs

Avec le plan-relief de Strasbourg nous avons une véritable maquette de l'état des lieux vers 1725, à l'échelle de 1/600[48]. Les recherches récentes ont établi la précision de cet ouvrage. Ce qui frappe est l'importance des fortifications englobant ville et citadelle[49]. La ville de Morant couvrait 202 ha, était entourée de fortifications de 35 ha ; après 1650, cette emprise passe à 145 ha ; vers 1690 elle est de 450 ha, ce qui représente quasiment le double de la superficie de la ville enclose (fig. 4). Ces grands travaux sont cruciaux pour la façon dont la ville va se transformer, confinée pendant deux cent ans dans le carcan des fortifications avant que leur dérasement libère de grands espaces proches du cœur de la ville et que leur énorme masse de terres et de maçonneries contribue au remblai de la *Neustadt*.

Louis XIV, en 1681, prend la ville ; mais aux termes de la *Capitulation* qu'il lui accorde, la Ville conserve une bonne partie de ses institutions et de ses privilèges, en particulier la liberté religieuse. Tout au long du XVIIIe siècle, le contrôle du droit de bourgeoisie et le quadrillage des corporations s'efforcent de stabiliser « l'ordre urbain ». Cette période est caractérisée par un essor capitalistique préindustriel, basé sur les revenus agricoles et l'exploitation minière, le négoce international, les fournitures aux armées, le marché de l'argent, les charges lucratives et les affermages. Cet essor s'accompagne d'une « volonté de paraître » qui rencontre l'esprit de la monarchie française. Parallèlement aux chantiers militaires, Strasbourg connaît une « folie de construire » que nous pouvons repérer sur le deuxième plan-relief, daté de 1836, mis à jour jusqu'en 1863 (fig. 5).

1725-1815, la vie d'une ville frontière, rencontre des cultures

Dans la ville frontière, le militaire est partout présent et multiplie les constructions : casernes, hôpital militaire, fonderie de canons, projet d'une place d'armes dont seul le bâtiment de l'Aubette sera réalisé (fig. 6). L'autre présence qui s'affirme par l'architecture est celle des titulaires des charges royales et des riches bourgeois : entre 1725 et 1750 sont édifiés le palais Rohan, les hôtels de la rue Brûlée et de la Nuée-bleue, le « poêle » du Miroir, les haras, en faisant appel à des architectes de renom à Paris. L'ampleur des édifices, leur style, apporte un air nouveau. Aujourd'hui ce patrimoine bâti nous aide à évoquer un Strasbourg ville frontière qui était tout autant ville de passage et d'accueil où se rencontraient deux univers culturels curieux des mêmes idées nouvelles. Mais ce tableau d'un brillant Strasbourg ne doit pas occulter sa face plus sombre, marquée par des crises de disette et de cherté communes à tout le pays et, sur le plan économique, par l'opposition des corporations à toute innovation et à toute création d'entreprise nouvelle. La population atteint 45 000 habitants soit une densité moyenne de 250 habitants par ha. Au Congrès de Vienne (1815), l'Alsace reste française.

Fig. 5 : Plan-relief de 1836-1863 : la ville reste cantonnée dans son carcan de murailles et se densifie fortement.
Assemblage : Thierry Hatt, 2012 ; sources et lieu de conservation, photographie de l'image zénithale et numérisation : MPR.

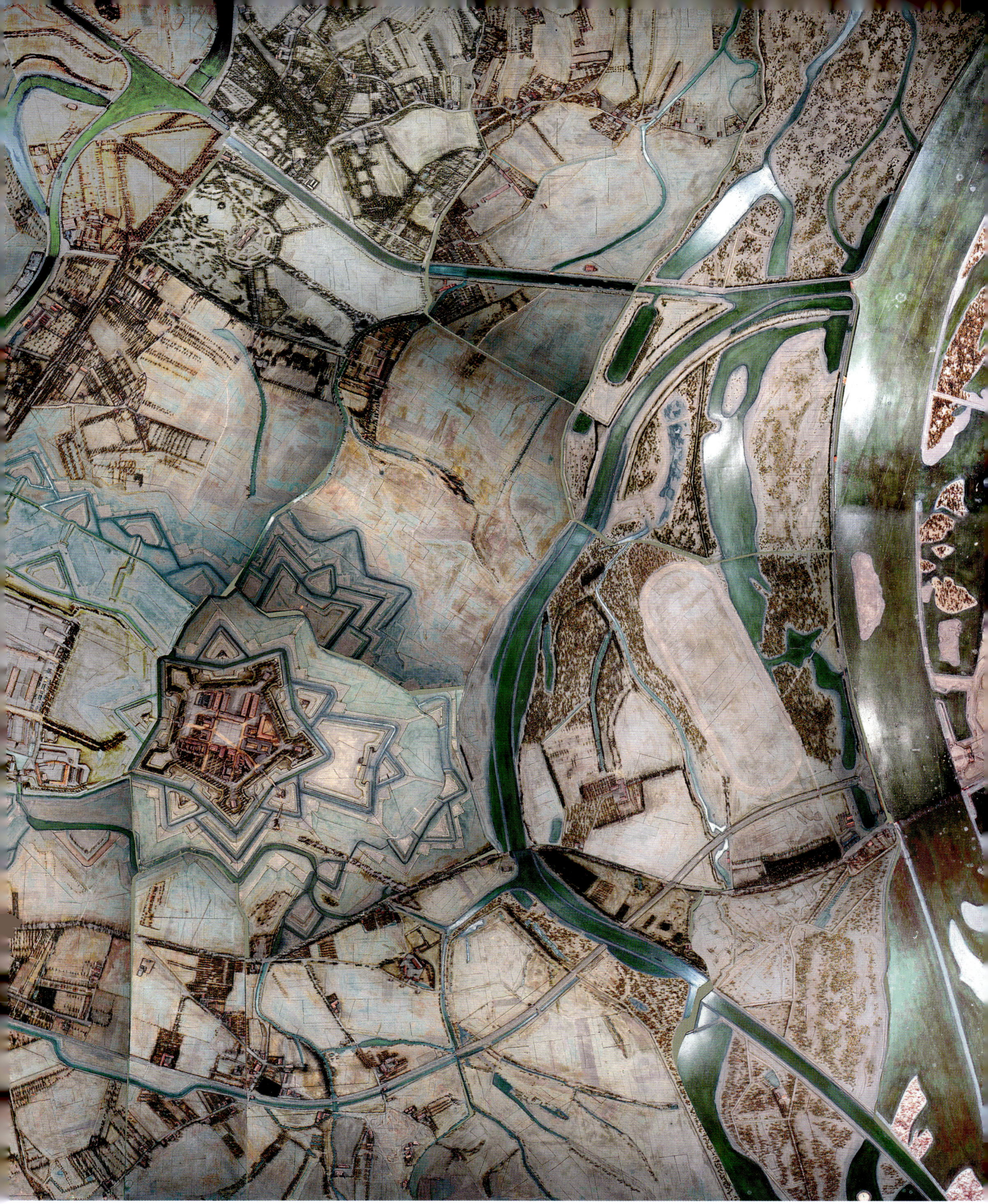

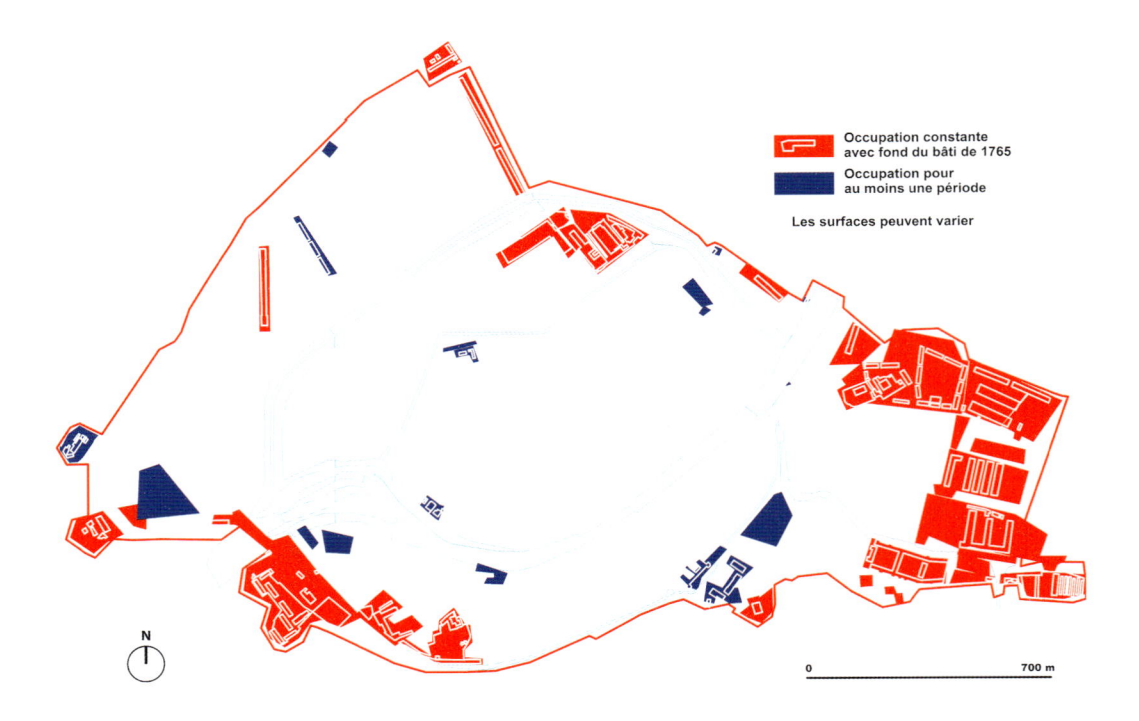

Fig. 6 : Établissements militaires à Strasbourg 1725-1833 : prégnance continue de l'occupation.
Thierry Hatt, 2001-2004 ; sources : 1823-1830 : plan Villot, ADBR, cote 1L10 ; 1790 : CE, Strasbourg, cote V4 ; 1765 : plan Blondel, AVCUS, cote C-I-9a-1-a-20 ; 1725 : plan-relief de Strasbourg, MH.

1815-1870, de nouveaux horizons, l'obstacle des fortifications

Sur le deuxième plan-relief (1836-1863), une absence nous frappe, celle des cheminées d'usines qui à la même époque dessinent le paysage de la ville de Mulhouse. Les signes de la révolution industrielle, ce sont ici les canaux — Rhône au Rhin (1839), Marne au Rhin (1840-1853) — et les voies ferrées. La ligne de chemin de fer Bâle-Strasbourg aboutit à Koenigshoffen, devant les remparts, en 1842, la ligne de Paris en 1845, elle sera prolongée vers Kehl en 1861. Le Rhin et le Petit Rhin ont fait l'objet d'endiguements dès les années 1830. Des compagnies font naviguer des bateaux à vapeur sur le Rhin dès 1835 ; mais l'accélération du courant résultant de son endiguement rend le fleuve quasiment impraticable en amont de Strasbourg et entraîne un report du trafic sur routes et voies ferrées. Tous ces grands travaux impliquent une ingénierie remarquable pour régler les niveaux et les débits du système communicant des canaux et des rivières qui font tourner les moulins, permettent la navigation et drainent le territoire y compris en cas de crues, ou pour positionner les voies ferrées en altitude par rapport aux contraintes de la ville et des autres réseaux. Ils représentent des investissements lourds, en partie pris en charge par la Ville ; certains caressent le rêve de voir Strasbourg être l'entrepôt redistribuant vers l'Europe centrale les produits venus de la mer du Nord.

Intra-muros, la gare, des halles, l'usine à gaz (1838) ont trouvé place au Marais-Vert ; les faux remparts ont été démolis (1830) mais les quais de la vieille ville ne forment toujours pas un port de trafic lourd et la liaison avec le Rhin reste un chenal malcommode. Des travaux municipaux tentent d'améliorer l'aspect et l'hygiène : réaménagement de six des nombreux ponts, pavage des rues et collecte des fosses d'aisance, comblement des fossés (Tanneurs et Orphelins), construction de fontaines, de nouveaux abattoirs (1854), et d'une crèche (1845). Des entreprises telles que meunerie, tanneries et brasserie s'installent hors les murs. Mais l'essentiel est l'accroissement de la population qui passe de 56 000 à 64 000 habitants intra-muros entre 1842 et 1847 et atteint 85 000 en 1865, avec une densité de 400 habitants par ha. La ville étouffe dans « sa cuirasse de pierre »[50].

De la *Neustadt* à demain

1880, une capitale en projet, sous contrainte militaire

La guerre de 1870 est un tournant pour l'Alsace qui devient partie de l'Empire allemand. L'état prussien tient l'avenir en mains : Strasbourg doit devenir la capitale du nouveau *Reichsland*, une place forte, une grande ville florissante capable de convaincre les Alsaciens de l'intérêt de leur intégration au *Reich* et d'accueillir l'importante migration d'Allemands que ce projet implique. Significative de cette ambition est la priorité donnée à la construction de l'université et le positionnement de son grand axe qui sera l'axe monumental de l'extension. Le nouveau système défensif comporte une enceinte qui englobera la ville existante et son extension, soit un quasi-triplement de la superficie *intra-muros*. Otto Back, administrateur allemand, est désigné maire et se retrouve seul porteur d'« un grand projet » ; pièce maîtresse de ce projet : le plan d'extension.

Le décret de 1880 entérine officiellement le *Bebauungsplan für die Erweiterung der Stadt Strassburg*[51]. Ce plan présente une conception urbaine remarquable, résultat d'un processus non moins remarquable qui a réussi à conjuguer les différents intérêts en jeu[52]. Au-delà d'une extension qui viendrait s'ajouter aux extensions précédentes, il y a un projet de ville global : on s'attelle à un nouveau Strasbourg, comme Haussmann restructurant Paris de l'intérieur, ou Cerda imposant l'*ensanche* à Barcelone. Trois considérations fondent l'exemplarité du cas de Strasbourg.

Une structure spatiale exemplaire

Le plan est encore pensé sous contrainte militaire. Alors qu'à l'époque les grandes villes non-frontalières dérasent leurs fortifications, c'est l'armée qui décide le tracé de la nouvelle enceinte, localise les portes, exige de larges voies pour les relier, et maintient la citadelle, ce qui bloque toute extension vers le Rhin. Une très large zone *non aedificandi* qui pérennise et élargit le glacis ancien interdit l'étalement de banlieues au contact de la ville centre. Ce sont les faubourgs et communes périphériques qui, au-delà du glacis, en fonction des ressources de leur site et de leur rapport aux réseaux, vont accueillir les entreprises industrielles et former la ceinture productive de Strasbourg. À l'intérieur de l'enceinte la ville sera tertiaire.

Une deuxième caractéristique est la pertinence de l'articulation entre la vieille ville et les nouveaux quartiers. La composition est claire (fig. 7) : deux avenues principales en croix, calées sur les trois portes et sur la flèche de la cathédrale, structurent l'ensemble en accord avec l'axe monumental entre l'université et la place majeure. Cette place qui regroupe les institutions nouvelles répond par-delà le fossé au mail de la place Broglie bordé par les palais des pouvoirs maintenus. Grâce à cette structure lisible, une complémentarité s'établit entre le quartier en formation et la ville centre, qui se traduira dans la répartition des investissements. Dans la « ville nouvelle » vont se construire, à proximité du centre, les institutions étatiques (université et bibliothèque, palais, poste centrale et administrations), sur les voies nouvelles, très progressivement, des immeubles de rapport correspondant à une hiérarchie sociale marquée, et, plus excentrés, casernes, entrepôts militaires et premières opérations de logement social. Dans la « ville historique », par substitution sur le parcellaire existant, surgissent grands magasins, banques, lieux de distraction, équipements municipaux (lycée, bains) et constructions diverses liées à une vie urbaine intense ; investissements qui vont bénéficier de trente années d'économie florissante jusqu'au déclenchement de la guerre. La Grande Percée accentue cette polarisation, opération exemplaire de mobilisation de capitaux privés pilotée par l'exécutif municipal.

Enfin, un port est prévu sur le canal de liaison entre le canal de la Marne au Rhin et le Rhin, qui sera financé par la Ville. Dès lors, la bande de territoire entre la ville et Neudorf, traversée d'ouest en est par la route, le canal avec ses ports et la voie ferrée avec une gare de marchandise, deviendra une zone industrielle et portuaire de qualité.

Paradoxalement, confiner l'extension de la ville dans une nouvelle enceinte a ouvert Strasbourg à un fonctionnement métropolitain et a établi une structure territoriale particulière intéressante face aux enjeux contemporains de développement écologique (fig. 7).

LA « GRANDE VILLE »

Naissance d'une métropole (1880-1910)

Durant les trente ans qui suivent l'adoption du plan, les éléments d'un fonctionnement métropolitain vont se trouver réunis : ministères du *Land*, université prestigieuse, équipements hospitaliers rayonnants dans la région et au-delà, sièges des banques et assurances qui irriguent le tissu industriel régional et le négoce international, organes de presse et cercles politiques, entreprises propres à la deuxième vague de l'industrialisation (agroalimentaire, mécanique et automobile, transports) et aménagements portuaires. De ces activités nouvelles résulte un flux d'investissements porteur pour le secteur de la construction et des travaux publics. Un ensemble de réseaux physiques et de réseaux de pouvoir relie Strasbourg aux sites de production situés aux marges du *Land* (charbon, potasse, blé), au « cercle » des villes moyennes distantes de 25 à 40 km, et à celui des communes périphériques. La direction des affaires est dans la ville centre ; les produits convergent sur la plateforme industrielle et portuaire de Strasbourg. Une figure rend compte de cette structure métropolitaine : celle du réseau de tramways et de chemins de fer à voie métrique qui irrigue le territoire jusqu'au « deuxième cercle » (fig. 8). Cette dynamique de développement métropolitain, freinée dans l'entre-deux-guerres (1920-1939), reprendra après la reconstruction (1950).

Fig. 7 : Plan de l'extension autour de 1900 : énormes surfaces *non-aedificandi* dont la ville tire un profit ultérieur pour son développement.
Andreea Grigorovschi, 2013 ; sources : fond de plan SIG-CUS, 2003 ; *Plan der Stadt Strassburg*, 1894 : CE, cote 77.998.D.4429 ; *Plan der Stadt Strassburg*, 1900, ADBR, cote 2L4, 1914 ; *Guide de découverte de Koenigshoffen*, CUS, 2012.

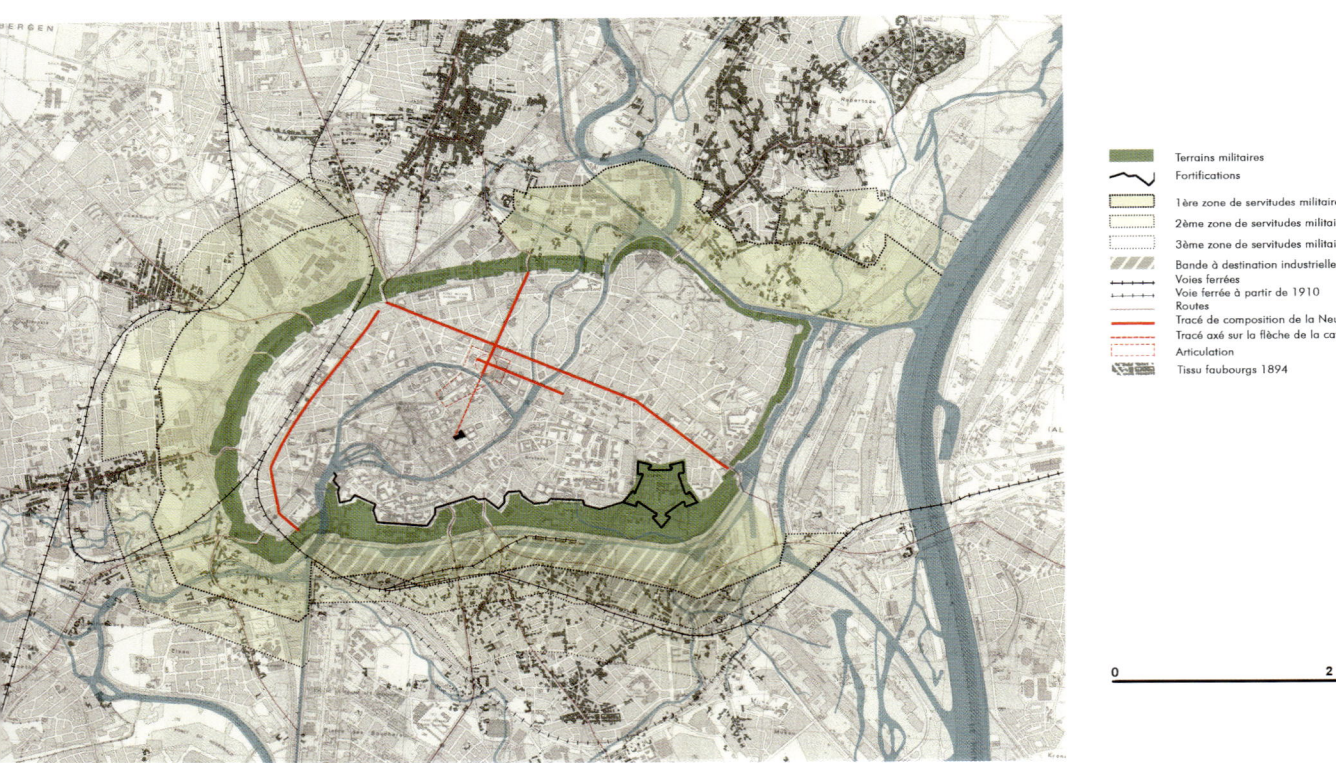

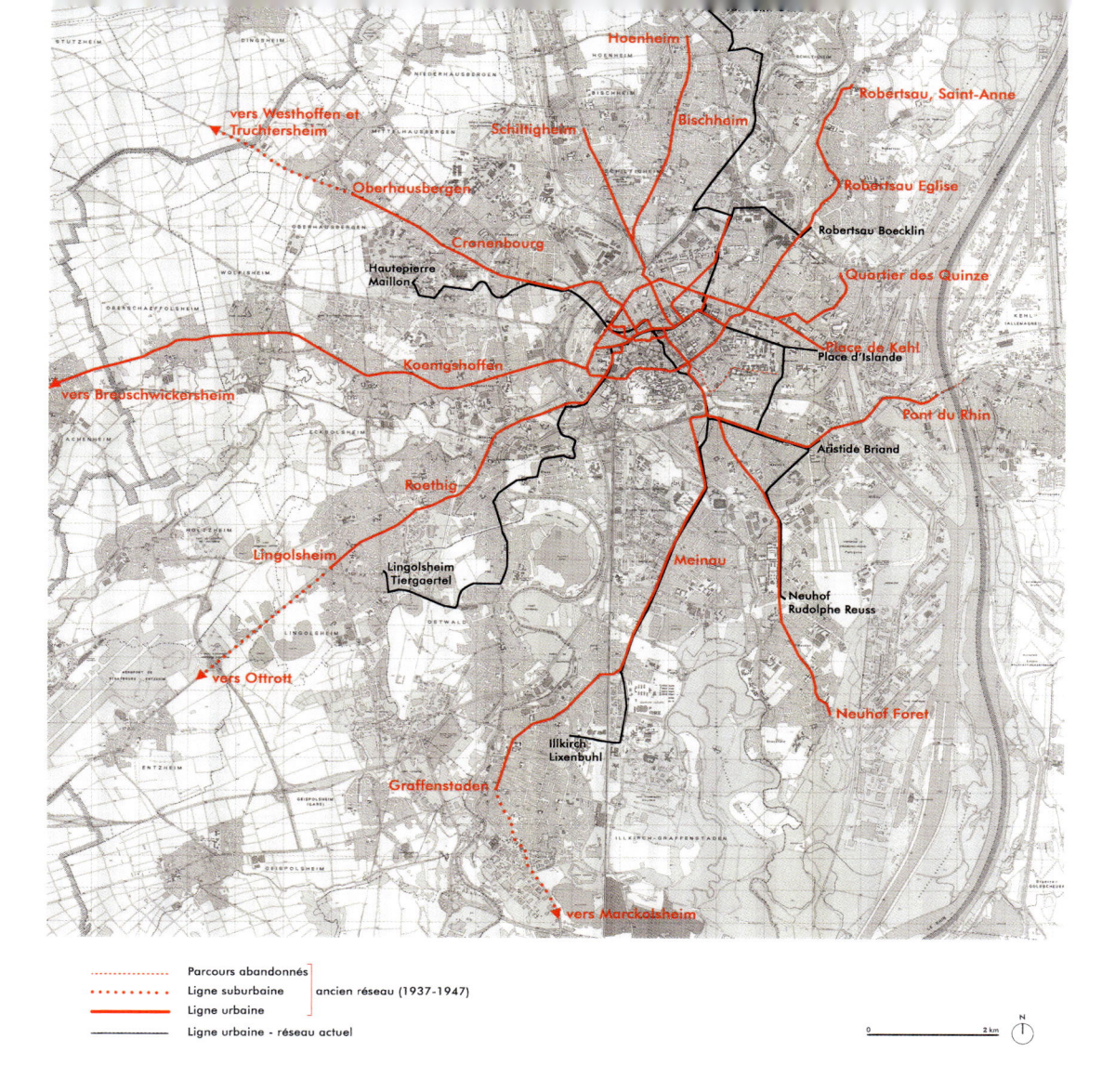

Fig. 8 : Superposition des réseaux de tramway ancien et actuel : la charpente du territoire se décline selon les époques et les échelles.
Andreea Grigorovschi, 2013 ; sources : fond de plan SIG-CUS, 2003 ; Documentation CTS.

C'est en relation avec cette structure — et avec les ressources de cette période dynamique — qu'interviennent certains changements dans la ville-centre, tels l'entreprise générale d'assainissement[53], le développement du nouvel hôpital, la création d'une zone industrielle à la Meinau sur une trame ferroviaire (1907), la Grande Percée déjà évoquée, et le projet de la place de la Bourse qui se bâtira en 1933.

De la ville close à la ville archipel (1920-1990)

Le déclassement de l'enceinte fait l'objet de la loi de 1922. Le « glacis » d'environ 500 m devant les « remparts » est maintenu *non aedificandi* en « zone de verdure et d'espace libre dans un but d'hygiène publique » ; toutefois on pourra y construire des logements sociaux sur 10 % de la surface et lotir au privé le long des pénétrantes. Après concours, un débat d'urbanisme au sens moderne est lancé ; il conduira les services de la ville à l'élaboration entre 1925 et 1932 d'un plan directeur. Ce plan n'est pas suivi de réalisations, mais il donne un cadre aux décisions des maires et de l'ambition au service d'architecture de la ville. Sous les mandats des maires Peyrotes puis Hueber, la Ville et les hospices civils poursuivent une politique foncière exceptionnelle : acquisition discrète de terrains à viabiliser plus tard pour être cédés gratuitement ou revendus à bas prix aux constructeurs de logements sociaux, mais au prix fort aux particuliers (vente à la parcelle avec obligation de construire dans l'année, ce qui limite

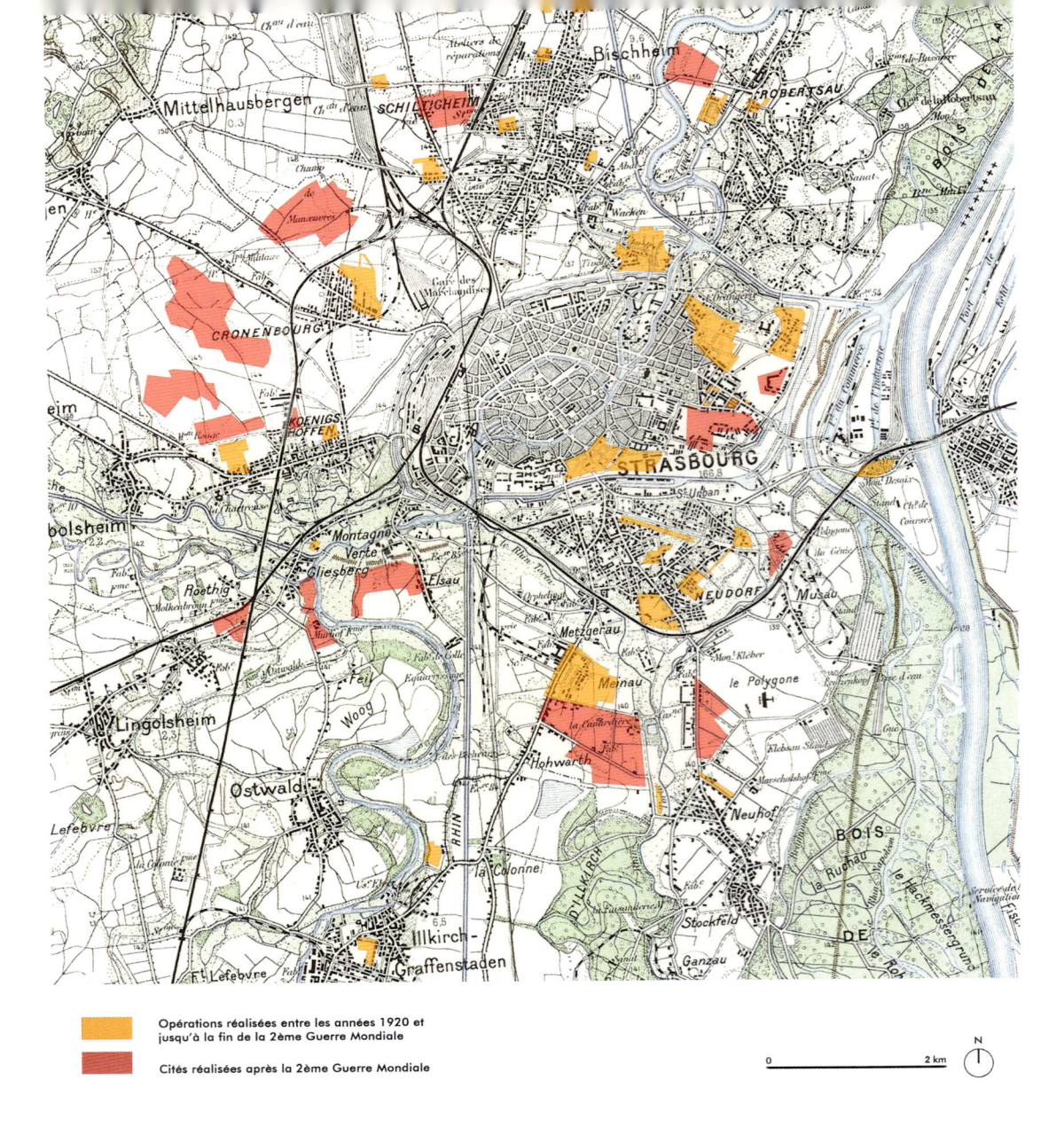

🟧 Opérations réalisées entre les années 1920 et jusqu'à la fin de la 2ème Guerre Mondiale

🟥 Cités réalisées après la 2ème Guerre Mondiale

Fig. 9 : Opérations de logement, quartiers et cités, 1920-1980 : occupation des espaces libres prenant appui sur les réseaux existants.
Andreea Grigorovschi, 2013 ; sources : fond ADBR, cote 1C20A, SGA ; carte de Strasbourg et environs, 1922, ADBR, cote 1C20A, SGA ; carte Strasbourg et environs, 1922 ; C. BACHOFEN et I. BURAGLIO, *L'urbanisme à Strasbourg entre les deux guerres*, ENSAS, 1989 ; Guides découverte des quartiers, CUS, 2000-2012.

la spéculation). Entre 1924 et 1932, 11 000 logements d'une architecture résolument urbaine sont construits sur le ban communal (fig. 9). Entre la ville centre et Neudorf, le long du canal de liaison, la bande de territoire que la loi a déclassée « au profit des agrandissements projetés du port », accueille usines et entrepôts d'une architecture moderne marquante. Face aux événements géopolitiques (frontière remilitarisée de 1920 à 1950), à la croissance démographique, aux changements dans les activités productives et logistiques, les divers investissements trouveront place, sans la compromettre, dans la structure territoriale existante. Il en sera de même, après la période de la reconstruction, pour le port Sud, le quartier de l'Esplanade et l'extension de l'université, les grands ensembles des années 1960 à 1980, et les institutions européennes.

L'impact des grandes voies de communication dans les années 1960 vient modifier cet ordre. La canalisation du Rhin à grand gabarit et l'obsolescence des canaux vers Lyon et Paris déclassent les bassins du Heyritz et d'Austerlitz ; c'est une longue friche qui maintenant sépare Neudorf de la ville centre. Côté routes, la voie nord-sud est

Fig. 10 : Archipel transfrontalier : le tramway structure progressivement l'ensemble des « îles » et des espaces non bâtis.
Andreea Grigorovschi, 2013 ; sources : fond image SPOT 2002, SIG-CUS 2003.

doublée par une autoroute qui tangente la ville à l'ouest en s'implantant sur la ceinture verte. La création d'un « secteur sauvegardé » marque la volonté de préserver le cœur de la ville historique, mais partout l'automobile sature l'espace dont elle a chassé le tramway. Il faut attendre 1990 pour qu'une vision d'ensemble se dessine qui conjugue ambition métropolitaine et souci d'urbanité. On reconstruit un réseau de tramway qui retrouve et confirme la structure territoriale du début du siècle. Dans cette structure, la RN4 — l'ancienne route impériale de Paris à Vienne — devient l'axe d'un projet qui suture Neudorf et la ville centre, qui est porteur d'une centralité élargie et pousse la ville vers le fleuve et au-delà[54].

Conclusion : dimension écologique et portée d'un patrimoine urbain

2010. Entourés par la ceinture verte, la Grande-Île, la *Neustadt* et Neudorf regroupent des quartiers différenciés, réunis dans une entité complexe offerte à de multiples formes d'appropriation liées à la vie quotidienne,

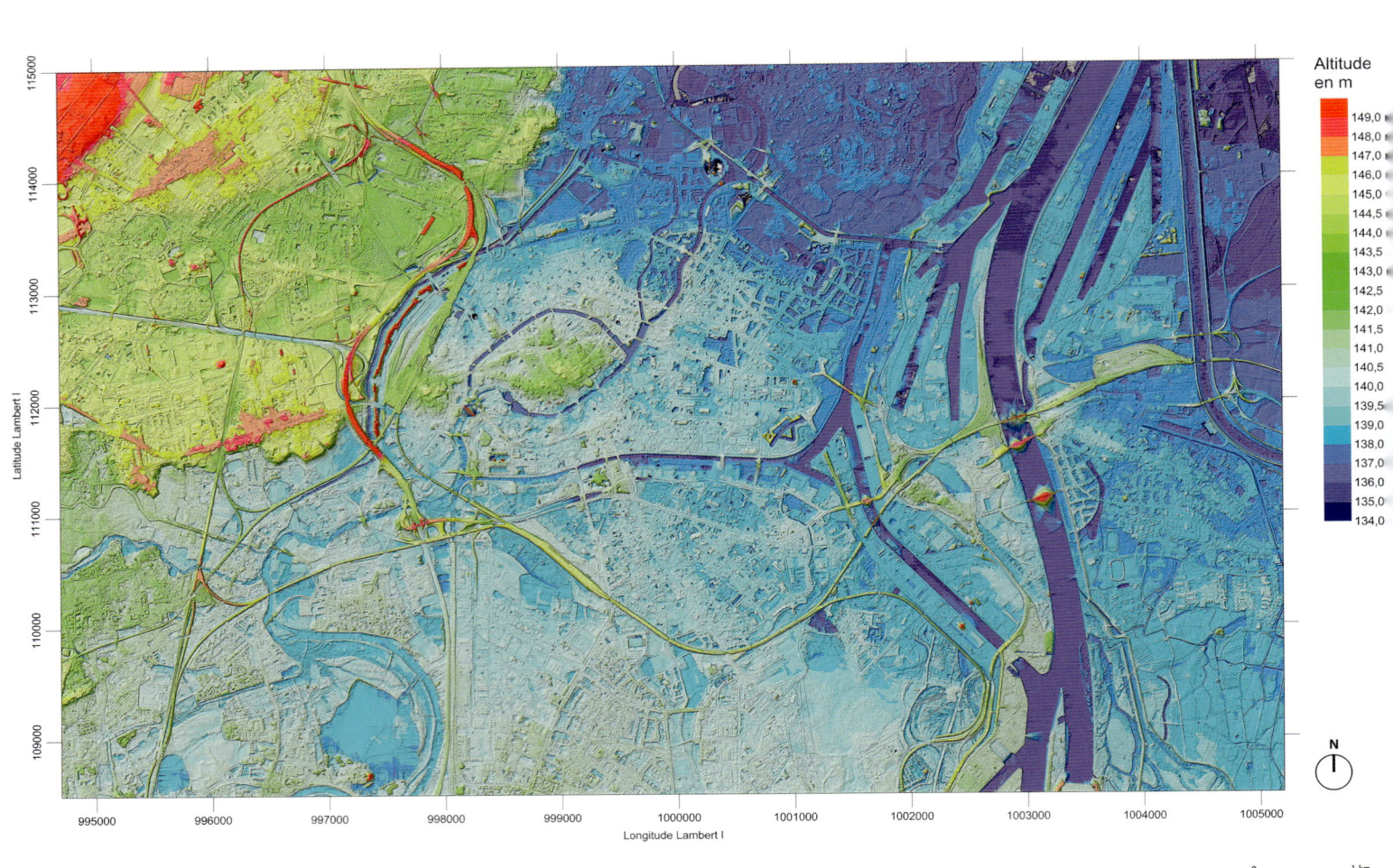

Fig. 11 : Strasbourg, topographie entre collines et Rhin : la précision du laser permet une représentation fine du faible relief du territoire.
Thierry Hatt, 2013 ; sources : fond plan SIG-CUS 2013, données brutes du MNT 2008.

à l'événement, à la découverte culturelle. Au-delà de la ceinture, les anciens faubourgs laissent entre eux de larges bandes de terrains agricoles ou forestiers, certaines empruntées par les infrastructures routières ou ferroviaires, d'autres liées aux rivières, canaux et prairies inondables. Sur nos plans comme vue du ciel, une figure s'impose : l'archipel et la double lecture que cela suggère (fig. 10). Celle des « îles » densément construites, et des lignes — routes ou tramway — qui les relient à la ville centre. Celle des espaces intermédiaires qui viennent converger sur la ceinture verte. Structure territoriale remarquable par la richesse des situations de confins, les paysages et la diversité des biotopes, l'ouverture à des pratiques sociales variées, elle est prise en charge par les projets municipaux actuels relevant du programme d'éco-cité.

Au terme de ce long parcours dans la durée, Strasbourg témoigne de façon exemplaire de l'interdépendance étroite « des voies et des aires » pour la formation de la ville ; à la grande échelle, voies terrestres et fluviales propres aux échanges commerciaux qui ont été sa vocation depuis l'origine ; à l'échelle urbaine, réseau viaire qui distribue les activités et autorise les transformations du bâti. À Strasbourg, la robustesse structurale de ces réseaux tient à deux facteurs particuliers : le fait qu'à chaque extension, le déplacement des portes de l'enceinte fortifiée obéissait à la structure existante et la confortait et, plus fondamentalement, le caractère du site (fig. 11 et 12). Un plateau fertile dans le quart nord-ouest, le reste en plaine marécageuse, le Rhin à 2 km, la prégnance d'un tel site persiste lorsque le facteur fortifications ne joue plus[55]. Chaque époque a eu l'intelligence du site et de son aménagement hérité de la période précédente, l'époque de la *Neustadt* en particulier, dans la composition des nouveaux quartiers ou dans le tracé de la Grande Percée qui a été conçu « suivant les fibres » du tissu médiéval[56].

Situé aux marges tantôt du monde germanique, tantôt de la France, la ville s'est ainsi construit une histoire particulière qui témoigne d'une adaptabilité constante, y compris dans ses transactions et dans l'application circonspecte des lois introduites par l'un ou l'autre des états. La vision de son futur et son administration relèvent d'un

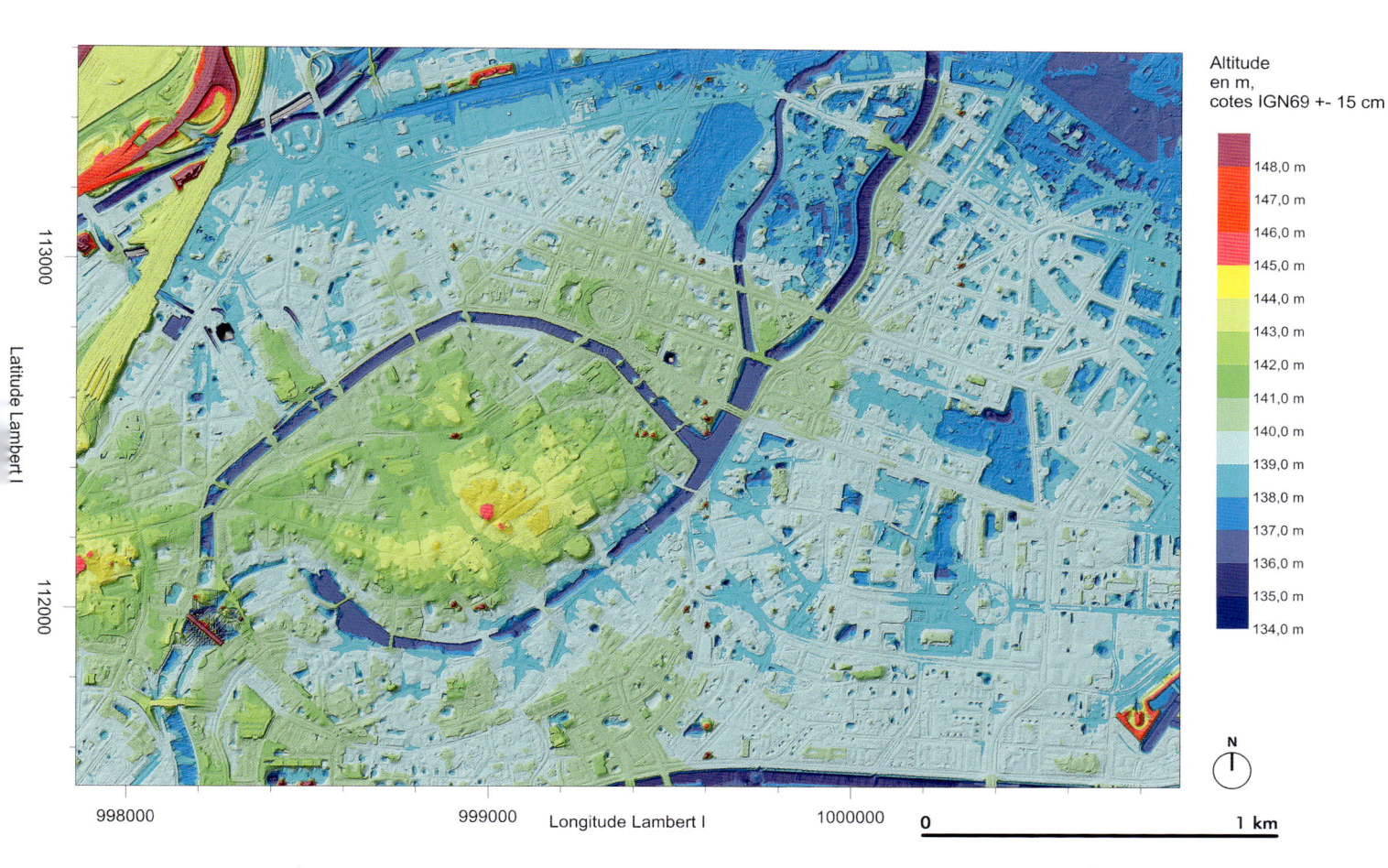

Fig. 12 : *Grande-Île et Neustadt* : mise en valeur du vaste remblaiement de la Neustadt, contraste avec l'effet « motte » de la Grande-Île.
Thierry Hatt, 2013 ; sources : fond plan SIG-CUS 2013, données brutes du MNT 2008.

« municipalisme » solide, façon aussi d'accueillir les influences culturelles, de les accepter sans se considérer dominé par elles comme en témoignent édifices et architecture de la ville dans leur variété. En opposition à la « normalisation » — hier de la part d'un état dominateur, demain du fait d'un mode de production unique mondialisé dans ses fondements et ses outils — on peut évoquer « l'assimilation sélective »[57] de ce qui, venu de l'autre, peut diversifier les pratiques et modifier le regard.

Socle d'un savoir technique, support d'une réflexion historique, Strasbourg constitue un patrimoine urbain au sens fort invoqué par G. Giovannoni, dans la mesure où cet « héritage édifié », habité dans la diversité de ses formes, contribue à une compréhension générale de ce qui fait ville et comment elle se fait, à en enrichir les représentations, et à une appréhension responsable de son devenir possible.

44 Jean-Jacques SCHWIEN, *Strasbourg : document d'évaluation du patrimoine archéologique urbain*, Paris, Centre national d'archéologie urbaine, 1992.

45 Nous nous inspirons des travaux de cartographie chronologique comparative basés sur la construction d'un SIG chronologique, initiés par Thierry Hatt pour Strasbourg.
46 Voir le plan Morant dans les chapitres introductifs du présent ouvrage.
46bis 1,5 m de débris de taille sous la place du Château (fouilles INRAP).
47 Sébastien Brant, érudit, auteur entre autres de *La Nef des Fous* et secrétaire du Magistrat, a dressé un tableau des itinéraires commerciaux strasbourgeois, atteignant Rouen, Anvers, Lubeck, la Lettonie, Cracovie, Vienne, Venise, Florence et Lyon.
48 Thierry HATT, « La fiabilité documentaire du plan relief de 1725 », *Cahiers Alsaciens d'Archéologie d'Art et d'Histoire*, t. XLVII, 2004, p. 139-149.
49 Angéla KERDILES-WEILER, *Limites urbaines de Strasbourg évolution et mutation*, Strasbourg, Société savante d'Alsace, 2005, p. 107-124.
50 L'expression est reprise de la supplique adressée à Bismarck par un certain nombre d'élus et bourgeois de Strasbourg en 1873.
51 Voir le *Bebauungsplan* dans les chapitres introductifs du présent ouvrage.
52 Claude DENU et Éric OLLIVIER, *Le plan d'extension de la ville de Strasbourg, 1871-1880*, dossier de l'école nationale et supérieure d'architecture de Strasbourg, non publié, 1978 ; Charles BACHOFEN et Éric OLLIVIER, *Le projet urbain dans l'histoire de Strasbourg*, Strasbourg, ADEUS, 1981.
53 Viviane CLAUDE, *Strasbourg, assainissement et politiques urbaines, 1850-1914*, Paris, EHESS, 1985, 607 p.
54 Voir le dossier « Démarche Écocités. Strasbourg, métropole des Deux-Rives », Ville et communauté urbaine de Strasbourg, Ville de Kehl, mars 2009.
55 Cette force du site est mise en évidence par les deux cartes du relief élaborées à partir des relevés des ingénieurs militaires de 1774 et du modèle numérique du terrain de 2008.
56 Cette expression est celle d'une recommandation de Gustavo Giovannoni, cité par Françoise CHOAY, *Le patrimoine en questions*, Paris, Seuil, 2009. p. 174.
57 Expression reprise de Gustavo Giovannoni, cité par Françoise CHOAY, *op. cit.*, 2009, p. 32.

LA NEUSTADT DE STRASBOURG, UN OUVRAGE MILITAIRE ?

Franck Burckel

Argentoratum fut créée comme camp militaire pour garder la rive occidentale du *limes* sur le Rhin. De ce camp naît une cité, Strasbourg, ville riche et puissante qui se dote de murailles à sa mesure.

Les remparts se succèdent, accompagnant les agrandissements de la ville et s'adaptant aux progrès de la poliorcétique[58]. Strasbourg se dote dès le XVIe siècle d'une enceinte bastionnée à l'édification de laquelle participe l'ingénieur Daniel Specklin.

En 1681, Strasbourg devient une place française après l'annexion de la ville par Louis XIV. À partir de cette date, les Strasbourgeois perdent la maîtrise de leurs fortifications au profit du pouvoir central, français ou allemand, avec lequel il faut désormais composer pour tout projet d'extension urbaine.

Or depuis le XVIe siècle, la ville, à l'étroit dans ses remparts, ne s'était plus agrandie. Et dans la mesure où Strasbourg demeure une ville fortifiée jusqu'au XXe siècle, aucun projet d'extension urbaine ne saurait aboutir sans l'accord des autorités qui contrôlent le devenir des fortifications. À partir des années 1860, le mouvement de création de quartiers *extra-muros* est initié, la ville s'agrandit en sautant par-dessus le corset des fortifications. Cet état de fait est particulièrement manifeste après l'annexion de 1871, les nouvelles autorités militaires comptent bien conforter le rôle de place forte de Strasbourg. Avec la ville de Metz, Strasbourg doit garder la frontière occidentale du nouvel Empire et ne plus servir de base de départ aux Français pour envahir l'Allemagne[59].

Ce rôle stratégique de Strasbourg fait que l'armée porte un soin particulier aux nouvelles fortifications d'une ville où les militaires sont très présents jusque dans les quartiers de la *Neustadt* (fig. 1).

Les nouvelles fortifications de Strasbourg aux origines de la *Neustadt*

En 1870, après les désastres de Wissembourg et de Woerth-Frœschwiller au début du mois d'août, la ville et ses remparts datant du XVIIIe siècle subissent un siège de 46 jours entre le 13 août et le 27 septembre, date de la reddition de la garnison. Près de 200 000 obus s'abattent sur Strasbourg, endommageant de nombreux édifices et détruisant largement les trois « faubourgs » *intra-muros* du nord-ouest[60].

Ce siège a démontré l'obsolescence des fortifications de Strasbourg reposant sur une enceinte héritée des travaux de Vauban et de Tarade. Cette dernière n'est plus en mesure de tenir à distance l'artillerie de l'assiégeant. En effet, l'apparition des obus et surtout des canons rayés au milieu du XIXe siècle a considérablement augmenté la portée de tir des canons de siège.
Dès 1871, les généraux von Moltke et von Kameke, après une visite d'inspection des fortifications de Strasbourg, concluent dans leur rapport que les défenses de la ville doivent à présent reposer sur une ceinture d'ouvrages avancés[61]. Le concept n'est en fait pas nouveau : dès le milieu du XVIIIe siècle émerge l'idée d'avancer l'artillerie de la place dans des ouvrages indépendants, augmentant ainsi la profondeur de la défense.

Or les militaires, qui souhaitent que Strasbourg conserve son rang de grande place forte, principale ville de garnison du XVe corps d'armée installé en Alsace, se doivent d'en moderniser les défenses pour parer à un nouveau siège.

Fig. 1 : Strasbourg en 1870. Les fortifications de la ville n'ont plus évolué depuis le XVIIIe siècle. AVCUS.

Si l'armée est consciente dès 1871 qu'une extension urbaine est inévitable, y compris pour répondre à ses propres besoins, elle entend bien imposer son calendrier afin de garantir la défense de la place. En effet, il ne saurait être question d'une extension urbaine impliquant le démantèlement de la vieille enceinte, avant l'achèvement de la nouvelle ceinture de forts. Les ingénieurs militaires se hâtent donc de mettre en chantier le programme de douze forts prévus initialement.

Dès le premier semestre 1871, les géom délimitent les emprises des futurs ouvrages et en 1872 la construction des forts peut débuter. Ceux-ci sont placés à une distance de 6 000 à 8 000 m en avant de la ville, cette distance correspondant à la portée maximale des canons de l'époque. Les forts peuvent ainsi repousser l'artillerie ennemie à une distance équivalente, mettant la ville hors de portée, tout en restant eux-mêmes à portée de tir des canons de l'enceinte urbaine. Les premiers forts, achevés en 1875, sont localisés sur les hauteurs de Hausbergen en direction du nord-ouest et de la trouée de Saverne considérée comme la plus menacée. En 1877, l'ensemble des douze forts est achevé ; la ceinture des forts est opérationnelle. Deux autres forts viendront encore compléter ce dispositif, les forts *Schwartzhoff* (1877-1879, aujourd'hui fort Hoche) et *Podbielski* (1879-1882, fort Ducrot)[92].

L'achèvement des ouvrages clés de la nouvelle ceinture en 1875 permet aux militaires d'envisager le démantèlement de la vieille enceinte et son remplacement par de nouveaux ouvrages, dotés de locaux à l'épreuve des bombes et qui faisaient jusque-là défaut.

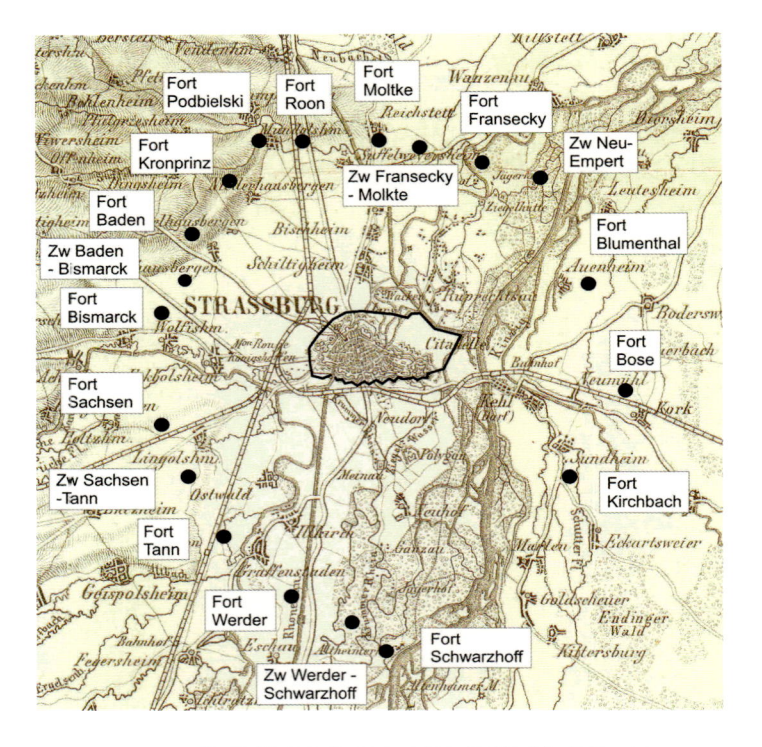

Fig. 2 : Carte de la ceinture de forts détachés de Strasbourg, état de 1890. Cercle d'études et de sauvegarde des fortifications de Strasbourg.

En fait, l'idée même d'une nouvelle enceinte urbaine est un temps remise en question. En effet, l'évolution des techniques de défense des places rend, dans le dernier quart du XIXe siècle, les grandes enceintes superflues. L'essentiel des défenses reposant sur les forts extérieurs, l'enceinte ne joue alors plus qu'un rôle de seconde ligne de défense autour du corps de place, la *Kernfestung*. Les Prussiens avaient eux-mêmes critiqué les fortifications de Paris durant la guerre de 1870-1871. Mais au final, l'armée se prononce pour le maintien d'un rempart urbain à Strasbourg qui est d'ailleurs l'une des dernières enceintes de ce type construites en Europe. Ce choix confère *de facto* aux militaires une place centrale dans le projet d'extension urbaine. Ceux-ci ne manquent pas de chercher à imposer leur point de vue en fonction de leurs propres intérêts, allant souvent à l'encontre même des intérêts de la ville (fig. 2).

Les militaires, partenaires difficiles de l'extension urbaine

Si l'armée est convaincue dès le départ de l'intérêt de l'extension urbaine, elle compte bien peser sur les grandes orientations du projet et en premier lieu sur l'axe général de cet agrandissement. Les négociations entre l'armée et la ville s'avèrent dès lors longues et compliquées. Une extension urbaine en direction de l'ouest est rapidement écartée, dès la fin de l'année 1871, suite au projet de gare centrale qui doit occuper l'ancien front ouest des fortifications. De même, l'extension vers l'est impliquait la destruction des principales infrastructures militaires héritées de la période française, à savoir l'ensemble des bâtiments militaires situés à l'est de la Krutenau : casernes, arsenal, manutention, mais surtout la destruction de la citadelle. Or l'armée refuse catégoriquement de perdre cet ouvrage qui lui assure un contrôle sur la ville. Au final, la seule zone restante, au nord, fut retenue, rappelant ainsi le projet d'agrandissement des années 1830[63]. Cette filiation présente l'avantage pour les nouvelles autorités de donner une forme de « légitimité » à leur projet.

Dans un premier projet d'extension daté de 1872, le « Plan Münch », la nouvelle enceinte, partant de la porte de Pierre, rejoint le canal de la Marne au Rhin qu'elle longe vers l'est avant de redescendre parallèlement au Petit Rhin pour rejoindre la citadelle. Ce premier projet consiste simplement à avancer l'ancien front nord jusqu'au canal en préservant l'essentiel des anciennes fortifications. Mais le projet de gare centrale contraint les militaires à concevoir un nouveau tracé qui, partant au sud de l'ancienne porte Blanche, englobe la nouvelle gare pour poursuivre un tracé

LA « GRANDE VILLE »

courbe jusqu'à l'Ill avant de longer le canal, reprenant ainsi le tracé de 1872 (fig. 3). Seul le front sud, jugé secondaire, reste encore épargné : il n'est démantelé que dans les années 1910 avec l'extension de l'hôpital civil et la création du quartier suisse (fig. 4).

Une fois le tracé de la nouvelle enceinte arrêté par l'armée, cette dernière va pouvoir en dresser les plans et notamment placer les nouvelles portes. Or le nombre et l'emplacement des accès à la ville constituent un préalable pour l'établissement du plan d'urbanisme. Les autorités militaires, locales et centrales, vont, là encore, imposer leurs choix à l'autorité municipale et mettre un frein au projet. C'est ainsi que l'armée ne remet le plan détaillé de l'enceinte à la ville qu'en 1877.

En 1870, Strasbourg comptait sept portes, auxquelles s'ajoutaient les accès à la citadelle. Sur le front sud, inchangé, les ingénieurs prussiens maintiennent les portes de l'Hôpital et des Bouchers ainsi que les portes de la citadelle. Sur le nouveau tracé, ils créent huit nouvelles portes auxquelles s'ajoutent deux portes de guerre, réservées aux seuls besoins militaires. Si la majorité d'entre elles prennent la suite de portes antérieures à 1870, trois sont de nouveaux accès conditionnés par l'extension urbaine : la porte de Schirmeck au sud-ouest, la porte du Canal au nord et la porte de Kehl à l'est.

Fig. 3 : Plan d'ensemble des terrains des anciennes fortifications à céder à la ville pour l'extension urbaine, 2 décembre 1875. AVCUS.

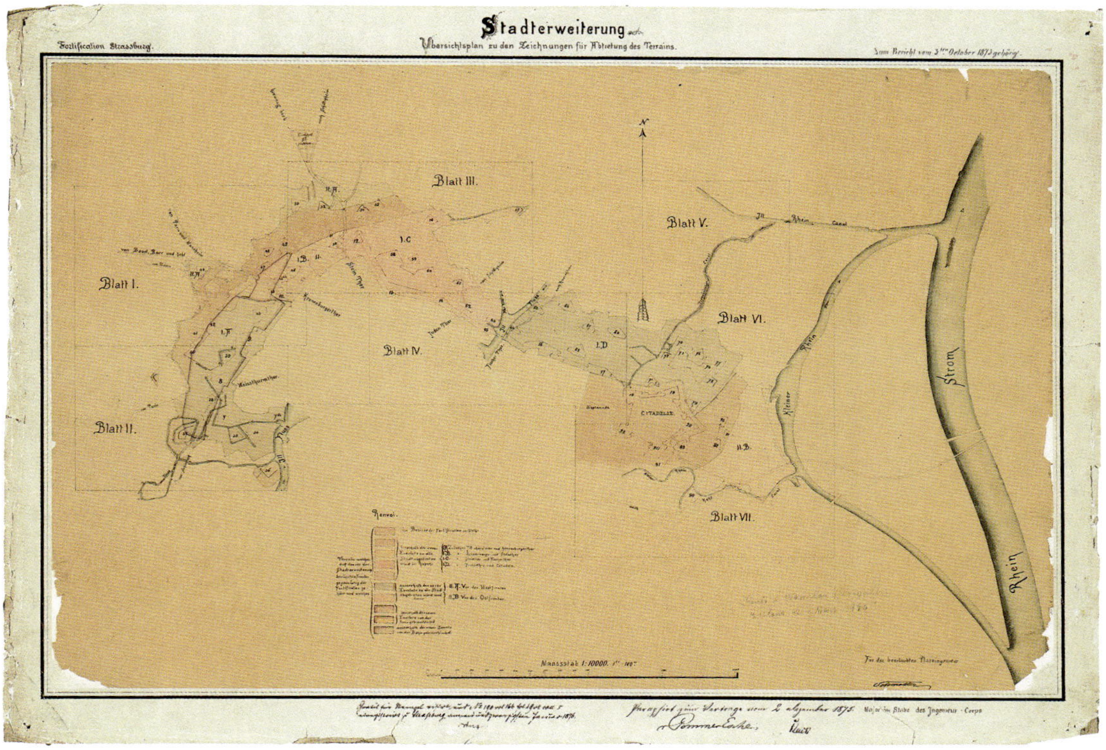

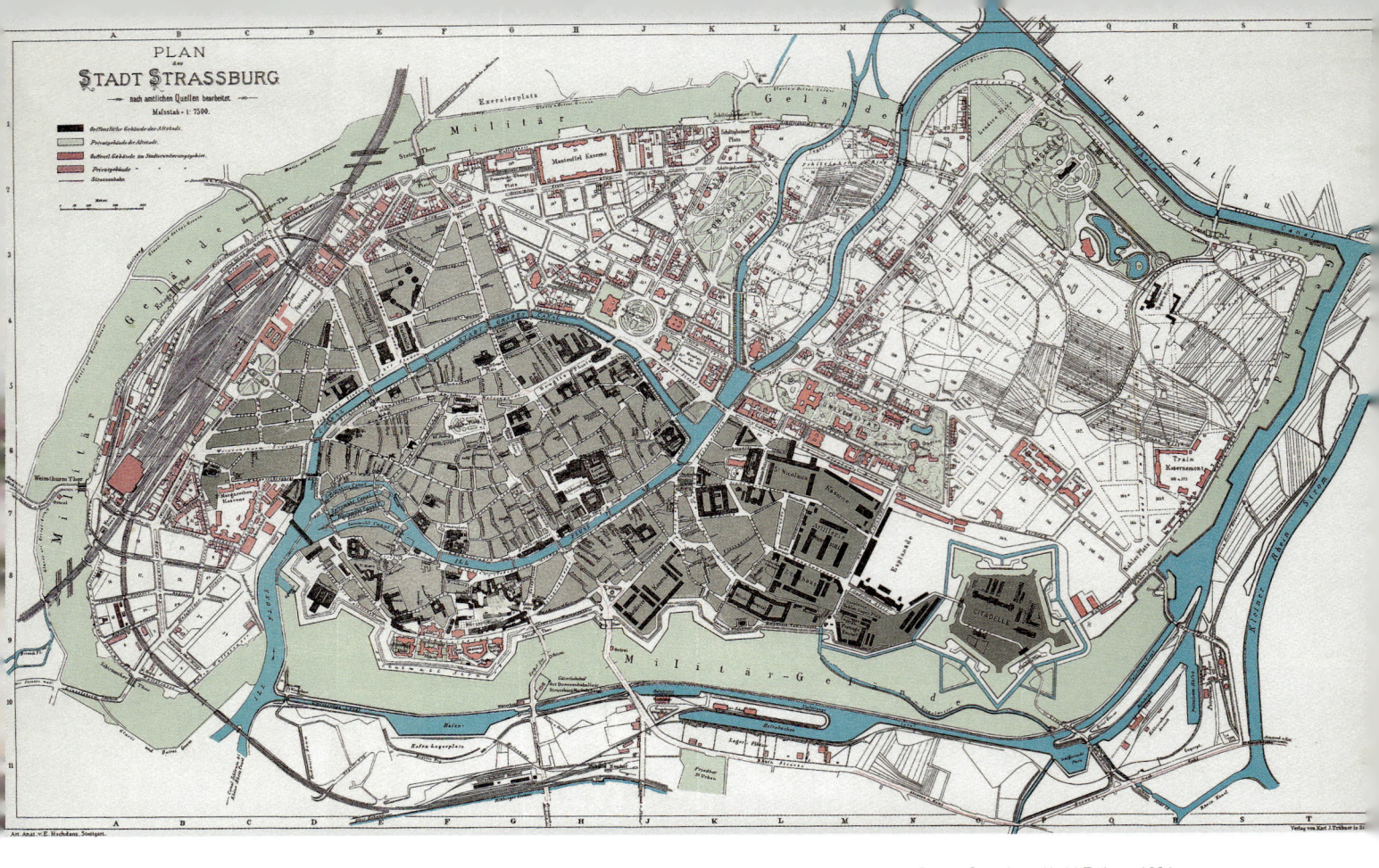

Fig. 4 : Strasbourg en 1894. Architekten- und Ingenieur- Verein für Elsass-Lothringen, *Strassburg und seine Bauten*, Strassburg, Karl J. Trübner, 1894.

Les travaux de la nouvelle enceinte commencent en 1876, et ne s'achèvent qu'en 1882. Les terrains des anciennes fortifications sont progressivement libérés et les travaux d'urbanisme peuvent enfin débuter.

Enfin, l'armée se montre également un partenaire difficile dans la vente des terrains des anciennes fortifications à la ville. Cette dernière se plaint que, compte tenu de l'importante perte de surface liée à la mise en place de la voirie et des emprises réservées aux constructions publiques (université, bâtiments de la place impériale, gare centrale), les terrains valorisables par la revente à des promoteurs privés étaient modestes au regard du montant demandé. L'accord financier est finalement conclu en décembre 1875.

La construction de la nouvelle enceinte est quant à elle estimée à vingt millions de marks. Le *Reichstag* affecte au projet une enveloppe de 3 millions de marks, les dix-sept millions restants doivent être financés par la ville au motif que le nouveau tracé répondait avant tout aux souhaits de la ville et dépassait les besoins de l'armée. Il semble donc clair qu'également sur le plan financier, l'administration militaire a privilégié ses intérêts propres au détriment de ceux de la ville[64] (fig. 3 et 4).

La présence militaire au sein de la *Neustadt*

Si l'armée joue un rôle de premier plan dans la conception de la *Neustadt*, elle en occupe aussi une surface non négligeable. En effet, Strasbourg est la principale ville de garnison du XVe corps d'armée allemand stationné en Alsace. L'armée réoccupe non seulement les casernes préexistantes, notamment le complexe à l'est allant de la Krutenau à la citadelle, mais procède aussi à la construction de vastes quartiers militaires, ce jusque dans la *Neustadt*. Ces casernes sont rejetées en toute logique en périphérie des nouveaux quartiers, bordant le rempart urbain, souvent proche d'une porte de ville. En effet, de telles localisations permettent aux militaires de disposer de larges casernes à l'arrière du rempart en cas de siège. La proximité d'une porte facilite quant à elle les importants mouvements de troupes qui entrent et sortent quotidiennement de la ville. C'est notamment le cas pour la caserne *Manteuffel* (actuelle caserne Stirn) près de la porte de Pierre, la *Illtor-Kaserne* (quartier Turenne) gardant la porte du même nom, la caserne du Train (quartier Lecourbe) près de la porte de Kehl et enfin la *Werder-Kaserne* (quartier Sénarmont) au sud-ouest de la ville, non loin de la porte de Schirmeck.

Mais l'armée dispose également d'édifices installés au cœur même de la nouvelle ville. La nouvelle manutention militaire est construite sur l'avenue de la Forêt-Noire. Les deux églises de garnison bénéficient quant à elles de localisations les mettant en valeur : l'église protestante Saint-Paul est placée à la pointe de l'île Sainte-Hélène, sur l'axe de représentation et dans la perspective de l'Ill, et l'église de garnison catholique Saint-Maurice est construite dans la cassure de l'avenue de la Forêt-Noire.

Enfin, une grande partie de la « soudure » entre la ville d'avant 1870 et les nouveaux quartiers est constituée de bâtiments militaires. Ceci est particulièrement le cas pour l'ensemble de l'extension urbaine à l'est de l'Ill et bordée au sud par le boulevard Saint-Nicolas (aujourd'hui boulevard de la Victoire), la caserne du même nom (lycée Jean-Rostand) ainsi que par la

Fig. 5 : Plan d'ensemble de la place de Strasbourg. L'ensemble des surfaces colorées relève de l'administration militaire.
Atlas du XVe Corps d'armée allemand, Berlin, 1912, planche 30. AVCUS.

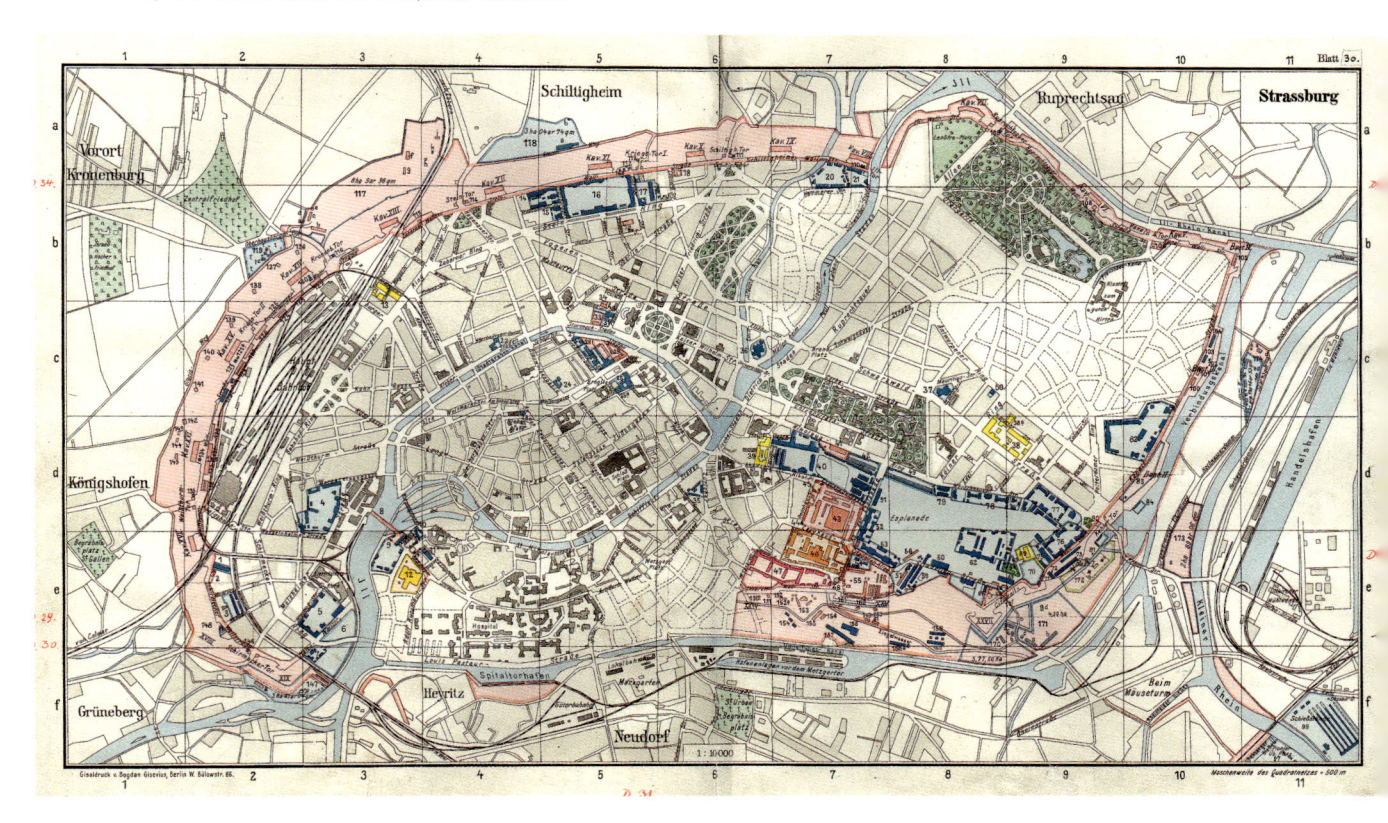

citadelle, démantelée progressivement au profit de nouvelles casernes. À l'ouest de l'Ill, le complexe de l'ancienne fonderie, sur la place Broglie, fait face au quai Sturm, du palais impérial à l'église catholique Saint-Pierre-le-Jeune et au tribunal. Dans ce même secteur, la jointure entre le vieux faubourg de Pierre et les nouveaux quartiers est marquée par l'emprise de la vieille caserne Finkmatt, détruite lors du siège et remplacée par la caserne *Manteuffel* non loin de là.

Mentionnons enfin la caserne Sainte-Marguerite qui bordait l'ancien faubourg national, à proximité de la porte Blanche. Mais il est vrai qu'elle ne touche la nouvelle extension, au sud, que sur une faible portion de la rue de Wasselonne.

L'armée est ainsi omniprésente dans l'ensemble des quartiers de la ville. Le plan d'ensemble de la place de Strasbourg, tiré de *L'atlas du XVᵉ corps d'armée* de 1912 montre clairement l'importance de cette occupation militaire au cœur même de la ville. Il est aujourd'hui difficile de concevoir ce qu'a été le quotidien des Strasbourgeois lorsque des milliers de soldats arpentaient quotidiennement les rues de la ville (fig. 5).

Conclusion

La *Neustadt* de Strasbourg, un ouvrage militaire ? Il est indéniable que les fortifications de Strasbourg ont eu un impact significatif sur son développement urbain, et ce dès sa fondation. Les remparts et les nombreux bâtiments militaires font partie intégrante de celle-ci, suivant et conditionnant sans cesse son développement. Même après 1870, il était impensable pour la municipalité de ne pas intégrer cette dimension dans son projet d'extension urbaine. Dès lors l'armée s'avère un partenaire incontournable et les priorités militaires prennent souvent le pas sur les besoins des civils. De plus, le climat politique particulier dans lequel naît la *Neustadt*, conséquence d'un siège dévastateur et d'une annexion en 1871 par ce même assiégeant, accentue encore l'antagonisme entre les édiles et des autorités militaires méfiantes, voire hostiles. Mais une fois les grandes lignes du projet arrêtées, notamment ses contours au travers de l'enceinte urbaine, les autorités municipales reprennent la main et façonnent la capitale du nouveau *Reichsland Elsass-Lothringen*.

Pourtant gageons que sans cet état de fait et sans ce partenaire imposé, l'extension urbaine de Strasbourg au XIXᵉ siècle aurait pris une autre forme et le centre-ville de Strasbourg ne présenterait pas aujourd'hui un aspect aussi cohérent et aussi clairement délimité. Car avant tout, l'enceinte urbaine de 1876 a maintenu une large zone *non aedificandi* entre le centre-ville et ses faubourgs, perceptible jusqu'à aujourd'hui. Et même si le dérasement de la majeure partie du rempart dans l'entre-deux-guerres ainsi que l'urbanisme de la seconde moitié du XXᵉ siècle et de ce début de XXIᵉ siècle tendent à combler le vide de l'ancien glacis, les murailles de Strasbourg continuent de marquer de leur invisible présence la topographie de la ville qu'elles protégeaient jadis.

---

58 La poliorcétique est l'art de mener un siège, en offensive comme en défensive.
59 Dans sa lettre du 21 août 1870 à l'ambassadeur prussien à Londres, le chancelier Otto von Bismarck justifie notamment l'annexion de l'Alsace-Lorraine par le fait que ces territoires permettent à la France, nation présentée comme belliqueuse, d'envahir facilement le sud-ouest de l'Allemagne avec une petite armée.
60 *1870, Strasbourg brûle-t-il ?*, catalogue d'exposition des archives de Strasbourg, 2010.
61 Klaus NOHLEN, *Baupolitik im Reichsland Elsaß-Lothringen 1871-1918*. Gebr. Mann, Traduction française, sans le tableau chronologique ni le répertoire des architectes et des artistes : Id., *Construire une capitale. Strasbourg impérial de 1870 à 1918. Les bâtiments officiels de la Place Impériale*, Strasbourg, Société savante d'Alsace, coll. « Recherches et documents », t. 56, 1997, p. 32-35.
62 Philippe BURTSCHER, *De la ceinture fortifiée de Strasbourg à la position de la Bruche*, Mutzig, 1999, p. 24-46.
63 Voir à ce sujet la contribution de Bernard Gauthiez dans le présent ouvrage.
64 Klaus NOHLEN, *op. cit.*, 1997, p. 35-37.

LE CHANTIER DE LA NEUSTADT

Marie Pottecher

Procédant de la nécessité de moderniser le système défensif de la ville et de faire de cette dernière une capitale régionale, la mise en œuvre de la *Neustadt* marque une étape décisive dans l'histoire urbaine de Strasbourg. Par-delà sa genèse, l'étude de sa réalisation offre un champ d'investigation particulièrement stimulant pour envisager les convergences et divergences dans la conduite des projets urbains entre France et Allemagne.

Concevoir l'extension

Bien que décidée par le pouvoir impérial au lendemain du traité de Francfort, la *Neustadt* de Strasbourg s'inscrit également dans la continuité de l'histoire de la ville des deux premiers tiers du XIXe siècle et, par-delà, de celle de la France. En effet, la question de l'extension de l'espace *intra-muros* avait déjà à plusieurs reprises été évoquée, voire projetée. Dans les années 1830, un projet d'aménagement d'une promenade urbaine, au nord de la ville fut mis à l'étude. Il offrit l'opportunité d'une réflexion sur une extension de la ville vers le nord. Bien que celle-ci n'aboutît pas il permet de mettre en regard le cas strasbourgeois avec d'autres villes, telles Saint-Quentin, Grenoble ou Lille qui dans les deux premiers tiers du XIXe siècle mirent en œuvre un plan d'extension consécutivement au déplacement ou à l'arasement de leurs enceintes[65]. Quoi qu'il en soit, en 1872, un premier projet fut transmis par l'administration impériale au conseil municipal[66]. Son tracé peut être rapproché de celui figurant sur un plan anonyme et non daté, dénommé « Plan Münch » du nom de son éditeur. Sur ce document, l'extension de la ville est prévue vers le nord jusqu'à la limite septentrionale du ban communal. Les conseillers municipaux exprimèrent alors leur crainte de voir la ville s'engager dans une affaire qui risquerait de mettre en péril ses ressources financières[67]. Cette tiédeur se confirma par la suite et conduisit à la destitution du maire et à son remplacement par un maire administrateur issu de l'administration prussienne, Otto Back. Néanmoins, porté par l'administration impériale qui, outre la ville, associa à la réflexion les représentants de la chambre de commerce, des chemins de fer et l'armée, le projet avança. En 1874, un projet d'extension fut adressé à l'administration centrale à Berlin. Cette proposition fut toutefois revue par Berlin qui limita l'extension nord tout en étendant le périmètre d'extension vers l'ouest. Ces modifications pénalisaient fortement les propriétaires des terrains de la partie nord de l'extension qui demeurait de fait non constructible mais répondaient aux attentes de l'armée et, notamment, à sa volonté de voir la gare, dont l'emplacement venait d'être arrêté, dans l'espace *intra-muros*[68].

En effet, le plan d'extension intégrait un certain nombre de données préalablement définies : emplacements et plans de la gare et de l'université, dont la construction était engagée avant même la finalisation du plan, aménagement d'une place monumentale[69]. Ces contraintes sont à l'origine des similitudes observées entre les projets soumis par les architectes sollicités, le Berlinois August Orth et le Strasbourgeois Jean-Geoffroy Conrath[70].

Le plan définitif, qui reprenait pour la majeure partie la proposition de Conrath, témoigne de l'influence évidente de l'urbanisme parisien. Si ce rapprochement s'explique en partie par la formation de Conrath, elle procède aussi en grande partie de l'aura de la capitale française qui dépassait largement le cadre national[71]. C'est ainsi également que Reinhard Baumeister, dont le traité passait dans les années 1870 et 1880 comme la principale référence en Allemagne en matière d'extension urbaine[72], fondait une grande partie de

Fig. 1 : Construction de l'un des axes majeurs de la *Neustadt* : les avenues des Vosges, d'Alsace et de la Forêt-Noire. AVCUS.

son argumentaire sur des exemples parisiens[73]. Il les compléta toutefois par plusieurs recommandations dont l'emploi du réseau orthonormé, le dédoublement des voies de circulation ou une répartition fonctionnelle des activités au sein de l'espace urbain. Ces éléments se retrouvent également dans le plan de Strasbourg (fig. 1). Par-delà l'identité de son auteur, le plan d'extension de Strasbourg offre donc un parfait exemple de l'appropriation en Allemagne de l'urbanisme parisien.

L'approbation du plan le 7 avril 1880 marquait l'engagement de la construction effective de l'extension. Toutefois, plusieurs dispositions devaient être prises au préalable afin de rendre possible la mise en œuvre du chantier et en garantir la réussite sans toutefois mettre à mal les finances municipales.

Les conditions de la mise en œuvre du chantier

Le territoire de la future extension fit, préalablement à l'édification des premiers édifices, l'objet de réaménagements. L'arasement des anciennes fortifications et la construction de la nouvelle enceinte furent menées parallèlement et promptement. À ces importants chantiers s'ajouta l'aménagement d'un canal de liaison (*Umleitungs-Kanal*). Celui-ci reliait le cours de l'Ill, au sud de Strasbourg au canal de l'Ill au Rhin au nord et permettait l'aménagement d'un port en bordure méridionale de la ville. Il fermait ainsi la ville sur sa face orientale. Son creusement, concomitant des travaux sur les fortifications présentait l'avantage certain d'offrir des matériaux de gros œuvre pour l'enceinte.

Il était par ailleurs nécessaire de procéder au nivellement des terrains. Le niveau moyen des sols de l'extension, nettement moins élevé que celui de la ville ancienne, conjugué à la proximité du Rhin, en faisait une zone potentiellement inondable. De surcroît, lors de la réunion du comité d'experts de septembre 1878, il était apparu souhaitable de concevoir un réseau de canalisation global à l'échelle de toute la ville et, pour ce faire, de prévoir un rehaussement des sols, au niveau de la voirie, d'au moins 2,5 m dans le secteur de la *Neustadt*[74]. Contrairement aux opérations précédemment évoquées, le rehaussement des terrains fut mené progressivement au fur et à mesure de l'aménagement des rues. De surcroît, il se limita à l'espace de voirie, le niveau des sols restant inchangé dans les espaces non bâtis des parcelles.

L'enjeu principal de l'extension pour la ville était néanmoins de garantir la réalisation du plan tel qu'il avait été approuvé en 1880, ou du moins d'en préserver les éléments les plus déterminants, sans toutefois mettre en péril ses finances. Pour ce faire, le maire administrateur fit adopter en 1879 une loi portant sur la restriction de la liberté de bâtir dans les nouveaux quartiers de Strasbourg[75]. Pour en mesurer les enjeux et les principes, il convient de distinguer deux secteurs dans l'extension. Le premier (figuré en rose soutenu sur le plan de 1880 : voir *Bebauungsplan* dans les chapitres introductifs du présent ouvrage) correspond à l'emprise des anciennes enceintes dont les terrains avaient été revendus par l'Empire à la Ville pour un montant de dix-sept millions de marks. Quant au second (figuré en rose clair sur le plan de 1880), il était constitué de terrains privés frappés jusque-là de servitude *non aedificandi*. Avec l'approbation du plan d'extension et la levée des anciennes servitudes militaires l'ensemble devenait constructible.

Si dans le secteur des anciennes fortifications, le tracé des voies ne posa guère de problème car l'intégralité des terrains était propriété de la Ville, la situation était sensiblement différente dans le second secteur où plusieurs propriétés privées se trouvaient coupées par la future voirie. La loi de 1879 prévoyait que les portions de terrains qui dans le plan d'extension de 1880 étaient affectés à des rues ou des places publiques demeuraient inconstructibles et ce, sans indemnisation des propriétaires. Néanmoins, la Ville devait en faire l'acquisition au moment de l'aménagement de la voirie.

En septembre 1880, la Ville sollicita l'administration impériale pour mettre en œuvre une mesure d'expropriation pour cause d'utilité publique (*Zwangsenteignung*) sur tout le secteur d'extension[76]. Elle fonda pour cela son argumentaire sur la loi de 1879 dont certaines dispositions reprenaient des articles de la loi prussienne sur les alignements, mais également sur les lois françaises de 1841 et 1835 demeurées en vigueur dans les territoires annexés. Elle obtint gain de cause et, le 20 septembre 1882, une ordonnance impériale fut publiée en ce sens. On assiste donc ici à un croisement original entre deux systèmes réglementaires d'origines distinctes. Toutefois, la zone touchée par cette expropriation globale se restreignait, vraisemblablement à la demande de la Ville, à la moitié occidentale de l'extension. Cette limitation s'explique sans doute par l'importance des coûts engagés par cette mesure alors même que la Ville n'était pas à même de mener à court terme l'aménagement des voies sur tout le secteur de l'extension. Elle choisit sans doute de privilégier les secteurs stratégiques des abords de la gare et de la place impériale au détriment des zones plus résidentielles à l'est. Si cette procédure, efficace mais coûteuse, fut à nouveau employée à quelques reprises par la suite, la Ville privilégia les échanges à l'amiable en proposant, au fur et à mesure de l'aménagement des voies, les terrains des anciennes fortifications dont elle était propriétaire[77].

En effet, comme évoqué précédemment, l'aménagement de la *Neustadt* avait conduit la Ville à acheter à l'Empire les terrains des anciennes fortifications dont le prix avait été évalué à vingt millions de marks. De cette somme, il fut déduit trois millions pris sur les dommages de guerre versés par la France ; restait néanmoins à la charge de la

Fig. 2 : Immeuble 9-11, rue Goethe construit en 1887 par l'entreprise de construction strasbourgeoise Klotz-Petiti pour le compte du Crédit foncier et communal d'Alsace et de Lorraine.

Ville la somme conséquente de dix-sept millions de marks. Le contrat de vente, signé le 2 décembre 1875, engageait ainsi la Ville à verser annuellement à l'Empire un million de marks à compter de 1879. À cette dépense s'ajoutaient les frais occasionnés par l'aménagement de la voirie[78] ainsi que les indemnités versées pour les expropriations. L'ensemble de ces dépenses grevait lourdement le budget municipal et, pour l'assumer, la Ville se devait de valoriser les terrains dont elle était devenue propriétaire en les revendant sous forme de lots à construire.

La vente des terrains s'engagea à partir de 1879 et se poursuivit jusque durant l'entre-deux-guerres. Les contrats de vente, dont l'étude est en cours, permettent de saisir les rythmes des acquisitions et les personnalités des acheteurs. Contrairement à ce qu'escomptait Otto Back, la mise en vente des terrains semble avoir été accueillie avec tiédeur par les acheteurs potentiels. En effet, passé l'engouement des premières années, les ventes paraissent diminuer sensiblement pour ne reprendre un rythme plus soutenu que dans les années 1890. Il ressort également de l'exploitation de ces premiers résultats que les acheteurs furent très divers et que les cas de personnalités ou de sociétés foncières faisant l'acquisition de secteurs entiers furent relativement limités.

Un demi-siècle de chantier

En effet, si l'on excepte les chantiers monumentaux tels ceux du *Kaiserplatz* (place impériale, actuelle place de la République) ou de l'université, l'étude du chantier de la *Neustadt* met en évidence la diversité des acteurs, propriétaires fonciers, commanditaires et maîtres d'œuvre. Il apparaît, dans un premier temps, du moins, que les achats des terrains furent pour partie le fait d'autochtones[79]. Toutefois, plusieurs fonctionnaires de l'administration impériale venus s'installer à Strasbourg, prirent également part au marché. On peut ainsi relever le cas intéressant d'un regroupement de dix fonctionnaires de l'administration qui, en 1882, sollicitèrent la Ville pour bénéficier de lots à construire à bas prix arguant de la promesse d'une implantation durable à Strasbourg et, ainsi, de leur contribution à la politique de germanisation de la ville. La municipalité accéda à leur demande. Dès lors, les acheteurs firent appel à une entreprise de construction, elle aussi fraîchement installée à Strasbourg. Les immeubles ainsi construits constituent les édifices les plus anciens de la rue de l'Observatoire[80].

Le chantier de la *Neustadt* offrit également des opportunités à des entreprises foncières tant implantées dans d'autres villes de l'Empire, telle la *Süddeutsche Immobiliengesellschaft* basée à Mayence que locales, comme le crédit foncier et communal d'Alsace et de Lorraine qui acquit une grande partie des terrains bordant la rue Goethe (fig. 2). Enfin, les maîtres d'œuvre, qu'il s'agisse d'architectes ou d'entrepreneurs, furent également tant autochtones que « Vieux Allemands » et tout porte à penser que les cas de collaboration entre maîtres d'œuvre alsaciens et nouveaux venus ne furent pas rarissimes[91].

Dès 1880, les premières constructions s'élevèrent dans la *Neustadt*. Toutefois, à l'instar des acquisitions de terrains, le rythme de construction s'accéléra à partir des années 1890 pour connaître son niveau maximal au tournant du siècle.

Les abords de la gare, de la place impériale et de l'université furent les premiers urbanisés de la *Neustadt*. Sans doute faut-il y voir ici le rôle stimulant joué par ces grands équipements, mais également les facilités apportées dans ce secteur par la viabilisation des accès qui y avait été très tôt prise en charge par la Ville. Ces secteurs sont également ceux qui aujourd'hui encore témoignent du plus grand respect du parti originel du plan d'extension, marqué pour les secteurs de la place impériale et de l'université par des voies rectilignes, dessinant un réseau orthonormé et offrant des axes de perspective.

Fig. 3 : Île Sainte-Hélène, entrée de la rue Dotzinger.

À l'inverse, les autres secteurs de la *Neustadt*, et notamment la partie orientale de l'extension demeuraient peu bâtis jusqu'à l'extrême fin du XIXe siècle. À partir de 1897, la mise à l'étude d'un nouveau plan d'aménagement pour ces secteurs marqua une rupture. Si ce parti témoignait de la réception à Strasbourg des principes de l'urbanisme pittoresque tels que les avaient édictés Camillo Sitte quelques années plus tôt et de l'émergence du mouvement *Bund für Heimatschutz*, il traduit également la volonté de la Ville de proposer un aménagement urbain plus respectueux du parcellaire existant et ce afin d'en rendre l'aménagement pratiquement et économiquement réalisable[82]. Ainsi, l'imposante place initialement prévue dans la partie orientale de l'extension sur des terrains privés fut-elle supprimée. De même, quelques années plus tard, le tracé rectiligne des voies envisagé pour l'île Sainte-Hélène fut remplacé par un réseau plus courbe dont une part certaine reprend le tracé des anciens chemins (fig. 3). Par la suite, ce choix de tracé viaire fut également appliqué dans des secteurs qui n'étaient pas déterminés par la structure parcellaire préexistante comme le quartier suisse, prolongement méridional de l'extension dont la mise en œuvre fut engagée dans les années 1909 après le déplacement d'une partie du front sud des fortifications. Il en alla de même dans le lotissement du Conseil des Quinze, un quartier de villas construit au nord-est de l'extension sur des terrains achetés par la Ville. Il est vrai qu'au tournant du siècle, les compétences et les prérogatives de la Ville s'étaient grandement accrues et que cette dernière s'était dotée d'outils lui permettant de mieux encadrer et contrôler la production du bâti.

Ainsi, dans les années 1920, le règlement de la construction de Strasbourg fut-il jugé exemplaire[83] et, alors que s'achevait le chantier de la *Neustadt*, les réalisations strasbourgeoises, telles que le grand établissement de bain qui inspira celui de Rennes, l'extension de l'hôpital conçue et mise en œuvre par les frères Karl et Paul Bonatz ou le lotissement du Conseil des Quinze, suscitèrent-elles, à juste titre, l'admiration.

---

[65] Pierre PINON, « Déclassement des fortifications et plan d'extension des villes françaises dans la première moitié du XIXe siècle. L'exemple de Saint-Quentin », dans *Villes françaises au XIXe siècle. Aménagement, extension et embellissement*, sous la direction de Michèle LAMBERT-BRESSON et Annie TÉRADE, Paris, Les Cahiers de l'Ipraus, 2002, p. 63-81.

[66] Voir à ce sujet la contribution de Bernard Gauthiez dans le présent ouvrage.

[67] Archives de Strasbourg, 1MW206, débat du conseil municipal du 14 février 1872.

[68] *Die Stadterweiterung von Strassburg. Verhandlungen bezüglich des die Stadterweiterung betreffenden, zwischen dem Reich und der Stadt abgeschlossenen Vertrages*, Strasbourg, Schultz R., 1876, p. 14. L'aire d'extension ainsi délimitée s'élevait à 384 ha et conduisait au quasi triplement de la ville *intra-muros*.

[69] Voir à ce sujet la contribution de Bernard Gauthiez dans le présent ouvrage. La principale étude pour la genèse du plan d'extension de Strasbourg est la thèse de Klaus NOHLEN, *Baupolitik im Reichsland Elsass-Lothringen, 1871-1918. Die Repräsentativen Staatsbauten um dem ehemaligen Kaiserplatz in Strassburg*, Berlin, Gebr. Mann, 1982. Il faut également mentionner l'étude de Claude DENU et Éric OLLIVIER, *Le plan d'extension de la ville de Strasbourg, 1871-1880*, dossier de l'école nationale supérieure d'architecture de Strasbourg, non publié, 1978.

[70] Reinhard BAUMEISTER, « Die Stadt-Erweiterung von Strassburg », *Die Deutsche Bauzeitung*, n° 68, 1878, p. 344.

[71] En effet, la dette envers l'urbanisme parisien est également très sensible dans le projet d'August Orth.

[72] Reinhard BAUMEISTER, *Stadt-Erweiterungen in technischer, baupolizeilicher und wirtschaftlicher Beziehung*, Berlin, Ernst & Korn, 1876.

[73] À titre d'exemple, on peut mentionner ici la référence à la perspective entre l'église de la Madeleine et le palais Bourbon perpendiculaire à l'axe courant des Tuileries vers l'arc de Triomphe, évoquée par Baumeister, que reprennent ensuite plusieurs architectes allemands.

[74] *Protokolle über die Sitzungen der Commission zur Feststellung des Bebauungsplanes für die Stadt Strassburg*, Strasbourg, G. Fischbach, 1879, p. 43.

[75] Selon Baumeister, cette loi palliait d'une certaine manière à l'indigence des lois françaises restées en vigueur, il la jugeait néanmoins trop timorée sur certains aspects décisifs pour la mise en œuvre de l'extension. Voir Reinhard BAUMEISTER, « Die Stadt-Erweiterung von Strassburg », *Die Deutsche Bauzeitung*, n° 8, 1881, p. 26. Sur la question de la règlementation en matière de construction à Strasbourg et dans les autres villes du *Reichsland*, voir Rolf WITTENBROCK, *Bauordnungen als Instrumente der Stadtplanung im Reichsland Elsass-Lothringen (1870-1918). Aspekte der Urbanisierung im deutsch-französischen Grenzraum*, Saarbrücker Hochsculschriften, St. Ingbert, Werner J. Röhrig Verlag, 1989.

[76] Voir les archives de Strasbourg, 93MW514. Cette mesure concernait les terrains qui tombaient entièrement ou pour partie dans le tracé de la voirie de telle sorte qu'ils étaient rendus inconstructibles et dont, conformément à la loi du 21 mai 1879, la Ville devait faire l'acquisition avant 1885.

[77] Voir les archives de Strasbourg, AVCUS 93MW512-516.

[78] Toutefois, la loi du 21 mai 1879 prévoyait la contribution des riverains à cette charge.

[79] Reinhard BAUMEISTER, *op. cit.*, 1876, p. 27.

[80] Voir le dossier d'inventaire sur le lotissement des abords de l'université.

[81] L'étude de l'origine des maîtres d'œuvre et de leurs réalisations est actuellement en cours dans le cadre de l'opération d'inventaire de la *Neustadt*.

[82] Voir les archives de Strasbourg, débats du conseil municipal des 14 juillet et 15 novembre 1897.

[83] Il s'agit alors du règlement de construction de 1923 qui reprenait fidèlement la *Bauordnung* validée en 1910.

LA KAISER-WILHELMS-UNIVERSITÄT ET LA NEUSTADT : UNE UNIVERSITÉ MODÈLE AU CŒUR DE L'EXTENSION URBAINE

Delphine Issenmann et Sébastien Soubiran

Malgré les modifications et destructions subies au cours du temps, le campus historique de Strasbourg demeure aujourd'hui encore le reflet fidèle de l'ambitieux programme pédagogique et scientifique élaboré par le pouvoir allemand pour la nouvelle université impériale au lendemain de l'Annexion en 1871. L'examen de la genèse de cet ensemble révèle les nombreux rebondissements d'un chantier dont les étapes attestent des multiples échanges — et tensions — entre les acteurs (architectes, universitaires, militaires, décideurs politiques, etc.) agissant au sein de l'administration centrale à Berlin comme des instances locales. L'intensité de ces différentes tractations rend compte des enjeux — politiques, scientifiques, militaires et urbanistiques — qui ont sous-tendu l'établissement de cette nouvelle institution. Au-delà des moyens qui lui sont consacrés, l'université de Strasbourg témoigne d'une évolution majeure du système d'enseignement supérieur allemand en cette fin du XIXe siècle, tant dans ses pratiques que sa gouvernance. Ce modèle va se développer dans toute l'Europe et accompagner le développement des états-nations en pleine constitution. L'ensemble des traces matérielles de l'activité intellectuelle de la *Kaiser Wilhems Universität*, conservées aujourd'hui, permettent de rendre compte du caractère exceptionnel de cette université pour l'époque, qu'il importe de documenter et de valoriser.

La mise en place d'une université moderne au service de la nation

Après le transfert de l'ancienne université française à Nancy, il ne peut être envisagé de simplement germaniser les reliquats de l'université française pour réaliser un programme universitaire répondant aux ambitions affichées par le pouvoir allemand. C'est donc la création d'une nouvelle institution qui est décidée le *Reichstag* dès les premiers mois qui suivent l'annexion[84]. Les enjeux sont multiples : en dotant la capitale alsacienne d'une université parmi les plus grandes et les plus riches de l'Empire, le *Reichstag* souhaite faciliter l'intégration du nouveau *Reichsland* en favorisant la « germanisation » de la population des territoires annexés. C'est également un investissement pour construire une vitrine de la puissance du nouvel état allemand et renforcer l'esprit de la nation. Il s'agit par ailleurs de saisir l'occasion, qui ne s'était plus présentée depuis la création des universités de Berlin (1810) et de Bonn (1818), de fonder une nouvelle université qui s'appuie sur des pratiques pédagogiques inédites, et intègre des disciplines naissantes telles que la sociologie ou les sciences politiques mais aussi les mathématiques et les sciences de la nature, telles l'astrophysique ou les sciences de la Terre[85].

À l'échelle de l'Europe cette place faite aux sciences de la nature au sein de l'université est exceptionnelle. La chimie, les sciences physiques, la botanique, la zoologie et la géologie sont représentées et reçoivent chacune leur institut possédant un laboratoire de recherche en plus des salles de travaux pratiques et amphithéâtre pour l'enseignement, — un dispositif novateur au sein des universités européennes. Dans le domaine de la santé, le fonctionnement par institut associé à différentes cliniques constitue également une innovation. Ainsi tant dans les champs disciplinaires développés que dans les pratiques de transmission et de production de la connaissance — enseignement fondé sur les pratiques de recherche — l'université de Strasbourg s'inscrit dans une ligne résolument innovante.

En dernier lieu, les moyens mis en œuvre pour acquérir les équipements tant pédagogiques que ceux nécessaires à la recherche permettent à Strasbourg de rivaliser avec les plus grandes universités européennes. L'observatoire astronomique est doté au moment de sa construction de la plus grande lunette astronomique d'Europe[86]. La première station sismologique au monde sera construite en 1900 en plein cœur du campus impérial consacrant Strasbourg au premier rang de la recherche pour cette science naissante[87]. L'instrumentation de pointe a certainement favorisé l'obtention d'un prix Nobel en physique et de deux prix Nobel en chimie. Dans le domaine des sciences de la vie, les recherches et l'enseignement s'appuient sur des collections exceptionnelles conservées dans un jardin botanique, un musée de zoologie et un musée de minéralogie[88]. Les Humanités ne sont pas en reste, avec la collection remarquable de moulages constituée par Adolf Michaelis premier titulaire de la chaire de l'institut d'archéologie classique, la collection d'égyptologie à laquelle il contribua[89], ou encore le fonds ancien et de publications remarquables constitué au sein de la bibliothèque universitaire.

La traduction du projet dans la pierre : le campus de la porte des Pêcheurs

L'université ouvre ses portes dès le 1er mai 1872 sous le nom de *Kaiser Wilhelms Universität*, dans les anciens locaux de l'université française[90] mis à disposition par la municipalité. Mais ceux-ci sont rapidement jugés exigus et inadaptés au modèle d'université moderne conçue par Roggenbach et aux nouveaux desseins du pouvoir impérial, d'autant qu'ils sont dispersés à travers la ville. Aussi l'idée de construire un ensemble architectural unique, dans lequel chaque discipline trouverait sa place dans un espace commun, s'avère dès lors indispensable et fédère l'ensemble du corps professoral.

La surface nécessaire à la réalisation d'un nouveau campus architectural est estimée à une quinzaine d'hectares. Une telle surface donne la mesure de l'ambition de la nouvelle capitale mais est surtout le reflet des nouveaux principes établis pour le projet universitaire, s'inspirant largement du modèle établi par Wilhelm von Humboldt lors de la création de l'université de Berlin au début du XIXe siècle[91] : l'objectif est de concevoir des espaces permettant de mêler étroitement les activités d'enseignement et de recherche. Afin de favoriser les passerelles entre celles-ci et permettre l'émergence de relations interdisciplinaires[92], il s'agit également de rassembler en un même site l'ensemble des disciplines, y compris les sciences médicales.

Or il est impossible, suivant des arguments notamment financiers, de dégager porte de l'Hôpital un site en un seul tenant pour accueillir un campus d'une telle ampleur, pas plus qu'il n'est envisageable de déménager les cliniques hospitalières vers un nouveau campus. Il apparaît alors inéluctable de renoncer à maintenir la faculté de médecine avec les autres sciences dans un même espace.

Un autre site est à l'étude, situé au nord-est, dans le secteur faisant depuis 1872 l'objet d'un projet d'extension — celui de la *Neustadt*. Une implantation au cœur de nouveau quartier permet *in fine* d'établir l'université impériale à l'intérieur du périmètre de nouvelles fortifications qui accompagnent le projet d'extension, la mettant à l'abri de toute tentative de revanche militaire française. Elle présente par ailleurs l'avantage d'une perspective de valorisation beaucoup plus prometteuse.

La chancellerie impériale règle le sujet en ordonnant la construction de l'institut d'anatomie normale dans un ancien bastion à proximité de l'hôpital, et entérine l'éclatement de l'université en deux sites. Par ailleurs, elle appelle dès 1875 le jeune architecte berlinois Hermann Eggert[93] pour concevoir les plans d'ensemble des deux campus, celui, de la porte de l'Hôpital[94], imbriqué dans un bâti préexistant, pour la faculté de médecine et celui de la porte des Pêcheurs, au contraire vierge de toute construction, pour les autres disciplines scientifiques.

Fig. 1 : Fronton ornant la façade est de l'institut de botanique : allégorie de la science botanique nourrissant et abreuvant les colonies allemandes.

Une architecture au service de la science

Les édifices imaginés par Hermann Eggert forment un ensemble se caractérisant par une grande homogénéité[95]. Les matériaux employés pour le gros œuvre — en premier lieu l'emploi du grès gris pour la maçonnerie — ainsi que le style général sont exploités avec un désir évident d'unité entre tous les bâtiments. Le vocabulaire utilisé est emprunté à la Renaissance (frontons triangulaires, entablements, colonnes cannelées…) tandis que le décor a régulièrement recours aux mêmes procédés : ainsi, l'évocation des disciplines scientifiques enseignées et exercées dans chaque bâtiment est exprimée sous la forme d'allégories en haut-relief dans les frontons triangulaires qui surplombent les façades (fig. 1).

Mais au-delà du programme décoratif, la valeur architecturale des édifices se situe dans le caractère éminemment fonctionnel de ces derniers, Hermann Eggert ayant conçu les plans en fonction des directives reçues des premiers directeurs des instituts, véritables prescripteurs du projet architectural. L'architecte consulte ces derniers afin d'intégrer dans sa réflexion les spécificités des appareils et des instruments qu'ils envisagent d'installer, et de traduire dans la pierre les besoins de chacune des disciplines[96]. Ceux-ci se manifestent par un certain nombre de caractéristiques communes.

En premier lieu, les bâtiments des différents instituts doivent être en mesure de rassembler en un même édifice les fonctions d'enseignement, de recherche et d'habitation. Ainsi, tandis que le résultat varie à la fois dans la forme et dans la distribution selon les instituts, l'organisation interne est toujours conçue pour permettre le cumul au sein des mêmes bâtiments des espaces dédiés à la pratique scientifique (laboratoires,

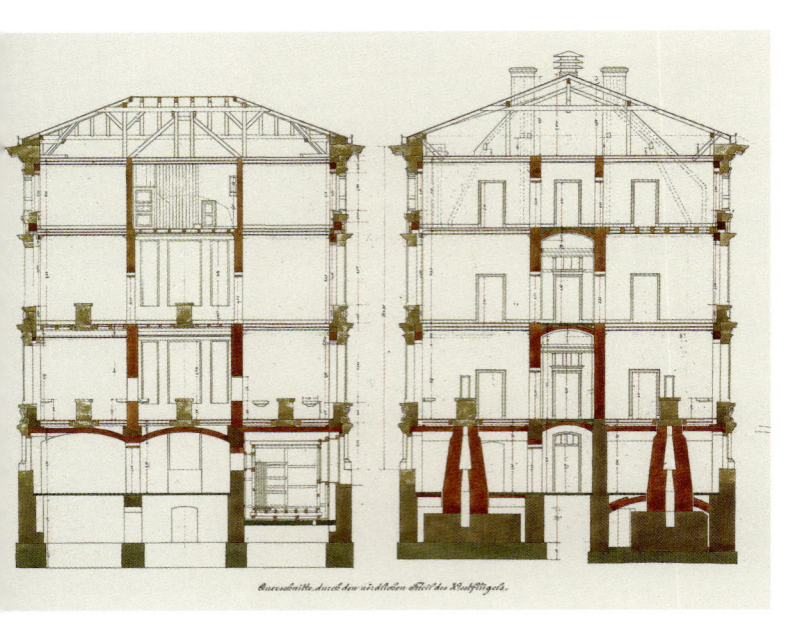

Fig. 2 : Coupe transversale de la partie nord de l'aile ouest de l'institut de physique : on distingue l'emplacement des différents piliers pour instruments et leur système de fondation.
Université de Strasbourg – Jardin des Sciences.

seconde couche de moellon. Dans ce même esprit, certains instituts (physique, astronomie) sont équipés de piliers à structure creuse, dont la base est déconnectée du sol et des murs extérieurs, afin de limiter la transmission des vibrations (fig. 2).

Certains dispositifs sont la manifestation d'une ingéniosité inédite de la part de l'architecte. Il conçoit ainsi pour l'institut d'astronomie des coupoles dont les modes d'ouverture diffèrent selon le type de lunettes qu'elles abritent (fig. 3). Il imagine pour l'institut de physique une grande tour centrale carrée et creuse, pour permettre les expériences pendulaires et celles portant sur la gravité. Il invente pour l'institut de chimie des halles semi-ouvertes isolées du bâtiment et suffisamment aérées pour permettre la réalisation d'expériences chimiques délicates. Il dessine pour le directeur de l'institut de botanique une serre expérimentale adossée à la façade et accessible depuis son espace de travail.

Le « modèle strasbourgeois », origine et postérité

Cette énumération non exhaustive des aménagements proposés par Hermann Eggert et ses successeurs peut conduire à s'interroger sur les sources d'inspiration de ces derniers, mais aussi sur leur postérité.

Ainsi pour Hermann Eggert le campus de Strasbourg constitue non seulement son premier chantier important mais également son premier projet de bâtiments scientifiques et universitaires. Par la suite, même si son activité s'oriente essentiellement vers la conception d'édifices publics, son expérience universitaire ne restera pas sans lendemain puisqu'il concevra les plans de l'école technique supérieure de Gdansk ainsi que des projets pour l'observatoire de Bamberg ou pour l'extension de l'université technique de Berlin.

salles de travail, etc.) et à la pédagogie (amphithéâtres, salles de travaux pratiques, etc.) partageant certains espaces communs (circulations, bibliothèques, etc.) mais scrupuleusement séparés, chacun étant desservi par sa propre entrée et son propre escalier.

La deuxième contrainte correspond à l'adaptation des bâtiments à l'accueil d'instruments de précision performant mais nécessitant une absence de vibrations, d'écart de température et d'humidité pour garantir la plus grande qualité des mesures. Celle-ci s'applique tout d'abord au système de fondations, identique pour l'ensemble des bâtiments. Ceux-ci sont établis dans une plaine alluvionnaire, à l'emplacement des anciennes fortifications de Vauban arasées, et il a fallu imaginer un procédé permettant d'isoler les bâtiments de l'humidité latente en superposant à une première couche de béton, coulée au niveau de la nappe phréatique, une

Fig. 3 : Photographies de l'observatoire astronomique au début du XXᵉ siècle : coupoles de l'altazimut (à gauche) et du réfracteur de 16 cm (à droite). Université de Strasbourg – Jardin des Sciences.

À l'échelle de l'ensemble, le campus impérial, de par sa disposition, reprend de façon manifeste le modèle des pavillons hospitaliers[97] aménagés autour d'un jardin. Favorisant la circulation de l'air et de la lumière (*Licht und Luft*), suivant les préceptes de l'hygiénisme alors en plein essor, il est organisé suivant le principe de la promenade avec le jardin d'agrément — ici les jardins universitaires — et celui de la séparation des bâtiments, initialement imaginée pour les malades aux pathologies contagieuses et appliqué aux instituts scientifiques qu'il convient d'éloigner les uns des autres pour ne pas générer de perturbations dans les activités de recherche[98] (fig. 4). L'application de ce modèle à un campus universitaire est relativement nouvelle en Europe, même si le projet proposé par Eggert puise une inspiration lointaine dans l'université de Tübingen. Mais si la disposition générale, suite au transfert progressif à l'extérieur de la ville — avec un bâtiment principal derrière lequel se regroupent les instituts — est proche de celle de l'université alsacienne, ce qui avait été fait sur le temps long — à partir de 1837 — pour Tübingen, est conçu en une seule fois à Strasbourg, qui plus est dans le contexte exceptionnel d'un plan d'extension.

Car le campus est l'œuvre d'un architecte qui a voulu faire de l'université un élément structurant des nouveaux quartiers tout en la rattachant au tissu urbain existant. Pour ce faire, il propose, à partir de la porte des Pêcheurs, un certain nombre d'axes urbains[99]. Ainsi il trace vers l'ouest une perpendiculaire qui donne l'orientation générale du site universitaire et se prolonge au-delà jusqu'à la limite de la place Broglie pour former une nouvelle place. Le principe sera intégré par l'architecte de la ville, Jean-Geoffroy Conrath, au plan définitif de la *Neustadt*[100].

Il ouvre une perspective vers la future *Kaiserplatz* et l'actuel palais du Rhin qui sera construit face au bâtiment collégial, formant ce qu'on appelle aujourd'hui l'axe impérial (fig. 5).

Une expérience urbaine unique

L'examen rapide de l'histoire et du contexte de création de l'université de Strasbourg démontre le caractère exceptionnel à plus d'un titre de cet ensemble architectural. Conçu d'un seul tenant, de façon concomitante à un plan d'extension urbaine, il bénéficie de conditions qui ne seront plus réunies par la suite, ce qui explique l'absence de postérité du campus tel qu'il a été édifié à Strasbourg[101].

Construit *ex-nihilo*, le campus de la porte des Pêcheurs constitue le premier chantier d'envergure de la *Neustadt*. La rapidité des travaux — le premier ensemble est construit en moins de huit ans — témoigne elle aussi des moyens conséquents accordés à ce projet architectural et à l'extension urbaine qui vient, en à peine vingt ans, l'encercler pour lui donner son statut actuel de campus central. Et c'est finalement à Strasbourg même qu'un autre campus, conçu pour rassembler lui aussi les fonctions d'enseignement, de recherche et d'habitation en articulation avec la vieille ville, pourrait faire figure d'héritier du campus impérial : le campus de l'Esplanade édifié à partir des années 1960. La disposition organisée autour une vaste place aménagée à l'arrière d'un bâtiment phare, en l'occurrence la faculté de droit[102], fait écho à celle, imaginée cent-quarante ans plus tôt, pour l'université impériale.

Fig. 4 : À gauche : le campus de la porte des Pêcheurs après 1893 (reproduction d'une peinture réalisée d'après photographie, vers 1900). Université de Strasbourg – Jardin des Sciences. À droite, vue aérienne du campus aujourd'hui.

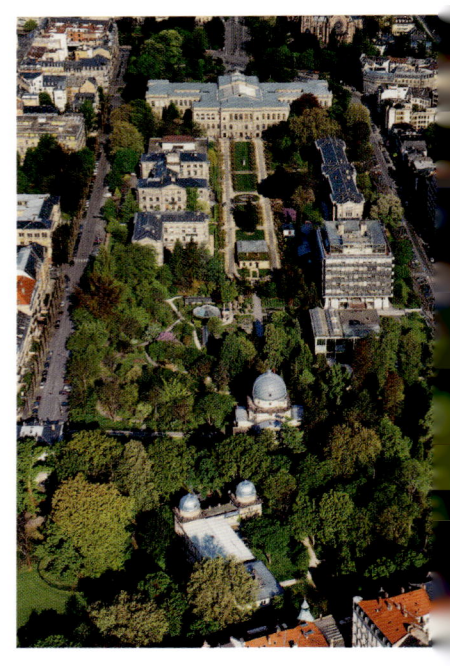

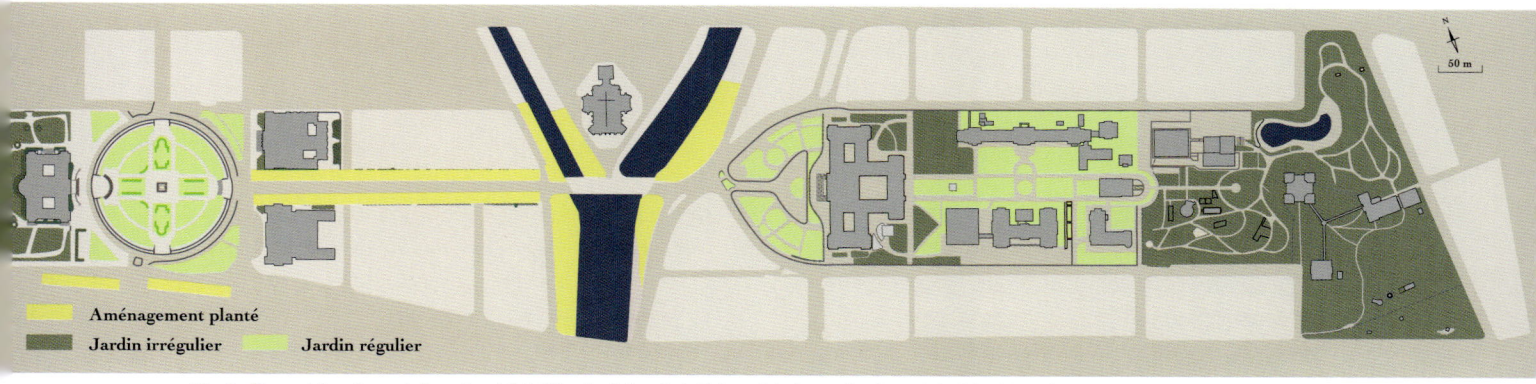

Fig. 5 : Plan schématique de l'axe impérial s'étendant depuis la Kaiserplatz (actuelle place de la République) à l'ouest, jusqu'au campus universitaire à l'est. Audrey Schneider, 2010 © Inventaire général – Région Alsace.

Aménagement planté
Jardin irrégulier   Jardin régulier

84 Elle est supervisée par le baron Franz von Roggenbach, qui vient d'être nommé curateur par le chancelier Otto Bismarck.
85 Voir notamment les travaux de John E. CRAIG, *Scholarship and Nation Building. The University of Strasbourg and Alsactian Society*, 1870-1939, Chicago-Londres, The University of Chicago Press, 1984.
86 L'astronome August Winnecke, premier directeur de l'institut d'astronomie de la nouvelle université fait référence à l'observatoire de Poulkovo, près de Saint-Pétersbourg, où il a travaillé quelques années. Il demande à ce que la disposition du futur observatoire de Strasbourg permette de séparer les espaces d'observation de ceux dévolus au travail et à la vie courante. Voir Frédérique BOURA, Delphine ISSENMANN, Sébastien SOUBIRAN (éd.), *L'observatoire astronomique de Strasbourg*, Lyon, Lieux Dits, collection *Parcours du patrimoine*, n° 352, 2009.
87 Frédérique BOURA, Delphine ISSENMANN et Sébastien SOUBIRAN (éd.), *Mesurer les séismes, la station de sismologie de Strasbourg*, Lyon, Lieux Dits, collection « Parcours du patrimoine », n° 363, 2011.
88 Pour une vue d'ensemble sur le développement des sciences expérimentales à Strasbourg entre 1870 et 1939 voir Élisabeth CRAWFORD et Josiane OLFF-NATHAN (dir.), *La Science sous influence : l'Université de Strasbourg, enjeu des conflits franco-allemands 1872-1945*, Strasbourg, La Nuée Bleue, 2005.
89 Voir notamment Frédéric COLIN, « Comment la création d'une 'bibliothèque de papyrus' à Strasbourg compensa la perte des manuscrits précieux brûlés dans le siège de 1870 », *La revue de la BNU 2*, 2010, p. 24-47.
90 Le palais des Rohan, la faculté de médecine récemment construite à l'hôpital civil, le séminaire protestante et l'académie.
91 Voir sur ce point le mémoire de Wilhelm VON HUMBOLT, *Über die innere und äussere Organisation der höheren wissenschaftlichen Anstalten in Berlin* [Sur l'organisation interne et externe des établissements scientifiques supérieurs à Berlin], Gesammelte Schriften, Berlin, Königlich-Preussischen Akademie der Wissenschaften, Politische Denkschriften, X, 250-260, 1903. Les points clé de ses conceptions peuvent se résumer, d'une part à l'union étroite de la recherche et de l'enseignement, à travers la collaboration entre étudiants et professeurs, d'autre part à la liberté d'études et de recherche laissée à chacun, selon sa volonté et en fonction des exigences de son épanouissement personnel.
92 Ce dispositif favorise l'émergence, durant la seconde moitié du XIXe siècle, de sujets de recherche interdisciplinaires tels l'astrophysique, la géophysique ou la biophysique.

93 Âgé d'à peine 31 ans au moment de sa nomination, ce dernier est préféré à l'architecte de l'université alors en poste, Charles Winkler. Eggert a déjà eu l'occasion d'exprimer avec brio sa créativité lors de concours ou projets précédents tels celui de la cathédrale de Berlin. La conception des plans et le suivi jusqu'en 1881 du chantier de l'université de Strasbourg constituent sa première expérience d'envergure. Il est également l'auteur des plans d'un autre bâtiment emblématique de la *Neustadt* : le palais impérial, appelé aujourd'hui palais du Rhin.
94 Le campus de la porte de l'Hôpital ne sera que brièvement évoqué, faisant l'objet d'un développement plus approfondi dans la contribution d'Olivier Haegel dans le présent ouvrage.
95 Pour une description détaillée de chaque édifice, se reporter notamment à S. HAUSMANN, *Die Kaiser-Wilhelms-Universität Strassburg, ihre Entwicklung und ihre Bauten*, Strassburg i. Eld., 1897 et *Architekten- und Ingenieur- Verein für Elsass-Lothringen, Strassburg und seine Bauten*, Strassburg, Karl J. Trübner, 1894.
96 Cette collaboration est évoquée dans les sources, malheureusement sans que celles-ci soient explicites sur la fréquence et le contenu des échanges.
97 Sur le modèle pavillonnaire hospitalier voir notamment Pierre-Louis LAGET et Louis LAROCHE, *L'hôpital en France, histoire et architecture*, Lyon, Lieux Dits, collection « Cahiers du patrimoine », 2012, p. 11.
98 L'implantation de l'institut de physique aurait ainsi été définie à partir des prospects *minima* de 30 m de tous côtés.
99 C'est également lui qui déporte au-delà de l'Ill l'espace fonctionnel de la nouvelle ville en traçant entre les portes de Pierre et de Kehl une parallèle à l'axe universitaire, qui aboutira aux actuelles avenues des Vosges et de la Forêt-Noire.
100 Il sera doublé par un second axe nord-sud offrant une perspective depuis la porte de Schiltigheim vers la cathédrale.
101 On peut penser à la cité scientifique construite au tournant du XXe siècle à Bruxelles. Les bâtiments (instituts de physiologie, d'hygiène et d'anatomie mais aussi de sociologie puis de physique et chimie) sont édifiés dans le quartier Léopold — alors en plein essor — entre 1892 et 1913 ; mais à la différence de la capitale strasbourgeoise, les architectes de cet ensemble n'ont pas cherché à achever, lancer ou structurer ce morceau de la ville en devenir en l'articulant au projet universitaire. Voir Annick BRAUMANN et Marie DEMANET, *Le parc Léopold (1850-1950). Le zoo, la Cité Scientifique et la ville*, Bruxelles, AAM éditions, 1985.
102 Voir notamment Lucie MOSCA, *La faculté de droit de Strasbourg, campus de l'Esplanade*, Lyon, Lieux Dits, collection « Parcours du patrimoine », 2012.

L'ÉVOLUTION DE L'ARCHITECTURE SCOLAIRE À STRASBOURG (1871-1918)

Niels Wilcken

Entre 1871 et 1918, la municipalité de Strasbourg fit construire un grand nombre d'édifices scolaires qui montrent d'une façon très significative l'évolution de ce type d'architecture pendant la période allemande. Après le bâtiment « phare » de l'université de Strasbourg — ensemble architectural marquant le début de l'extension de la ville —, les différents établissements devaient souligner le rôle de Strasbourg non seulement comme capitale politique mais aussi comme capitale de l'enseignement de l'Alsace-Lorraine. Avec une architecture représentative de l'État, la municipalité confia aux écoles une fonction importante dans l'urbanisme de l'extension de la ville alors que celles construites dans la ville historique devaient valoriser son aspect.

L'architecture des premières écoles construites par le gouvernement allemand suivit d'abord les styles français, ce qui s'explique en partie par le fait que l'architecte de la ville pendant la période du Second Empire, Jean-Geoffroy Conrath (1824-1892), resta en poste durant les quinze premières années de l'annexion. L'école Schoepflin, le premier grand projet scolaire, était encore construite dans la ville ancienne (1874-1875 ; quai Schoepflin — fig. 1). S'adaptant au terrain de construction, l'école se déploie sur deux ailes en angle obtus face à l'ensemble formé par le palais de justice et l'église catholique Saint-Pierre-le-Jeune situé sur le terrain de l'extension. La belle façade est constituée d'arcades au rez-de-chaussée, de fenêtres rectangulaires au premier et deuxième étages et est surmontée d'un toit avec des lucarnes flanquées de fenêtres en forme d'œil-de-bœuf. La

Fig. 1 : École Schoepflin.

Fig. 2 : École des arts décoratifs.

polychromie constituée par les briques rouges et les pierres en grès gris, les pavillons flanqués aux extrémités et le toit mansardé de l'école Schoepflin font référence au style Louis XIII. Tout comme l'ensemble des établissements scolaires de la ville, l'école porte un chronogramme correspondant à l'année de sa construction, le blason de la Strasbourg ainsi qu'une horloge.

L'école des arts décoratifs (rue de l'Académie — fig. 2) fut édifiée en 1892 d'après les plans du successeur de Conrath, Johann Karl Ott (1846-1917) qui était d'origine allemande. Il avait choisi comme modèle l'école centrale des arts et manufactures à Paris, construite peu avant. Comme terrain de construction, la municipalité avait choisi l'ancien jardin botanique dans un quartier historique, la Krutenau. En tant que nouveau directeur de l'établissement, l'architecte et peintre munichois Anton Seder avait exigé la construction d'un bâtiment neuf pour son détachement à Strasbourg. L'architecture de l'édifice est plutôt sobre et fonctionnelle. La façade est divisée en douze axes et de larges fenêtres dont trois axes sont unis par un propre toit mansardé donnant ainsi plus de mouvement à la silhouette de l'école. L'architecture est valorisée par de magnifiques bandeaux en céramique de Soufflenheim montrant les allégories de l'architecture, de la peinture et de la sculpture et, dans une moindre mesure, celles de la science, de l'archéologie et de la géométrie. Les murs entre les fenêtres des deuxième et troisième étages sont décorés avec des motifs floraux qui montrent déjà les premières influences de

Fig. 3 : Lycée René Cassin.

l'Art nouveau. La grande fenêtre de l'axe central est flanquée par des médaillons montrant des allégories d'*Argentorata* et d'*Alsatia*. Le fronton central est orné par le blason de l'école, un marteau.

Un autre exemple est le lycée René Cassin (ancienne école technique), construit par Ott en 1896 dans la rue Schoch, une rue parallèle à la voie centrale de la nouvelle ville, l'avenue de la Forêt-Noire (fig. 3). Comme l'école des arts décoratifs, de grandes fenêtres en axes réguliers garantissent la luminosité des salles de classe. Situé près de l'université et dans la zone d'extension de la ville, le bâtiment s'adapte par sa proportion aux corps de logis des petits châteaux français. Avec de belles frises symbolisant les métiers d'architecte, d'ingénieur et de géomètre et une cartouche représentant une équerre, un compas et un fil à plomb, le bâtiment indique sa vocation d'école technique. La ferronnerie du portail, d'une grande qualité, anime la façade en grès rose.

Un autre mouvement architectural concerne le collège Foch (ancienne *Neue Realschule*, rue du Maréchal-Foch — fig. 4). L'édifice a été construit en 1889 par Ott en style néo-Renaissance italienne. La municipalité avait pris en considération ici la proximité de l'architecture « officielle » du palais de l'Empereur et de la *Kaiserplatz*, l'actuelle place de la République. Pour cette raison elle a choisi une architecture plutôt somptueuse pour un bâtiment d'école dont les modèles sont répandus dans toutes les villes d'Allemagne. La façade, accentuée en son milieu par un avant-corps à trois axes et couronnée par une balustrade à l'italienne avec une horloge au milieu, laisse supposer que l'architecte s'est inspiré des revues d'architecture de l'époque, comme c'était alors d'usage dans ce corps de métier. Deux entrées indiquent la double vocation de l'école, les filles d'une part, les garçons de l'autre.

Fig. 4 : Collège Foch.

Fig. 5 : Lycée professionnel Charles-Frey.

En choisissant le grès d'un ton gris, on s'est adapté à la pierre utilisée pour les bâtiments des alentours de la *Kaiserplatz*. Seules les sculptures de têtes dans les écoinçons des trois fenêtres en plein cintre du deuxième étage de l'avant-corps sont typiques de l'architecture du XVIIIe siècle de Strasbourg et font une petite référence au style local.

Construite entre 1891 et 1892 sur le terrain d'un ancien hôtel particulier s'appelant *Drachenschlössel*, l'école du Dragon (lycée professionnel Charles Frey ; quai Saint-Nicolas — fig. 5) suivit les mêmes méthodes de planification que celles employées pour l'école Foch, et relevant des styles historicistes. Ainsi sa construction montre un répertoire répétitif de l'architecture de la Renaissance allemande. Le bâtiment se déploie en angle aigu sur l'Ill. La façade principale est composée de trois axes flanqués de petites tours d'escaliers couronnées par des clochetons couverts de tuiles vernissées. Le riche gâble flanqué d'obélisques, de volutes et de vases montre Saint Georges tuant le dragon. Au rez-de-chaussée les clefs de voûtes en forme de têtes s'inspirent d'un ancien motif strasbourgeois. Les murs entre les fenêtres du premier et du deuxième étage sont décorés par des motifs de remplage. Au même niveau des arabesques en fer forgé font partie intégrante du décor et peuvent être considérées comme élément moderne. La riche ornementation réalisée par Ott est inspirée de la restauration du château de Heidelberg, entreprise à cette époque. La rupture entre architecture et cadre urbain est encore marquante même si l'architecture elle-même témoigne d'un haut niveau technique. Le grès d'un ton gris rose employé pour cette réalisation contraste avec l'espace urbain environnant. Seuls les

Fig. 6 : Lycée des Pontonniers.

reliefs en pierre montrant le bâtiment précédant à cet emplacement, le *Drachenschlössel*, et l'effigie de saint Georges, créent un lien historique avec la ville.

Un changement se manifesta avec la construction de l'école des Pontonniers entre 1900 et 1901 (rue des Pontonniers, ancienne *Höhere Mädchenschule*, actuel lycée international — fig. 6), dont les plans furent élaborés par le même architecte. En raison de la localisation de l'école décidée sur le terrain de la nouvelle ville, juste en face du centre historique, Ott essaya de s'adapter au cadre local, avec l'objectif de donner l'illusion d'une authenticité historique. L'actuel lycée des Pontonniers peut ainsi être considéré comme une réalisation charnière entre la nouvelle et l'ancienne ville. Ott emprunta des motifs du style gothique tardif et de la Renaissance considérés comme « des styles de l'apogée de l'histoire de Strasbourg », et « recycla » des matériaux et objets récupérés lors des destructions effectuées pour les percements de nouvelles rues. Le grand fronton central face au fossé du Faux-Rempart imite ainsi le fronton de l'ancien hôtel de ville en style gothique tardif détruit en 1582, mais connu par des lithographies. Avec une disposition très variée des différents corps de bâtiment et de multiples volumes et décrochements, cette école se différencie totalement des écoles précédentes qui sont plus rectilignes et stéréotypées. Les oriels et pignons, les fenêtres de formes différentes, les tours et les toits très élevés montrent que cette école a essentiellement suivi les principes du pittoresque. La situation de l'école au bord du fossé avec ses reflets dans l'eau souligne encore davantage cet effet pittoresque. Avec l'intégration d'un colombage ancien d'une maison de 1587, le *Katzeroller*, sur la façade de la maison du directeur, celle-ci peut être considérée comme un sommet de ce style dans l'architecture scolaire à Strasbourg. Du côté de la rue des Pontonniers, des pignons rappelant les pans de bois et de grandes volutes en pierre de la ville ancienne montrent la diversité des formes choisies. Les deux chouettes en bois du portail d'entrée sont des symboles de sagesse et font allusion à la vocation éducative du bâtiment. Le toit est couvert de tuiles plates arrondies (*Biberschwanz*) produites d'après les techniques du Moyen Âge et très typiques de l'Alsace. Les cheminées s'inspirent également du style régional.

À l'intérieur, les effets « historiques » se poursuivent. Le grand escalier en pierre, logé dans une sorte de donjon, en constitue la pièce maîtresse. Il s'ouvre sous une double arcade moulurée qui repose sur une colonne à nervure torse. Dans beaucoup de salles de l'école figurent des cartouches avec des portraits et les dates de vie de nombreux notables strasbourgeois du XVIe siècle, ce à titre décoratif et didactique. Deux statues dans la salle de gymnastique correspondent à des moulures de statues symbolisant les vertus sur le portail gauche de la cathédrale.

Une architecture s'adaptant plutôt aux styles régionaux et prenant en considération les théories allemandes du *Heimatstil* est apparue vers la fin du XIXe siècle. Sous l'influence de ce mouvement, non seulement les communes, mais aussi le gouvernement régional d'Alsace-Lorraine ont favorisé une architecture proche des styles régionaux, incluant également les styles de la période française.

Un changement moderne dans l'architecture scolaire apparut avec le successeur de Johann-Karl Ott, Fritz Beblo (1872-1947), responsable du service d'architecture de la ville à partir de 1903. Sous une municipalité très progressiste dirigée par le maire Rudolf Schwander, Beblo plaida pour l'adaptation de la forme à la fonction. L'évolution architecturale entre les écoles Saint-Thomas (1903-1907), de la *Musau* à Strasbourg-Neudorf (1904-1906) du *Neufeld* (1907-1909) et le lycée Geiler de Kaysersberg (1914-1916) montre une réduction successive des formes et de l'ornementation au profit de façades et de toitures plus vastes (fig. 7). Bien que l'aspect fonctionnel dominât dans son œuvre, Beblo réussit par le choix des formes, des matériaux et des couleurs, à intégrer ses bâtiments au cadre local. Le bâtiment le plus expressif de cette tendance est le lycée Geiler de Kaysersberg, situé près de l'église Sainte-Madeleine (collège technique commercial, école municipale de commerce ; rue des Bateliers, place Sainte-Madeleine). Beblo choisit pour la conception de cette école d'opérer une simplification des formes, dont témoignent l'aspect rectiligne du bâtiment et son grand toit en croupe. La façade n'est relevée que par de grandes fenêtres rectangulaires et le toit par de petites lucarnes (état d'origine).

Pour réduire les coûts, Beblo décida d'un soubassement en pierres de taille. Le reste de la façade est couvert d'un crépi peint en terre de Sienne. Seule la porte d'entrée est mise en valeur par un haut-relief en forme de « chapeau de gendarme » surmonté d'une cartouche représentant le blason de la ville de Strasbourg. Sur l'embrasure de la porte sont appliqués de beaux bas-reliefs représentant des caducées de Mercure, des corbeilles de fruits et des cornes d'abondance faisant allusion à un commerce prospère. Par la forme de la porte, Beblo a montré ici la possibilité de la création d'une nouvelle architecture, déjà proche de l'Art déco.

Il est exceptionnel de trouver des modèles d'architecture scolaire à la fois français et allemands dans une même ville. Épargnée par les destructions massives des dernières guerres, Strasbourg, ville « charnière » entre la France et l'Allemagne, en constitue un vif témoignage.

Fig. 7 : Lycée Geiler de Kaysersberg.

DU PAYSAGE URBAIN AU FOYER CONFORTABLE, UN ESSAI DE SYNTHÈSE DE L'IMMEUBLE STRASBOURGEOIS[103]

Hervé Doucet et Olivier Haegel

C'est au nouveau pouvoir allemand que Strasbourg, devenue au lendemain de la guerre de 1870 la capitale du *Reichsland Elsass-Lothringen*, doit sa formidable extension urbaine, la *Neustadt* (ville nouvelle), lancée en 1880[104]. Cet ambitieux projet — dont la nécessité s'était déjà imposée de longue date tant la ville historique, contrainte à l'intérieur de ses anciens remparts, souffrait du manque de logements et d'hygiène — peut se concrétiser grâce à un pouvoir politique fort et des équipes municipales dynamiques. Ce nouveau quartier est parcouru d'un réseau de voies hiérarchisées (simples rues, rues plantées, avenues dotées d'un terre-plein central lui aussi planté et qui favorise la promenade, avenues d'apparat, voies destinées à la circulation...) qui, tout en facilitant les déplacements, définissent différentes ambiances urbaines et déterminent, en partie au moins, l'échelle sociale de leurs futurs habitants (fig. 1).

Ce territoire se construit lentement et irrégulièrement. Certaines parcelles ne sont loties que dans la seconde moitié du XXe siècle. Toutefois, la période qui s'étend de 1890 à la Première Guerre mondiale semble la plus dynamique pour la construction de la *Neustadt*[105]. Preuve de la volonté initiale de réaliser une véritable *ville nouvelle* où seraient réunies toutes les fonctions nécessaires à la ville contemporaine, les bâtiments qui y sont élevés répondent à des programmes variés

Fig. 1 : Carte des aménagements paysagers et de datation du bâti dans le secteur de l'allée de la Robertsau.
Audrey Schneider, 2013 © Inventaire général – Région Alsace. Fond de plan SIG-CUS.

(boutiques, bureaux, bâtiments militaires, équipements, etc. sont associés à divers types de logements, qu'ils soient individuels ou collectifs). De tous ces programmes, c'est sans doute celui de l'immeuble à loyer qui marque le plus profondément la *Neustadt*. Répondant au besoin de logement d'une population sans cesse croissante qui aspire à un confort que n'offre pas la ville historique, l'immeuble de rapport constitue pour les maîtres d'ouvrage un investissement très rentable. Pour leur réalisation, les commanditaires contribuent au dynamisme du milieu local de la construction en faisant appel à des entrepreneurs et à des architectes d'origine alsacienne et allemande, dont certains ont été formés à Paris, Berlin, Karlsruhe, etc. Quelle que soit leur formation[106], ces architectes, qui évoluent à une époque où se généralise la presse architecturale, sont sensibilisés aux débats qui ont agité les milieux internationaux de l'architecture tant dans le domaine de l'extension urbaine que dans celui du logement[107]. Ceci explique que l'expérience menée à Strasbourg se nourrisse d'expériences européennes[108].

La ville et l'immeuble

Comme la plupart des grandes villes européennes contemporaines, Strasbourg se dote dans les dernières années du XIXe siècle, d'un règlement de construction (*Bauordnung*) qui, en s'appliquant à l'ensemble du territoire de la ville, conduit à une rationalisation du paysage urbain. Si le gabarit des immeubles évolue au cours de la période (dans les années 1880, de petits immeubles de deux ou trois étages sur un rez-de-chaussée dominent la production puis, autour des années 1900 se généralise un gabarit plus généreux de quatre étages sur un rez-de-chaussée), tous sont soumis à la *Bauordnung*. Tout le long des rues, les lignes essentielles de la composition des façades se poursuivent d'un immeuble à l'autre. Deux *Bauordnungen* seront successivement publiés en 1892 et 1910[109]. Chaque immeuble construit à Strasbourg s'inscrit donc dans une grille commune qui régit sa hauteur, son alignement, la présence ou non d'un *Vorgarten*, petit jardin faisant transition entre le trottoir et l'immeuble, obligatoire sur certaines rues résidentielles.

La rigidité d'une telle structure urbaine n'est pas sans évoquer celle mise en place à Paris sous la houlette du baron Haussmann. Pendant le Second Empire, l'immeuble parisien est soumis à des règles qui déterminent sa hauteur, la composition générale de sa façade et l'emploi de la pierre appareillée, ce qui a pour conséquence de rendre les immeubles parisiens « anonymes », file continue de façades presque interchangeables qui rendent la rue parisienne monotone. Critiquée par Charles Garnier, cette uniformisation du paysage urbain parisien est lentement battue en brèche dans les années 1880 par l'introduction de bow-windows et l'emploi de matériaux variés[110]. C'est dans ces mêmes années que débute à Strasbourg la pleine période de construction de la *Neustadt*. À Strasbourg, comme ailleurs en Europe, l'époque se caractérise par une recherche de pittoresque grâce à des façades d'immeubles « individualisées » aux langages architecturaux très variés. Néogothique, néo-Renaissance allemande ou française, néo-Louis XIII, néobaroque, néo-Louis XV, avant que n'apparaisse la vogue de l'Art nouveau, sont les styles les plus fréquemment employés. Vraisemblablement, et dans la majorité des cas, le choix esthétique ne répond à aucune volonté symbolique particulière. Le style architectural s'impose pour des raisons avant tout commerciales — afin d'attirer des locataires potentiels par une façade séduisante — et non idéologiques. Lorsqu'en 1894 paraît l'ouvrage *Strassburg und seine Bauten*[111] qui fait la part belle aux transformations menées depuis l'annexion, l'esthétique architecturale des immeubles d'habitation est systématiquement mentionnée. Que celle-ci renvoie à un style français (souvent désigné par le nom d'un roi de France) ne semble aucunement poser problème. Cette diversité est encore renforcée par l'emploi de matériaux et d'un second œuvre polychrome hétéroclite[112].

Cette diversité stylistique ne reflète pas non plus la modernité — ou l'absence de modernité — de la distribution des appartements qui se cachent derrière les façades des immeubles d'habitation. Leur éclectisme se comprend avant tout par la volonté de rendre les rues du nouveau Strasbourg aussi variées que possible, voire pittoresques. Presque indépendantes de l'immeuble devant lequel elles s'élèvent, les façades strasbourgeoises de la *Neustadt* répondent donc à deux objectifs différents et complémentaires : non seulement, elles permettent une variété urbaine mais, par leur individualité, elles constituent un argument commercial destiné à séduire d'éventuels locataires. Cette dichotomie entre la façade et l'architecture elle-même existe dans d'autres grandes villes de l'Europe contemporaine et certains architectes ne tardent pas à la critiquer violemment. L'un des plus connus d'entre eux, l'architecte Adolf Loos, qui plaide en faveur d'un certain rationalisme et espère l'émergence d'un style reflétant l'époque contemporaine, condamne l'éclectisme des immeubles construits le long du *Ring* de Vienne dans un article intitulé « Die Potemkin'sche Stadt » publié en 1898[113]. Des voix, dont celle de Karl Staatsmann (1862-1930), ou d'Heinrich Emerich (1872-1933) se font entendre à Strasbourg après 1900 pour critiquer la qualité de l'architecture de la *Neustadt*[114].

L'immeuble et l'espace habité

Quelle que soit la clientèle à laquelle s'adressent les logements construits dans la *Neustadt*, le soin accordé aux dispositions des façades est une constante jusqu'à la Première Guerre mondiale. Logements bourgeois ou logements sociaux bénéficient tous d'un soin particulier quant à leur esthétique extérieure. À titre d'exemple, la cité Spach[115], construite entre 1898 et 1900 selon les plans de Johann Karl Ott, chef du service municipal d'architecture, affiche un langage régionaliste étonnant dans un groupe d'immeubles à destination sociale. L'esthétique architecturale participe pleinement de la politique sociale menée par la municipalité de Strasbourg. Pour Emerich, esthétique soignée et conditions d'hygiène participent au même titre au bien-être des habitants[116].

Loin d'être exclusivement réservés à la bourgeoisie, les immeubles construits dans la *Neustadt* s'adressent donc à une population issue des différentes couches de la société strasbourgeoise. Si la façade des immeubles ne permet pas véritablement de distinguer l'échelle sociale des habitants, il en va différemment des dispositions intérieures des appartements. Les logements occupent des surfaces très variées afin de répondre aux besoins de tout type de clientèle ; du petit appartement, comme ceux de la cour de Mutzig[117] (fig. 2), jusqu'au luxueux appartement bourgeois de dix pièces[118] (fig. 3). Le nombre de pièces des appartements et leur agencement dépendent également du plan de base de l'immeuble et donc de la manière dont il occupe la parcelle sur laquelle il est élevé. Simple rectangle dans les années 1880 occupant une bande de terrain entre la rue et la cour arrière[119], l'immeuble adopte, au tournant des XIXe et XXe siècles, des plans très variés en « L »,

Fig. 2 : Plan au rez-de-chaussée d'un appartement de la Cour de Mutzig, d'après É. Salomon, 1882 (à gauche) et plan d'un appartement au 1er étage des Volkswohnungen, d'après Berninger & Krafft, 1894 (à droite). Audrey Schneider, 2013 © Inventaire général – Région Alsace.

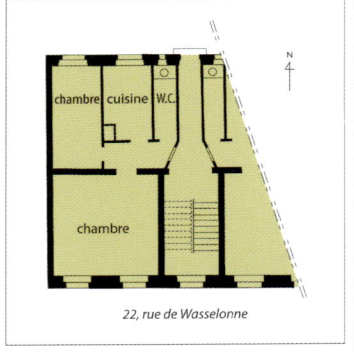

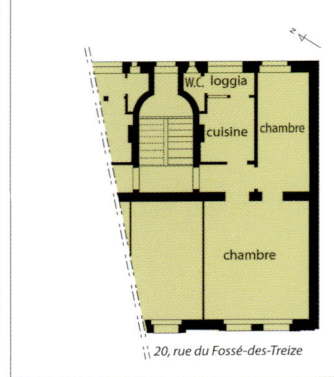

espaces de circulation — couloir ou escalier —, autorisent une meilleure rentabilité de la parcelle. Variété des plans-masses et généralisation des puits de lumière contribuent, en outre, à libérer les distributions intérieures des appartements.

Le nombre de pièces seul ne suffit pas à déterminer la distribution du logement bourgeois haut de gamme. Ses dispositions reprennent la tripartition caractéristique des appartements haussmanniens : les espaces réservés à la vie publique sont disposés le long de la façade sur rue, les espaces privés, comme les chambres à coucher, bénéficient du calme de la cour tandis que les pièces domestiques sont rassemblées et isolées loin des pièces d'apparat. Parfois, une double circulation verticale permet aux maîtres de maison de ne pas croiser les domestiques. Dans certains exemples haut de gamme[121], l'introduction de cloisons coulissantes montre une certaine modernité qui permet une meilleure adaptation des espaces aux besoins des habitants. Si les innovations spatiales dans la distribution des appartements sont rares, en revanche, certaines dispositions montrent que parfois, dans des exemples particulièrement luxueux, le confort d'usage est privilégié sur l'économie de la construction : au lieu de regrouper les pièces d'eau pour rentabiliser la circulation des fluides, certains architectes préfèrent éloigner la salle de bain de la cuisine pour que leur emplacement dans la distribution de l'appartement contribue au bien-être des habitants (fig. 3). La décoration intérieure est à l'image de la variété des façades : l'éclectisme du goût bourgeois détermine la décoration de chaque pièce, et Strasbourg est ici à l'unisson des autres grandes villes européennes. Suivant une attitude tout à fait éclectique, chaque pièce adopte le style qui lui convient le mieux : l'immeuble situé 17, avenue de la Liberté arbore une façade « de style Louis XV » dont l'appartement principal est notamment composé d'un salon en « style Louis XV », d'une salle à manger de « style Henri II », d'une chambre en « Renaissance allemande », d'un fumoir en « style japonais » et d'une salle de bain en « style anglais »[122].

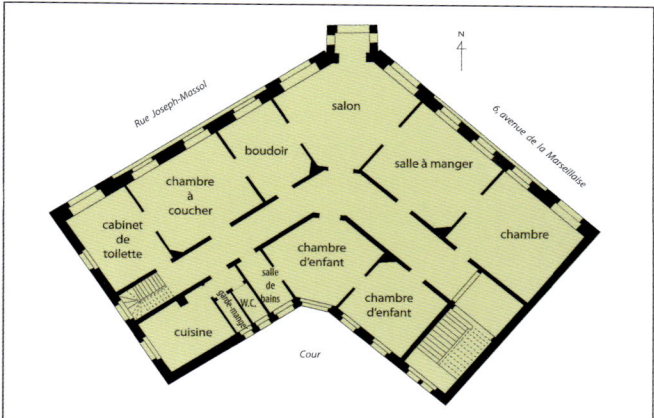

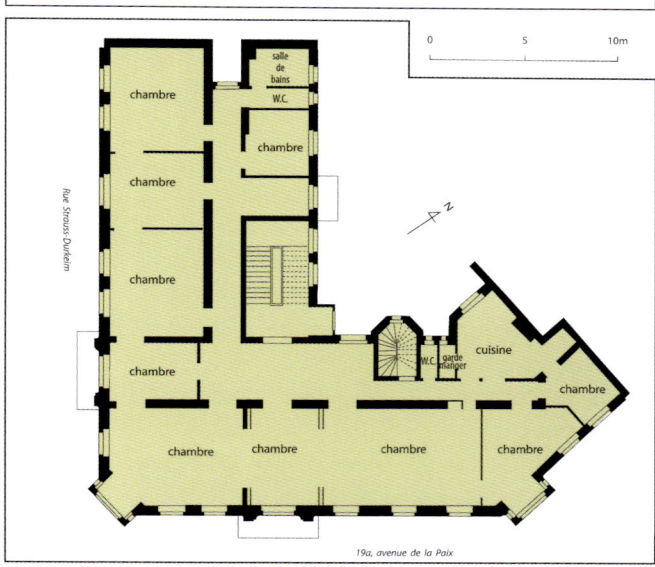

Fig. 3 : Plan du 1er étage du 6, avenue de la Marseillaise, d'après Ziegler Gustav & Cie, 1884 (en haut) et plan du 1er étage du 19a, avenue de la Paix, d'après Berninger & Krafft, 1904 (en bas).
Audrey Schneider, 2013 © Inventaire général – Région Alsace.

en « U » et parfois même en « T » (comme le montrent notamment certaines réalisations d'Aloïs Walter). C'est également à la même époque que se généralisent les puits de lumière qui, en permettant d'éclairer et d'aérer pièces humides ou espaces domestiques spécifiques — comme la *Speisekammer* (garde-manger)[120] — et les

Décor et distribution de l'appartement de moyenne gamme — qui est le type le plus courant dans la *Neustadt* — sont bien évidemment plus simples. Souvent destinés à une population d'employés, de petits commerçants, de fonctionnaires ou de militaires, certains de ces immeubles renferment deux appartements par étage. La double circulation verticale rencontrée dans l'immeuble luxueux est abandonnée. Plus petits, les appartements ne comportent généralement plus que trois-quatre pièces en moyenne (fig. 4). Ce qui est frappant, c'est que sur les plans, les pièces ne sont plus spécifiquement désignées quant à leur fonction. Vague, la désignation de *Zimmer* (chambre), permet à chaque locataire d'occuper la pièce selon ses besoins spécifiques. Dans sa conception même, l'appartement est pensé pour satisfaire le plus vaste échantillon possible de clients. En ce sens, c'est un modèle « souple » qui satisfait pleinement le but recherché par les propriétaires : réaliser un investissement le plus rentable et le plus sûr possible. De ce point de vue, les immeubles[123] d'Aloïs Walter, qui ne manquent pas de charme, constituent d'éloquents exemples (fig. 4b).

Fig. 4 : Plan du 1er étage du 7, rue Charles-Appel, d'après G. Braun, 1892 (à gauche) et plan du 1er étage du 11, rue Charles-Grad, d'après A. Walter, 1904 (à droite).
Audrey Schneider, 2013 © Inventaire général – Région Alsace.

Pour les immeubles à vocation sociale, comme ceux déjà évoqués à la cour de Mutzig, ou ceux réalisés par les prolifiques architectes associés Berninger et Kraft, rue du Fossé-des-Treize, en 1894, la distribution intérieure se simplifie encore. Deux pièces se succèdent dans la profondeur de la construction. Chacune d'elle recevant directement la lumière, soit de la rue, soit de la cour. Ces appartements comportent un nombre très réduit de pièces. Une ou deux chambres — qui peuvent avoir plusieurs fonctions — accompagnent la cuisine et les toilettes. La salle de bain est généralement absente et le couloir de distribution est souvent supprimé pour une meilleure rentabilisation de l'espace (fig. 2).

Luft und Licht : air et lumière

Si les *Bauordnungen* successives ont pour effet le plus évident celui d'unifier l'allure de la ville en soumettant les constructions à des règles communes, celles-ci ne poursuivent pas uniquement un but d'esthétique urbaine. Elles entendent fixer des règles précises destinées à donner naissance à une ville nouvelle saine en la soumettant à des considérations hygiénistes. Le *Vorgarten* (jardin de devant) remplit ce double objectif. Rendu obligatoire sur certaines rues de la *Neustadt*, il crée un paysage urbain particulier dans lequel la nature est intégrée[124]. Or, en accordant ainsi une place particulière à la végétation au cœur de la ville, la municipalité révèle sa sensibilité aux thèses hygiénistes contemporaines qui animent les milieux de l'avant-garde architecturale européenne.

Ce souci de l'hygiène qui façonne en partie l'image de la ville traduit également l'ambition des autorités d'offrir aux habitants des nouveaux quartiers — et ce, quelle que soit leur appartenance sociale — tout le confort moderne et donc d'agréables conditions de vie. Derrière leurs façades colorées et ornées, les immeubles de la *Neustadt* renferment des appartements qui intègrent tous — mais à des degrés divers en fonction, bien entendu, de la classe sociale à laquelle appartiennent les locataires visés — des aspects du confort moderne. Divers équipements sont mis à la disposition des habitants. Des équipements collectifs qui contribuent à l'hygiène autant qu'au confort des habitants apparaissent même dans les logements sociaux. Les buanderies se généralisent dans les immeubles bourgeois (fig. 3) comme dans les immeubles à destination sociale tels ceux de la cour de Mutzig (fig. 2) et de la cité Spach.

Si bow-windows et balcons se multiplient sur les façades sur rue, d'autres dispositions qui contribuent également à renforcer confort et hygiène des appartements se généralisent du côté de la cour. Balcons, terrasses et autres loggias qui prolongent à l'arrière des immeubles chaque appartement en lui offrant un espace supplémentaire à l'extérieur sont symptomatiques de cette attention au logement sain. Dans certains exemples luxueux, ces espaces extérieurs sont si importants qu'ils révèlent sans doute l'ambition des architectes de combiner les avantages de l'habitation individuelle à ceux de l'habitation collective. De ce point de vue, ces immeubles se font l'écho de certaines des réflexions contemporaines les plus ambitieuses. Le parallèle peut être esquissé entre les expériences architecturales strasbourgeoises et la pensée d'Ebenezer Howard qui entend combiner les avantages de la vie urbaine à ceux de la vie à la campagne au sein de cités-jardins dont il diffuse le concept dès 1898 en publiant le célèbre ouvrage intitulé *To-morrow : a Peaceful Path to Real Reform*[125]. À Strasbourg, certains immeubles, notamment implantés près de parcs, comme celui construit par Henri Ernstberger en 1907 au 12, rue de l'Observatoire, reprennent une dénomination courante dans l'Allemagne contemporaine d'*Etagen Villa* (immeuble fait de villas superposées). Si cette appellation est sans aucun doute commerciale — destinée à séduire ses futurs occupants —, elle révèle cependant l'ambition de l'architecte de formuler une synthèse qui permet de combiner les avantages contradictoires de l'immeuble collectif (la maîtrise de l'étalement urbain) à ceux de la maison individuelle (la proximité avec la nature) — et ce, une vingtaine d'années avant que Le Corbusier ne donne naissance à son célèbre immeuble-villa.

L'hygiène et le confort s'insinuent à l'intérieur des appartements et ont des conséquences concrètes sur certaines dispositions : les portes vitrées, qui se généralisent pour les entrées des immeubles comme, à chaque palier, pour celles des appartements, révèlent la prééminence de l'hygiène sur toute autre considération, y compris l'intimité. La porte vitrée est préférée à la porte pleine car elle permet une meilleure diffusion de la lumière dans les espaces de circulation collectifs (les escaliers) comme privés (les couloirs) tout en permettant de protéger du vent. Les pièces humides qui, dans les exemples les plus anciens, peuvent encore être aérées grâce à de simples courettes, sont ensuite généralement dotées de larges fenêtres ouvertes sur la cour intérieure qui assurent un ensoleillement et un renouvellement de l'air idéal.

Un tel confort n'aurait pas pu être offert aux habitants des immeubles de la *Neustadt* si une ambitieuse politique de réalisation d'un réseau de canalisations d'eau (mis en œuvre dès 1879) et d'égouts ainsi que des réseaux d'approvisionnement en gaz puis en électricité n'avait été menée dès l'origine de l'extension urbaine par la Municipalité[126]. « *Gas in allen Etagen* » (« Gaz à tous les étages ») est un argument dont les propriétaires se sont servis pour attirer des locataires. Ces réseaux qui irriguent la *Neustadt* font de cette partie de la ville un quartier hygiéniste aux multiples attraits en comparaison de la vieille ville qui demeure encore largement insalubre bien après que furent entrepris les travaux de la Grande Percée à partir de 1907.

Fig. 5 : Montage photographique d'un tronçon de l'avenue des Vosges bâti entre 1887 et 1905. De gauche à droite : 9, avenue des Vosges (Otto Back & Cie, 1887) — 11, avenue des Vosges (F. Kalweit, 1903) — 14, rue du Général-Gouraud (S. Landshut, 1902) — rue du Général-Gouraud — 11, rue du Général-Gouraud (S. Landshut, 1903) — 17, avenue des Vosges (A. Nadler, 1903) — 19, avenue des Vosges (A. Muller et A. Mossler, 1905).

La politique du maire Schwander qui décide la réalisation de la Grande Percée marque à la fois une nouvelle étape de l'hygiénisme à Strasbourg et de la politique sociale. Reprenant de manière évidente les réflexions menées par Camillo Sitte pour le tracé de la Grande Percée et celles d'Ebenezer Howard pour la cité-jardin du Stockfeld, la deuxième cité-jardin construite sur le continent européen, les travaux entrepris à Strasbourg à la veille de la Grande Guerre ancrent la ville dans un contexte anglo-saxon. Si Strasbourg se libère ainsi de l'influence parisienne c'est que l'annexion est maintenant relativement lointaine, la ville est désormais bien intégrée dans le *Reich*. Parallèlement à ces nouveaux chantiers, la *Neustadt* n'est pas abandonnée. Le plan d'extension, qui ne subit qu'à la marge certaines modifications, continue d'être loti dans l'entre-deux-guerres et même après la Seconde Guerre mondiale. Ceci s'explique non seulement par la continuité de l'organisation municipale et la pérennité de certains acteurs par-delà les ruptures des différents conflits autant que par la modernité, l'efficacité et la souplesse du plan d'extension lui-même. Certes, les immeubles qui y sont désormais élevés arborent de nouveaux styles — comme ceux construits dans les années 1930 par Tim Helmlinger (1901-1952), architecte DPLG d'origine alsacienne qui implanta à Strasbourg une esthétique moderniste proche de celle de l'École de Paris[127] — mais cela est avant tout le reflet de l'évolution du goût et de la mode.

103 Cet article n'a pas pour ambition de faire une étude exhaustive de l'immeuble de rapport strasbourgeois mais de mettre en lumière quelques clés de lecture permettant leur compréhension et de proposer des pistes pour des recherches futures. L'article s'appuie en grande partie sur le travail de repérage systématique en cours de réalisation et de dépouillement des archives de la police du bâtiment que mène actuellement le service de l'inventaire du patrimoine de la Région d'Alsace.

104 C'est en 1880 qu'est validé le plan d'extension conçu par Jean-Geoffroy Conrath, architecte en chef de la ville de 1856 à 1886.

105 Selon François Igersheim, en 1895, on compte 2 800 logements dans la *Neustadt* occupés par 17 000 habitants alors que 85 000 habitent en vieille ville. François IGERSHEIM, « La fabrication de la ville moderne : Strasbourg (1850-2000) », dans *L'urbanisme à Strasbourg au XXe siècle*, actes des conférences organisées dans le cadre des 100 ans de la cité-jardin du Stockfeld, Strasbourg, Ville de Strasbourg, 2011, p. 129.

106 Klaus NOHLEN, « Paris ou Karlsruhe ? La formation des architectes en Alsace à l'époque du *Reichsland*, 1871-1918 », dans *L'urbanisme à Strasbourg au XXe siècle*, actes des conférences organisées dans le cadre des 100 ans de la cité-jardin du Stockfeld, Strasbourg, Ville et Communauté urbaine de Strasbourg, 2011, p. 102-117.

107 Parmi les principales publications dont les architectes ont probablement eu connaissance, on peut citer les quelques titres suivants : César DALY, *L'architecture privée au XIXe siècle sous Napoléon III. Nouvelles maisons de Paris et des environs*, Paris, A. Morel, 1864 ; Friedrich ENGELS, *Zur Wohnungsfrage*, Leipzig-Berlin, 1872-1873 ; Reinhardt BAUMEISTER, *Bauordnung und Wohnungsfrage*, Berlin, Ernst, coll. « Städtebauliche Vorträge, Bd. 4, H. 3 », 1911, 41 p.

108 Paris et le baron Haussmann (à partir de 1853) ; Barcelone et I. Cerda (1860) ; Berlin et J. Hobrecht (1862), etc.

109 La conception de chacun de ces deux règlements municipaux a été complexe. L'exemple strasbourgeois influença d'autres villes du *Reichsland*.

110 Voir notamment : François LOYER, *Paris XIXe siècle. L'Immeuble et la rue,* Paris, Hazan, 1984, p. 402. Il faut toutefois attendre 1899 pour que les autorités municipales parisiennes interviennent en faveur de cette variété esthétique en lançant un concours de façades. Guimard reçoit le premier prix du premier concours pour le *Castel Béranger* ; Jules Lavirotte le reçut l'année suivante pour l'immeuble de l'avenue Rapp. Puis, le

règlement de voirie de 1902 qui introduit un peu de pittoresque dans la rue parisienne en poursuivant les décrets de juillet 1882 et juillet 1884 qui, en autorisant la construction en saillie et une modification du dessin des combles, avaient déjà contribué rompre avec l'haussmannisme. Simon TEXIER, *Paris contemporain. De Haussmann à nos jours, une capitale à l'ère des métropoles*, Paris, Parigramme, 2005, p. 14-17.

111 *Architekten- und Ingenieur- Verein für Elsass-Lothringen*, Strassburg und seine Bauten, Strassburg, Karl J. Trübner, 1894.

112 Les façades sur rue recourent très largement aux grès et aux briques de couleur, et à moindre titre au calcaire, tandis que le granite, voire le basalte, sont réservés aux solins. Les murs possèdent des enduits colorés et peuvent être ornés de céramiques, de décors sculptés, peints ou de sgraffiti.

113 Adolf LOOS, « Die Potemkin'sche Stadt », *Ver Sacrum*, Heft 7, 1898, p. 15-17. Dans cet article, Loos écrit à propos des immeubles construits sur le Ring de Vienne : « Le spéculateur immobilier préférerait de loin faire lisser la façade du haut jusqu'en bas. C'est ce qui revient le moins cher. [...] Mais les gens ne voudraient pas y élire domicile. Pour garder la possibilité de louer, le propriétaire doit clouer cette façade et aucune autre. » et il continue en disant que tous ces immeubles donnent l'illusion d'être construits dans des matériaux avec lesquels ils ne sont pas réellement bâtis et qui dissimulent les matériaux modernes réellement employés.

114 Fils de l'architecte vieil-allemand Heinrich E. (1846-1914), après des études à la faculté de droit de Strasbourg, il dirige le service municipal de la police du bâtiment. En 1913, il écrit : « Leider vollzog sich ein Großer Teil des Strassen anlagen und der Überbauung während einer Zeit, in die deutsche Kunst des Städtebaues und der Architektur keineswegs hochstand. »

115 Marie POTTECHER, « Une cité dans la Neustadt : la cité Spach », dans *L'urbanisme à Strasbourg au XXᵉ siècle*, actes des conférences organisées dans le cadre des 100 ans de la cité-jardin du Stockfeld, Strasbourg, Ville de Strasbourg, 2011, p. 6-15.

116 À propos de la cité du Stockfeld, Emerich écrit : « Daher ging nunmehr die Gem. Genossenschaft ein die Herstellung einer großen Anzahl von Kleinwohnungen in der in jeder Beziehung, gesundheitlich, ästhetisch und Sozial besten Bauweise, und zwar als einheitlich gebaute Gartenvorstadt auf einem an den Rheinwald angegrenzenden Gelände, dem Stockfeld, das die Genossenschaft von der Stadt für 60 Pfennig dem Quadrat Metter erwarb ». Heinrich EMERICH, *Wohnungsfürsorge der Stadt Strassburg von dem Beigeordneten der Stadt Strassburg Regierungsrat Dr. Emerich*, Festschrift zum 12. Verbandstage des Deutschen Techniker Verbandes, [Metz Pfingsten 1914].

117 Ensemble conçu par Émile Salomon en 1888 pour le bureau des affaires sociales de la ville de Strasbourg.

118 Immeuble 19a, avenue de la Paix conçu par Berninger et Krafft en 1904.

119 Ce type de plan, très simple, continue d'être utilisé pour les immeubles à destination sociale même autour de 1900.

120 La *Speisekammer* dont la présence se généralise dans les plans des appartements quelle que soit la classe sociale de leurs habitants n'est pas qu'un simple garde-manger. Simple espace de stockage et conservation des denrées alimentaires pour les logements les plus modestes, elle peut être considérée comme une véritable pièce, sorte d'office destiné à « épauler » la cuisine, dans les exemples plus ambitieux.

121 19a, avenue de la Paix ; 21, avenue de la Liberté ; 4, quai Koch.

122 Ce sont les désignations qui figurent dans le court texte de présentation de cet immeuble publié dans *Architekten- und Ingenieur-Verein für Elsass-Lothringen*, op. cit., 1894, p. 557.

123 Dont 11, rue Charles-Grad, 24-26, rue de La-Broque.

124 C'est déjà dans ce but hygiéniste que Haussmann avait confié à Adolphe Alphand, en 1855, la direction du service des promenades de Paris et qu'il avait rendu possible la création de parcs, jardins et squares dans le centre de Paris.

125 Bien entendu, la cité-jardin du Stockfeld est l'exemple qui prouve de la manière la plus évidente la pénétration en Alsace des idées d'Ebenezer Howard. Cependant, il faut souligner que la cité-jardin à laquelle pensait Howard à l'origine n'était pas cette banlieue dortoir qui en constitue l'avatar le plus connu, mais une ville au sens propre du terme avec équipements collectifs multiples et lieux de travail disséminés à l'intérieur d'un territoire formé d'espaces verts.

126 À ce propos voir notamment François IGERSHEIM, op. cit., 2011.

127 Voir par exemple, l'immeuble de rapport, élevé 7, quai Rouget-de-Lisle, qui fut publié dans la revue *L'Architecture d'aujourd'hui*, mars 1934, p. 54-55.

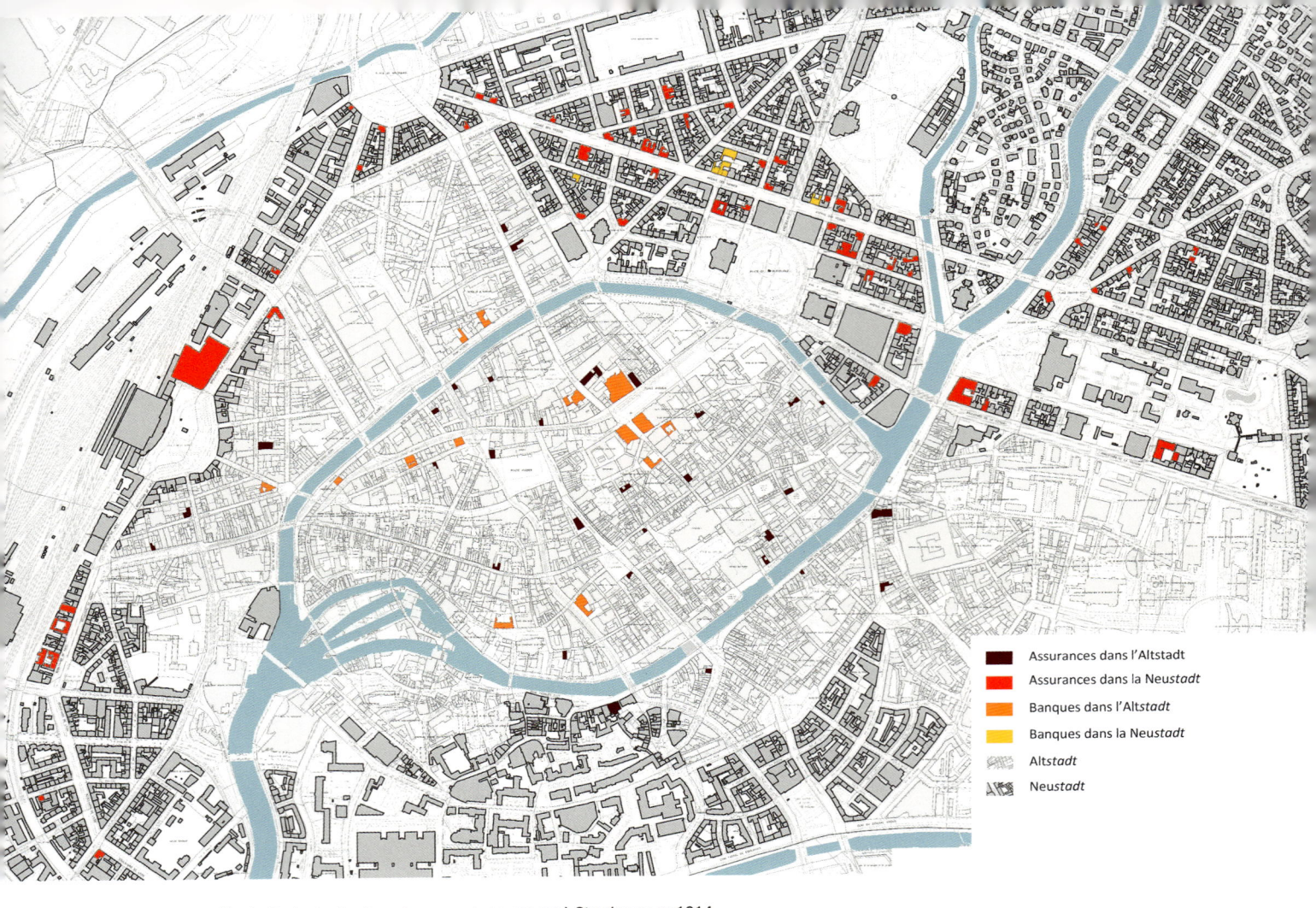

Fig. 1 : Carte de situation : banques et assurances à Strasbourg en 1914.
Audrey Schneider et Katia Karli, 2013 © Région Alsace — Inventaire général et Ville et Communauté urbaine. Fond de plan SIG-CUS.

UNE VILLE PLURIFONCTIONNELLE : LE CAS DES IMMEUBLES DU TERTIAIRE, ALTSTADT-NEUSTADT DE STRASBOURG

Élisabeth Paillard

L'extension urbaine de la *Neustadt* de Strasbourg, qui démarre véritablement en 1881, ainsi que le chantier de la reconstruction de la vieille ville après 1871 ont constitué une opportunité véritable pour les investisseurs locaux et étrangers dans les domaines de la banque et de l'assurance, en raison du nombre considérable de nouveaux immeubles et de maisons à construire et à assurer contre l'incendie. En 1914, la ville de Strasbourg compte vingt-trois banques et cent-vingt-six compagnies d'assurances, contre vingt-cinq banques et quatre-vingt-huit compagnies en 1920 (fig. 1).

À l'origine, les agences étaient toutes situées dans la vieille ville de Strasbourg. Dans son édition la plus ancienne, parue en 1874, l'annuaire de Strasbourg montre que la vieille ville totalisait à cette époque trente banques[128] et soixante-douze agences de compagnies d'assurances, dont quarante-deux allemandes[129], deux autrichiennes, deux anglaises, trois suisses et vingt-trois françaises, toutes parisiennes. Contrairement aux compagnies d'assurances en majorité allemandes, la ville ne comptait que quatre banques allemandes en incluant la Banque royale de Prusse (*Preussische Bank*), la *Reichsbank* n'ayant été créée qu'en 1876[130]. Banques et assurances avaient des bureaux et des guichets dans des immeubles d'habitation. Le seul immeuble bancaire

Fig. 2 : Vue d'ensemble de l'immeuble du Crédit communal et foncier d'Alsace-Lorraine, 1, rue du Dôme.

dédié à cette activité était la succursale de la Banque de France, construite au 5, place Broglie sous Napoléon III[131]. Après 1871, l'immeuble fut réoccupé par la Banque royale de Prusse puis la *Reichsbank*, et la partie sud de la place Broglie abîmée par les destructions provoquées par le siège de la ville en août 1870 accueillit une concentration d'immeubles de rapport mixtes, en parallèle avec la reconversion d'anciens hôtels particuliers.

Dès 1873, l'architecte Alphonse-Édouard Roederer, inspecteur des bâtiments de la ville de Strasbourg, élève en effet au sud de la place Broglie deux immeubles commerciaux mixtes dont les plans de masse et d'élévation seront donnés en exemple dans l'ouvrage collectif *Strassburg und seine Bauten*, publié en 1894 par des architectes et ingénieurs œuvrant à Strasbourg[132]. Il s'agit du siège du Crédit foncier communal d'Alsace et de Lorraine, au 1, rue du Dôme, et du siège initial des assurances Rhin et Moselle, au 23, place Broglie[133]. Comme le montre le plan de masse reproduit dans l'ouvrage précité, l'immeuble du 1, rue du Dôme comprend des espaces commerciaux en rez-de-chaussée et administratifs en entresol, les étages étant dévolus à des logements de standing (fig. 2). Il s'agit ici du plus ancien exemple documenté d'immeuble mixte, commercial et d'habitation (Geschäfts- *und* Wohnhaus), dit immeuble de rapport, en raison de la présence de commerces ou d'appartements locatifs en plus de ceux nécessaires à l'activité bancaire. Roederer avait obtenu le premier prix du concours public lancé pour la construction de ce bâtiment[134]. Le 23, place Broglie, construit sur le même modèle et dans le même style néo-Renaissance française, ne possède pas d'entresol.

L'immeuble du 1, rue du Dôme est assurément le plus monumental, avec deux tours d'angle de plan circulaire et un portail richement sculpté. L'entrée principale du Crédit foncier comprend en effet un portail monumental en grès bordé d'allégories féminines portant les attributs du commerce (corne d'abondance et attributs du dieu Mercure), précédant un vestibule d'entrée voûté d'arêtes avec colonnade de style néoclassique (fig. 3). Son plan en quadrilatère comprend une cour couverte en son centre avec la salle des guichets (fig. 4).

La Banque d'Alsace et de Lorraine, constituée le 16 décembre 1871 par les anciennes banques privées strasbourgeoises associées Félix Bastien & Cie, Léon Blum-Auscher, Léon Grouvel & Cie, Edmond Klose & Cie, avec l'appui du gouvernement français qui y transfère le paiement des pensions civiles et militaires, s'installe dans les locaux de l'ancienne Trésorerie générale, au 14 rue de la Nuée-Bleue[135]. De même, la Société Générale Alsacienne de Banque (SOGENAL), dont l'agence strasbourgeoise est implantée depuis 1866 au 12, rue Brûlée dans l'ancienne maison Schwilgué, s'installe dès 1871 dans l'hôtel Livio construit en 1791, au 8, rue du Dôme[136]. Parmi les banques déjà citées dans l'annuaire de 1874 avant les bâtiments actuels qui les ont remplacées aux mêmes adresses figurent notamment les banques privées suivantes : Léon Schwartz & C[ie][137] au 27, place Kléber, Charles Staehling et Louis Valentin au 24, rue du Vieux-Marché-aux-Vins, Alexandre Sütterlin au 3, rue des Échasses. Outre la *Reichsbank*, les premières banques allemandes représentées dans la vieille ville sont la Banque d'escompte provinciale (*Provinzial-Disconto-Gesellschaft*), au 27, rue de la Haute-Montée et la filiale de la *Deutsche Unionbank*, au 15, rue de la Nuée-Bleue.

Au tournant des XIXe et XXe siècles, les banques alsaciennes situées dans la vieille ville, ainsi que la Caisse d'Épargne de Strasbourg font reconstruire leurs sièges

Fig. 3 : Vue d'ensemble du vestibule d'entrée du Crédit communal et concier d'Alsace-Lorraine, 1, rue du Dôme.

Fig. 4 : Vue d'ensemble de la verrière sur cour du Crédit communal et foncier d'Alsace-Lorraine, 1, rue du Dôme.

sociaux, sur les terrains qu'elles possèdent, par des architectes alsaciens. Ces bâtiments commerciaux ressemblent à des hôtels particuliers, du moins en façade.

Le directeur de la Caisse d'Épargne fait appel à Charles Émile Salomon, pour un bâtiment d'angle monumental de style néo-Renaissance germanique, à plan en « U ». Au centre se trouve une cour couverte d'une verrière monumentale, destinée à accueillir le hall public. L'architecte suit le même plan que celui dessiné par Roederer pour le Crédit foncier au 1, rue du Dôme en 1873. Entre 1899 et 1901, Salomon réalise également l'immeuble néobaroque de la filiale de la banque de Darmstadt[138] *(Darmstädter Bank)*, ou banque du Commerce et de l'Industrie *(Bank für Handel und Industrie)* au 2, rue du Dôme. Cet immeuble d'angle au plan rectangulaire possède une tour d'angle à pans coupés coiffée d'une coupole surmontée d'une galerie elle-même couronnée d'un clocheton. La façade est animée par une galerie ceinturant le premier et troisième étage, tandis que le deuxième étage arbore une série de balcons individuels avec rampe d'appui galbée en fer forgé. La banque occupe une grande partie du rez-de-chaussée, tandis que des appartements locatifs de huit pièces sont aménagés dans les étages. L'étage de comble est rythmé de deux sortes de lucarnes.

En 1898, les dirigeants de la Banque d'Alsace et de Lorraine[139] s'adressent aux architectes strasbourgeois Jules Berninger et Gustave Krafft pour dessiner les plans d'un nouveau bâtiment en remplacement de l'ancien (fig. 5). Là encore, ceux-ci adoptent un plan en « U » intégrant une cour couverte au centre, avec réaménagement d'un ancien bâtiment en fond de parcelle au 3-5, rue de l'Église. Le style de la façade principale est néoclassique, avec un oriel rythmant les sept travées. À cette époque, Jules Berninger et Gustave Krafft, ayant bénéficié d'une double formation d'architectes à Paris et à Stuttgart jouissent d'une renommée européenne, et sont réputés à Strasbourg, Francfort et Berlin pour des immeubles commerciaux[140].

Fig. 5 : Vue d'ensemble de l'ancienne banque d'Alsace-Lorraine, 14, rue de la Nuée-Bleue.

En 1899, Jacques Albert Brion et Eugène Haug[141] dressent les plans de reconstruction du siège social de la Banque de Strasbourg, dont la raison sociale est Charles Staehling, Louis Valentin & C[ie][142]. Comme la parcelle est traversante, le plan de masse forme un quadrilatère, avec deux bâtiments reliés donnant sur deux rues différentes et au centre une vaste cour couverte avec verrière zénithale, le hall public.

Fig. 6 : Ancienne filiale de la compagnie d'assurances-vie Germania (Gallia), 1, quai du Maire-Dietrich.

L'architecte parisien Paul Émile Friesé avait dessiné la façade principale néobaroque[143], ouvrant le 24, rue du Vieux-Marché-aux-Vins. La façade arrière, où est située la loge du portier, est adressée au 27, rue du Jeu-des-Enfants.

La Banque de Mulhouse, au 2, rue Brûlée présente une disposition tout à fait similaire à l'exemple précédent, avec un immeuble principal sur rue doté d'un passage traversant permettant l'accès sur cour d'un bâtiment secondaire en fond de parcelle avec hall public en son centre. Cet ensemble de style néobaroque est l'œuvre de l'architecte strasbourgeois Marcel Eissen, et porte la date 1904. Le bâtiment secondaire sur cour n'est pas moins soigné que le bâtiment sur rue : celui-ci est en béton armé paremeté de pierre de taille calcaire, et il est précédé par un escalier doté d'une rampe d'appui en fer forgé. Le hall public est couvert d'une dalle en béton armé percée de puits de lumière reposant sur des piliers carrés ; dans le hall, un escalier en colimaçon permet d'accéder à une double salle des coffres en sous-sol ayant conservé ses portes et volets blindés d'origine. C'est le plus ancien exemple d'une structure en béton armé (système Hennebique) dans un immeuble commercial strasbourgeois.

Selon l'architecte Paul Kick, auteur du *Handbuch der Architektur*[144] de 1902 consacré aux immeubles commerciaux, l'établissement bancaire, qui fait partie de cette catégorie d'édifices, est avant tout un immeuble mixte dédié aux activités commerciales et aux logements d'une partie du personnel. Cet immeuble de rapport inclut des appartements locatifs, et doit être situé dans la zone commerçante du centre-ville. Paul Kick insiste sur l'importance des ouvertures du rez-de-chaussée et sur l'effet esthétique dans l'établissement des proportions.

En matière de styles, l'auteur précise qu'à Berlin les styles néo-Renaissance et néoclassique prédominent, tandis qu'à Cologne ou Breslau c'est le style néogothique qui prévaut. À Prague, l'auteur note l'influence des palais baroques existants, à Vienne, celle des palais italiens, et à Dresde, du style Sécession. Au-delà de ces exemples, il y a une tendance générale à utiliser des formes Renaissance avec différentes variantes. La sculpture et l'ornementation sont dues à cette époque à des artistes remarquables. Strasbourg ne fait pas exception à la règle, où les banquiers et les dirigeants de compagnies d'assurances font appel pour leurs sièges ou leurs succursales à des architectes réputés, comme Alphonse-Édouard Roederer, Jules Berninger, Gustave Krafft, Paul Émile Friesé ou Charles Émile Salomon formés à l'école des Beaux-Arts de Paris dont les immeubles de styles néoclassiques, néobaroque et néo-Renaissance prédominent dans l'architecture tertiaire.

Les immeubles d'assurances s'apparentent aux immeubles bancaires par la présence de rez-de-chaussée élevés et d'entresols. C'est le cas de la succursale de la compagnie d'assurances-vie Germania basée à Stettin (Pologne actuelle) construite à Strasbourg en 1885 par les architectes attitrés de la compagnie Kayser et von Großheim[145] sur un axe important à l'angle du boulevard de la Victoire et du quai du Maire-Dietrich, avec un plan en îlot, des commerces en rez-de-chaussée et des étages dédiés à la location comprenant des appartements de dix à douze pièces (fig. 6). Les bureaux de la compagnie Germania étaient situés au rez-de-chaussée et en entresol et leur superficie n'occupait que 5 % du bâtiment environ. L'immeuble de rapport strasbourgeois, de taille plus vaste que son modèle berlinois, aujourd'hui disparu, s'apparente à lui par le style néo-Renaissance, les proportions et son ornementation (atlantes représentant le dieu Hercule). Rebaptisé Gallia après 1918, l'immeuble abrite depuis 1927 une résidence et un restaurant universitaires. En 1989, un vitrail orné des armoiries de l'empereur Guillaume II, l'emblème de la Germania, a été retrouvé

Fig. 7 : Ancienne filiale de la London Assurance Society, 43, rue du Maréchal-Foch.

et dégagé du cache qui le recouvrait et mis en valeur dans le restaurant universitaire, à son emplacement d'origine. Il est signé « Louis Jessel/Berlin » et a été réalisé par un peintre-verrier berlinois.

Un autre exemple d'immeuble mixte à rez-de-chaussée surélevé est celui de la compagnie d'assurances contre l'incendie Union Assurance Society, déjà présente à Strasbourg en 1884 (fig. 7). Elle fit construire par l'architecte strasbourgeois Marcel Eissen en 1890 un bâtiment d'angle de trois étages de style néoclassique au 43, rue du Maréchal-Foch[146], sur une parcelle lui appartenant. Le rez-de-chaussée était dévolu à l'agence d'assurances et à un logement de fonction ; il comportait deux antichambres, un cabinet, un secrétariat, le bureau de la direction, une caisse et des bureaux, répartis principalement du côté droit de l'entrée, mais aussi une salle à manger, un salon, deux

Fig. 8 : Détail du fronton de l'immeuble d'assurances du 43, rue du Maréchal-Foch.

chambres une cuisine et des toilettes. Les étages étaient quant à eux occupés par des appartements de huit pièces. Sur la façade principale, le fronton de la travée mise en valeur est sculpté d'un Hercule assis, d'un blason ovale avec des mains entrecroisées, et d'une allégorie féminine symbolisant l'Union, dont le nom est inscrit avec la devise de la compagnie : « For Life Fire instituted 1714 » (fig. 8).

Dans la même série, il faut citer l'immeuble construit pour la Compagnie d'assurances contre l'incendie d'Aix-la-Chapelle et de Munich (Aachener und Münchener Feuerversicherung), à l'angle de l'avenue de la Liberté et de la rue Wencker, sur l'axe de représentation du pouvoir impérial, l'ancienne Kaiser Wilhelmstraße. Après avoir acquis la parcelle de la Ville de Strasbourg en 1897, la compagnie chargea l'architecte allemand Georg Frentzen[147] de rédiger un projet d'élévation d'un immeuble mixte en 1898-1899. La façade du 6, avenue de la Liberté, précédée par un jardinet, possède un riche décor sculpté et un bel ordonnancement symétrique (fig. 9).

En 1899, la compagnie d'assurances Rhin et Moselle (Feuer-Versicherungs-Gesellschaft Rhein & Mosel) quitte l'immeuble mixte du 23, place Broglie au profit du nouveau siège qu'elle s'était fait construire dans la Neustadt par les architectes associés Jacques Albert Brion et Eugène Haug, au 5, rue du Maréchal-Joffre[148]. Dédié entièrement à l'activité commerciale, l'immeuble d'angle de style néoclassique possède un fronton orné d'un vieillard symbolisant le Rhin (Vater Rhein) et d'une allégorie féminine symbolisant la Moselle. À l'instar d'une banque, l'escalier d'honneur est précédé par un vestibule d'entrée monumental avec escalier de marbre et colonnade dans la galerie de circulation du rez-de-chaussée. En 1925, la compagnie ajouta un hall public en béton armé sur cour, en réalité une cour couverte dont les architectes strasbourgeois sont Émile et Charles Widmann. À l'instar des immeubles bancaires, certains immeubles d'assurances ont été dotés dès l'origine de halls publics sur cour couverte et de vestibules monumentaux, tels la caisse d'assurance-maladie (Ortskrankenkasse), du 10, rue de Lausanne, construite d'après les plans de Gustave Oberthur en 1912.

La carte d'implantation des assurances en 1914 révèle que les grands axes de la Neustadt présentaient des concentrations importantes d'agences d'assurances, comme l'avenue des Vosges, les angles de rues ayant été également très prisés pour leur implantation. La proximité avec la place impériale a été spécialement recherchée par les assureurs, celle de la place Broglie par les banquiers. Parmi les compagnies étrangères d'assurances, les compagnies allemandes étaient majoritaires, mais les compagnies suisses, belges et britanniques étaient bien représentées en partageant souvent des bureaux communs dans des immeubles d'habitation en rez-de-chaussée ou au premier étage.

Fig. 9 : Ancienne filiale de la compagnie d'assurance contre l'incendie d'Aix-la-Chapelle et de Munich, 6, avenue de la Liberté.

L'agence commerciale n'a pas suscité d'architecture spécifique à la fin du XIXe siècle contrairement aux immeubles commerciaux mixtes. En revanche, l'aspect cossu des immeubles de la *Neustadt* ainsi que leur situation ont attiré les agences, qui devaient être matérialisées par des enseignes démontables ou des inscriptions peintes sur des fenêtres en rez-de-chaussée.

Par ailleurs, les compagnies avaient des agences tant dans la vieille ville que la *Neustadt*, de manière à atteindre la clientèle la plus large possible. La ville comptait également des banques-assurances, et il faut signaler également la présence de banques au sein de la chambre des métiers, ou de caisses-mutuelles à l'intention des personnels allemands des chemins de fer au sein du bâtiment d'administration de la *Reichsbahn*.

Après 1918, les banques et assurances alsaciennes sont toujours présentes, ainsi que les compagnies étrangères, sauf allemandes. Par la suite, la crise de 1929 a entraîné la disparition de la quasi-totalité des banques alsaciennes[149]. Leurs bâtiments servent de nos jours à d'autres banques, manifestant une continuité historique de l'activité tertiaire, dans une ville qui fut la capitale du *Reichsland Elsass-Lothringen*.

128 La plupart sont des banques privées alsaciennes présentes à Strasbourg avant 1870, les grandes banques de dépôt étant nées après la défaite, par défiance des industriels locaux vis-à-vis des banquiers allemands.

129 Parmi les raisons sociales allemandes, toutes les sociétés d'assurance-vie étaient encore présentes en 1914 dont la Concordia (Köln), Germania (Stettin), Iduna (Halle), Nordstern (Berlin), la Berlinische Lebens- Versicherungs- Gesellschaft, la Frankfurter Lebens- Versicherungs- Gesellshaft, la Magdeburger allgemeinen Versicherung-A.-G., la Feuer Lebens- Versicherungs- bank zu Gotha (future Gothaer) ou encore la Preussische National Versicherungs-Gesellschaft zu Stettin.

130 Michel SIEGEL, *Les banques en Alsace, 1870-1914*, Strasbourg, 1993, p. 58.

131 La Banque de France avait ouvert sa succursale strasbourgeoise en 1846, mais le bâtiment aurait été construit en 1855. L'immeuble actuel du 5, place Broglie date de 1926. L'ancien a été démoli dans les années 1920 et sa façade principale a été intégrée à la villa de l'industriel Alfred Herrenschmidt, sur l'avenue du même nom (actuelle bibliothèque alsatique du Crédit Mutuel). La Caisse d'Épargne municipale, implantée à Strasbourg depuis 1834, a changé plusieurs fois d'adresse avant d'emménager en 1903 dans un immeuble bancaire construit au 7-9, place Saint-Thomas d'après les plans de l'architecte strasbourgeois Charles Émile Salomon (1833-1913).

132 Architekten- und Ingenieur- Verein für Elsass-Lothringen, *Strassburg und seine Bauten*, Strassburg, Karl J. Trübner, 1894, p. 537 et 541. Cet exemple parait avoir servi de modèle à d'autres établissements bancaires strasbourgeois, où l'on retrouve très souvent la salle des guichets sur la cour intérieure couverte d'une verrière zénithale. En élévation, les immeubles commerciaux sont reconnaissables à leur rez-de-chaussée élevé ou surélevé, et à un niveau d'entresol. Les parcelles traversantes comprennent généralement un immeuble bancaire principal sur rue, une cour couverte et un immeuble secondaire sur cour.

133 La compagnie d'assurance Rhin et Moselle n'ayant été fondée qu'en 1881, comme sa concurrente, Alsatia, elle ne peut avoir fait construire cet immeuble de rapport qu'elle acheta dès son origine et dont elle resta ensuite propriétaire. Voir Henri NONN, « Strasbourg, capitale du *Reichsland* : espace, économie, société », dans *Histoire de Strasbourg des origines à nos jours*, sous la direction de Georges LIVET et Francis RAPP, t. 4, Strasbourg, Éd Dernières Nouvelles d'Alsace, 1982, p. 319.

134 Edmond DELAIRE, *Les architectes élèves de l'École des Beaux-Arts (1793-1907)*, Paris, 1907, 484 p.

135 Pierre BIRCKEL, *La Banque d'Alsace et de Lorraine, 1871-1931*, 1993, p. 10.

136 La banque parisienne née en 1864 avait ouvert à Strasbourg dès 1866 sa première succursale alsacienne, avant Mulhouse et Colmar, ouvertes en 1870. *SOGENAL, 1881-1981 : Société Générale Alsacienne de Banque*, Strasbourg, 1981, p. 9.

137 C'est la banque alsacienne privée qui connut la plus grande longévité, absorbée seulement dans les années 1950-1960 par le Crédit Industriel d'Alsace et de Lorraine. Walter RINCKENBERGER, « La banque de Strasbourg (anct. Ch. Staehling, L. Valentin et Cie) », *Annuaire de la Société des Amis du Vieux-Strasbourg*, Strasbourg, 1995, p. 125.

138 Créée en 1853 à Darmstadt, cette banque a financé les chemins de fer allemands, autrichiens et suisses, notamment le réseau ferré badois, entrant ainsi en lien avec le *Reichsland*. En 1900, c'est l'une des quatre grandes banques allemandes avec le A. Schaffhausen'scher Bankverein, la Berliner Handelgesellschaft et la Disconto-Gesellschaft. Elle ouvre une succursale à Hanovre en 1900, puis à Strasbourg en 1901. La Rheinische Creditbank, créée à Mannheim en 1870, s'implante également à Strasbourg en 1899 d'après l'annuaire de Strasbourg dans un immeuble commercial nouvellement construit au 13 quai Kléber (actuel consulat d'Espagne). Michel SIEGEL, *op. cit.*, p. 146-147.

139 Dossier de police du bâtiment du 14 rue de la Nuée-Bleue, archives de Strasbourg, 866W281. La Banque d'Alsace et de Lorraine a été mise en liquidation en 1931, et ses avoirs ont été absorbés par le futur Crédit industriel d'Alsace et de Lorraine (CIAL). Pierre BIRCKEL, *La Banque d'Alsace et de Lorraine, op. cit.*, 1993, p. 29.

140 Jules Berninger (1856-1926) et Henri Gustave Krafft (1861-1927), architectes formés au *Polytechnikon* de Stuttgart puis aux Beaux-Arts à Paris, s'associèrent de 1895 à 1914. Comme en témoignent les revues d'architecture d'époque, ils furent réputés dans toute l'Europe avant 1914 pour des immeubles commerciaux et des villas, notamment de style Art nouveau.

141 Dossier de police du bâtiment du 24, rue du Vieux-Marché-aux-Vins, archives de Strasbourg, 947W172.

142 Walter RINCKERBERGER. *op. cit.*, 1995, p. 125-135. La banque Staehling avait été fondée par Charles Staehling père en 1835 au 24, rue du Vieux-Marché-aux-Vins. En 1871, retiré à Bâle, il céda sa banque à son fils Charles, lequel s'associa la même année avec Charles Schott et Louis Valentin. En 1874, la banque devint une société de commandite par actions, sous la raison sociale Ch. Staehling, L. Valentin & Cie. Mise en liquidation en décembre 1940, elle fut vendue à la Bayerische Hypotheken Bank, qui l'occupa jusqu'en 1944. Elle a été mise en liquidation définitive en 1950 avec le soutien de la SOGENAL et l'immeuble fut vendu à une société civile immobilière.

143 Celui-ci est mentionné par la revue *Die Architektur des 20ten Jahrhunderts*, 1905. Il y a lieu de le croire, car seuls les plans de masse signés Brion et Haug ont été retrouvés. Peter HAIKO, *L'architecture du 20e siècle. Revue d'architecture moderne 1901-1914*, Liège, 1989, réimprimé en un volume de la revue trilingue, *Die Architektur des 20ten Jahrhunderts 1901-1914*.

144 Paul KICK, *Gebäude für Banken und andere Geldinstitute. Handbuch der Architektur*, 4, 2, 2, Stuttgart, 1902, p. 139-246.

145 Heinrich Johann Kayser (1842-1917) et Karl von Gro heim (1841-1911), associés dès 1872, comptent parmi les architectes les plus renommés de leur époque à Berlin. Lorsqu'ils obtiennent le chantier de l'immeuble de la Germania à Strasbourg en 1883, ils ont déjà obtenu le 2e prix pour le chantier du *Reichstag* (1882). Ils sont alors surtout connus pour leurs villas et déjà quelques immeubles de banques et assurances : celui de la Norddeutsche Grundkreditbank à Berlin (1872-73) et surtout celui de la Germania à Berlin (1878-1880). Voir dossier d'inventaire électronique de l'immeuble Gallia à Strasbourg (IA67044011), par Nicolas Claerr et Élisabeth Paillard © Inventaire général – Région Alsace, 2011.

146 Cet immeuble sera augmenté par la construction d'un second immeuble au 4, rue du Général-Frère, dossier d'inventaire électronique (IA67040103) réalisé par Emmanuel Fritsch, Inventaire général — Région Alsace, 2011.

147 Georg Frentzen (1854-1923) était actif à Aix-la-Chapelle, professeur à la *Technische Hochschule* de cette ville ; on lui doit plusieurs bâtiments publics importants dans de grandes villes allemandes, comme les gares de Francfort-sur-le-Main et de Cologne. Voir dossier d'inventaire électronique du 6, avenue de la Liberté (IA67040108) d'Emmanuel Fritsch © Inventaire général – Région Alsace, 2011.

148 Le 3-5, rue du Maréchal-Joffre est aujourd'hui l'annexe de la bibliothèque nationale et universitaire de Strasbourg. Voir dossier d'inventaire électronique des immeubles du 3-5 rue du Maréchal-Joffre (IA67044008), Élisabeth Paillard © Inventaire général — Région Alsace, 2011.

149 Seule la Société Générale Alsacienne de Banque (SOGENAL) et le Crédit communal et foncier d'Alsace-Lorraine (CFCAL) existent toujours en 2013.

ALTSTADT ET NEUSTADT, LE DIALOGUE URBAIN

Marie Pottecher

L'intégration de Strasbourg dans l'Empire marquait le retour dans la « mère patrie » d'une des villes les plus évocatrices pour la conscience nationale allemande. Toutefois, son tissu bâti, corseté dans des enceintes qui n'avaient pas bougé depuis près de deux siècles la rendait inapte à ses nouvelles fonctions de capitale régionale. Aussi, la nécessité d'une extension s'imposa-t-elle rapidement comme une évidence. Néanmoins, il apparaissait tout aussi clairement que celle-ci devait se faire en regard de la ville préexistante.

Si l'on envisage les projets qui furent proposés au moment de la conception de l'extension, il apparaît de manière probante que ceux-ci ne concevaient pas les nouveaux quartiers en opposition avec les anciens. Celui proposé par l'architecte berlinois August Orth est sans nul doute à ce propos le plus probant. Les importants remaniements qu'il proposait dans le tissu ancien avaient moins pour objet de nier la ville ancienne que d'améliorer la circulation et de rattacher organiquement les nouveaux quartiers à la ville ancienne. En cela, sa proposition se situait dans la droite lignée du projet qu'il avait soumis quelques années plus tôt pour le remaniement de Berlin[150].

Le projet définitif pour l'extension de Strasbourg, ne reprit que quelques éléments des propositions faites par August Orth[151]. Au nombre de ceux-ci comptaient plusieurs percements qui apparaissent distinctement sur le plan approuvé en 1880. Toutefois, ils furent beaucoup plus mesurés que ne l'avait prévu l'architecte berlinois. Ainsi, le plan de Strasbourg, tout en demeurant par d'autres aspects fortement marqué par les préceptes de l'urbanisme parisien, introduisait-il une certaine prise de distance vis-à-vis des préceptes haussmanniens[152]. Certaines de ces percées furent effectivement réalisées, ce fut le cas tout particulièrement dans les quartiers industrieux de la gare, dans la partie occidentale de la ville. En revanche, l'opération la plus intrusive fut abandonnée. Elle prévoyait de prolonger une voie du nouveau quartier, courant depuis une porte septentrionale de la ville jusqu'à la place impériale, pour la faire aboutir au pied de la cathédrale. Cette opération, qui aurait bouleversé le tissu médiéval et du XVIIIe siècle de la ville, fut abandonnée. On lui préféra un système de lien visuel.

En effet, les jeux de perspectives étaient fortement appréciés et employés au moment où s'élaborait le plan d'extension de Strasbourg. Dans ce domaine, la référence prédominante était celle de l'urbanisme parisien dont les perspectives suscitaient fréquemment les louanges des architectes allemands et tout particulièrement celle entre l'église de la Madeleine et le palais Bourbon. À ce titre, la flèche unique de la cathédrale de Strasbourg offrait d'intéressantes possibilités qui furent largement exploitées par les deux candidats sollicités pour proposer un plan d'extension, August Orth et son concurrent le Strasbourgeois Jean-Geoffroy Conrath. Tous deux proposèrent en effet d'orienter plusieurs de leurs voies en fonction de la flèche. Mieux encore, dans son projet, Orth envisagea d'aménager à l'extrémité nord de la future place impériale, une imposante église protestante, appelée à jouer le rôle de contrepoint à la cathédrale (fig. 1). Cette solution demeura elle aussi à l'état de projet. En revanche, à l'extrême fin du siècle, l'édification de l'église de garnison protestante (aujourd'hui Saint-Paul) ouvrit d'autres opportunités. Son parti architectural, ses proportions tout comme son emplacement, à la pointe sud de l'île Sainte-Hélène, face à la vieille ville, en fit une sorte d'écho à la vénérable cathédrale (fig. 2). Les touristes qui aujourd'hui se rendent à Saint-Paul pensant être devant Notre-Dame, rendent ainsi d'une certaine manière hommage aux auteurs de ce parti !

Fig. 1 : Proposition d'August Orth pour l'aménagement de la future place impériale. August ORTH, *Entwurf zu einem Bebauungsplan für Strassburg bearbeitet im Auftrage der Stadtverwaltung*, Leipzig, E. A. Seemann, 1878.

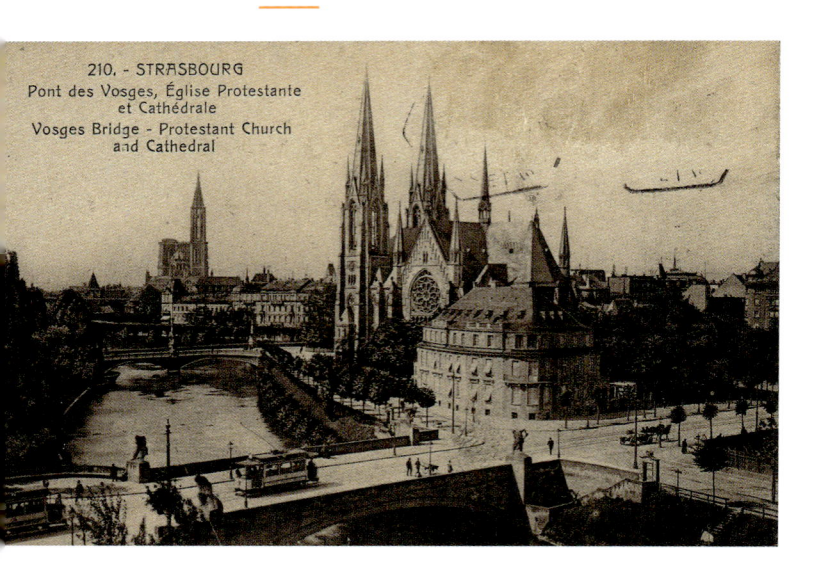

Fig. 2 : Vue des flèches de l'église de garnison luthérienne et de la cathédrale depuis le nord de la *Neustadt*. BNUS.

Il est toutefois à noter que ce jeu de référence visuelle ne portait encore que sur l'édifice le plus insigne de la vieille ville, les bâtiments plus communs ne bénéficiant alors pas du même traitement. Toutefois, certains signes témoignèrent très tôt d'une sensibilité réelle au paysage urbain. En effet, lors de l'étude pour les projets d'extension, en 1878, l'architecte municipal Conrath justifia le choix d'orientation d'une des voies structurantes de son plan, non seulement en raison du fond de perspective que lui offrait la cathédrale, mais également par la qualité de la vue sur l'ancienne ville qui se dévoilait ainsi au spectateur[153]. Dès lors, il ne s'agissait pas seulement de relier organiquement ou visuellement l'ancienne et la nouvelle ville, mais aussi d'assurer des transitions harmonieuses et, ainsi, de composer un paysage urbain nouveau.

À ce sujet, les espaces de transition entre l'ancienne et la nouvelle ville jouèrent un rôle particulièrement important. Ceux-ci sont de trois natures : boulevards, voie d'eau et places.

Fig. 3 : Chevet de l'église catholique Saint-Pierre-le-Jeune, construite en 1897, fermant la perspective au débouché de la rue Paul-Müller-Simonis courant en direction de la ville ancienne.

Souvent aménagés sur l'emprise des anciens remparts, les boulevards circulaires sont implantés dans de nombreuses extensions aux confins des noyaux historiques et de nouveaux quartiers. À ce titre, ils sont souvent plantés ou doublés afin notamment d'éviter toute transition trop abrupte entre deux paysages urbains. Ce parti, que l'on rencontre à Mayence ou Cologne pour ne citer que quelques extensions germaniques contemporaines, se retrouve également à Strasbourg dans la partie occidentale de l'extension ainsi qu'à proximité de l'université, sur l'actuel boulevard de la Victoire. Toutefois, à la différence des deux premières, ce parti fait à Strasbourg l'objet d'une réflexion plus poussée. En effet, alors qu'à Mayence et Cologne, si l'on en juge d'après les plans d'extension, les voies partant de la ville ancienne se prolongeaient de manière rectiligne dans l'extension, ce qui, pour des raisons évidentes de circulation, rendait nécessaire l'interruption de la rangée d'arbres, le choix fut fait à plusieurs reprises à Strasbourg d'introduire une brisure dans l'axe des voies ou de boucher les perspectives à hauteur de la transition entre ancienne et nouvelle ville. Non seulement ce parti présentait l'intérêt de couper ainsi une perspective qui aurait pu être peu heureuse, mais il permettait de surcroît de composer des paysages urbains cohérents (fig. 3). Ce parti, mis en œuvre lors de la réalisation de la *Neustadt*, puis, en partie modifié par la suite, fut également repris quelques années plus tard à Metz[154].

Fig. 4 : Fritz Beblo, projet d'aménagement de la façade postérieure du théâtre et de ses abords, 1904. AVCUS.

Restait enfin la question des places. Sur le plan d'extension officiel, trois places sont aménagées en bordure de l'ancienne et de la nouvelle ville : la place de la Gare, le parvis de l'église Saint-Pierre-le-Jeune catholique et la place impériale. Compte tenu de l'importance de cette dernière et de son rôle structurant pour l'ensemble du plan d'extension, ce fut celle dont l'aménagement s'avérait le plus complexe.

En 1878, dans sa proposition, l'architecte municipal Conrath, avait justifié son parti d'implantation de la place impériale en fonction de la vue de la vieille ville qui s'offrait au spectateur venu du nord de l'agglomération ainsi que des possibilités de dialogue qui s'établissaient entre la place et l'université. Néanmoins, ce choix impliquait une orientation de la place qui s'articulait maladroitement avec la place Broglie, alors cœur municipal de la vieille ville. Dès l'examen des plans, les experts pointèrent cette faiblesse. Ils s'accordèrent toutefois à reconnaître que les autres possibilités offertes par cet agencement prévalaient sur la question du raccordement de la place Broglie et de la future place impériale, que l'on pourrait en partie résoudre grâce à la plantation d'arbres dont la frondaison atténuerait l'effet trop abrupt de cette perspective. Dans les mois suivants, d'autres propositions furent avancées. On envisagea notamment l'aménagement d'une colonnade pour fermer la perspective vers la place Broglie depuis la place impériale. Ce projet resta sans suite, dans un premier temps du moins[155]. Toutefois, huit ans plus tard, la reconstruction de la façade arrière du théâtre municipal (aujourd'hui l'opéra) sur la place Broglie et tournée vers la place impériale offrit l'occasion de le mener à bien, à moindre échelle cependant.

En effet, la façade arrière du théâtre, endommagée lors du siège de l'été 1870, fut reconstruite par l'architecte municipal Johann Karl Ott. Celui-ci conçut une abside hémicirculaire flanquée de colonnes engagées dont le parti s'inspirait très vraisemblablement de la proposition de colonnade faite près d'une décennie plus tôt. Cette hypothèse est d'autant plus plausible que ces travaux de reconstructions étaient exactement contemporains de ceux de l'aménagement de la place impériale et dont le maître d'œuvre n'était autre qu'Ott lui-même. Il est donc plus que probable que l'architecte conçut les deux projets comme un ensemble.

Si cette solution apportait une amélioration indéniable dans l'articulation entre la place impériale et la place Broglie, elle ne fut pas jugée entièrement satisfaisante. Tant les proportions que l'orientation du théâtre ne s'accordaient guère avec la place impériale et les

Fig. 5 : Vue sur le canal du Faux-Rempart, le pont de la Poste et les villas doubles commanditées en 1884 par les frères Ritleng, notaires.

Fig. 6 : Vue de la rue du Parchemin depuis l'avenue de la Marseillaise.

contemporains restèrent sévères à l'égard de cet ensemble. Conscient de ce problème, la municipalité organisa en 1904 un concours pour l'extension de la façade arrière du théâtre afin, ainsi, de boucher la perspective entre les deux places (fig. 4). Les projets conservés, dont aucun ne fut finalement exécuté, renouent également avec cette idée de colonnade qui avait été proposée un quart de siècle plus tôt.

Pour les abords sud de la place à hauteur de l'ancienne porte des Juifs, des solutions plus heureuses furent trouvées. Dans ce secteur, l'extension bordait le canal du Faux-Rempart qui marquait la limite entre les deux quartiers. Les édifices de la *Neustadt* qui y furent édifiés côté canal sont des villas, dont plusieurs d'entre elles, telles que le n° 4, rue Joseph-Massol, édifiée pour les frères Ritleng (fig. 5) ou l'actuel lycée des

Pontonniers, sont d'inspiration historicisante. Par leur gabarit et leur style, elles jouent un rôle de transition entre le tissu ancien et les réalisations plus imposantes de la place impériale et de ses abords. C'est dans ce secteur que fut construite au tournant du siècle la nouvelle poste centrale. Si celle-ci fut édifiée dans un style néogothique, ses proportions imposantes auraient sans nul doute fortement contrasté avec celles des édifices anciens sis à quelques m, de l'autre côté du canal. Toutefois, pour des raisons de circulation, il apparaissait nécessaire de mettre en relation directe la poste et la vieille ville qui concentrait une part importante des activités économiques et commerciales de la ville. Aussi, si une rue fut aménagée depuis la vieille ville dans l'axe exact de l'entrée du nouvel édifice, ses dimensions demeurèrent réduites afin que la poste dans son ensemble ne puisse être visible depuis les abords du canal.

À l'inverse, dans ces mêmes années on mit en œuvre le prolongement de la rue du Parchemin pour aménager une nouvelle liaison entre l'ancienne et la nouvelle ville aux abords de la place impériale (fig. 6)[156]. Celle-ci avait également pour objet de faciliter les accès à la nouvelle poste. Toutefois, à la différence de la ruelle évoquée précédemment qui était réservée aux piétons, la nouvelle voie devait être accessible aux véhicules et, à ce titre être plus large. La solution trouvée consista à élargir légèrement le tronçon de voie percé par rapport à la rue existante afin que l'angle du dernier îlot de celle-ci soit mis en évidence. À cet emplacement s'éleva en 1904 un immeuble de style Art nouveau mais d'inspiration régionaliste par l'usage du pan de bois dans la partie haute de sa façade. Le traitement remarquable de son angle, couronné d'une flèche polygonale, joue fort ingénieusement le rôle de transition entre l'ancienne et la nouvelle ville dont il est possible aujourd'hui encore d'apprécier la qualité.

À l'issue de ces quelques études de cas, il est possible d'esquisser une évolution. Après une première période prônant une union organique entre l'ancienne et la nouvelle ville, le parti fut pris de préférer des jeux de référence visuelle mettant en exergue l'édifice emblématique de la ville qu'était la cathédrale. Dans le même temps, toute confrontation trop abrupte entre l'ancienne et la nouvelle ville fut évitée. Ces dernières apparaissaient comme deux entités possédant leur propre cohérence. Ce n'est qu'au tournant du siècle que ces positions se modifièrent. Les architectes s'attelèrent alors à modeler des espaces de transitions et des jeux de résonance. Cette évolution témoigne sans nul doute d'un changement progressif de regard sur la ville, passant d'une appréhension architecturale et planimétrique qui n'autorisait guère de dialogue entre des édifices trop éloignés par leur taille et leur style, à une approche paysagère plus sensible. Il n'est d'ailleurs sans doute pas anodin que cette évolution soit contemporaine d'une réflexion juridique qui aboutit, en 1910, à une loi pour la préservation du paysage urbain[157]. Désormais, la ville était conçue comme un tout dont il convenait de ménager l'équilibre, souvent précaire.

---

[150] Harald BODENSCHATZ « Der Beitrag August Orths (1828-1901) zur Reorganisation der inneren Stadt Berlins », dans *Städtebaureform 1865-1900*, sous la direction de Juan RODRIGUEZ-LOPEZ et Gerhard FEHL, t. II, Hambourg, 1985.
[151] En effet, le plan d'extension officiel, approuvé en 1880, reprend pour l'essentiel le projet de l'architecte municipal de Strasbourg Jean-Geffroy Conrath.
[152] Klaus NOHLEN, « Das Bild der Stadt Strassburg zur Reichslandzeit. Historischer Kern versus Neustadt », *Revue d'Alsace*, 2005, p. 141.
[153] Jean-Geoffroy CONRATH, *Bericht des Stadtarchitekten über den Bebauungsplan der neuen Stadttheile Strassburgs*, [1878], p. 5.
[154] Dominique LABURTE, Jean-Jacques CARTAL et Paul MAURAND, *Les Villes pittoresques. Étude sur l'architecture et l'urbanisme de la ville allemande de Metz entre 1870 et 1918*, Nancy, Centre d'études méthodologiques pour l'aménagement, unité pédagogique d'architecture, 1981, p. 197.
[155] Reinhard BAUMEISTER, « Die Stadterweiterung von Strassburg », *Die Deutsche Bauzeitung*, n° 3, 1881, p. 13.
[156] Cette intervention, qui rendit nécessaire la démolition de plusieurs édifices anciens émut certains strasbourgeois. Voir « Les embellissements de Strasbourg », *Revue Alsacienne Illustrée*, vol. V, n° 2, 1903, p. 25-26. Des éléments d'une des maisons détruites, à l'angle de la rue des Juifs et de la rue du Parchemin furent d'ailleurs remployés dans la maison de la directrice de l'ancien lycée de jeunes filles, actuel lycée des Pontonniers.
[157] *Gesetz zum Schutz des Ortsbildes*.

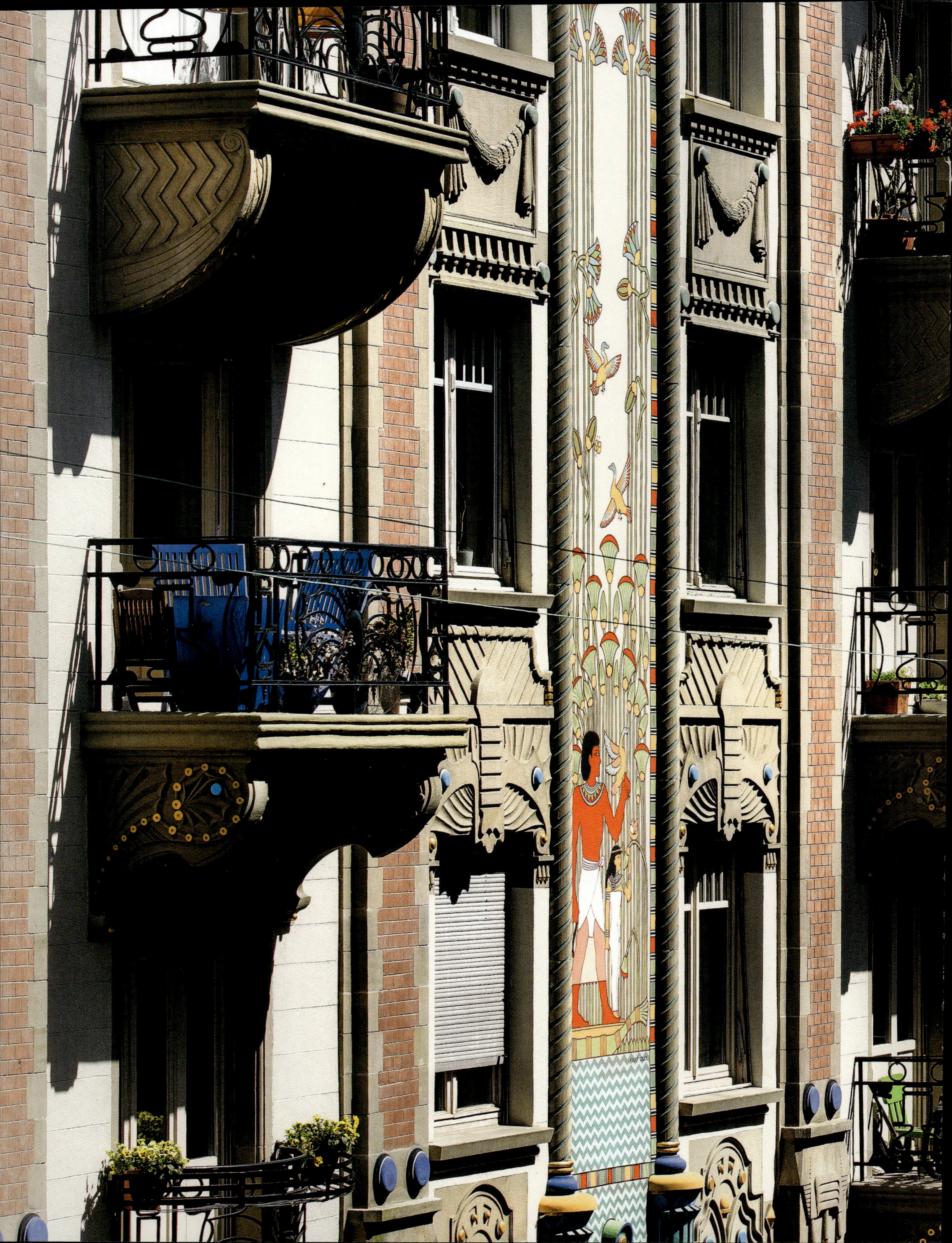

LA MODERNITÉ

LA MODERNITÉ

LA GRANDE PERCÉE DE STRASBOURG

Michaël Darin

Le 10 mai 1910, Rudolf Schwander, maire de Strasbourg, expose devant le conseil municipal le projet de percement, à travers la vieille ville, d'une nouvelle voie de grandes dimensions — 1 400 m de longueur et 18 m de largeur — épousant un tracé ondulé conçu par l'architecte de la ville Fritz Beblo en 1907[158]. Les premiers travaux commencent fin 1911 mais portent seulement sur l'actuelle rue du 22 Novembre (*Neue-Strasse*, à l'origine) empruntée par les trams quatre ans plus tard. Dans les années 1920 s'ouvre le second tronçon, la rue des Francs-Bourgeois, prolongée, lors de la décennie suivante, par les actuelles rues de la Division-Leclerc et de la Première-Armée qui attendent les années 1940 et même le début des années 1950 pour être totalement bordées d'immeubles[159] (fig. 1).

La Grande Percée de Strasbourg est l'une des dernières manifestations d'un type d'opération urbanistique qui évolue en France depuis le milieu du XVIIIe siècle[160]. Les ingénieurs des Ponts-et-Chaussées en font usage à l'époque pour faciliter le passage des routes royales à travers les vieilles villes. Cette politique se répand sous le Second Empire et marque notamment les transformations du Paris d'alors. Pendant la première moitié du XXe siècle, on continue à percer sporadiquement quelques villes et pas seulement en France.

Dans toutes les villes éventrées (c'est le sanglant terme italien), le percement entraîne en leur centre l'élimination de nombreuses anciennes constructions. Cette vaste démolition est inhérente à l'opération et pourrait même la qualifier car c'est l'aspect qui la différentie d'une « simple » ouverture de voie en dehors de l'ancien tissu urbain dense. Au cours du XIXe siècle, les démolitions liées au percement sont appréciées par tous ceux qui se prononcent sur les affaires urbaines. Même les amateurs d'art qui contestent, dans certaines villes, l'enlèvement d'une petite église ou d'un hôtel particulier qu'ils apprécient, approuvent la disparition de vieilles rues étroites et sinueuses méprisées par les esprits éclairés depuis plusieurs siècles.

Dans cette veine, l'éradication de cent-trente-deux vieilles maisons représente, selon le maire de Strasbourg, l'un des buts de l'opération censée rendre plus salubre le Vieux Strasbourg où s'entasse une population modeste vivant dans des habitations vétustes[161]. En ce début du XXe siècle, de larges fortifications séparent encore la ville de ses extensions situées hors les murs ; et à l'intérieur, la partie neuve, la *Neustadt*, aménagée depuis les années 1880, accueille surtout les Vieux Allemands venus peupler la nouvelle capitale du *Reichsland* Alsace-Lorraine, ainsi qu'une frange de la bourgeoisie locale. Dans ce contexte, la démolition d'une partie du vieux stock immobilier est donc jugée souhaitable. En même temps, elle cause un certain malaise.

En effet, vers la fin du XIXe siècle, les attitudes envers l'héritage médiéval commencent à changer : l'engouement pour des édifices isolés (cathédrales, par exemple) entraîne progressivement la valorisation de pans entiers du paysage urbain ancien. Ainsi à Strasbourg, au début du XXe siècle, les démolitions préconisées conjointement au percement posent problème car désormais on apprécie beaucoup « ... ces vieux quartiers avec leurs ruelles étroites, sombres et mystérieuses et avec leurs vues colorées sur les vieilles églises et sur la cathédrale... »[162]. Toutefois, dans une période où la notion de réhabilitation du bâti ancien vient juste d'être inventée dans une Écosse lointaine[163], l'hygiène l'emporte aisément sur l'esthétique ou le patrimoine. On opte donc pour la démolition des maisons visées par la percée, mais en les soumettant toutefois, auparavant, à l'inspection

Page précédente : Front bâti de la rue du Général-Rapp, avec la maison égyptienne.

LA MODERNITÉ

Fig. 1 : E. Maechling : maquette de la Grande Percée. Musée Historique de Strasbourg.

d'une commission des arts (*Kunstkommission*) qui évalue leur valeur et recommande parfois une conservation, entière ou partielle[164].

Sur les terrains débarrassés de vieilles maisons, on construit, en plusieurs phases et selon plusieurs modalités, une soixantaine de nouveaux immeubles dont certains, surtout dans la partie sud, sont de très grande taille. Pour y arriver, l'administration strasbourgeoise innove en matière de montage opérationnel : elle mélange des savoir-faire allemand et français, en leur ajoutant quelques innovations de son cru. Désirant

Fig. 2 : Vue générale de la Grande Percée (1ère tranche).

éviter les expropriations, trop chères[165], le maire, ayant de bonnes connaissances en la matière, fait acheter en secret, pour le compte de la municipalité, les maisons, au cas par cas, par trois agents immobiliers. Une fois l'ensemble de l'opération approuvée officiellement, la Ville fait démolir les anciens bâtiments implantés sur le parcours du premier tronçon, l'actuelle rue du 22 Novembre, et ouvre la voie à ses frais. Auparavant, une banque de Mannheim[166] a été chargée de vendre ou louer les futurs terrains à bâtir en bordure de ce tronçon. Selon le premier procédé — la vente — une partie du prix était fixée d'avance de manière à garantir à la Ville la couverture de toutes ses dépenses, quand une autre partie du prix restait libre à l'appréciation de la banque, lui permettant d'en tirer profit selon ses négociations avec les acquéreurs. Le second procédé — le bail emphytéotique — offrait aux futurs constructeurs un investissement initial moindre en leur ouvrant la possibilité de louer les terrains à bâtir pour une durée de soixante-cinq ans en payant à la Ville un intérêt évolutif dont le taux moyen (sur toute la durée) était de 4,3 % de la valeur fixée à la vente ; à la fin de cette période, les immeubles, quant à eux, étaient destinés à intégrer le domaine de la Ville[167]. Ces diverses modalités, en partie innovantes[168], ont permis à la municipalité de mener à bien une grande opération urbanistique sans, apparemment, grever son budget.

Le percement, cela va de soi, efface une partie du tissu urbain ancien ; cependant, n'oublions pas qu'il en respecte toujours certains éléments. Toutes les percées, par exemple, se relient à des édifices appréciés ; ainsi, à Rouen, l'actuelle rue Jean-Lecanuet est axée sur l'hôtel de ville et, à Montpellier, l'actuelle rue Foch longe le palais de justice et la préfecture. De manière analogue, à Strasbourg, la rue du 22 Novembre est bordée, dans son extrémité ouest, par l'église Saint-Pierre-le-Vieux (dotée d'une nouvelle façade construite au détriment de quelques m de la nef préexistante[169]) et, vers le sud, la rue de la Première-Armée passe près de l'église Saint-Nicolas.

À Strasbourg, la composition avec le tissu urbain préexistant va bien plus loin dans la mesure où le tracé ondulé, outre la belle variété des perspectives qu'il aménage, permet, par sa souplesse, de conserver plusieurs rives d'anciennes rues effleurées par la nouvelle voie et ainsi de réduire les dépenses municipales. En effet, en faisant passer la future chaussée en bordure des vieilles maisons formant ces rives, les autorités diminuent le nombre de maisons à acheter, laissant alors l'initiative aux anciens propriétaires, soit de céder leur bien aux futurs constructeurs au moment qui leur conviendrait, soit de reconstruire eux-mêmes. En bordure de la rue du 22 Novembre, par exemple, une rive entière, située au nord de l'ancienne Grande rue de la Grange, a été maintenue dans son état préexistant. Aujourd'hui encore, six de ces anciennes maisons bordent la percée[170]. Les autres rues de la Grande Percée comportent, elles aussi, des occurrences de ce genre ; ce sont deux bâtiments sur la rue des Francs-Bourgeois (faisant autrefois partie de la rive orientale de la rue des Fribourgeois)[171], trois bâtiments le long de la rue de la Division-Leclerc (anciennement rue du Bateau)[172] et un seul à l'angle de la rue de la Première-Armée et de la rue des Bouchers[173].

La persistance d'anciennes constructions en bordure des percées n'est pas, en soi, une particularité strasbourgeoise. Par exemple, la chaussée du boulevard Saint-Germain à Paris passe aussi très près de quelques rives d'anciennes rues laissées intouchées. Mais le tracé de la percée parisienne étant une ligne droite (fixée en fonction de la percée dans son ensemble), ces anciens tronçons ne se trouvent jamais exactement sur l'alignement fixé pour les immeubles bordant la nouvelle voie. Ainsi, les nouveaux immeubles se trouvent, selon les cas, devant ou en arrière de leurs voisins anciens, restés sur place. À Strasbourg par contre, la souplesse du tracé ondulé permet de rapprocher la nouvelle chaussée jusqu'aux anciennes rives pour considérer leur alignement comme étant désormais celui de la percée. Ainsi, les façades de trois nouveaux immeubles (n°s 27, 37-47 et 49) de la rue du 22 Novembre, remplaçant plusieurs vieilles maisons, suivent l'alignement préexistant et constituent avec leurs six vieux voisins (n°s 23-25 et 29-35) un front bâti continu ne comportant aucun décalage (fig. 2).

Le tracé souple de la Grande Percée permet, en outre, d'incorporer aux perspectives variées créées par la nouvelle voie quelques vieilles maisons situées en deuxième plan et rendues visibles par une sorte de placette (à l'angle de la Grand'Rue — fig. 3) et deux élargissements (angle rue du Saumon — fig. 4 et angle rue du Paon — fig. 5).

Fig. 3 : Immeubles sis au n°s 23-39, rue du 22 Novembre, Strasbourg.

LA MODERNITÉ

Fig. 4 : Maisons à l'entrée de la Grand'Rue, Strasbourg.

Fig. 5 : Immeuble à l'angle de la rue du Saumon, Strasbourg.

Fig. 6 : Immeuble à l'angle de la rue du Paon, Strasbourg.

Un autre détail mérite attention : contrairement aux autres percées, les immeubles d'angle de la Grande Percée sont élevés dans le prolongement du front bâti préexistant formant les rues croisées. Normalement, depuis le début du XIXe siècle, la volonté (et l'exigence des instances étatiques) est d'élargir, par le biais des plans d'alignement (rendus obligatoires à partir de 1807), quasiment toutes les rues des villes françaises, même les plus modestes. Ce qui induit un détail typique du percement : l'immeuble d'angle de la percée, respectant le plan d'alignement fixé auparavant pour les rues croisées, se trouve souvent en arrière par rapport à son voisin de la rue en question resté tel quel sur son ancien emplacement. Un décalage d'alignement est donc créé, qui se traduit par une tranche de mur aveugle typique du percement, rendu particulièrement visible par la distance séparant les deux immeubles d'angle de la percée (fig. 6). Or, presque rien de tel à Strasbourg où la percée ne produit que deux occurrences de décalages dans ce genre et encore de dimensions bien modestes[174] (fig. 7).

LA MODERNITÉ

Fig. 7 : Immeubles à l'angle du boulevard Saint-Germain et de la rue de Bièvre, Paris.

Fig. 8 : Immeubles à l'angle de la Grand'Rue, Strasbourg.

Cette parcimonie révèle un trait strasbourgeois bien particulier : une politique locale très minimaliste en matière d'alignement. En effet, à Strasbourg, depuis 1829 et jusqu'en 1907[125], le plan d'alignement adopté par le conseil des bâtiments civils le 21 août 1838[126] ne prévoit pas d'élargir les ruelles même les plus étroites et se contente de rectifier les autres par quelques petites touches. Ainsi, la plupart des immeubles d'angle de la Grande Percée sont construits sur le même alignement que leur voisin (fig. 8) et se relient parfois à lui par un corps de bâti qui se cale sur sa hauteur, ses couleurs, ses volets ont encore la forme de sa toiture[127], de façon telle qu'on peut les taxer, avec

LA MODERNITÉ

Fig. 9 : Immeuble sis au n° 20, rue de la Division-Leclerc, Strasbourg.

un anachronisme évident, de « contextualistes », ce qui constitue un trait particulier supplémentaire de la percée strasbourgeoise (fig. 9 et 10).

Les différentes façons d'incorporer la percée au sein du Vieux Strasbourg correspondent à une attitude générale qui se traduit dans deux textes juridiques datés du 23 novembre 1910 : un « statut relatif à la protection de l'aspect local de Strasbourg » et l'arrêté qui l'accompagne, dont l'article 4 stipule : « Il y a lieu de retenir comme éléments de l'aspect agréable et de l'adaptation au caractère de la ville, la silhouette, la hauteur et son rapport à la longueur, les proportions des masses, l'équilibre des pleins et des vides, les saillies, la forme des toits et des constructions qui s'y rattachent, la couleur et enfin la nature des matériaux »[178]. Plus précisément, à propos des rues ayant un caractère artistique ou historique, il est spécifié : « La hauteur des façades ne devra pas rester trop inférieure à la dimension réglementaire ; elle ne devra pas non plus être trop grande par rapport aux bâtiments voisins »[179].

Dans un tel contexte, il n'est donc pas surprenant qu'une commission des façades[180] ait comme mission d'encadrer les constructions érigées le long de la percée. Elle édicte des prescriptions générales : « La ligne de corniche des toitures doit être continue ; les façades doivent être structurées horizontalement principalement — il faut pour cela renoncer aux balcons trop débordants »[181]. L'objectif est de réduire l'impression de verticalité de ces hauts bâtiments par rapport aux constructions anciennes de la ville[182]. Plus spécifiques sont les instructions suivantes : « Le matériau préconisé est le grès rose profond des Vosges ; sont proscrits le granit ou le marbre, trop voyants ; est préconisée une construction régionale jusque dans la toiture — la couverture doit être en ardoise de forme losangée à la manière du Vieux Strasbourg »[183].

Cependant, la variété des bâtiments qui bordent la Grande Percée, même le long du premier tronçon (la rue du 22 Novembre) démontre que leur allure résulte de diverses interprétations des instructions et des négociations au cas par cas, qui tiennent comptent, entre autres, de l'emplacement des immeubles[184]. Ainsi les façades comportant du grès des Vosges sont surtout celles qui se trouvent aux endroits sensibles de la percée : à la jonction de la place Kléber (sujet d'un concours gagné par Fritz Beblo) et aux environs de l'église Saint-Pierre-le-Vieux.

Tout le long de la nouvelle voie, au rez-de-chaussée, les immeubles abritent des magasins dont beaucoup de grande surface. En cela, la Grande Percée se conforme à l'un des buts fixés par le maire : offrir dans le Vieux Strasbourg des locaux aptes à renforcer les activités commerciales existantes au centre-ville. À cet égard, la percée excelle notamment à la jonction entre la rue du 22 Novembre et la place Kléber. C'est là que s'élève l'immeuble impressionnant du *Kaufhaus Modern* (puis *MagMod* et aujourd'hui Galeries Lafayette). De part et d'autre, se trouvent trois cinémas et deux hôtels, sans parler de nombreux cafés (encore plus fréquents dans le passé). Par ce trait, la Grande Percée se démarque des autres percées ouvertes à travers les villes françaises où, le plus souvent, les grands magasins, les cinémas ou les hôtels s'établissent plutôt dans les quartiers nouveaux, à la lisière de la ville ancienne.

À Strasbourg, le succès commercial de la Grand Percée renforce l'activité économique autour de la place Kléber ; elle met en évidence la relation complémentaire entre le Vieux Strasbourg et la *Neustadt* et, en même temps, la spécificité de la percée locale. Dans d'autres villes, notamment à Barcelone, on relie le plan d'extension à la vieille ville en traçant, dans le prolongement des grandes voies du premier, des percées traversant la seconde. Or, à Strasbourg, rien de tel. Le plan d'extension qui dédouble presque la surface de la vieille ville et qui s'étend au nord-est de la ville se relie à la vieille ville de différentes manières, certaines discrètes ; l'articulation la plus notable consiste dans l'aménagement de la grande place de la République qui fait suite à la place Broglie et dont l'orientation est fixée par un axe visuel tendu vers la tour de la cathédrale, matérialisé par l'avenue de la Paix[185].

La percée, conçue quelque trente ans après le plan de la *Neustadt*, semble par contre ignorer celle-ci. On dirait même que, tout en s'inspirant de l'expérience acquise lors de la construction de la nouvelle ville, le Vieux Strasbourg (*Alte Strassburg*) secrète une synthèse qui lui est propre en créant une forme urbaine cherchant le bon ménage entre modernité et tradition. Ainsi, si les percées du XIXe siècle étaient des sortes d'échantillons d'une ville neuve traversant brutalement la ville ancienne, la Grande Percée strasbourgeoise tend vers une autre figure, une sorte d'*Altneustadt*, image de quête de cohabitation entre vieille et nouvelle villes. Figure à laquelle rendent hommage les trams à tête de trains TGV, qui sillonnent aujourd'hui trois des quatre rues composant cette grande voie[186].

Fig. 10 : Immeubles à l'angle de la rue des Serruriers, Strasbourg.

158 Cet article se fonde essentiellement sur les publications suivantes : Alphonse ARBOGAST, *Un problème d'urbanisme ; la Grande Percée à Strasbourg*, mémoire de l'école pratique d'administration de Strasbourg, 1953 ; Florence PETRY, *La « Grande Percée » de rues de Strasbourg : Les constructions des frères Horn*, mémoire de maîtrise, Université Marc Bloch, 2000 ; *1910, Attention travaux ! De la Grande Percée au Stockfeld*, catalogue d'exposition des archives de Strasbourg, 2010. Il bénéficie aussi des conversations que l'auteur a eues avec Monique Fuchs du Musée historique de la ville de Strasbourg et Benoît Jordan des archives de Strasbourg.
159 Voir les annuaires d'adresses de la ville de Strasbourg (archives de Strasbourg, 1BA) pour la progression de la construction des immeubles.
160 Michaël DARIN, *La grande percée*, Nantes, EAN/BRA, 1987 ; Id., *La comédie urbaine*, Paris, Infolio, coll. « Archigraphy », 2009.
161 Cette situation inquiète le conseil municipal qui crée déjà en 1850 une commission de logements insalubres (Florence PETRY, « La dimension hygiéniste et sociale de la Grande Percée », dans *1910, Attention travaux ! De la Grande Percée au Stockfeld, op. cit.*, 2010, p. 16). En 1881, une nouvelle commission est chargée d'identifier les logements insalubres, puis une autre encore fin 1897 ayant une mission plus étendue et qui signale notamment toutes les maisons, nombreuses, comportant des pièces sans fenêtres (Florence PETRY, *op. cit.*, 2000, p. 20).
162 Selon un rapport du médecin municipal plaidant justement « à la livraison de ces quartiers à la pelle et la pioche pour sauver ceux qui y habitent », cité par ARBOGAST, *op. cit.*, 1953, p. 7.
163 Dans les années 1890, le botaniste-urbaniste Patrick Geddes vient de faire rénover des immeubles dégradés au centre d'Édimbourg pour les transformer en logements pour étudiants.
164 Sur les 132 maisons, l'inventaire comporte une liste de 33 items qui doivent être impérativement conservés, une liste de 66 adresses où se trouvent des éléments décoratifs dignes d'être conservés et une liste de 14 immeubles ou éléments dont la conservation sur place est souhaitable ; voir Benoît Jordan « La Grande Percée, une saignée dans le cœur historique de Strasbourg », dans *1910, Attention travaux ! De la Grande Percée au Stockfeld, op.cit.*, 2010, p. 30.
165 Partout, les jurys d'expropriation donnaient raison à l'époque aux anciens propriétaires qui exigeaient des indemnités correspondant à la valeur des terrains après travaux, comptant ainsi récupérer la future plus-value issue du percement.
166 *La Süddeutsche Diskontogesellschaft, une filiale de la deuxième banque d'Allemagne* (Florence PETRY, *op. cit.*, 2000, p. 37).
167 Alphonse Arbogast explique en détail ce genre de contrat donnant aux futurs constructeurs un « droit de surface » sur les terrains loués (*op. cit.*, 1953, p. 14-25). Ce genre de bail, dit emphytéotique, est pratiqué depuis longtemps par les grands domaines aristocratiques britanniques ; il fut rendu possible à Strasbourg grâce au code civil allemand.
168 Selon *Plutus*, une publication économique éditée à Berlin, le rôle joué par la *Süddeutsche Diskontogesellschaft* était inédit ; Alphonse ARBOGAST, *op. cit.*, 1953, p. 12.
169 Benoît JORDAN, «La Grande Percée, une saignée dans le cœur historique de Strasbourg », dans *1910, Attention travaux ! De la Grande Percée au Stockfeld, op. cit.*, 2010, p. 32.
170 Les n°s 23-25 et 29-35.
171 Le n° 19 et son voisin sans numéro (ni sur le bâtiment, ni sur le plan cadastral) qui jouxte aussi le cinéma Vox.
172 Les n°s 15 et 17 ainsi que le bâtiment d'angle avec la rue de la Douane (n° 1 de cette rue).
173 Le n° 17 ; ce cas diffère des précédents dans la mesure où il s'agit d'un seul bâtiment servant de repère à la percée et non une rive entière.
174 Voir les n°s 10 et 21 rue des Francs-bourgeois (angles Grand'Rue et rue du Vieux-Seigle).

175 *Atlas du plan de la ville de Strasbourg dressé pour le projet d'alignement des rues, places, quais et autres voies publiques*. Archives de Strasbourg, 1197 W 36. Le texte d'introduction est signé le 14/05/1829 par l'architecte de la ville Villot. Depuis, ce document a été constamment modifié, le dernier ajout datant du 27/09/1907.
176 Base de données *Conbavil*, [en ligne], adresse URL : http://www.inha.fr/spip.php?rubrique358, fiche détaillée n° 14172.
177 Voir : a) rue de la Première-Armée, les n°s 3 et 8 de (angle rue d'Or) ainsi que le n° 15 (angle rue des Bouchers) ; rue de la Division-Leclerc, le n° 20 (angle rue de l'Ail) ; rue du Vingt-Deux-Novembre, le n° 15 (angle rue Hannong).
178 Article 4 de l'arrêté en question. Auguste CLAUSING et André KOEBERLE, *Recueil des arrêtés de police en vigueur à Strasbourg à la date du 1er juin 1936*, Strasbourg, Librairie Istra, s.d., p. 695.
179 *Ibid.*
180 L'architecte Karl Hengerer a également été consulté.
181 Florence PETRY, *op. cit.*, 2000, p. 59 cite dans cette partie de son mémoire les travaux de Stefan Fisch a) « Der 'grosse Durchcruch' durch die Strassburger Altsatdt » dans Gerhard FEHL et Juan RODRIGUEZ-LORES (dir.), *Die planmässige Erneuerung Europäischer Grossstaädte zwischen Wiener Kongress und Weimarer Republik.*, Basel, Birkhäuser, 1995 b) « Der 'Strassburger grosse Durchcruch' (1907-1957) Kontinuität und Brüche in Architektur, Städtebau und Verwaltungspraxis zwischen deutscher und französischer Zeit», dans Christoph CORNELISSEN, Stefan FISCH et Annette MAAS, *Grenzstadt Straßburg. Stadtplanung, kommunale Wohnungspolitik und Öffentlichkeit 1870-1940*, St. Ingbert, Röhrig Universitatsverl, 1997.
182 *Ibid.*, p. 49.
183 *Ibid.*, p. 59. Au delà des instructions écrites, les autorités strasbourgeoises font produire aussi au moins une façade « type » signée par Beblo pour la deuxième phase du percement (*1910, Attention travaux ! De la Grande Percée au Stockfeld, op. cit.*, 2010, p. 54) et une maquette de la première phase (Musée historique de la ville de Strasbourg) qui aurait pu éventuellement servir comme outil de coordination artistique.
184 Florence Pétry explique clairement ce point dans son article « Les frères Horn et les constructions de la Grande Percée », dans *1910, Attention travaux ! De la Grande Percée au Stockfeld, op. cit,*. 2010, p. 49-53.
185 Voir à ce sujet la contribution de Marie Pottecher dans le présent ouvrage.
186 Paradoxalement, la Grande Percée, dans sa totalité, n'a jamais été empruntée par les trams. Dans le passé, seule la rue du Vingt-Deux-Novembre servait à cet usage, quand, aujourd'hui, elle est le seul tronçon de cette grande voie dépourvu de rails et dont la chaussée semble en conséquence un peu désœuvrée.

LA GENÈSE TRANSNATIONALE DES BAINS MUNICIPAUX DE STRASBOURG

Alexandre Kostka

Les bains municipaux de Strasbourg constituent un objet patrimonial unique en Europe. Pour des raisons historiques diverses, il s'agit d'un équipement urbain qui n'a subi que peu de modifications depuis sa construction (fig. 1). Ailleurs, que ce soit en Angleterre ou en Allemagne, voire en Scandinavie, les bains municipaux ont pour certains été détruits durant la Seconde Guerre mondiale, ou ils ont été démolis dans les années 1960 pour laisser la place à une nouvelle génération de bains plus économes en énergie et plus spacieux. Mais depuis quelques années, on assiste à une prise de conscience de l'importance patrimoniale que revêt le bâti du tournant du siècle : encore décriée il y a peu, cette période fait l'objet aujourd'hui d'une relecture qui inscrit les édifices dans un contexte transnational[187].

La présente contribution s'inscrit dans cette perspective de reconnaissance. Car la fière revendication du caractère « municipal » des bains ne doit pas faire oublier que cet ensemble bâti est né d'un élan qui a traversé toute l'Europe, et tout particulièrement l'Angleterre et l'Allemagne, et que cet édifice a pu représenter à son tour une source d'inspiration pour des réalisations ultérieures[188].

Entre *Municipal Pride* et *Lebensreform*

Le bain municipal (*Municipal Bath*, *Volksbad*, *Stadtbad*, etc.) prend son essor en Angleterre, dans les années 1840, au moment où les grandes villes

Fig. 1 : Bains municipaux de Strasbourg. AVCUS.

industrielles doivent affronter de multiples défis qui relèvent à la fois de considérations hygiénistes et de leur statut politique[189]. Initialement, il est lié à une volonté d'améliorer l'hygiène des habitants, qui se double volontiers, notamment dans les cercles réformateurs, d'une préoccupation morale d'élévation du prolétariat. Mais, assez rapidement, cet activisme va de pair avec l'affirmation d'une ambition de reconnaissance municipale. En conduisant des programmes d'équipement urbain, les villes enrichies cherchent à s'émanciper de l'influence de la *gentry* qui continue parfois d'être propriétaire d'une partie du sol urbain. C'est ce double mouvement qui suscite une série de constructions sans précédent. Si l'on comptait en Angleterre cinquante bains publics en 1865, leur nombre est passé à cent en 1885, pour atteindre deux cent dix en 1901. En 1915, il n'y avait pas moins de trois cent soixante huit bains municipaux (fig. 2)[190].

Dans une Allemagne prise dans un cycle d'industrialisation particulièrement rapide, et dans lequel les municipalités sont souvent — comme en Angleterre — aux mains d'une bourgeoisie libérale,

LA MODERNITÉ

l'appellation de « bain municipal » fut créé dans une ville qui regarde traditionnellement vers l'Angleterre, à savoir Hambourg. Ce bain, portant l'appellation tout à fait prosaïque de *Wasch und Badeanstalt am Schweinemarkt* (centre de nettoyage corporel et de bains publics du marché aux cochons), achevé en 1854, garde encore des traces très nettes de son inspiration hygiéniste et industrielle : il se présente comme un cylindre en briques, dépourvu de tout ornement, avec au milieu une cheminée, et tout autour des compartiments pour prendre des bains (fig. 3). Son constructeur, l'ingénieur William Lindley, est d'ailleurs d'origine anglaise. Il deviendra plus tard responsable du système de drainage municipal (*Sielsystem*) visant à éradiquer le choléra, dont la dernière épidémie frappera la ville en 1892.

Hambourg, Berlin et les villes rhénanes sont bientôt rejoints par Munich, où s'édifie une piscine qui va être le modèle pour toute une génération d'édifices

Fig. 2 : Piscine municipale d'Acton, Londres (DJ Ebbis, architecte municipal). Construits en 1904, et rénovés en 2003 pour une somme de 600 000 livres, les bains municipaux d'Acton ont finalement été détruits en mars 2013 pour laisser la place à un complexe de loisirs.
Ian GORDON et Simon INGLIS, *Great Lengths. The historic indoor Swimming Pools of Britain*, Swindon, English Heritage, 2009, p. 124.

le modèle anglais rencontre un terreau particulièrement fertile. Les bains qui seront construits à partir du milieu du siècle ne suivent pas les modèles autochtones des bains aristocratiques comme Schwalbach, Marienbad, ou encore Bad Ems, qui remontent pour l'essentiel au XVIIe siècle. Leur inspiration anglaise et anti aristocratique est claire et revendiquée ; elle se double volontiers, comme sous la plume du dermatologue Oscar Lassar, d'une attitude morale qui voit dans la propreté physique un réquisit pour une conduite éthique. Tout comme naguère les associations sportives, les associations balnéaires font d'ailleurs souvent le lien entre renforcement du corps privé et construction du corps social, i.e., de la nation[191]. Ainsi il n'est guère surprenant que le premier bain qui mérite

Fig. 3 : Vue Müllersches Volksbad, Munich 1901 (architecte Carl Hocheder).
Rupert BACHMANN, Günter STANDL, *Müllersches Volksbad*, Munich, Rosenheimer, 2001, p. 16.

LA MODERNITÉ

similaires : le *Müllersches Volksbad,* un édifice municipal construit grâce au don d'un riche particulier (fig. 4), achevé en 1901[192]. Cette piscine, dont la renommée fut très importante en son temps, a aussi joué, comme nous le verrons, un rôle important pour la conception des bains municipaux de Strasbourg.

Les bains municipaux de Strasbourg et l'affirmation de l'autonomie de la Ville

À un moment où la vie politique strasbourgeoise essaye de sortir d'une impasse « allemande ou française » pour revendiquer une identité spécifique, le projet des bains municipaux, revendiqué de longue date notamment par les membres socialistes du conseil municipal, prend une importance particulière[193]. L'avènement du libéral de gauche Rudolf Schwander, qui conquiert la mairie en 1904 avec le support des socialistes, marque à cet égard une césure importante, qui permet de franchir les nombreux obstacles financiers et techniques[194]. On peut donc considérer les bains municipaux comme l'amorce de ce grand projet de « reconquête » de l'espace urbain, qui, commençant à la lisière (ou la « couture » comme on préfère dire aujourd'hui) entre la *Neustadt* et la vieille ville, s'étendra dans le centre-ville : la Grande Percée[195]. Les bains municipaux, intégrés à cette opération complexe de rapprochement (*Zusammenwachsen*), occupent des lieux libérés par l'armée en 1902, l'ancienne *Nikolauskaserne*, et voisinent avec un périmètre alors insalubre, la rue Prechter, qui était connue pour abriter « le plus vieux métier du monde »[196].

Il y a donc aussi une dynamique symbolique visant à rendre la *Neustadt* — qui pouvait encore apparaître comme un périmètre réservé aux nouveaux arrivants d'Allemagne, la population *altdeutsch* — plus « municipale », et à ne pas la laisser aux mains du seul pouvoir berlinois ou de ses relais, comme le palais impérial et la préfecture.

Fig. 4 : Wasch und Badeanstalt am Schweinemarkt (Institut de nettoyage corporel et de bains publics du marché aux cochons), Hambourg, 1854 (architecte William Lindsey).
Dieter LEISTNER, Hans-Eberhard HESS et Kristin FEIREISS, *Badetempel : Volksbäder aus Gründerzeit und Jugendstil*, Berlin, Ernst & Sohn, 1993, p. 108.

En empruntant les formes d'un néobaroque rhénan (notamment pour l'entrée)[197], la municipalité strasbourgeoise évite toute confusion entre la finalité de son projet et celui qui se construit au même moment (1901-1908) sur les hauteurs des Vosges, la Haut-Koenigsbourg conçu par Bodo Ebhardt dans un style pseudo-médiéval à la gloire du mythe impérial. Ce geste peut aussi être conçu comme un coup de chapeau à un modèle immédiat des bains de Strasbourg, le *Müllersches Volksbad* de Munich, qui est également conçu dans un style néorococo.

Fig. 5 : Voûte Müllersches Volksbad.
Rupert BACHMANN, Günter STANDL, *Müllersches Volksbad*, Munich, Rosenheimer, 2001, p. 33.

Un projet aussi important tant du point de vue financier que symbolique que celui des bains municipaux est précédé d'une longue réflexion, et nécessite l'imbrication entre le niveau technique et le niveau politique. Comme lors de la grande discussion en 1878 sur la forme qu'allait prendre l'extension urbaine de Strasbourg, un rôle très important mais méconnu est accordé à un comité d'expert.

Ce modèle s'inspire des impulsions données par le « pape » de la construction de piscines, Alfred W.-S. Cross, qui fut pour la construction des bains ce que Reinhard Baumeister fut pour l'urbanisme de son temps. Constructeur de plusieurs piscines reconnues pour leur excellence en Grande-Bretagne, vice-président de l'association des architectes anglais, il fut aussi l'auteur de nombreux traités et d'une somme faisant autorité, publiée en 1906 sous le titre *Public Baths and Wash-Houses — a treatise on their planning, design, arrangement and fitting* (bains publics et institutions de nettoyage — traité sur leur conception, dessin, arrangement et équipement)[198].

Cross défend le point de vue que la piscine est un élément si exigeant qu'il est nécessaire d'en confier la planification à des experts. Ce conseil est suivi par la municipalité strasbourgeoise, s'inscrivant à la suite des autres constructeurs de piscine qui, comme le concepteur du *Müllersches Volksbad*, Carl Hocheder, ont également effectué des missions de reconnaissance.

Dès le premier projet, déposé en 1901 par celui qui est encore architecte en chef de la ville de Strasbourg, Johann Karl Ott, il est fait référence aux bains de Düsseldorf, de Munich, Stuttgart et Breslau[199]. Et lorsque le projet se concrétise, en 1903, le conseil municipal crée une commission à laquelle se joignent des experts extérieurs, notamment les directeurs des bains publics de Düsseldorf et Francfort ; cette demande est à nouveau entérinée le 29 décembre 1904[200]. Quels sont les apports de cette accumulation progressive de connaissances, et comment ce savoir est-il intégré par l'architecte qui signera le bâtiment, Fritz Beblo ?

Les bains municipaux comme lieu de confluence d'inspirations transnationales

Lorsque s'ouvre le chantier des bains municipaux, en 1905, Beblo n'est à Strasbourg que depuis deux ans ; ses compétences exceptionnelles conduisent à sa nomination en tant qu'architecte en chef de la ville (*Stadtbaumeister*) un an plus tard. À son nom est associé le mouvement *Heimatstil* (dont la connotation affective n'est pas rendue par la traduction « style régional »), qu'il réalise dans des édifices municipaux qui se situent, si l'on veut appuyer le trait, d'un bout à l'autre de la chaîne générationnelle : les écoles (Neudorf, Saint-Thomas, Robertsau, etc.) et les cimetières (cimetière Nord).

Comme le souligne Didier Laroche, dans sa perspicace contribution à l'ouvrage collectif *Strasbourg 1900 : naissance d'une capitale*, rien, si ce n'est un don particulier pour saisir les enjeux du moment, ne le prédestinait à devenir créateur d'un style municipal strasbourgeois[201]. D'origine saxonne il reçoit sa formation au creuset de l'école berlinoise, à l'école d'architecture de Charlottenburg, dont proviennent aussi Hermann Eggert, le concepteur du palais impérial, Karl von Grossheim (concepteur de l'immeuble Germania)[202], et d'autres grands architectes officiels. Avec une grande délicatesse, il s'acclimate peu à peu à son nouveau rôle et se met à « inventer une tradition », selon l'expression d'Eric Hobsbawm et Terence Granger[203]. À la différence d'autres grands architectes de son temps (Peter Behrens, Bruno Taut, etc.), il ne cherche pas à affirmer sa « main », son individualité, mais a le souci de se mettre au service de la collectivité qui l'emploie — tout comme d'ailleurs les frères Bonatz, fondateurs de l'École de Stuttgart, qui ont également laissé une large œuvre, encore méconnue, à Strasbourg[204].

Fig. 6 : **Voûte des bains municipaux de Strasbourg.** AVCUS.

LA MODERNITÉ

Les bains municipaux sont le résultat d'une juxtaposition d'éléments qui proviennent d'inspirations multiples et d'impulsions données par le comité d'expert. Ainsi en est-il de la voûte en berceau, qui est visiblement inspirée de l'exemple de Munich (fig. 5). Hocheder avait opté pour une voûte en béton, plutôt que pour un toit en verre et acier comme à Charlottenburg (Paul Bratring, 1898[205]), car cette dernière solution posait des problèmes de chauffage et de rouille. Elle se retrouve aussi à Strasbourg (fig. 6). Si nous jetons un coup d'œil en amont, c'est ce plafond à caisson, en béton, qui semble à son tour avoir influencé la solution trouvée à Hambourg pour le Holthusenbad (Fritz Schumacher, 1914) (fig. 7).

Un autre élément, qui a été rajouté sur le tard, alors que le chantier est déjà lancé, est le bain pour chiens, qui est directement inspiré par le modèle de Hanovre et de Munich (fig. 8). Sur le modèle

Fig. 7 : Voûte Holthusenbad Hambourg. Dieter LEISTNER, Hans-Eberhard HESS et Kristin FEIREISS, *Badetempel: Volksbäder aus Gründerzeit und Jugendstil*, Berlin, Ernst & Sohn, 1993, p. 92-93.

Fig. 8 : Bain pour chiens, bains muncipaux de Strasbourg. AVCUS.

de Stuttgart ont également été prévus au dernier moment un solarium et une bibliothèque, entraînant une modification importante de la charpente, qui a sans doute contribué au rallongement du chantier de près d'un an[206].

Tout aussi dignes d'intérêt que les impulsions venues d'ailleurs sont les éléments que les concepteurs strasbourgeois ont écartés. Il était habituel dans les bains municipaux anglais et allemands d'avoir des catégories d'utilisateurs de plusieurs classes : première, deuxième et parfois même troisième classe. Les piscines mises à la disposition des différentes classes d'usagers se différenciaient par leur taille, et aussi par la qualité de l'eau, qui était renouvelée plus fréquemment dans les bains réservés aux catégories supérieures. Parallèlement, le prix d'entrée était aussi beaucoup plus haut. Cette différenciation sociale est totalement absente à Strasbourg, où il n'y a qu'une catégorie unique, et des frais d'entrée particulièrement bon marché[207].

On voit donc que le projet architectural des bains municipaux comporte aussi un projet social de *civic engeniering*, et de rapprochement entre eux des habitants de Strasbourg, qu'ils appartiennent aux populations des Strasbourgeois de souche ou *alt-deutsch*. Cette volonté d'intégration et d'affirmation de la « fierté municipale » est aussi apparente dans les invitations faites aux artisans qui doivent décorer la piscine municipale et leur donner son « visage ». Si le gros œuvre est confié aux spécialistes internationalement reconnus pour leur savoir-faire technique, ainsi le Suisse Züblin pour la grande cuve en béton à deux couches, tout le reste du gros œuvre et la décoration sont réalisés par des artisans locaux[208]. En d'autres termes, la piscine municipale doit mettre tous les Strasbourgeois « dans le même bain », sans doute avec l'espoir de les voir ressortir, un jour, plus proches les uns des autres.

Perspectives

Comme le remarque finement Ernest Renan dans son essai *Qu'est-ce qu'une nation ?* publié en 1882, le fait de se sentir une communauté présuppose non le souvenir mais l'oubli des différences — il s'agit en outre d'un processus qui peut prendre des siècles et qui dans certains cas ne s'accomplit jamais[209]. Il est clair que les bains municipaux, comme « lieu d'oubli » des différences n'ont pas eu le temps nécessaire d'accomplir leur œuvre. À peine dix ans après son ouverture, Fritz Beblo était prié de faire ses malles et aujourd'hui encore il n'y a pas la moindre petite plaque ou nom de rue pour garder son souvenir vivant. Il n'empêche que les bains constituent jusqu'à ce jour l'exemple intact d'une histoire croisée de l'architecture, des pratiques sociales et des cultures politiques, que cette contribution ne peut qu'esquisser.

Il faudrait aussi s'interroger sur le rôle que les bains municipaux ont pu jouer à leur tour pour faire avancer

Fig. 9 : Vue Stadtbad Neukölln (Reinhold Kiehl, Heinrich Best, achitectes municipaux). Dieter LEISTNER, Hans-Eberhard HESS et Kristin FEIREISS, *Badetempel : Volksbäder aus Gründerzeit und Jugendstil*, Berlin, Ernst & Sohn, 1993, p. 101.

l'évolution de ce type d'édifice. La similitude entre les voûtes du bâtiment de Strasbourg et le *Holthusenbad* de Hambourg a déjà été évoquée, mais les bains municipaux (*Stadtbad*) de Neukölln (ville indépendante jusqu'à son intégration dans le Grand Berlin en 1920), achevés par les architectes municipaux (*Stadtbauräte*) Reinhold Kiehl et Heinrich Best en 1914, sont un autre exemple intéressant (fig. 9). Leur structure est très similaire, quoi qu'à une échelle plus grande, à celle des bains de Strasbourg[210]. Il s'agirait là aussi d'une question de méthode. Jusqu'à présent l'histoire des relations entre Berlin et Strasbourg a principalement été écrite dans le sens du rayonnement d'un pôle dominant, Berlin, en direction d'un pôle dominé, Strasbourg. On pourrait se demander si les pratiques municipales de Strasbourg, placées sous le signe de l'autonomie, ont pu inspirer à leur tour les acteurs municipaux d'autres villes de l'Empire, et notamment de Berlin. Il s'agirait là, très certainement, d'un enrichissement méthodologique, qui s'inscrirait bien dans l'optique de l'histoire croisée, et qui permettrait aussi de repenser les relations complexes entre les deux capitales que sont celle du *Reich* et celle du *Reichsland*.

Ce travail a grandement profité des recherches approfondies et conduites depuis longue date de Liane Zoppas, que je voudrais remercier pour son engagement et son enthousiasme communicatif. En raison de la taille réduite de cette contribution, il n'a pas été possible de citer toutes les sources, ni de développer tous les aspects au moment de sa publication ; l'auteur prépare une étude plus détaillée qui s'attachera notamment à préciser la réception des bains.

187 Ian GORDON et Simon INGLIS, *Great Lengths. The historic indoor Swimming Pools of Britain*, Swindon, English Heritage, 2009 ; Susanne GROETZ et Ursula QUECKE, *Balnea : Architekturgeschichte des Bades*, Marburg, Jonas, 2006 ; Dieter LEISTNER, Hans-Eberhard HESS et Kristin FEIREISS, *Badetempel: Volksbäder aus Gründerzeit und Jugendstil*, Berlin, Ernst & Sohn, 1993 ; Nikolaus HEISS, *Jugendstilbad Darmstadt*, Darmstadt, Justus v Liebig, 2009.
188 Cette contribution est issue d'un projet de recherche conduit à la MISHA (maison interuniversitaire des sciences humaines en Alsace) avec Hervé Doucet, « Genèse et réception de l'architecture et des formes urbaines dans une région frontalière (1850-1950). Une histoire croisée franco-allemande. »
189 Pour une exploration du champ lexical, voir l'excellente étude de Eberhard HESS, « Den Raum durchdringen », dans Dieter LEISTNER *et al.*, *op. cit.*, p. 7-23.
190 Voir GORDON et INGLIS, *op. cit.*, 2009, p. 51-63, 109-121.
191 Voir Harm Peer ZIMMERMANN, « Bäder für das Volk. Zur Gewöhnung der unteren Bevölkerungsschichten an Sauberkeit und Ordnung in Deutschland, 1882-1914 », dans *Kieler Blätter zur Volkskunde* 30, 1998, p. 61-81, qui recense un grand nombre de sources contemporaines, tels les *Veröffentlichungen der Deutschen Gesellschaft für Volksbäder* (Publications de l'association allemande des bains populaires).
192 Barbara HARTMANN, *Das Müllersche Volksbad in München*, München, Tuduv-Verlag, 1987.
193 Wolfgang VOIGT, « Régionalisme et Heimatschutz' » en Alsace », dans Jean-Louis COHEN et Hartmut FRANK (dir.), *Interférences/Interferenzen, Architecture Allemagne-France, 1800-2000*, catalogue d'exposition des musées de Strasbourg, 2013, p. 42-51.
194 François ÜBERFILL, « Rodolphe Schwander, maire alsacien de Strasbourg sous le *Reichsland* (1906-1918) », dans Bernard VOGLER (éd.), *Autour des Dietrich. Hommages à Ady Schwander et Édouard Schloesing*, Reichshoffen, Association de Dietrich, 2008, p. 134-165.
195 *1910, Attention travaux ! De la Grande Percée au Stockfeld*, catalogue d'exposition des archives de Strasbourg, 2010.
196 Voir Liane ZOPPAS, *Les Bains. Analyse et propositions*, mémoire de diplôme dactylographié, Strasbourg, école nationale supérieure d'architecture de Strasbourg, 1997, p. 5.
197 Point confirmé par Wolfgang Voigt, que je remercie pour cette information.
198 Alfred W.-S. CROSS, *Public Baths and Wash Houses — a treatise on their planning, design, arrangement and fitting*, London, BT Batsford, 1906.
199 Voir Liane ZOPPAS, *op. cit.*, 1997, p. 8.
200 Karl EICHELMANN, *Verwaltungsbericht der Stadt Strassburg für die Zeit vom 1. April 1900 bis 31. März 1910*, Strasbourg, G. Fischbach, 1916, p. 187.
201 Didier LAROCHE, « L'architecture de Fitz Beblo (1872-1947) Stadtbaumeister à Strasbourg », dans *Strasbourg 1900, naissance d'une capitale*, Paris, Somogy, coll. « Musées de Strasbourg » 2000, p. 192-199.
202 Voir à ce sujet la contribution d'Élisabeth Paillard dans le présent ouvrage.
203 Eric HOBSBAWM et Terence RANGER, *L'invention de la tradition*, Paris, Éd. Amsterdam, 2006.
204 Wolfgang VOIGT et Uwe BRESAN, *Paul Bonatz 1877 — 1956*, catalogue d'exposition, Tübingen, Wasmuth, 2011.
205 Bains municipaux de Charlottenburg (Berlin), 1899, Paul Bratring, architecte municipal.
206 Voir Liane ZOPPAS, *op. cit.*, 1997, p. 17.
207 La municipalité introduira même des « soirées populaires » (*Volksabende*) pour permettre l'accès le plus large possible, *Verwaltungsbericht*, p. 189.
208 Voir *Strasburger Neueste Nachrichten*, lundi 3 août 1908, qui transcrit le discours d'inauguration du maire Schwander, se félicitant du recours aux artisans locaux.
209 Ernest RENAN, « Qu'est-ce qu'une nation ? », dans *Qu'est-ce qu'une nation ? Littérature et identité nationale de 1871 à 1914*, sous la direction de Philippe FOREST, Paris, Bordas, 1991, p. 34.
210 Bernd KESSINGER, *Neukölln: die Geschichte eines Berliner Stadtbezirks*, Berlin, Vergangenheitsverlag, 2012.

STRASBOURG ET PASTEUR, PARADIGMES DE LA SANTÉ ET DE LA VILLE MODERNES

François Igersheim

En 1923, quatre ans après son retour à la France, Strasbourg organise sur les nouveaux terrains du Wacken, une exposition qui commémore le centenaire d'un de ses fils (adoptifs), Louis Pasteur. Elle célèbre avec lui l'œuvre hygiéniste de Strasbourg, à vrai dire celle des médecins et administrateurs allemands qui avaient remodelé la ville depuis 1870. Devant le congrès de *l'Alliance d'hygiène sociale* (organisation issue du *Musée social*) tenu à cette occasion à Strasbourg les 23, 24 et 25 septembre 1923, le maire de Strasbourg Jacques Peirotes rend un hommage prudent, mais bien remarqué à l'œuvre accomplie : « Nous devons reconnaître que nous étions bien placés pour marcher avec le progrès, car si d'aucuns d'entre nous ont eu la bonne fortune de s'asseoir au pied des chaires de nos savants universitaires français, d'autres ont pu profiter des leçons de l'Allemagne savante dont la compétence en la matière n'est pas niable »[211]. L'exposition du centenaire de Pasteur répartit les objets exposés en groupes plus remarquables par l'importance que l'on veut donner aux exposants que par la clarté du plan. Ainsi le groupe I, « microbiologie, parasitologie » tient à mettre en valeur l'institut Pasteur et sa recherche, le groupe II, « chimie et industries chimiques » les industries chimiques et pharmaceutiques françaises. Le groupe III, « hygiène collective », par contre, réserve la plus grande place à l'œuvre des municipalités. Arcachon, Bordeaux, Metz, Mulhouse, ont envoyé des « planches et des photographies ». L'exposition de Nantes est remarquable. Mais c'est d'abord Strasbourg que l'on expose ! Son urbanisme : avec une pléthore de plans de toutes périodes qui nous renseignent complètement sur les rues et les ponts, leur construction et leur entretien : profils, pavés et goudrons.

Son réseau d'adduction d'eau et d'égouts : avec ses caractéristiques techniques, ses matériels, son exploitation et son entretien. On n'est pas en reste pour les vidanges et le nettoyage. Hôpitaux, écoles, logement, service de l'emploi, tous les acquis de l'annexion sont mis sous les yeux de tous. La publicité pour les baignoires, chauffe-eau et cumulus, renvoie aux sociétés d'économie mixte de la ville et témoigne du standard de confort exigé pour tous[212].

Ainsi, en associant Pasteur et le Strasbourg de 1920, on exposait au Wacken deux paradigmes des XIXe et XXe siècles, Pasteur et la science[213], Strasbourg et la modernité urbaine. Le Strasbourg « épatant » de Saint-Éxupéry, l'aviateur de service militaire à Strasbourg en 1920, « avec sa chambre à salle de bains et téléphone », ou celui de la « *modern street with German shops [...] and new French names over their doors* » du journaliste américain Ernest Hemingway[214]. Aux visiteurs français, mais d'abord aux Strasbourgeois et aux Alsaciens, l'on montre la ville moderne où ils habitent, et ils tomberont de leur haut quand ils découvriront les villes de province française pendant l'évacuation de 1939[215]. Strasbourg est qualifié d'« *Abscheuliches Nest* » (nid repoussant) par l'historien médiéviste Scheffer-Boichorst qui y avait été nommé à Strasbourg en 1878 — et il n'était pas seul à avoir cette opinion de la « *wunderschöne Stadt* »[216]. De l'« *abscheulich* » à « l'épatant » ! En quarante ans !

Faire une ville « épatante » ?

Tout découle de la décision de l'état-major allemand de faire de Strasbourg une grande ville, forteresse allemande, quinze jours après la signature du traité de Francfort, en mai 1871[217]. La forteresse comprend 700 ha dont 280 pour la vieille ville. Et l'on fait les plans d'une ville ultramoderne, ville à marier à la ville ancienne, une ville à habiter entre autres par les militaires allemands et leurs familles[218]. Strasbourg — et ses indicateurs démographiques — prend désormais place dans l'échelle des villes allemandes. Or Strasbourg jouit d'une réputation exécrable. L'on

LA MODERNITÉ

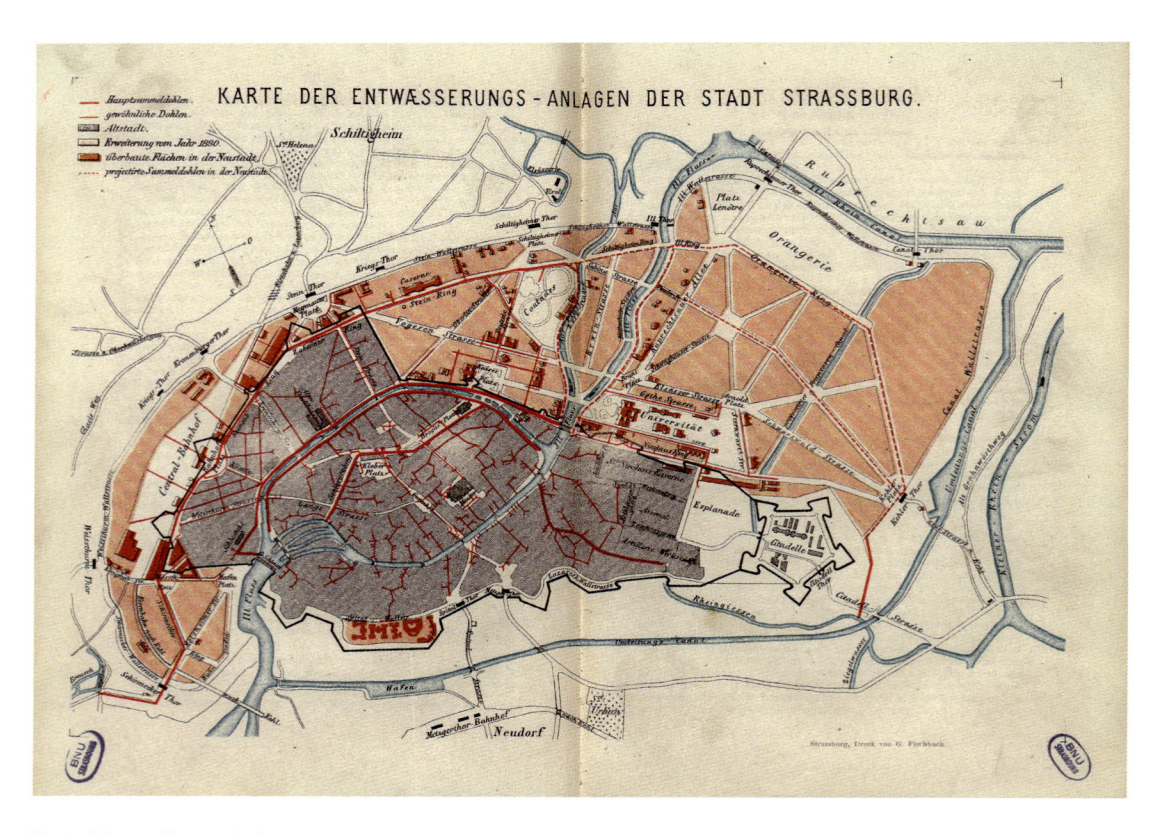

Fig. 1 : Réseau d'égouts de Strasbourg, 1880.
Jos. KRIEGER, *Topographie der Stadt Strassburg nach aerztlich-hygienischen Gesichtspunkten bearbeitet*, Strassburg, 1885. BNUS.

---

retiendra la comparaison sans cesse ressassée de la mortalité infantile de Strasbourg (32 %) comparée à celle de Francfort-sur-le-Main (22 %). Comment attirer une population allemande si ce qu'on a à lui offrir, c'est un mouroir à enfants ?

Les médecins hygiénistes allemands

Les nouveaux gouvernants allemands avaient d'emblée procédé à la réforme des institutions sanitaires de l'Alsace-Lorraine annexée. Le président supérieur (ministre) et les présidents de district (préfets) sont dotés de médecins conseillers (*Medicinalräte*). En outre, on nomme des médecins d'arrondissement (*Kreisräte*). L'on reconstitue les conseils d'hygiène publique et de salubrité sous le nom de *Gesundheitsräte*, dont les membres sont nommés. Dans le conseil de Strasbourg, il y a une majorité d'Allemands, notamment des hauts fonctionnaires, professeurs de médecine de la nouvelle université allemande médecins militaires de la garnison, aux côtés du président de district (préfet) Ernsthausen, du directeur de la police (sous-préfet) Otto Back, de l'architecte de la ville Conrath, qui est resté en fonction, des entrepreneurs en bâtiments et des médecins. Auteur d'un traité d'hygiène militaire[219], le médecin commandant Lex représente les militaires. Élève de Pettenkofer, à Munich, le Dr Krieger[220] bavarois palatin, est médecin d'arrondissement de Strasbourg. La cheville

LA MODERNITÉ

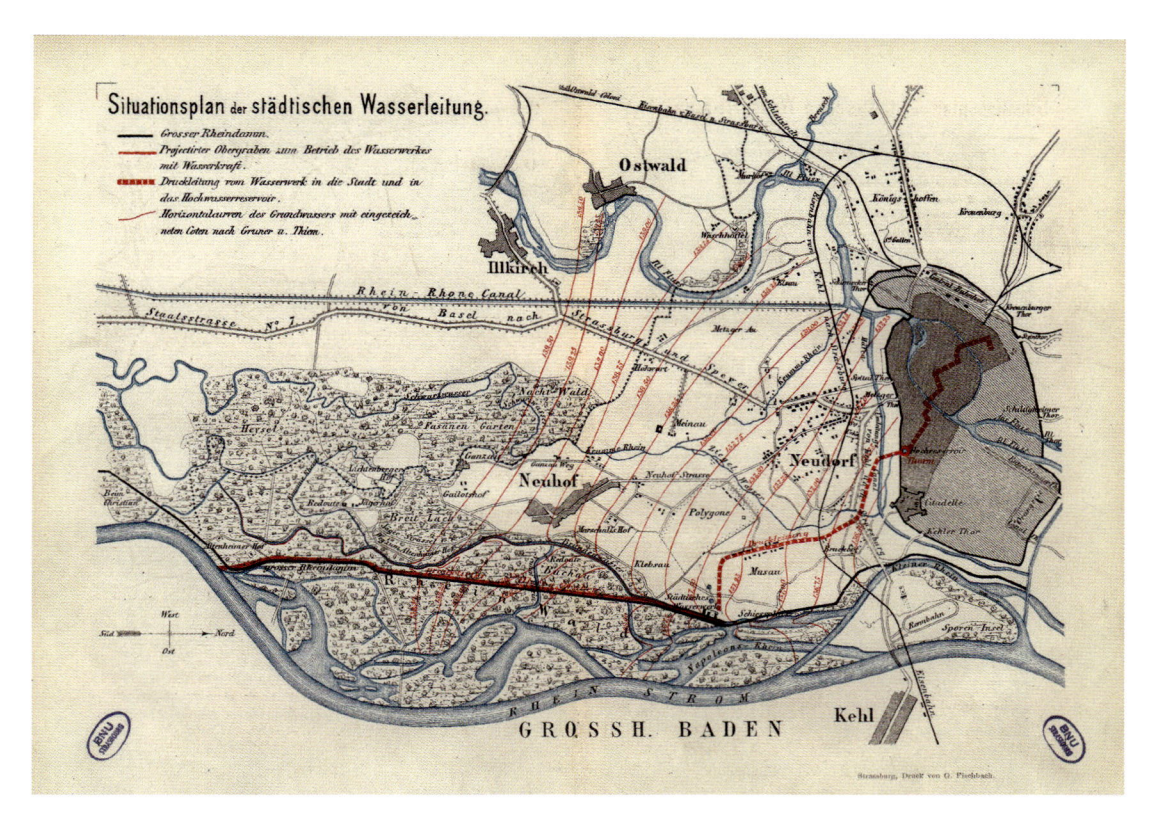

Fig. 2 : La prise d'eau dans la forêt du Rhin (Gruner et Thiem).
Jos. KRIEGER, *Topographie der Stadt Strassburg nach aerztlich-hygienischen Gesichtspunkten bearbeitet*, Strassburg, 1885. BNUS.

ouvrière du conseil est le Dr Hermann Wasserfuhr[221]. Prussien, originaire de Stettin, dont il a été adjoint chargé des affaires sanitaires, Hermann Wasserfuhr a été l'un des fondateurs du *Deutsche Verein für Öffentliche Gesundheitspflege* (1869), avec l'ingénieur de Berlin Hobrecht et les professeurs Varrentrapp et Pettenkofer, les deux hygiénistes allemands les plus en vue.

Une eau abondante et potable

Le débat aura lieu entre 1872 et 1875 au conseil d'hygiène de Strasbourg et c'est là, suite à la dissolution du conseil municipal, que les décisions seront prises. Wasserfuhr y soumet, dès le 16 octobre 1872, le vœu demandant « l'installation urgente à Strasbourg d'une distribution centralisée d'eau pour fournir à la population une eau potable abondante et dans l'intérêt de la santé de la population, l'aménagement d'un système d'égouts pour évacuer le sous-sol de la ville des déchets en putréfaction »[222]. Il est soutenu par le Dr Krieger, pour qui il est peu de villes qui offrent autant de dispositions à la pollution de ses eaux que Strasbourg, et qui plus est au taux de mortalité supérieur de 15 % à celui de Berlin (fig. 1). L'historique que fait Conrath des projets avortés de l'avant-guerre — on en compte onze de 1820 à 1870 — ne fait que souligner les procrastinations françaises et la nécessité pour l'Allemagne de décider vite et bien[223].

LA MODERNITÉ

Fig. 3 : Réseau d'eau à Strasbourg en 1910. *Jahresbericht der Städtischen Wasserwerks zu Strassburg i. Elsass*, 1914. Médiathèque de Strasbourg — Fonds patrimonial.

Les termes du débat de l'adduction d'eau sont posés depuis une dizaine d'années. On a proposé tour à tour le Rhin, l'Ill, et les sources des Vosges avec la Bruche comme prise d'eau. En 1856, l'ingénieur Lornier a introduit un élément nouveau, avec une prise d'eau en amont de Strasbourg dans la nappe phréatique découverte par l'ingénieur général des mines Daubrée. En admettant que les 3 800 puits privés strasbourgeois étaient pollués par un millénaire de déjections humaines, les hygiénistes strasbourgeois Victor Stoeber[224], (auteur des procès-verbaux du conseil d'hygiène et de salubrité du Second Empire[225]) et Tourdes (coauteur de la *Topographie et histoire médicale de Strasbourg et du Bas-Rhin*), avaient préconisé de chercher l'eau de la nappe dans l'enceinte de Strasbourg, avec des puits plus profonds[226]. Le 16 octobre, en votant pour la proposition de Wasserfuhr, le conseil se met d'accord également sur le statut municipal de l'équipement à installer et à exploiter[227].

Pouvoir fort et équipements modernes

Tous ces débats ont lieu sur la toile de fond du violent conflit des autorités avec la population strasbourgeoise qui fait suite à l'annexion. Lorsque le conseil se réunit à nouveau un an plus tard, en octobre 1873, le maire et le conseil municipal de Strasbourg ont été révoqués ou suspendus ; aux élections strasbourgeoises au conseil général du Bas-Rhin s'est exprimée une opinion majoritairement protestataire. Chargé d'un rapport, le médecin commandant Lex invoque l'exemple de Pettenkofer et préconise le captage d'eaux de sources dans la vallée de la Bruche, à l'instar de Munich, Vienne et Zürich, qui ont pris leur eau dans les montagnes, à grands frais d'expropriations dans les bassins de captage, pour les aqueducs et les réservoirs. Il faut attendre le 17 janvier 1874, deux jours après le raz-de-marée des élections protestataires de janvier 1874, qui font du maire révoqué, Lauth, un député protestataire de Strasbourg, pour voir le conseil aller de l'avant. Le professeur de chimie pathologique Hoppe-Seyller se déclare en faveur de la prise d'eau dans la nappe phréatique en amont de Strasbourg. La surprise vient du président et préfet Ernsthausen — est-il ébranlé par le résultat des élections ? — ; il en revient aux solutions de Stoeber et Tourdes, et comme eux, pour faire des économies ! Pour l'eau potable, on pourrait se contenter de l'eau des puits, et pour le nettoyage de la voirie et des égouts, de prises d'eau dans les rivières. Wasserfuhr a mauvais caractère[228] : il pique une colère ; ces opinions diffèrent de la doctrine du conseil exprimée l'année précédente. Mais Otto Back, qui occupe la fonction de maire administrateur (et de conseil municipal) depuis près d'un an, déclare qu'il a déjà pris contact avec les ingénieurs de Dresde, Grüner et Thiem.

Avec les médecins, les ingénieurs pour la santé

Après les médecins, voilà les ingénieurs spécialistes qui entrent en scène. La firme Grüner et Thiem de Bâle et Dresde a alors réalisé les installations de réseaux d'adduction d'eau à Zwickau et Freiberg en Saxe, Kempten et Ratisbonne, Interlaken, Winterthur. Les ingénieurs auront à leur actif une cinquantaine de réseaux d'adduction d'eau dans les villes allemandes, suisses, autrichiennes et même en Orient. À Strasbourg, ils procèdent au cours de l'année 1874 à des études préparatoires portant en particulier sur la nappe phréatique rhénane. Leur rapport est soumis en automne[229]. Il va passer pour un modèle pour la détermination des prémisses, l'évaluation des besoins, l'expérimentation des hypothèses et les éléments de modélisation mathématique fournis. Ils prennent pour hypothèse de base, en tenant compte d'un équipement par compteurs : 150 litres par jour et par habitant pour une ville de 120 000 habitants, soit 18 000 m^3 et 208 litres par seconde. Avancé par Lornier, ce chiffre est aussi celui qu'a retenu Munich. À Strasbourg, la population *intra-muros* en 1874 s'élève à 94 500 habitants (plus 10 000 de 1871 à 1875, effaçant les pertes subies par les émigrations de 1870 à 1872). Si l'accroissement se poursuivait à ce rythme, il valait mieux s'appuyer sur le chiffre de 200 000 habitants, et donc 300 litres par seconde. Où trouver ces ressources ? Les villes de Hamburg, Altona, Berlin, Schweinfurt, Breslau, Posen, London, Glasgow, Manchester et Liverpool prennent l'eau dans le fleuve après l'avoir filtrée avec beaucoup de difficultés. C'est le cas aussi de Toulouse et de Lyon. Les équipements les plus récents privilégient la nappe phréatique, comme c'est le cas à Dresde, Leipzig, Halle, ou bientôt Augsbourg où Gruner et Thieme travaillent également. C'est le choix qu'ils font en retenant pour leur captage la forêt du Rhin en amont de Strasbourg, loin de toute habitation. Ils évaluent les ressources que leur procurerait la nappe phréatique et les répercussions qu'aurait une ponction sur son niveau, à vérifier par un petit captage expérimental. Car le rythme élevé de l'accroissement de la population strasbourgeoise depuis 1870 leur paraît exclure le captage des sources vosgiennes dans la vallée de la Bruche, au débit insuffisant et qui imposerait la construction d'un vaste réservoir pour amortir les variations journalières de débit. Le 6 mai 1875, le projet des ingénieurs est soumis au conseil[230]. Pour Conrath, le rapport des deux ingénieurs allemands est convaincant en ce qu'il témoigne d'un niveau technique exceptionnel. Ce n'est toujours pas l'avis du médecin militaire Lex, soutenu par Krieger, et malgré l'avis contraire du professeur Hoppe-Seyller et les expertises du professeur de géologie Schimper : ils demandent des études complémentaires. Otto Back, faisant fonction de maire de Strasbourg, qui préside, résume, sarcastique : on ferait des études complémentaires qui coûteraient cher pour en revenir quand même au Rhin, en ayant perdu beaucoup de temps. Il fait voter : deux contre (Lex et Krieger). Le projet Grüner et Thiem est adopté (fig. 2).

Le 18 juin 1877, la Ville décide que la construction et l'exploitation du réseau de distribution incomberont à la municipalité. Et les travaux peuvent débuter[231]. Au lieu-dit Linsenkopf, à 4 km en amont de Strasbourg, le long du Rhin, mais à 1 km du fleuve, à l'abri des inondations derrière une digue, l'on installe le captage : quatre puits de 12 m de profondeur et 3 m de diamètre, avec de petits bâtiments de service, pompes à vapeur, atelier d'essai, d'entretien et de réparation des compteurs d'eau. Depuis ce point, une conduite de transfert de 4 km emmène l'eau jusqu'à un château d'eau situé sur le terrain militaire des casernes[232]. Le niveau du réservoir de 1 053 m^3 de contenance est à 42 m au-dessus du niveau des rues de Strasbourg et génère une pression suffisante pour acheminer l'eau au dernier étage d'une maison de 15 m de haut. Le gabarit du règlement d'urbanisme de Strasbourg de 1879 tiendra compte de ces cotes. L'eau part dans une conduite de distribution de 2,5 km d'où partent les

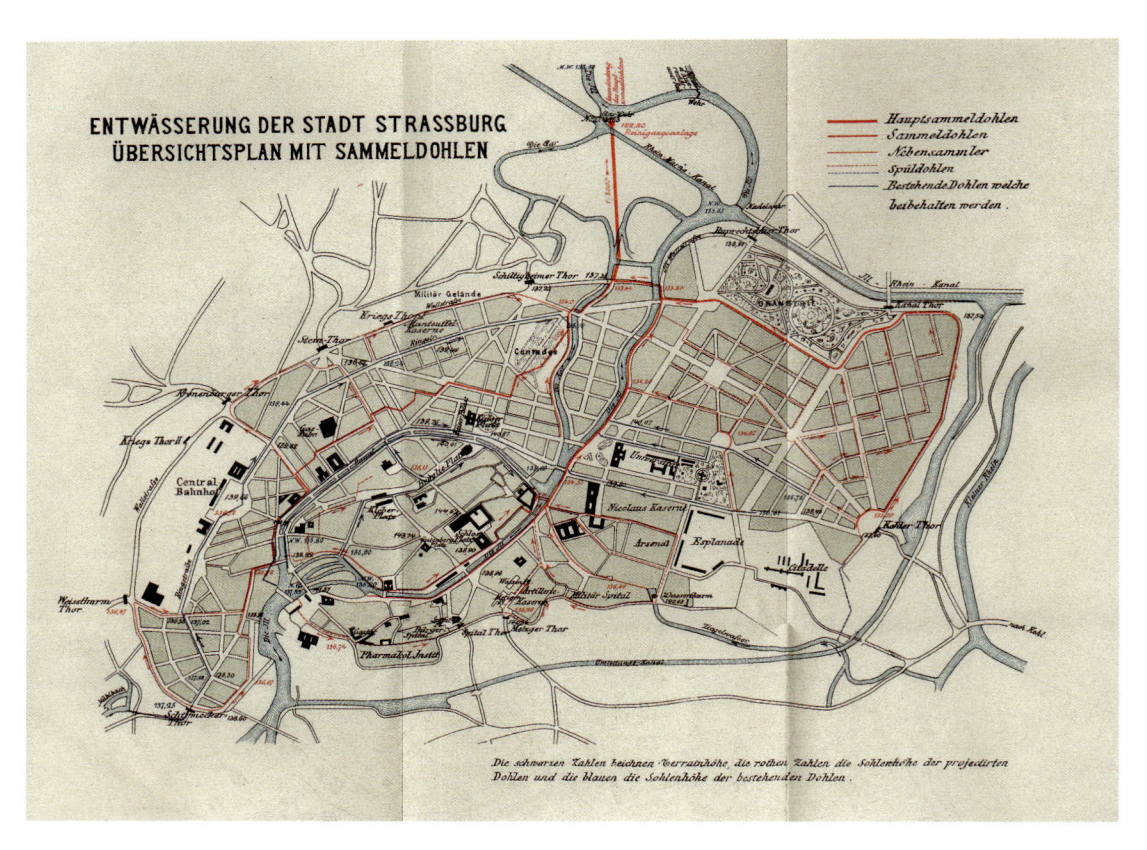

Fig. 4 : Plan du tout à l'égout projeté. PAULSSEN, *Entwässerung der Stadt Strassburg*, Strasbourg, Éd. Fischbach, 1894. Médiathèque de Strasbourg — Fonds patrimonial.

conduites de branchement : elle traverse toute la ville, passant sous l'Ill, le long des Grandes-Arcades, la Haute-Montée, sous le canal de Faux-Rempart jusqu'à la rue des Mineurs[233].

L'eau à tous les étages

En mai 1879, la municipalité adopte le règlement du service des eaux de la ville[234]. L'eau distribuée aux abonnés est payante ; les compteurs sont loués aux usagers. Si le branchement jusqu'au compteur est l'affaire de la ville, à partir de là l'équipement est l'affaire des abonnés qui doivent s'adresser pour leur installation à des entreprises agréées. Le prix fixé au départ est de douze pfennigs par mètre cube et un tarif dégressif selon les quantités fournies est prévu (avec abonnements temporaires pour les nombreux chantiers du bâtiment). Le 1er septembre 1879, l'eau coule dans les tuyaux : le service de l'eau de la ville de Strasbourg est inauguré. Outre les abonnés, encore peu nombreux, il dessert les bouches à incendie, les bouches de nettoyage et sept fontaines publiques. En 1888, le prix est relevé à quinze pfennigs par mètre cube et le tarif dégressif est révisé. Les services publics paient leur eau, sauf celle destinée au nettoyage des voies qui

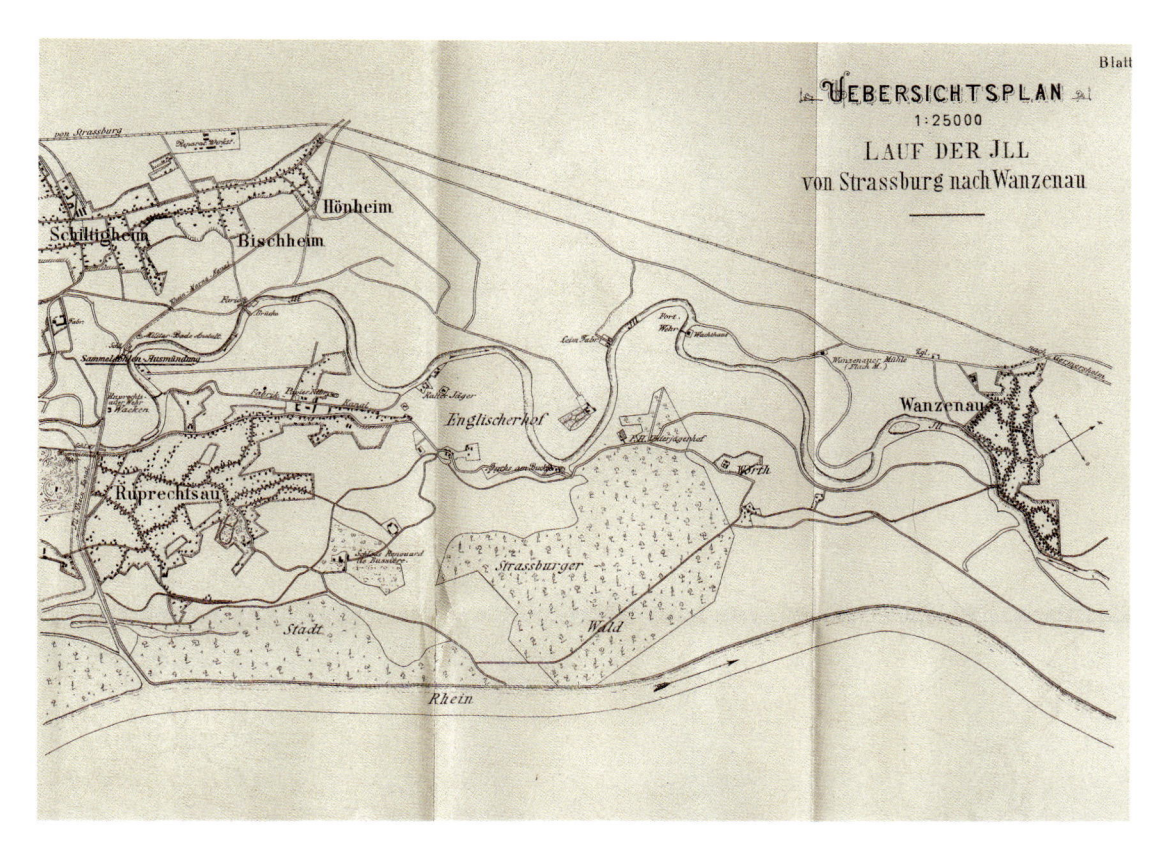

Fig. 5 : Plan du tout à l'égout projeté. PAULSSEN, *Entwässerung der Stadt Strassburg*, Strasbourg, Éd. Fischbach, 1894. Médiathèque de Strasbourg — Fonds patrimonial.

est extraite des égouts, des pompiers, des fontaines publiques et des casernes[235]. En 1893, le raccordement des banlieues ouest (Cronenbourg, Koenigshoffen, la Montagne-Verte) et sud (la Robertsau) est décidé. La mise en service du tout-à-l'égout en 1900 et le raccordement des banlieues sud (Neudorf, Neuhof) entraînent un nouvel accroissement des équipements de la station de pompage. En 1901 est décidée l'installation d'un réservoir château d'eau de 16 000 m^3 dans les collines d'Oberhausbergen. Il est entrepris en 1909 et permet dès avant 1914 de desservir les communes suburbaines de l'ouest strasbourgeois, alors que tous les faubourgs de la banlieue ne sont pas raccordés (fig. 3). À partir de 1890, les autorités médicales, réunies dans le *Verein für Öffentliche Gesundheitspflege Elsass-Lothringens* fondé par Wasserfuhr et animé par son successeur Krieger, se préoccupent de l'adduction d'une « bonne eau » dans les villes et les campagnes d'Alsace, encouragées aussi par les caisses d'assurance-maladie des lois de 1883, dont les rapports avec les médecins libéraux sont quelquefois orageux. Le laboratoire de police de la ville fondé en 1878 par le Dr Krieger ne se consacre pas seulement à la médecine légale et à la lutte contre les maladies contagieuses mais étend sa compétence à toute l'hygiène alimentaire et à la répression des fraudes. Il fait combler de nombreux puits privés dans la ville. Son activité se situe dans la période de transition : à l'analyse sensorielle et chimique de l'eau, quasiment exclusive chez Stoeber, succède l'analyse microbiologique (Cohn, Pasteur, Koch). Pourtant, il en sera peu question dans le nouveau chantier de l'hygiène strasbourgeoise, qui s'est imposé inéluctablement.

Le confort irrésistible de la chasse d'eau

Les médecins hygiénistes allemands, Wasserfuhr et Krieger avaient fait observer dès 1872 que l'installation d'un réseau d'adduction d'eau allait de pair avec celui d'un réseau d'égouts. S'il y avait en Allemagne un relatif consensus sur la nécessité de fournir à la population de l'eau potable en abondance, qu'en général l'on y adhérait à la doctrine de Pettenkoffer, pour qui la maladie procédait du sol, qu'il fallait drainer, il n'y en avait pas sur le système d'évacuation. L'important volume *Topographie der Stadt Strassburg, nach ärtzlichen-hygienischen Gesichtpunkten bearbeitet* dans lequel le Dr Krieger réunit les contributions d'une trentaine d'experts, médecins, architectes, professeurs, fait le point sur l'équipement hygiénique de la ville en 1885, avant le tout-à-l'égout[236].

Un système (peu) séparatif et une Ill qui ne sent pas bon

Outre ses fosses à vidanger par des entreprises, Strasbourg gérait donc un ancien système d'égouts, articulé autour des cours d'eaux, l'Ill, le canal du Faux-Rempart, le fossé des Tanneurs couvert en 1838 et le Rheingiessen (couvert en 1872) sur lesquels débouchent de petits collecteurs, creusés au fur et à mesure, surtout à partir de la fin du XVIIIe siècle, et qui ne desservent que la moitié des rues de la ville. Sous le Second Empire, on avait doublé le canal du Faux-Rempart de deux collecteurs qui débouchaient dans l'Ill. Les nouvelles autorités allemandes avaient remis l'ouvrage sur le métier : un nouveau collecteur double la ceinture, en arrière de la fortification et dessert les quartiers reconstruits sur la rive gauche du canal du Faux-Rempart et les casernes. Ceux de la ville neuve sur la rive droite de l'Ill ne seront construits que pendant la décennie 1880. Lorsqu'Ott[237] succède à Conrath à la tête du service des bâtiments de la ville, la vieille ville compte 22 km d'égouts dont plus des trois quarts ne peuvent être rincés par chasse et bouchonnent ; la moitié des rues ne sont pas équipées et les caves restent inondées par hautes eaux ; et la ville neuve a 15 km de canalisations. Il s'agit d'un réseau hétéroclite et tout à fait inadapté. Il était interdit d'y déverser les eaux-vannes, réservées aux vidanges, mais depuis fort longtemps, les égouts les charriaient ; elles se déversaient dans l'Ill devenue de plus en plus nauséabonde. L'accroissement spectaculaire des maisons reliées à l'eau, l'engouement de la population pour les WC ou toilettes à chasse d'eau, qui limite de plus en plus la valeur de la concession de vidanges, rend une décision de plus en plus incontournable. Cent cinquante villes allemandes sont alors équipées de réseaux d'assainissement, et la majorité d'entre elles n'a pas encore fait le choix du tout-à-l'égout (*Schwemmkanalisation*), mais l'on sait bien que toutes seront contraintes de l'adopter tôt ou tard.

Le choix irréversible du tout-à-l'égout

Ott fait arrêter tous les travaux d'égouts en cours et travaille à un nouveau projet global d'assainissement. Son rapport adopte les principes qui seront à la base du réseau définitif[238]. Il choisit le tout-à-l'égout. L'équipement projeté est articulé en grands collecteurs et collecteurs secondaires et réservoirs de chasse, et dessert un territoire urbain divisé en districts, séparés par les cours d'eaux et canaux de la ville (rive droite de l'Ill, rive gauche de l'Ill, vieille ville jusqu'au canal du Faux-Rempart — fossé des Tanneurs, rive gauche du canal du Faux-Rempart de la place Blanche à l'Aar et à l'Ill). Il doit être construit par tranches sur dix années. Avant cela, deux problèmes doivent être résolus. Depuis 1877, les autorités sanitaires de la Prusse — qui est aussi un grand état rhénan — interdisent des systèmes qui ne prévoient pas l'épuration des eaux de rejet. Ott place le débouché de son grand collecteur, à l'aval de Strasbourg, de l'autre côté des fortifications, au Wacken, au confluent de l'Ill et de l'Aar, avec une station d'épuration mécanique, dont les eaux sommairement purgées donnent sur l'Ill : on fait confiance à ses capacités auto-épuratives. Ott prévoit une prolongation possible jusqu'au Rhin. Il sous-estime cependant le débit de l'Ill nécessaire pour la dilution. Et surtout, il a envisagé un raccordement obligatoire des immeubles, ce qui provoque la vive protestation des propriétaires. Or le conseil municipal, rétabli en 1886, est désormais à nouveau compétent. On fait donc appel à l'ingénieur Paulssen de Mayence, venu renforcer le service des bâtiments de la Ville, qui fait une nouvelle version du projet et le soumet au conseil d'hygiène qui l'approuve[239] puis au conseil municipal en 1893. Entre-temps le *Land*, le *District* (Département) et la Ville se sont mis d'accord sur le creusement d'un canal de dérivation du Rhin à l'Ill, d'Erstein à Strasbourg, qui accroît le débit de l'Ill. Le projet est examiné par une commission du conseil municipal, fort représentative, car les rapporteurs sont Jules Schaller, vice-président de la chambre de commerce de Strasbourg, directeur de la Manufacture de Tabacs et de *Rhin-et-Moselle*, de Camille Jehl, épicier en gros, et du haut fonctionnaire vieil allemand, Funke. Ils visitent les installations de Berlin, Halle et Francfort, et approuvent le projet de tout à l'égout strasbourgeois en mai 1893, entraînant le vote positif du conseil municipal. Le débouché du collecteur principal est fixé un peu après le confluent de l'Aar et de l'Ill. On renonce pour le moment à tout débouché sur le Rhin : l'Ill est considérée, avec sa station d'épuration mécanique et à présent que son débit est accru, comme suffisamment épurative sur le cours qui va jusqu'à la Wantzenau, dont les habitants prennent l'eau des puits (fig. 4). Le réseau d'égouts sera construit de 1898 à 1910, avec ses collecteurs, canalisations de divers gabarits, ses réservoirs de chasse, ses déversoirs d'orage, raccordant la vieille ville à la *Neustadt*, et étendu au fur et à mesure des accords trouvés avec l'autorité militaire pour des déversoirs dans les fossés des remparts, jusqu'à Neudorf et à sa nouvelle caserne d'artillerie qui libère les terrains de la porte des Bouchers. La commission Schaller a proposé que le raccordement des immeubles aux égouts ne soit pas obligatoire[240], et le conseil municipal juge à sa suite que l'intérêt bien compris des propriétaires, la perspective de profiter des plus-values, les frais supplémentaires entraînés par un raccordement différé et la pression des locataires seraient suffisants pour entraîner tout le monde, ce qui se vérifiera. Le 22 septembre 1897, le conseil décide que le raccordement dans la vieille ville, où les propriétaires doivent une taxe de raccordement aux égouts des eaux pluviales (décret de 1852) serait fixé au tiers de celui de la ville neuve, où ils doivent être raccordés en vertu de la loi sur la ville neuve de 1879[241]. En 1900, 4 % seulement des logements de la vieille ville disposaient d'une salle de bain, alors que ce chiffre s'élevait à 38 % dans la ville neuve. La percée de la *Neue Strasse* avec la démolition d'ensembles insalubres et la construction d'immeubles de haut de gamme fera croître, avec les standards d'hygiène et de confort, la valeur locative des immeubles raccordés, d'autant que ceux imposés aux habitations populaires du Stockfeld ou des immeubles collectifs prévoient tous salles de bains et toilettes, ce qui est loin d'être le cas dans les villes voisines, par exemple à Karlsruhe[242]. 82 % des immeubles de la vieille ville étaient raccordés en 1910, et ceux de la *Neustadt* l'étaient à 90 %. Par contre, le raccordement de la banlieue attendrait l'après-guerre pour l'être à son tour.

Conclusion : ville propre et rivières sales

L'on a ainsi déplacé la pollution de la ville vers ses débouchés. Le rejet dans l'Ill entraîne une dégradation importante de la qualité des eaux de la rivière. Les villes et états riverains avec de grands pollueurs industriels ou urbains — Bâle, Strasbourg, Karlsruhe, Ludwigshafen, Mannheim — sont de plus en plus attentifs à ce phénomène sans vouloir ou pouvoir y remédier. Dès 1900, l'Ill, en aval de Strasbourg jusqu'à son débouché, et la Kinzig figurent parmi les cours d'eaux de la vallée rhénane les plus pollués d'Allemagne[243]. Le *Land* d'Alsace-Lorraine, l'un des premiers à adopter une loi sur la qualité des eaux et la protection de la pêche (1891), est partie prenante des politiques fédérales (loi d'Empire de 1900 sur la prévention des maladies contagieuses et mesures contre la pollution de l'eau) et des coordinations rhénanes interétatiques et interurbaines contre la pollution du Rhin et de ses affluents (office impérial de la Santé, conférence de Mayence de 1905[244]). En 1935, Lucien Febvre et Demangeon n'abordent nullement cette dimension de l'histoire dans leur *Rhin*. Célèbre depuis les années 1900, pour ses luttes contre la pollution du fleuve et de ses affluents, le professeur d'histoire naturelle de Fribourg, Robert Lauterborn publie en 1930 le tome I de son ouvrage, *Naturgeschichte eines deutschen Stromes*, positivement recensé dans la *Bibliographie alsacienne* de 1935[245], avec la mention « très documenté, surtout en ce qui concerne la végétation ». Mais le chef des services d'assainissement de la ville de Strasbourg, Goehner, se réfère encore aux analyses du biologiste professeur Robert Lauterborn datant de 1909 pour défendre « les facultés auto-épuratives de l'Ill » à une époque où de son propre aveu — il souhaitait une nouvelle station d'épuration moderne dans le Steingiessen, à 5 km en aval du Wacken — la station d'épuration contemporaine ne suffisait plus[246].

TABLEAUX ANNEXES

Débit de l'eau produite et distribuée par le service des eaux de la ville

Années	m³	Années	m³	Années	m³
1879	330 072				
1880	727 897	1890	2 112 065	1900	4 909 143
1881	1 098 666	1891	2 292 800	1901	4 672 866
1882	1 170 203	1892	2 481 998	1902	5 321 363
1883	1 165 518	1893	2 599 666	1903	5 649 837
1884	1 491 993	1894	2 724 703	1904	6 773 216
1885	1 608 633	1895	3 452 440	1905	6 847 371
1886	1 826 644	1896	3 070 006	1906	7 787 470
1887	1 872 206	1897	3 861 281	1907	7 967 849
1888	1 746 155	1898	4 434 271	1908	7 887 470
1889	2 112 065	1899	4 909 143	1909	7 967 853

Source : *Jahresbericht des Städtisches Wasserwerks zu Strassburg*, i. Els., 1916, p. 3.

LA MODERNITÉ

Installation et branchements des dix premières années

Années	M de tuyaux	Branchements	Accroissement par an
1880	49 957	262	262
1881	52 614	729	263
1882	55 251	1 173	264
1883	63 543	1 608	265
1884	65 524	2 047	266
1885	68 261	2 484	267
1886	69 241	2 727	268
1887	72 459	2 886	269
1888	73 050	3 017	270
1889	73 724	3 142	271
1890	74 969	3 270	272
1891	75 891	3 392	273
1892	77 898	3 524	274
1893	79 506	3 721	275
1894	91 257	3 875	276

Source : *Verwaltungsbericht der Stadt Strassburg* 1870-1889, p. 241 ; 1890-1894, p. 167.

Bilan du service des eaux de la ville de Strasbourg au 1er mars 1911

	Habitants	Immeubles habités	Cotes foncières reliées	Compteurs	% compteurs /immeubles
Vieille ville	74 086	4 045	3 288	3 834	94,78 %
Neustadt	43 823	1 971	1831	2 020	102,49 %
Robertsau	10 744	1 406	569	614	43,67 %
Cronenbourg	7 895	584	487	504	86,30 %
Koenigshoffen	6 641	560	411	425	75,89 %
Montagne-Verte	4 090	369	170	176	47,70 %
Neudorf	26 137	2 112	1 206	1 256	59,47 %
Neuhof	4 641	440	137	148	33,64 %

Source : *Jahresbericht des Städtischen Wasserwerks zu Strassburg* i. Els., 1914, p. 18-19.

LA MODERNITÉ

1910 — Tout-à-l'égout : raccordement des immeubles

	Cotes surbâties	Raccordées	
Est	826	703	85 %
Ouest	939	869	93 %
Saint-Jean	627	506	81 %
Krutenau	633	483	76 %
Finkwiller	370	229	62 %
Total vieille ville	3 395	2 790	82 %
Neustadt ouest	416	361	87 %
Neustadt nord	728	659	91 %
Neustadt est	701	648	92 %
Total Neustadt	1 845	1 668	90 %
Robertsau	1 304		
Neudorf Est	1 085	64	6 %
Neudorf Ouest	785	188	24 %
Neuhof	400	13	3 %
Cronenbourg	548	273	50 %
Koenigshoffen	494	183	37 %
Montagne-Verte	336	122	36 %
	4 952	843	17 %
Strasbourg	10 192	5 301	52 %

Source : *Verwaltungsbericht der Stadt Strassburg*, 1900-1910, Strassburg, 1916, p. 278.

211 *Alliance d'hygiène sociale*, congrès de Strasbourg, 23, 24 et 25 septembre 1923, discours de M. Peirotes, maire de Strasbourg, p. 27.
212 Exposition internationale du centenaire de Pasteur, juin-octobre 1923, catalogue officiel. Catalogue du musée Pasteur, Strasbourg, 1923.
213 Bruno LATOUR, *Pasteur : une science, un style, un siècle*, Paris, 1994.
214 Marie-Christine PERILLON, *Promenades littéraires dans Strasbourg*, Rennes, 1990. Cité par Stefan FISCH, Christoph CORNELISSEN et Annette MAAS, *Grenzstadt Strassburg, Stadtplannung, kommunale Wohnungspolitik und Öffentlichkeit 1870-1940*, St Ingbert, Röhrig Universitätsverlag, 1997, p. 185 et 186.
215 Sur les différentiel Allemagne-France quant à l'équipement des villes, voir Jean-Pierre GOUBERT, *La conquête de l'eau*, Paris, 1986, p. 195-214. Gewässerschutzes ; Georges BECHMANN, *Salubrité urbaine, distributions d'eau, assainissement*, Paris, 1898-1899.
216 Peter BRAUBACH, « Scheffer-Boichorst und Aloys Schulte », *Archiv für Kulturgeschichte*, 1958.
217 Georges LIVET et Francis RAPP (dir.), *Histoire de Strasbourg*, t. IV, Strasbourg, 1981.
218 Viviane CLAUDE, *Strasbourg 1850-1914, assainissement et politiques urbaines*, thèse (ronéo), Strasbourg, 1985.
219 Dr Wilhelm Roth, K. Sächs. Generalarzt, und Dr. Rudolf Lex, K. Preuss. Ober - Stabsarzt. *Handbuch der Militär-Gesundheitspflege*, 3 tomes, Berlin, 1872-1877.
220 François IGERSHEIM, « Joseph Krieger », dans *Nouveau dictionnaire de biographie alsacienne*, 1996, p. 5 118.
221 François IGERSHEIM, « Hermann Wasserfuhr », dans *Nouveau dictionnaire de biographie alsacienne*, 1996, p. 5 006.
222 *Die Verhandlungen der Kreisgesundheitsrat im Unter-Elsass (1872-1874)*.
223 Joseph KRIEGER, *Topographie der Stadt Strassburg nach ärztlich-hygienischen Gesichtspunkten bearbeitet*, Strassburg, 1885.
224 Denis DURAND DE BOUSINGEN, « Victor Stoeber », dans *Nouveau dictionnaire de biographie alsacienne*, 1996, p. 3773.
225 *Recueil des travaux du conseil départemental d'hygiène publique et de salubrité du Bas-Rhin*, 1858-1865.
226 Victor STOEBER et Gabriel TOURDES, *Hydrographie médicale de Strasbourg et du département du Bas-Rhin*, Strasbourg, 1862.
227 *Die Verhandlungen der Kreisgesundheitsrat im Unter-Elsass (1872-1874)*. Dr Wilhelm ROTH, K. SÄCHS, Generalarzt, Dr Rudolf LEX, K. PREUSS, Ober-Stabsarzt, *Handbuch der Militär-Gesundheitspflege*, 3 tomes, Berlin, 1872-1877.
228 *Archiv für öffentliche Gesundheitspflege in Elsass-Lothringen*, 1897. Nécrologie par J. Krieger.
229 GRUNER et THIEME, *Vorprojekt zu einem Wasserversorgung von Strassburg*, Strassburg, 1875.
230 *Die Verhandlungen der Kreisgesundheitsrat im Unter-Elsass (1875-1878)*.
231 *Verwaltungsbericht der Stadt Strassburg 1870-1889*, Strassburg, 1890.
232 Situé à l'Esplanade, à l'emplacement de l'actuelle église du Christ-Roi. Illustrations des installations dans le *Compte-rendu du service des eaux de la ville de Strasbourg pour les exercices 1936 et 1937*.
233 Robert BRESCH, *Geschichte der Wasserversorgung der Stadt Strassburgs*, Strassburg, 1931. *Jahresbericht des Städtischen Wasserwerkes zu Strassburg i Elsass mit Einleitung*, Strassburg, 1907.
234 *Verwaltungsbericht der Stadt Strassburg 1870-1889*, Strassburg, 1890.
235 *Ibid.*
236 Annuaire n° X, de l'*Archiv fur Öffentliche Gesundheitspflege in Elsass-Lothringen*, 1885.
237 Théodore RIEGER, « Johann Karl Ott », dans *Nouveau dictionnaire de biographie alsacienne*, 1996, p. 2925-2926.
238 Johann Karl OTT, *Erläuterungsbericht des Stadtbauraths Ott zu dem Entwurf für die Entwässerung der Stadt Strassburg*, Strassburg, 1891 ; Johann Karl OTT, « Die Entwässerung der Stadt », dans *Architekten- und Ingenieur-Verein für Elsass-Lothringen, Strassburg und seine Bauten*, Strassburg, Karl J. Trübner, 1894.
239 PAULSSEN, *Entwässerung der Stadt Strassburg von Paulssen. Gutachten des Gesundheitsrathes*, AöG-EL, XV, 1893.
240 Gemeinderath der Stadt Strassburg, *Bericht der Commission zur Berathung des Entwurfs für die Entwässerung der Stadt Strassburg*, Strassburg, 1893.
241 *Verhandlungen des Gemeinderats*, Strassburg, 1895 et 1897.
242 Christoph CORNELISSEN, Stefan FISCH et Annette MAAS, *Grenzstadt Strassburg, Stadtplannung, kommunale Wohnungspolitik und Öffentlichkeit 1870-1940*, St Ingbert, Röhrig Universitätsverlag, 1997, p. 55-55 et p. 148-149.
243 Joerg LANGE, *Zur Geschichte des Gewässerschutzes am Ober und Hochrhein*, thèse Fribourg/Brisgau, 2002, p. 114. *Gewässergüte am Hoch und Oberrhein im 1900*, tableau, p. 250.
244 *Ibid.* p. 174-176
245 *Bibliographie Alsacienne*, V, 1931-1935. Compte-rendu d'Henry Schaeffer (alors professeur au lycée Fustel de Coulanges), p. 25. Schaeffer donne *Naturgeschichte eines Stromes* pour titre de l'ouvrage.
246 Service municipal de la voie publique et des égouts [Goehner], *Le tout à l'égout de la Ville de Strasbourg*, et Stadtisches Tiefbauamt, *Die Entwässerung der Stadt Strassburg*, Strassburg, 1935.

STRASBOURG À L'ÈRE DE LA « GRANDE VITESSE »

LA CONSTRUCTION D'UNE MÉTROPOLE TRANSFRONTALIÈRE ENTRE PENSÉE TECHNIQUE ET REGARD HUMANISTE

Cristiana Mazzoni

Dans le cadre d'une recherche sur les caractères typologiques des gares et leur rapport à l'évolution des grandes villes françaises et allemandes au cours de la seconde moitié du XIXe siècle (Paris, Berlin, Francfort), nous avons mis en évidence le rôle structurant de ces bâtiments au niveau de la formation des tissus urbains[247]. Nous avons notamment mis l'accent sur les qualités, projetées et perçues, de ces espaces voués aux déplacements et qui accompagnent le passage de la première à la deuxième modernité de la ville. La première modernité étant celle liée à la révolution industrielle et à l'avènement des chemins de fer ; la deuxième, celle de l'affirmation de l'automobile et des autoroutes. De la ville industrielle à la ville fonctionnelle jusqu'aux métropoles connectées du début du XXIe siècle — notre troisième modernité — l'histoire des gares et des chemins de fer se noue avec l'histoire des tissus en évolution, des territoires vécus et traversés, des perceptions de tout un chacun de ses propres espaces de vie et de mobilité. D'où l'importance d'un regard fin non seulement sur le bâtiment de la gare, mais aussi sur le système qu'elle forme avec les réseaux qui lui sont rattachés et, de là, à l'ensemble de la structure urbaine et territoriale qu'elle dessert.

Strasbourg est un exemple emblématique de la mise en place de ce système d'espaces et infrastructures ayant la gare comme élément à la charnière des flux et déplacements. Construite en 1883 d'après les plans de l'architecte berlinois J.-E. Jacobsthal, cette gare dite « de passage » témoigne de l'affirmation des théories urbaines des ingénieurs et économistes allemands, auteurs des nouveaux traités consacrés à l'art de construire les villes — le *Städtebau*[248]. Ces sources, liées à la construction à la fois du bâtiment voyageurs et de l'ensemble des infrastructures qui s'y rattachent, montrent une volonté de synthèse et en même temps de dépassement des modèles français. Elles mettent en avant la nécessité de décloisonner les compétences des acteurs et, par là, la conception des espaces. Émerge ainsi une vision de la ville comme élément unitaire — la *Großstadt* —, où ingénierie, architecture et urbanisme se conjuguent afin de donner forme à un paysage articulé et solidaire, malgré les contrastes et les éléments de rupture qu'elle intègre et génère.

À un siècle et demi de la construction de la gare « allemande » et de l'ensemble des débats liés à son emplacement ainsi qu'à la spécificité architecturale et urbaine des quartiers environnants, la force du système qu'elle a su générer est encore présente. Elle demande à être mise en avant, au nom des particularités de cet héritage que nous venons de mentionner. Dans cet article, nous essayerons de retracer l'histoire de l'événement des chemins de fer à Strasbourg au moment de l'essor de la première modernité de la ville et d'en souligner les spécificités liées à la culture urbanistique allemande. Nous poserons ainsi les jalons pour développer une série de questions qui intéressent le devenir de la métropole contemporaine. Strasbourg à l'ère de la « grande vitesse » n'est plus la ville de la fin du XXe siècle qui se prépare à confectionner l'image d'une gare « High Tech », dessinée par une nouvelle « salle des pas perdus » à la couverture transparente et ouverte sur l'aménagement paysager de la place. Elle doit prendre acte de son héritage multiple pour inscrire ce qui peut être lu comme le « caractère génétique » de la ville dans une dimension métropolitaine transfrontalière, élargie à la région du Rhin supérieur.

LA MODERNITÉ

Une réalisation architecturale à la charnière des échelles

Comme le rappellent Annelise et Roger Gérard dans leur recherche sur les gares de la région du Rhin supérieur, le choix de l'emplacement du bâtiment des voyageurs découle de la nécessité de concilier des impératifs et des échelles territoriales différentes[249]. Depuis le 30 septembre 1870, la ville est occupée par les troupes allemandes. Promue capitale du *Land* Alsace-Lorraine, elle fait l'objet dès 1871 d'un plan d'extension qui triple sa surface à l'intérieur d'un nouveau système de fortifications : « l'idée en est acquise dès la fin mai 1871 ; le financement est assuré en 1875 ; le choix du parti est arrêté en 1878 par une commission consultative de synthèse ; le document juridique opérationnel, assorti d'un plan de construction, est publié en 1880. Comme tout acte architectural de cette période, il est à considérer comme un acte politique »[250]. Dans ce plan d'extension, la nouvelle gare est considérée comme l'un des trois pôles, avec l'université et le port, permettant d'affirmer le nouveau rôle économique et culturel de Strasbourg, promue capitale du *Reichsland*. C'est dans ce climat d'affirmation d'une suprématie politique que l'on décide de la suppression de l'ancienne gare française en « cul-de-sac », située dans le quartier du Marais-Vert, entre les faubourgs ouest de Saverne et de Pierre, près de la halle aux blés et de l'usine à gaz avec ses fours et

Fig. 1 : Maquette montrant l'emplacement de la première gare ferroviaire et le quartier du Marais Vert, 1836.
Musée des Plans-Reliefs, Paris. René-Gabriel Ojéda © RMN-Grand Palais.

gazomètres (fig. 1). La construction de la nouvelle gare monumentale est programmée à l'emplacement de l'un des anciens bastions fortifiés de Vauban, entre la porte Blanche et la porte de Cronenbourg et en face du quartier Kageneck.

Par rapport à l'ancien, le nouveau bâtiment se situe plus loin de la vieille ville, relié à cette dernière par un rayonnement de rues qui se dessinent en étoile à partir des fortifications vers le canal du Faux-Rempart. Il s'agit d'un quartier nouvellement reconstruit comme dédommagement de guerre, suite aux destructions du siège de l'été 1870. Les maisons et les rues sont construites avant la décision du déplacement de la gare : « D'ailleurs, dans le plan d'extension de la ville (1880), et ses nombreuses reproductions, le 'nouveau quartier Kageneck' est identifié comme une partie de la 'vieille ville', la Altstadt, et non pas comme un élément de la 'nouvelle ville' ou Neustadt »[251]. Le nouveau plan d'alignement du quartier prévoit également la démolition de la caserne Kageneck, bâtiment de près de 200 m de long. Une caserne de remplacement est prévue au bout de la rue médiane, en face du bastion des Païens. C'est bien le projet de cette caserne, comme le soulignent les chercheurs, qui a donné lieu au dessin de ce quartier dominé par un jeu de perspectives sur la future place de la Gare.

À l'échelle nationale et internationale, la nouvelle gare établit une continuité sans rupture de charges entre les lignes déjà existantes : Strasbourg-Kehl, Strasbourg-Bâle, Strasbourg-Paris. Elle permet de créer, via le réseau des chemins de fer, des relations stratégiques avec Francfort, Berlin et les autres villes allemandes : le réseau ferroviaire est de fait pensé par Bismarck comme le moteur du système économique, militaire et urbanistique du pays, en lien avec ses principaux ports fluviaux et maritimes. Il s'agit de la charpente du nouveau système territorial qui permet de faire face non seulement aux problématiques d'aménagement du territoire, avec l'emplacement des usines près des entrées des villes et en articulation avec les gares, mais aussi aux questions de développement des tissus urbains extra-muros. Au cours de cette période, Strasbourg se construit d'après l'exemple des autres grandes villes allemandes : en témoigne le plan de la ville de Berlin, où l'ensemble des réseaux ferroviaires — national, urbain et régional — permet de mettre au point dans la ville centre et dans la première périphérie la charpente sur laquelle pourra se développer la Großstadt, une « ville région » composée d'une constellation de noyaux urbains mis en réseaux.

Le parallèle avec Berlin mérite que l'on s'y attarde. Dans cette ville, le premier élément de ce réseau ferroviaire complexe est l'anneau périphérique de liaison des lignes nationales à grande distance, composé par le Nordring (1871) et le Südring (1877). Destiné aux marchandises et aux déplacements militaires cet anneau comporte des lignes en parties surélevées et en partie en souterrain. Il est situé en amont des grandes gares terminus des trains à longue distance et touche les communes de la première couronne — Charlottenburg, Wilmersdorf, Schöneberg — qui auront, entre 1871 et 1890, une croissance plus importante que Berlin même. Peu d'années après sera inaugurée la Stadtbahn (1882), ligne destinée au trafic des passagers qui traverse le centre de Berlin suivant l'axe est-ouest tout en reliant entre elles des gares pour les trains à longue distance. Cette infrastructure est conçue par l'architecte-ingénieur August Orth au cours des années 1870, au moment même où il est appelé à concourir à Strasbourg pour la conception du plan d'extension de la ville et participe de la commission de synthèse du même plan. L'infrastructure qu'il conçoit pour Berlin dessine dans le tissu de la vieille ville un viaduc monumental, articulé et complexe, capable de structurer le long de son parcours des nouvelles lignes directrices, des points de fuite, des frontières et des ouvertures. Entièrement surélevée et longue une quinzaine de km, elle est formée de quatre rails — deux pour le trafic urbain et deux pour

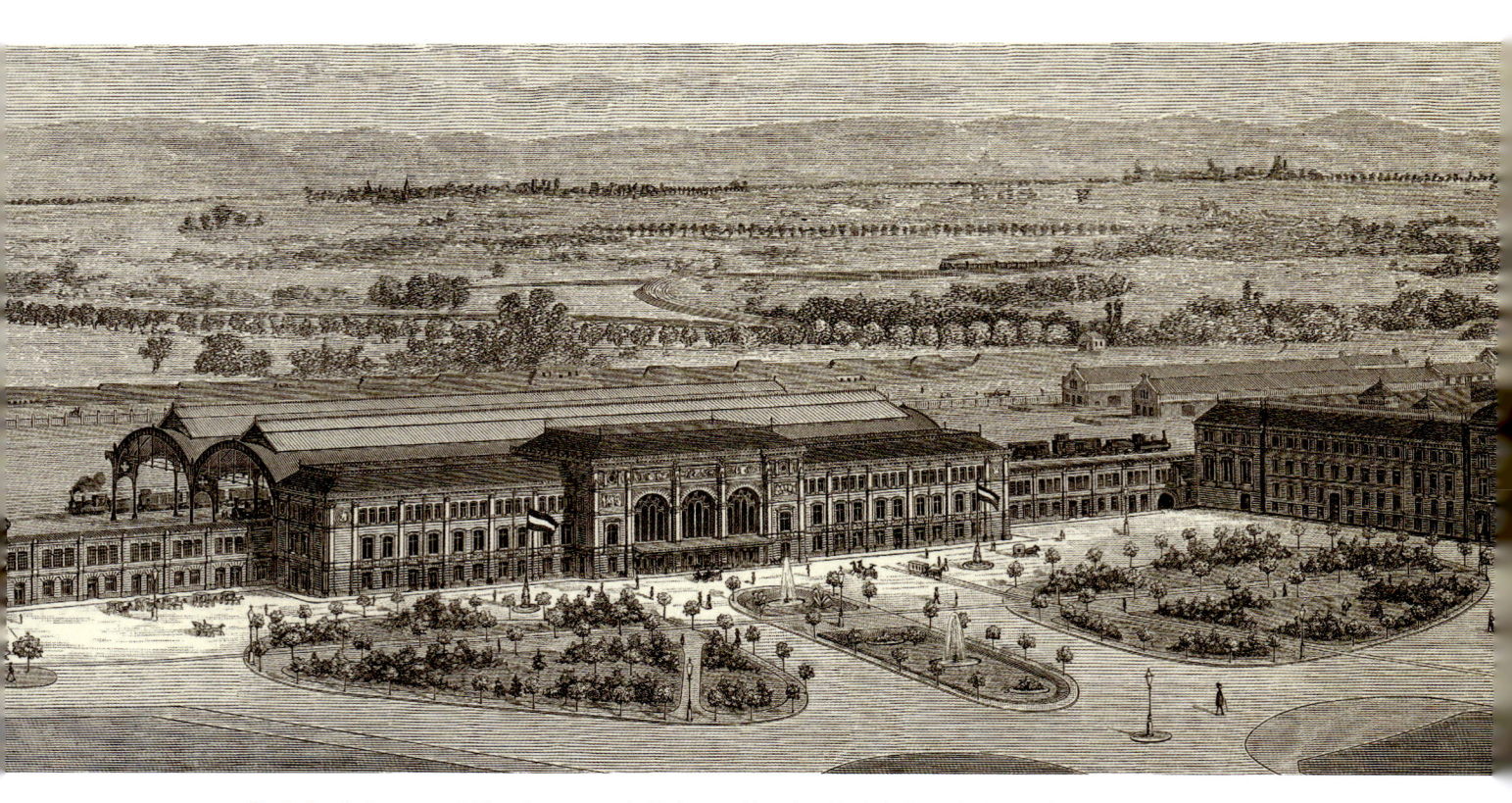

Fig. 2 : Dessin du nouveau bâtiment voyageurs. Architekten- und Ingenieur- Verein für Elsass-Lothringen, *Strassburg und seine Bauten*, Strassburg, Trübner, 1894, p. 587.

le trafic national — soutenus par des puissants arcs maçonnés habillés de pierres et de briques. Au niveau du sol urbain, ce dispositif permet la construction de boutiques et d'entrepôts qui prennent place sous des arcs en plein cintre, encadrés par des pilastres. Aux intersections avec des rues très larges ou avec le lit de la Spree, le viaduc prend la forme d'un pont métallique. La structure en arcs maçonnés sert de soutènement aux lignes ferrées et dessine en même temps le socle sur lequel se développent les gares. Ces dernières apparaissent comme des édifices monumentaux qui recherchent, dans le tissu urbain, un dialogue avec l'espace public limitrophe. Elles accueillent à la fois les trains des lignes urbaines et ceux des lignes à longue distance offrant à la ville d'amples halles de couverture situées au-dessus des services pour les voyageurs : il s'agit d'un nouveau type de gare qui servira aussi de modèle à Otto Wagner pour la conception de ses édifices ferroviaires au cœur de la ville de Vienne.

La gare de Strasbourg témoigne du même souci de création d'un système articulé de différents types de transports sur rails, en relation avec la maille des espaces publics urbains. Distribué sur deux niveaux telles les gares des lignes aériennes construites en ces mêmes années à Berlin, Vienne ou encore Hambourg, le bâtiment voyageurs développe une première série de services au niveau de la place, tandis que la grande halle d'arrivée et de départ des trains se situe au niveau des rails, à 4,20 m au-dessus du sol urbain (fig. 2). À l'échelle de la ville et de la région urbaine dense, la gare dessine un nœud stratégique à la charnière entre les voies de chemins de fer nationales et le système de transport collectif urbain sur rail : le tramway. Dans un souci de collaboration entre les différents acteurs de la construction de la ville, le maire O. Back, nommé par Berlin en début de l'année 1873, avait de fait insisté pour que la compagnie de tramway (la CST) accepte de relier à la gare toutes les lignes qu'elle s'engageait à créer : « Nous assistons ainsi à la création, à Strasbourg, d'un réseau de tramway — d'abord ferroviaire hippomobile *intra-muros* et à traction vapeur hors les murs —, progressivement électrifié à partir de 1895, avant même la mise en service de la nouvelle gare »[252].

Non loin de la gare, le pont ferroviaire maçonné à la hauteur de la porte Blanche, dont l'image est reproduite dans l'ouvrage *Strassburg und seine Bauten* (fig. 3), renvoie à cette stratification nouvelle des sols de la ville et au dialogue que ces infrastructures créent avec les rues et les espaces publics urbains[253]. Avec d'autres livres du même type consacrés aux villes allemandes, cet ouvrage fait partie d'une véritable encyclopédie de la construction de la *Großstadt*, où sont mis en avant la qualité de l'implantation des voies dans le tissu urbain et le caractère à la fois composite et unitaire des bâtiments dessinant le réseau ferroviaire. C'est bien grâce aux théories relatives à la conception de ces bâtiments et ouvrages d'art que l'on assiste, en Allemagne, à la codification du modèle de la ville industrielle et à son dépassement afin de jeter les bases pour la définition de la ville de la deuxième modernité, celle qui se développera en Europe à partir des années 1910. Ces théories posent au cœur des débats la révision des systèmes classiques et baroques d'aménagement de l'espace urbain, notamment ceux des villes italiennes. Les réseaux de transport, les boulevards, les parcs, les places sont définies comme les points forts d'un système qui reproduit la morphologie de la ville classique et baroque tout en l'adaptant à une échelle plus

Fig. 3 : Dessin du pont ferroviaire à la hauteur de la Porte Blanche.
Architekten- und Ingenieur- Verein für Elsass-Lothringen, *Strassburg und seine Bauten*, Strassburg, Karl J. Trübner, 1894, p. 603.

importante, celle de l'extension de la ville centre dans sa périphérie. L'idée est de clarifier le rôle de ces éléments les uns par rapport aux autres, de façon à garantir une croissance ordonnée, claire et équilibrée de la ville. Le plan d'extension, dessiné à partir de la mise en réseau de projets partiels d'organisation de l'espace, est l'instrument capable de transmettre avec force cette nouvelle idée de la ville comme architecture, où chaque élément est rapporté aux autres dans une relation qui se veut d'équilibre. À travers la mise en réseau et la mise en système, à plusieurs échelles, des éléments disparates qui dessinent le visage de la *Großstadt*, les gares et les rails pourront ainsi jouer dans les villes le véritable rôle d'éléments de structuration des tissus.

Paysages vus du train

On sait que le « tout-automobile » a guidé l'aménagement de l'espace urbain et territorial dès la fin de la Seconde Guerre mondiale et durant les Trente Glorieuses, avec l'arrivée des autoroutes jusqu'aux portes de la ville et l'agencement de la plupart des espaces publics en voies de circulation et places de stationnement des voitures.

Les réseaux de tramway urbain et suburbain sont démantelés à Strasbourg au cours des années 1950 (1953-1955, suppression du réseau suburbain ; 1956-1960, suppression du réseau urbain) et laissent la place à une logique sectorielle et corporatiste de la circulation et du rapport des infrastructures au territoire. À partir des années 1960, la place de la Gare accueille essentiellement les voies de transport automobile et une vaste aire de stationnement découpée en trois secteurs, et destinée aux taxis, aux automobiles des particuliers (en sous-sol) et aux autobus. Les autoroutes, quant à elles, s'imposent sur le territoire urbain et suburbain de façon autarcique : cet « entre-deux » représenté par les gares, ainsi que les talus, les viaducs et les ponts ferroviaires fait défaut à la logique routière et autoroutière.

Face à cette réalité qui s'impose tout au long de la deuxième moitié du XXe siècle, la question la plus urgente semble être aujourd'hui celle d'un nouveau regard sur les différents réseaux de mobilité sur rails hérités du XIXe siècle, pour certains désaffectés depuis les années 1970, et l'invention d'un nouveau rapport des différentes infrastructures à la ville et aux territoires desservis. Ceci afin de dessiner un maillage très fin des parcours — de ceux des piétons et des bicyclettes à ceux des voitures et des trains à grande vitesse. Ce n'est pas par hasard si Strasbourg se distingue dès le début des années 1980 pour ses débats sur le retour du tramway, débats aux accents à la fois politiques et scientifiques. C'est bien l'héritage de la pensée des urbanistes allemands et de leurs réalisations à travers un décloisonnement des compétences des acteurs et des différentes fonctions urbaines, qui a permis de faire surgir, bien avant que cet exemple se répande aux autres villes françaises, l'importance du réseau ferré urbain comme élément de dessin et de structuration de l'unité de l'espace public.

Mais, à côté de cet héritage « technique » il faut tenir compte aussi d'un autre héritage très important de la période de la ville « allemande » : celui qui a vu prendre racine, à l'université de Strasbourg, une pensée sur la phénoménologie et sur la psychosociologie de l'espace, tout d'abord autour de figures comme George Simmel, puis autour d'écoles de pensée redéfinies par Maurice Halbwachs ou Abram Moles. Autant que les infrastructures matérielles, ces écoles de pensée font partie aujourd'hui des « gènes » de la ville et permettent d'en comprendre le caractère, à la fois physique et immatériel. Déjà au XIXe siècle géographes et historiens ont su mettre l'accent sur les spécificités paysagères de cette ville appartenant au réseau de l'espace démographique transfrontalier du Rhin supérieur — autour de grandes villes comme Zürich, Bâle, Francfort et Stuttgart — plus qu'au réseau en étoile des villes françaises dépendant de la ville capitale : Paris. Ressurgit dans leurs travaux l'écho des récits de voyage dépeignant la force du paysage de ce fossé rhénan qui se dessine, à la hauteur de Strasbourg, comme le résultat d'un effondrement géologique, délimité à l'ouest et à l'est par les Vosges et la Forêt Noire. Le récit le plus connu étant celui de Goethe : « Et je vis donc [de la plate-forme], devant moi, la belle contrée […] la ville considérable, les prairies étalées au loin alentour, garnies et entremêlées d'arbres magnifiques et serrés, cette richesse frappante de la végétation, qui, suivant le cours du Rhin, dessine les îles et les rives. Non moins décoré d'une verdure diverse, s'étend vers le sud le terrain plat qu'arrose l'Ill ; même, à l'ouest, vers la montagne, se trouvent quelques bas-fonds qui offrent un aspect aussi ravissant des bois et d'herbe ; tandis que le côté du nord, plus inégal, est coupé d'innombrables petits ruisseaux qui favorisent partout une prompte végétation. Que l'on imagine maintenant entre ces luxuriants herbages répandus, entre ces bois agréablement dispersés, tout ce pays propre à la culture, parfaitement cultivé, verdoyant et mûrissant […] cette vaste plaine, à perte de vue, si bien préparée comme un nouveau paradis, pour les humains, bornée de près et de loin par des montagnes, les uns cultivés les autres boisées, et l'on comprendra le ravissement avec lequel je bénissais le destin qui m'avait assigné pour quelque temps un si beau séjour »[254].

LA MODERNITÉ

Au départ de la gare de Strasbourg — aujourd'hui une gare accueillant les trains à grande vitesse et les trains régionaux, articulés à nouveau au réseau de tramway, le trajet vers Kehl avec ses 4,20 m de hauteur au-dessus de la chaussée, nous replonge dans ces descriptions géographiques si marquantes. Réaménagée au début des années 2000[255], la nouvelle gare TGV (fig. 4) propose tout d'abord une intéressante mise en abime de sa nouvelle « salle des pas perdus » : celle-ci n'est pas seulement reliée visuellement et fonctionnellement à la place extérieure, elle invite aussi à se plonger dans les entrailles de la ville afin de se rendre à la station du tramway. Elle nous rappelle que l'espace public contemporain se construit de plus en plus à partir de strates épaisses qu'il faut penser dans leur relation qualitative, visuelle et perceptive. Depuis la galerie haute, au départ vers Kehl le paysage vu du train est d'abord urbain. Il est surprenant, car l'on sait que le cœur de l'agglomération, installé dans une vaste plaine alluviale, avec ses marécages et l'omniprésence de l'eau, n'offre pas d'espace public permettant une vue plongeante : une seule terrasse de lœss à l'ouest, dite terrasse de Schiltigheim, dessine les points les plus hauts de la plaine qui culminent à 144 m alors que les cours d'eau sont à environ 139 m d'altitude. Ainsi, c'est bien cette infrastructure avec ses ponts, ses talus et ses rails rectilignes, qui incarne tous les atouts pour se transformer en cet « entre-deux » public, ce seuil qui relie et ne sépare pas, capable de structurer la ville et nos moments de vie à travers le mouvement du train et, avec celui-ci, le mouvement du corps dans l'espace, si cher aux penseurs mentionnés plus haut.

À Strasbourg, avant d'autres villes françaises, la gare, ses trains et ses rails ont su retrouver l'ancienne connivence avec la ville. Mais, comment aller encore plus loin et proposer à nouveau cette dialectique marquante entre le fer, la pierre, la terre et l'eau, ce travail sur la lumière et le son qui caractérise les plus beaux exemples de leur architecture ? Comment penser la gare telle une vraie place couverte qui permet de relier le cœur métropolitain à sa périphérie, à laquelle elle tourne

Fig. 4 : Gare de Strasbourg, avec la verrière.

LA MODERNITÉ

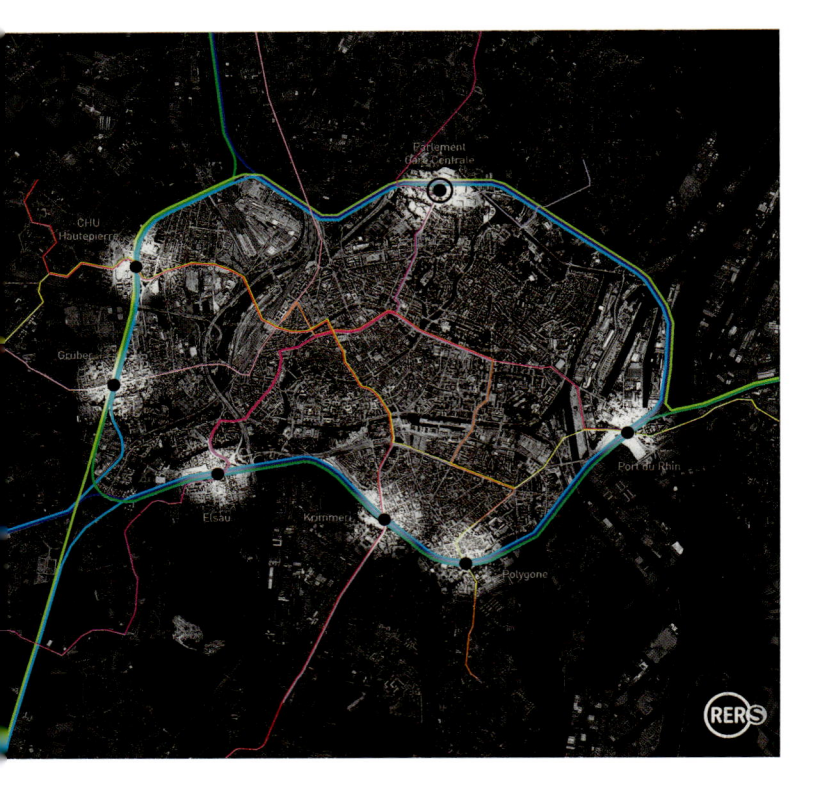

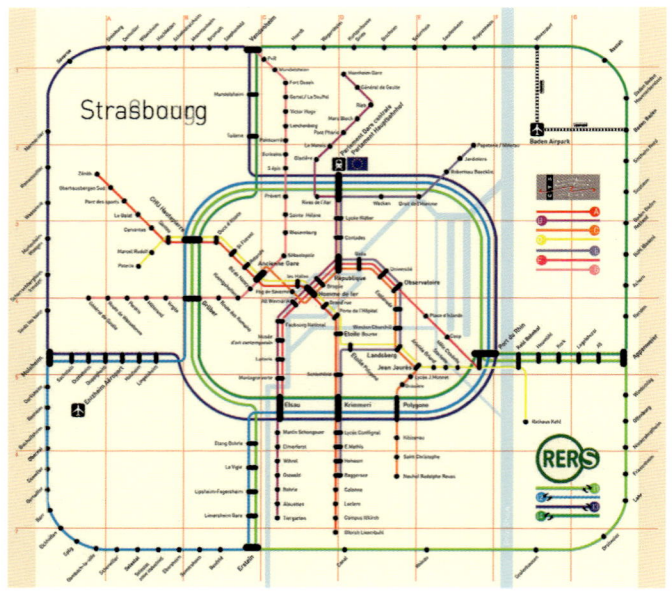

aujourd'hui encore le dos ? Comment proposer en fait plusieurs gares reliées, comme à Berlin, à une charpente de rails destinés à accueillir des trains urbains, métropolitains, régionaux et internationaux ? C'est là, à notre avis, l'un des plus grands défis de Strasbourg, métropole rhénane qui dialogue avec les grandes villes de cette région du cœur de l'Europe : savoir mettre en place un processus de projet transfrontalier en partant de l'héritage encore présent dans ces villes, celui des infrastructures et de la pensée à la fois technique et humaniste qui a accompagné leur mise en place et leur évolution.

---

247 Cristiana MAZZONI, « La gare et ses rails : charpente structurelle de la ville moderne. Entre réalité spatiale et images mythiques (1850-1900) », dans *Metropolen. Mythen - Bilder - Entwürfe. 1850-1950*, sous la direction de Jean-Louis COHEN et Hartmut FRANK, Berlin, Deutscher Kunstverlag, 2013.
248 Voir en particulier Joseph STÜBBEN, « Der Städtebau », dans *Handbuch der Architektur*, sous la direction de Joseph DURM, Darmstadt, Arnold Bergsträsser, 1890 ; Reinhard BAUMEISTER, *Stadterweiterungen in technischer, baupolizeilicher und wirthschaftlicher Beziehung*, Berlin, Ernst & Korn, 1876. À souligner que R. Baumeister est membre influent de la commission de synthèse du plan d'extension de Strasbourg.
249 Annelise GÉRARD et Roger GÉRARD, « Place de la gare et centralités urbaines à Strasbourg — 1870-1994 », dans *Villes en gares*, sous la direction de Isaac JOSEPH, Paris, Recherches, 1995, p. 45-78.
250 *Ibid*, p. 47.
251 *Ibid.*, p. 49.
252 *Ibid.*, p. 48.
253 Voir *Architekten- und Ingenieur- Verein für Elsass-Lothringen, Strassburg und seine Bauten*, Strassburg, Karl J. Trübner, 1894.
254 Johann Wolfgang von GOETHE, *Poésie et vérité, souvenirs de ma vie*, Paris, Aubier, 1992, p. 230. Traduction de l'édition allemande *Aus meinem Leben. Dichtung und Wahrheit*, 1808-1831.
255 Les travaux de la nouvelle gare TGV, menés par AREP, se terminent en 2005. Au sujet de la gare contemporaine et de son rôle urbain, voir notamment la recherche menée par l'équipe EAS, *Le croisement de deux magistrales de TGV en gare centrale de Strasbourg au début du XXIe siècle*, considéré comme la question clé de la transformation de la gare et de son environnement. Projet exploratoire à l'horizon 2015/2020, sous la direction de Annelise GERARD, avec Roger GERARD, Diego PEVERELLI, et la collaboration de Hélène HANIOTOU, Jacques BOURCIER, Viviane CLAUDE, Hans VIRZ, PUCA, 2000.

Fig. 5 et 6 : Strasbourg 2050 : réflexion autour d'un nouveau Ring – réseau express régional de Strasbourg (RERS) construit à partir du réaménagement des lignes de chemin de fer de la période allemande. Jérémie Jamet, Master franco-allemand KIT Karlsruhe, 2013 © ENSAS.

L'HÔPITAL DE STRASBOURG

Olivier Haegel

L'hôpital de Strasbourg, qui ne fut pas toujours à l'emplacement que nous lui connaissons aujourd'hui, est riche d'une histoire vieille de neuf siècles, depuis la fondation charitable aux pieds de la cathédrale Notre-Dame, à celle d'un vaste établissement regroupant soins et études scientifiques à l'échelle communautaire. Présents depuis un peu plus de six cents ans sur son site actuel, ses bâtiments, marqués par les grandes ères qui façonnèrent cette cité rhénane, sont autant de jalons de l'architecture hospitalière européenne entre le Moyen Âge et nos jours[256].

Un hôpital symbole de l'urbanité (Moyen Âge)

Un premier hôpital fut fondé vers 1105-1108 ou 1110 par l'évêque Cunon (1100-1123, 1125), puis en 1143, son neveu et successeur Burchard (1143-1162) le dota richement et y consacra la chapelle Saint-Léonard, qui donna son nom à l'établissement[257]. Strasbourg est alors une ville épiscopale en plein essor, mais à une époque troublée du Saint Empire romain germanique, celle de la querelle des Investitures (1075-1122), marquée par les relations conflictuelles entre ses évêques, le chapitre cathédral et les empereurs saliens Henri IV (1050-1106), et son fils Henri V (1086-1125). Cette fondation est un témoin des hôpitaux érigés par l'Église. Ainsi son implantation, en bordure de la rue Mercière, à côté de la « Porte devant la cathédrale », à cheval sur l'enceinte romaine, près du palais épiscopal est typique de ces établissements en milieu urbain, construits entre l'église principale et la place du Marché. Le souvenir des bâtiments nous est toujours conservé par la rue du Vieil-Hôpital[258].

Peut-être en raison de risques d'épidémie, de famine, d'étroitesse et de vétusté des lieux, l'hôpital fut déplacé en 1315 dans un béguinage qui venait d'être fondé extra-muros près de la porte Saint-Marc[259]. Cette reconstruction s'inscrit dans une phase d'émancipation majeure de Strasbourg, entamée en 1262-1263. La Ville, devenue entre autre propriétaire de l'hôpital, fit construire au siècle suivant plusieurs édifices d'importance[260]. L'hôpital fut tout d'abord dirigé par un *Magister hospitalis* (maître de l'hôpital), puis par un conseil composé de trois administrateurs et d'un économe.

Face aux risques de siège encourus par Strasbourg lors de la guerre qui l'opposa à son évêque Friedrich von Blankenheim (1355-1423), la Ville fit incendier et raser l'hôpital en 1392. Afin de le reconstruire, elle acquit des terrains entre 1393 et 1396 dans le quartier situé entre la rive sud de l'Ill et les fortifications élevées entre 1228 et 1250[261]. Le nouvel emplacement est situé le long de la fortification, au lieu-dit *Auf der Büne*. Ce toponyme et ses variantes indiquent un espace très faiblement ou non bâti, composé principalement de champs ou de jardins enclos de haies. Les raisons qui motivèrent ce choix sont à la fois liées à des soucis sanitaires (soin des malades, risque d'épidémie, inhumation) et à l'insuffisance de terrains non bâtis *intra-muros*. La durée des travaux ne nous est pas connue avec certitude, néanmoins la richesse de l'institution, la nécessité pour la Ville de mener à bien ce chantier laisse supposer une exécution rapide, sans doute entre 1393 et 1398. La chapelle Saint-Erhard aurait été bâtie en dernier entre 1396 et 1428[262], peut-être plutôt aux alentours de 1400. Si le nom du maître d'œuvre de la cathédrale, Klaus von Lohre, fut avancé sans certitude comme son auteur[263], il n'en demeure pas moins qu'il s'agit là de l'unique témoin des nombreux petits édifices cultuels qui existèrent à Strasbourg à la veille de la Réforme. Ce troisième site est toujours celui que nous connaissons aujourd'hui. Le bâtiment (fig. 1) était représentatif des établissements hospitaliers médiévaux en milieu urbain, de type halle avec une chapelle. Le vocable même de cette dernière fait référence à un évêque du dernier tiers du VIIe siècle, saint Erhard de Rastibonne, qui serait à identifier avec le deuxième abbé d'Ebersmunster, Erhardus. Il baptisa la future sainte Odile, aveugle de naissance, qui recouvra alors la vue. Il fut canonisé par le pape Léon IX en 1052, et sa fête est célébrée le 8 janvier. Une relique est conservée à l'ancienne église abbatiale d'Altorf. Bien qu'il n'appartienne pas à la liste des saints du diocèse d'Alsace, il fut particulièrement invoqué dans la région au courant du Moyen Âge, où il devint le saint patron des établissements hospitaliers alsaciens[264] et des pays germaniques.

Un hôpital au cœur du savoir de la Renaissance (XVIe et XVIIe siècles)

Le 9 avril 1515, le Sénat et le conseil des XXI promulguèrent une ordonnance qui instaura à l'hôpital les offices de médecin, de garçon apothicaire et de surveillante. Qui fut le premier titulaire de ce premier poste médical, Michaël Roth (c. 1480 — après 1542) ou Wendelin Hack von Brachenau, ce dernier fut le premier à pratiquer une dissection publique en 1517[265] ? Trois édifices annexes

Fig. 2 : Vue de la clé de voûte aux armes de l'Ammeister Nicolaus Kniebs, vers 1527.

Fig. 1 : Johann Jacob Arhardt, Vue de la place de l'Hôpital, 1673. CE.

Fig. 3 : Vue partielle de l'hôpital, 1717-1741, par F. R. Mollinger et J. P. Pflug.

furent construits, un bâtiment très probablement à l'usage des administrateurs en 1527, auquel fut accolée une boulangerie en 1572 et une maison au pan de bois ornemental en 1603.

Riche centre de commerce, Strasbourg affirma progressivement au cours du XVe siècle son rôle de pôle de l'humanisme rhénan et de foyer de l'imprimerie en Europe du nord. De ses jeunes officines sortirent notamment des feuilles volantes et des ouvrages de médecine, de chirurgie, dont certains connurent une large diffusion[266]. Ce climat propice favorisa l'étude médicale, l'instauration d'un poste de médecin à l'hôpital et permit le passage de l'institution de la charité vers la médecine et la science. Les clés armoriées (fig. 2) de la voûte d'une salle du bâtiment de 1527 illustrent à la fois l'engouement héraldique européen au tournant des années 1500, mais rappellent surtout les personnalités du chevalier Ludwig Böcklin von Böcklinsau († 1529), de Nicolaus Kniebs (1479-1552) et de Jacob Meyer († 1562). Chacun de ces membres de la classe dirigeante joua un rôle majeur au sein de la ville libre d'Empire, en prenant part aussi bien aux questions diplomatiques, politiques, religieuses, scolaires que médicales. L'enseignement de la médecine débuta à l'Académie en 1585[267]. La chapelle Saint-Erhard, désaffectée depuis la Réforme, fut aménagée en amphithéâtre anatomique pour le professeur d'anatomie et de botanique Johann Albrecht Sebiz (1614-1685)[268].

La ville libre royale et l'hôpital (1681-Révolution)

Le passage de Strasbourg au royaume de France eut différentes répercussions sur l'hôpital. Il connut alors des appellations variées. Ainsi, pour le distinguer de l'hôpital militaire bâti en 1692 et appelé *welscher Spital* (hôpital étranger) ou « hôpital français », il fut appelé *deutsche Spital* (« hôpital allemand ») ou *bürger Spital* (« hôpital bourgeois »).

L'événement majeur fut sa destruction accidentelle par le feu le 6 novembre 1716. Les secours tardifs ne purent sauver que les caves du bâtiment principal, l'ancienne chapelle Saint-Erhard, et des bâtiments annexes. Il fut reconstruit de 1717 à 1727 par l'inspecteur des travaux de la ville François Rodolphe Mollinger[269] (1676-1738), sous les auspices des prêteurs royaux successifs Jean-Baptiste (1657-1725) et François-Joseph (1686-1753) de Klinglin. De menus travaux furent réalisés jusqu'en 1741, cette fois-ci sous la direction de Jean Pierre Pflug († 1748). Les noms des principaux artisans nous sont parvenus, parmi eux le tailleur de pierre Jean Christophe Ruland, ou le ferronnier Sigismond Falckenhauer (1688-1757).

Le nouvel hôpital (fig. 3) conserve en grande partie le plan et la morphologie de celui qui le précéda, et possède une distribution et un dessin, du moins pour son élévation antérieure, issus de l'hôpital classique. Il est avant tout un jalon dans la compréhension de ce vaste chantier de construction et de modernisation que fut Strasbourg durant les quatre premières décennies du XVIIIe siècle. Édifice municipal le plus imposant de cette époque, on y trouve mêlé des éléments ornementaux de la Renaissance tardive rhénane aux nouveautés du style Louis XIV-Régence[270], comme les chambranles de baies à crossettes, les ferronneries inspirées des ornemanistes Bérain et Marot, ou les garde-corps d'escalier à balustres carrées.

Cette période fut également celle des débuts de l'enseignement universitaire à l'hôpital, avec la fondation d'une école de formation de sages-femmes en 1728 par Jean-Jacques Fried (1689-1769), la première au monde, ou encore celui d'un enseignement clinique par Jean Salzmann (1679-1738)[271]. Le rayonnement de la faculté de médecine attira de nombreux étudiants étrangers, dont J.-W. von Gœthe lors de ses études en 1770-1771.

Fig. 4 : Vue de l'ancien bâtiment de la Faculté de médecine, J.-G. Conrath, 1864-1866.

Un hôpital entre France et Allemagne (XIXᵉ et XXᵉ siècles)

À l'étroit, comme le reste de la ville, l'hôpital s'agrandit modestement au milieu du XIXᵉ siècle avec l'achat de propriétés voisines, rendu nécessaire par l'installation de la faculté de médecine, l'une des trois de France à l'époque. Seuls de rares édifices furent construits, parmi eux la chapelle catholique, par Jean Villot (1781-1857), et le bâtiment de la faculté de médecine (fig. 4), par Jean-Geoffroy Conrath (1824-1892).

Le site hospitalo-universitaire connut durant l'époque du IIᵉ Reich deux agrandissements successifs, qui changèrent définitivement sa morphologie et son aspect. Le premier, entre 1874 et 1901, correspond à celle de l'implantation de la faculté de médecine de la *Kaiser Wilhelms Universität*. Cet ensemble de cliniques et d'instituts de recherche fut un outil de propagande au service du nouveau maître des lieux, mais surtout un outil scientifique de pointe au service de la santé publique et de la science. L'institut d'anatomie et d'anatomie pathologique (fig. 5), premier bâtiment de la faculté et de l'université, fut construit à la demande du professeur Friedrich Daniel von Recklinghausen (1833-1910). En tout, une dizaine de bâtiments seront édifiés par les architectes Jacques Albert Brion (1843-1910), Hermann Eggert (1844-1920), Émile Salomon (1833-1913), Max Issleiber (1846-1911), Otto Warth (1845-1918), Franz J. Mayer et Henri Perrin (1819-1888).

La seconde extension, voulue par les maires Otto Back (1834-1917) et Rudolf Schwander (1868-1950), fut réalisée par les architectes Paul (1877-1956) et Karl Bonatz (1882-1951) à partir de 1905 et demeura inachevée avec la Première Guerre mondiale (fig. 6). Le site fut doublé et atteignit une superficie de 32 ha, tandis que l'extension comprit dix ensembles médicaux et économiques à l'usage d'une large population (communale, régionale, voire supra régionale). Bien que construite à une période charnière de l'histoire de l'architecture hospitalière,

Fig. 5 : Vue de l'avant-corps axial sur cour de l'institut d'anatomie, A. J. Brion, 1874-1877.

Fig. 6 : Vue partielle des bâtiments économiques, P. et K. Bonatz, 1906-1909.

celle de l'abandon du système pavillonnaire au profit de grandes unités fonctionnelles, les deux échelles coexistent néanmoins dans l'établissement strasbourgeois aux fortes contraintes topographiques, médicales et sanitaires. Les Bonatz conçurent en fonction de besoins spécifiques des bâtiments aux formes variées, à l'exemple de l'étonnant ensemble économique de plan hélicoïdal, où toutes les activités (cuisine, boulangerie, chaufferie, blanchisserie, ateliers, etc.) sont tournées vers l'intérieur, tandis que l'extérieur ménage des points de vue variés. Leur travail influencé par le mouvement *Heimatschutz* et par le courant classicisant en architecture, conférant à l'ensemble du projet son unité générale et tissant des liens avec les édifices et l'espace environnants. Cette inscription paysagère avec ses jeux scéniques ménageant des perspectives est l'une des composantes majeures du projet[272]. Une autre fut son ambition, celle de créer un site hospitalier pérenne, à la pointe de différentes technologies, depuis l'emploi du béton armé, aux équipements modernes en faisant appel à des spécialistes d'horizons divers ou à des entreprises innovantes à l'instar du professeur Hermann Rietschel (1847-1914) ou de Dyckerhoff & Widmann AG. De par son envergure au service d'une fonctionnalité rationnelle et optimale, marquée par les théories hygiénistes de la fin du XIXe siècle et inspirée par des réalisations contemporaines comme celles de Dresde et de Berlin, ce projet dépassa le simple agrandissement. Il revisita l'ensemble du site, et en étant également le premier geste urbain de l'agrandissement de la ville vers le sud. Bien que partiellement détruite aujourd'hui, cette réalisation illustre un type de pouvoir reposant, en Allemagne du sud à la veille du conflit mondial, entre les mains des technocrates[273].

Le site hospitalo-universitaire connut durant l'entre-deux-guerres plusieurs projets de densification et d'extension. Le doyen de la faculté de médecine, le professeur Georges Weiss (1859-1931) fit édifier un laboratoire (1921) pour la clinique médicale B et un pavillon animalier (1921) pour l'institut de physiologie par l'architecte de l'université, Patrice Bonnet (1879-1964). Le directeur général de l'hôpital Joseph Oster[274] (1892-1957) demanda à l'architecte hambourgeois Hermann Distel (1875-1945) en 1933 un projet d'extension, qui ne verra pas le jour. Tout comme celui conçu par l'architecte Paul Schmitthenner (1884-1972), qui proposa dans le cadre du concours pour le « Nouveau Strasbourg »[275] en 1940-1942, une extension sur le site limitrophe du Heyritz.

Les lois Debré de 1958 transformèrent le monde hospitalier français avec la création des CHU (centres hospitaliers et universitaires). À partir de cette date, le site strasbourgeois changea de physionomie, d'une part avec de nouvelles constructions *in situ* et d'autre part avec des établissements périphériques (d'échelle supra communale). Le dernier exemple en date est la construction par Claude Vasconi (1940-2009) du nouvel hôpital civil, qui sera ouvert en 2008. L'hôpital change, il n'est plus cantonné dans un site unique et historique, il se redéploie à l'échelle de la Communauté urbaine de Strasbourg (fondée en 1967).

Si anciennement l'histoire de l'hôpital fit l'objet de la fierté des Strasbourgeois, il fallut attendre la fin du XIXe siècle et des travaux scientifiques pour voir sa progressive reconnaissance patrimoniale. Intérêt reconnu par les monuments historiques qui à partir de 1929 protégèrent certains de ses bâtiments les plus anciens, jusqu'à des réalisations du premier tiers du XXe siècle (fig. 7). À l'instar d'autres exemples européens, l'hôpital de Strasbourg dut et doit faire face à la question de la valeur patrimoniale de son architecture, en regard de celle de son utilité en lien avec les progrès des sciences médicales[276]. Les récentes recherches et des publications[277] montrent l'intérêt croissant tant de la part des spécialistes que du grand public pour cette branche de l'architecture publique.

---

256. Parmi l'abondante littérature consacrée à cette institution et à la médecine à Strasbourg, citons les principaux ouvrages : Otto WINCKELMANN, *Das Fürsorgewesen der Stadt Strassburg vor und nach der Reformation bis zum Ausgang des sechzehnten Jahrhunderts*, Leipzig, M. Heinsius Nachfolger, coll. « Quellen und Forschungen zur Reformationsgeschichte », n° V, 1922, XVI + 208 + 301 p. + 1 pl. ; Stéphane JONAS (dir.), *Strasbourg, capitale du Reichsland Alsace-Lorraine et sa nouvelle université 1871-1918*. Strasbourg, Oberlin, 1995, 280 p. ; Jean-Marie MANTZ (dir.), *Histoire de la*

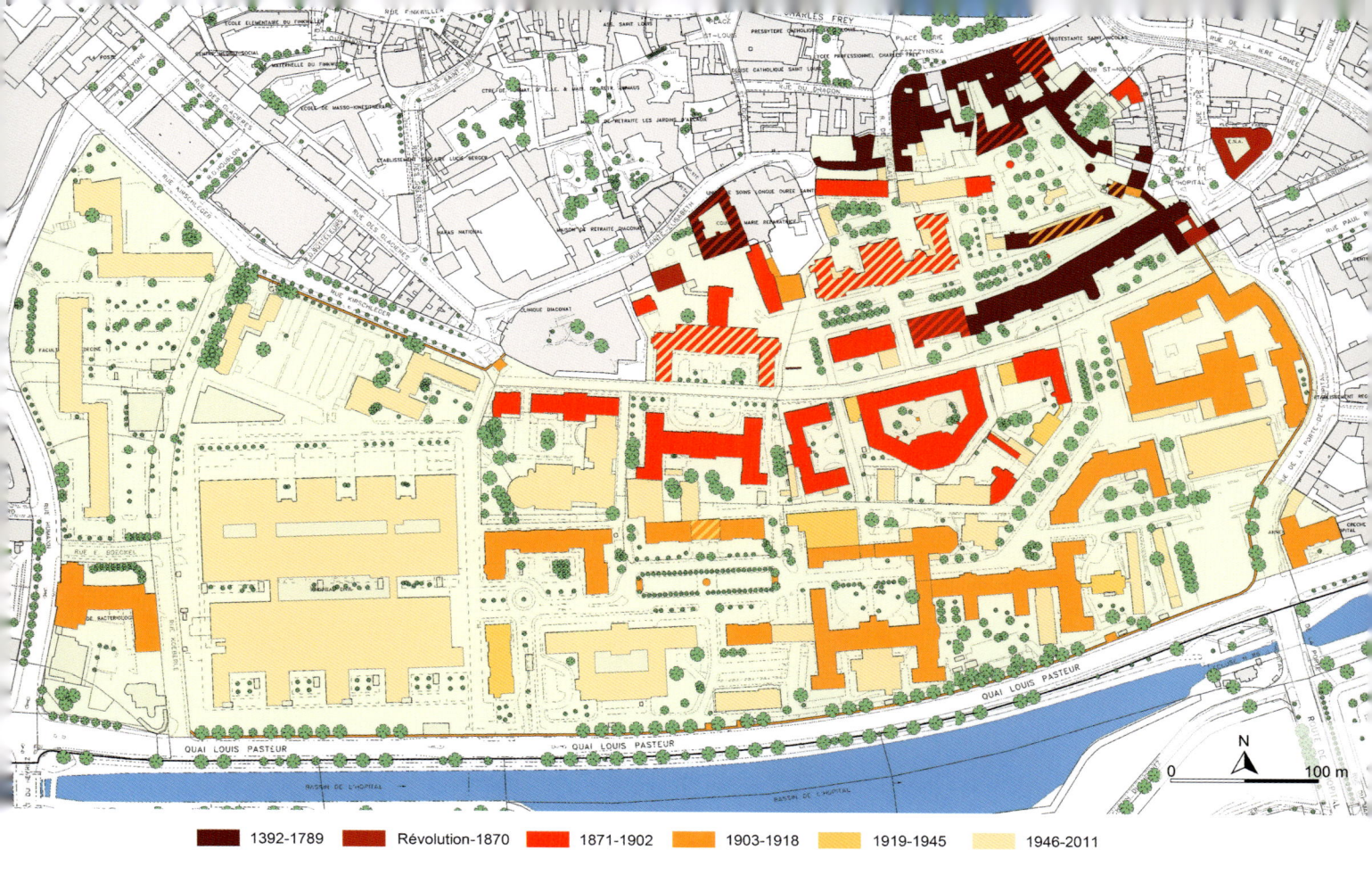

Fig. 7 : Carte de datation des bâtiments du site hospitalo-universitaire. Abdessalem Rachedi, 2012 © Inventaire général – Région Alsace.

médecine à Strasbourg, Strasbourg, La Nuée Bleue, 1997, 799 p. ; Denis DURAND DE BOUSSINGEN, L'hôpital de Strasbourg. Une ville dans la ville, Illkirch, Le Verger, 2003, 275 p.

257 Georges LIVET et Francis RAPP (dir.), Histoire de Strasbourg des origines à nos jours, Strasbourg, Strasbourg, Édition des Dernières Nouvelles d'Alsace, II, 1980-1982, p. 27 ; Jean-Marie MANTZ (dir.), op. cit., p. 38.

258 C. SCHMIDT, Strassburger Gassen- & Häuser-Namen im Mittelalter, Strassburg, C.-F. Schmidt's Universitäts-Buchhandlung, MDCCCLXXXVIII, p. 163 ; Adolphe SEYBOTH, Strasbourg historique et pittoresque depuis son origine jusqu'en 1870, Strasbourg, Imprimerie alsacienne, 1894, p. 562-563 ; Georges LIVET et Francis RAPP (dir.), op. cit., II, 1980-1982, p. 18-19 ; Paul ADAM, Charité et assistance en Alsace au Moyen Âge, Strasbourg, Istra, coll. « Grandes publications », n° 22, 1982, p. 54 ; Liliane CHÂTELET-LANGE, Strasbourg en 1548. Le plan de Conrad Morant, Strasbourg, Presses Universitaires de Strasbourg, 2001, p. 88.

259 Otto WINCKELMANN, op. cit., I, p. 9.

260 Dont l'hôtel de ville (1321), la tour du trésor public (1322) et la douane (1352).

261 Georges LIVET et Francis RAPP (dir.), op. cit., II, 1980-1982, p. 100.

262 Médard BARTH, Handbuch der elsässischen Kirchen im Mittelalter, Strasbourg, Société d'Histoire de l'Église d'Alsace, 1960-1963, col. 1481-1482.

263 Lucien HELL, « Zur Baugeschichte der Alt-St. Peterskirche in Strassburg im Mittelalter », Archiv für elsässische Kirchengeschichte, 13, 1938, p. 356, 382-383 ; Médard BARTH, op. cit., col. 1481-1482 ; Paul ADAM, op. cit., 1982, p. 151.

264 Dons ceux d'Obernai, de Thann, de Riquewihr, d'Ensisheim, de Guebwiller, de Kaysersberg et de Masevaux.

265 Adolphe SEYBOTH, op. cit., 1894, p. 607 ; Ernest WICKERSHEIMER, « Le statut du médecin et du personnel sanitaire subalterne de l'hôpital de Strasbourg (1515) », Archives de l'Église d'Alsace, XXII, 1955, p. 67 ; Jean-Marie LE MINOR, Les sciences morphologiques médicales à Strasbourg du XVe au XXe siècle. À l'occasion du 350e anniversaire de la création de la chaire d'anatomie (1652-2002), Strasbourg, Presses universitaires de Strasbourg, 2002, p. 15-16.

266 Georges LIVET et Francis RAPP (dir.), op. cit., II, 1980-1982, p. 206-222 ; Jean-Marie LE MINOR, op. cit., p. 13-19.

267 Jean-Marie LE MINOR, op. cit., p. 20-41.

268 Jean-Marie LE MINOR, op. cit., p. 44.

269 Hans HAUG, « François Rodolphe Mollinger et les services d'architecture strasbourgeois au XVIIIe siècle », Archives alsaciennes d'histoire de l'art, n° 2, 1923, p. 97-139.

270 Hans HAUG, « Le style Louis XIV à Strasbourg. Essai sur la transition entre la « manière allemande » et le « goût français » (1681-1730) », Archives alsaciennes d'histoire de l'art, n° 3, 1924, p. 65-111.

271 Georges WEILL, « Les relations entre les hôpitaux et la faculté de Médecine de Strasbourg », L'Alsace contemporaine. Études politiques, économiques et sociales, Strasbourg, Le Roux, 1950, p. 289-290.

272 Clémentine ALBERTONI, Olivier HAEGEL et Abdessalem RACHEDI, « Aspects paysagers de la seconde extension de l'hôpital civil de Strasbourg (1904-1918) », Cahiers alsaciens d'archéologie, d'art et d'histoire, LV, 2012, p. 165-182.

273 Stefan FISCH, « Les pratiques politiques municipales dans les villes d'Allemagne du sud et d'Alsace, 1800-1918 », dans Denis MENJOT, Jean-Luc PINOL (coordinateurs), Enjeux et expressions de la politique municipale (XIIe-XXe siècles), actes de la 3e table ronde internationale du centre de recherches historiques sur la Ville, Paris-Montréal, l'Harmattan, 1997, p. 122.

274 Jean-Marie MANTZ (dir.), op. cit., p. 553, 616.

275 Wolfgang VOIGT, Planifier et construire dans les territoires annexés. Architectes allemands en Alsace de 1940 à 1944, Strasbourg, coll. « Recherches et documents, n° 78 », 2008, p. 94.

276 Jean Michel LENIAUD, « Noir sur blanc », dans L'Hôpital, Paris, coll. « Livraisons d'histoire de l'architecture », n° 7, 2004, p. 5-6.

277 Pierre-Louis LAGET et Claude LAROCHE (dir.), L'hôpital en France. Histoire et architecture. Lyon, Lieux Dits, 2012, 592 p.

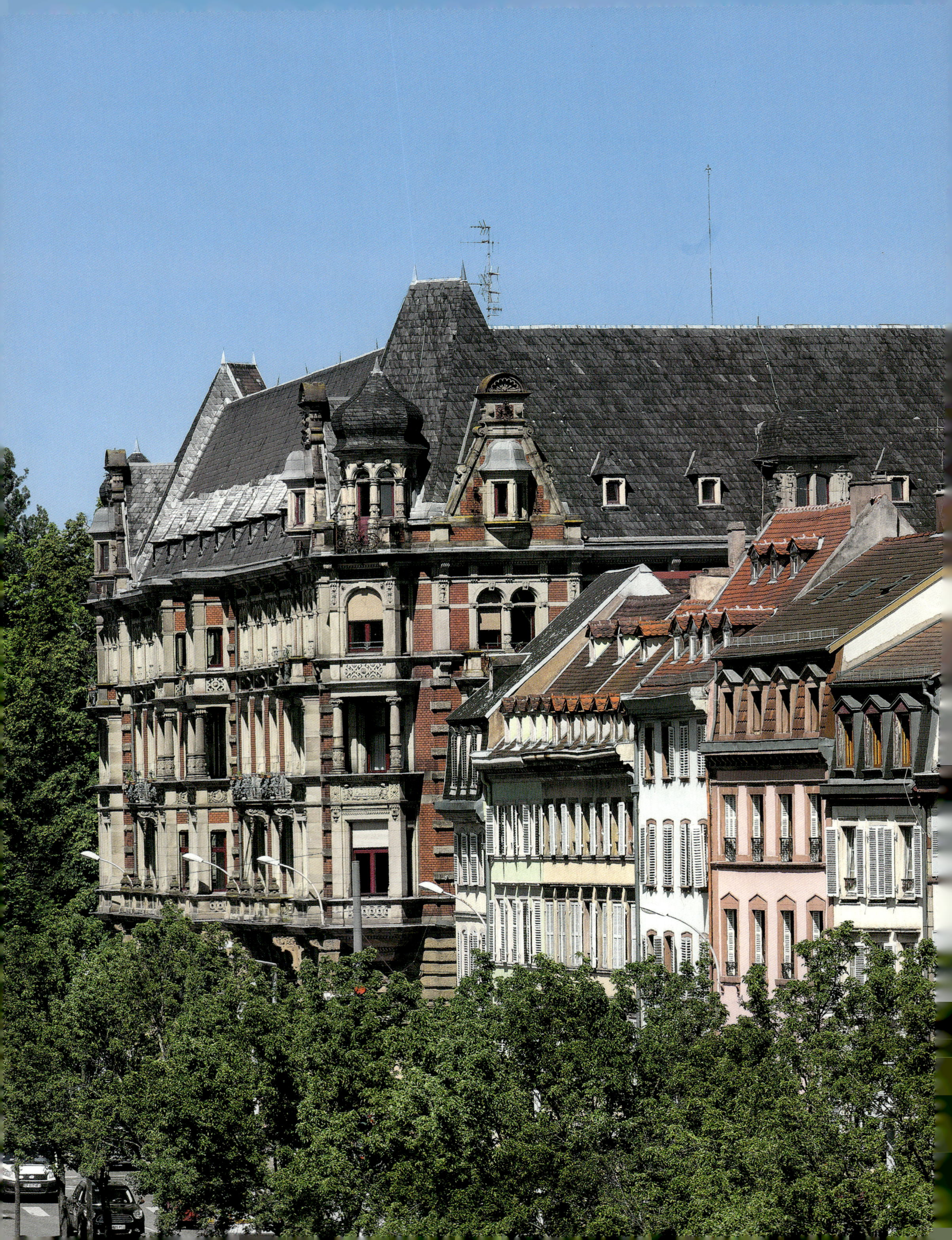

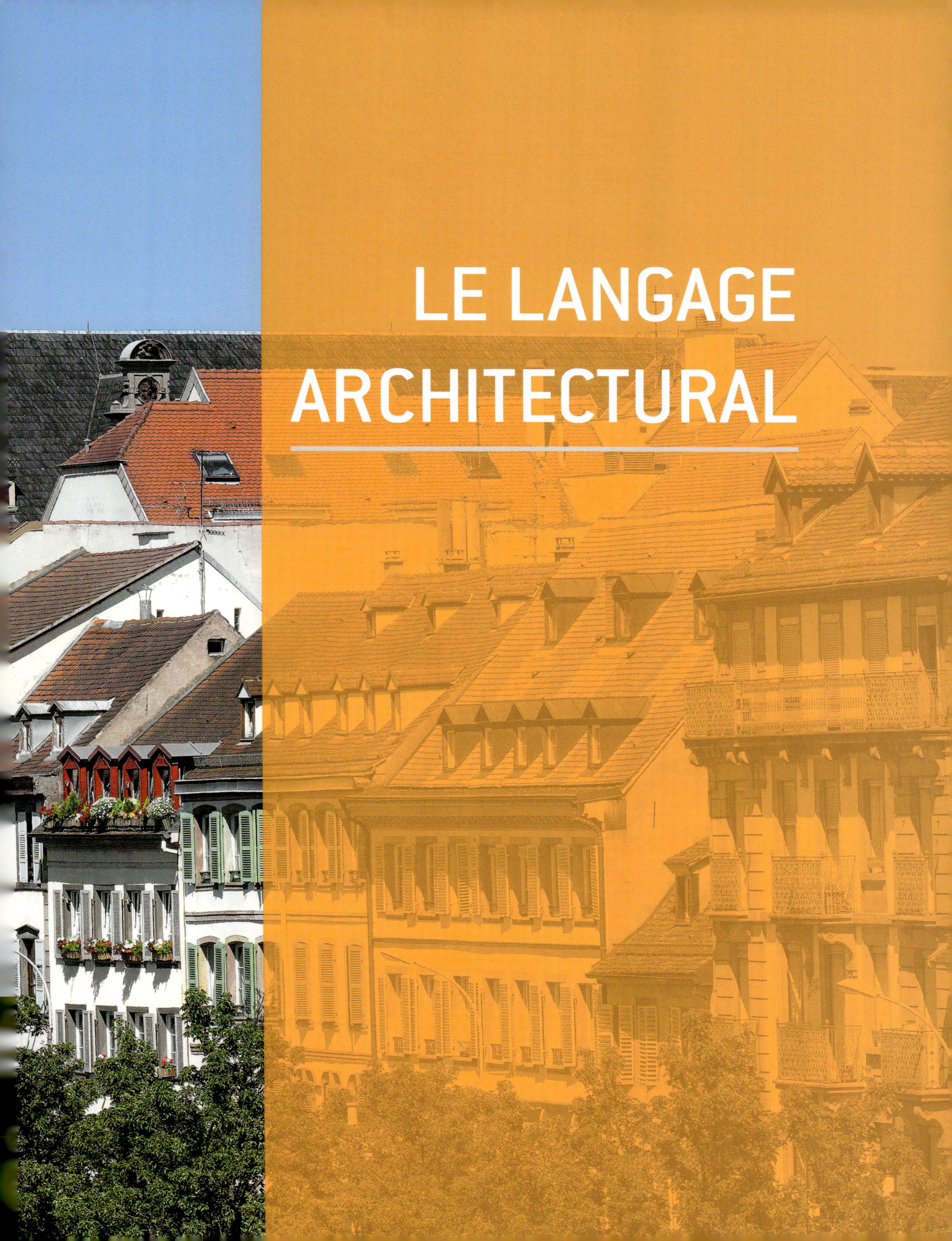

LE LANGAGE ARCHITECTURAL

LE LANGAGE ARCHITECTURAL

LE NÉOGOTHIQUE COMME PITTORESQUE URBAIN

Anne-Marie Châtelet, Élisabeth Paillard et Jean-Philippe Meyer

La *Neustadt* est ponctuée de trois monuments néogothiques : l'hôtel des postes, à deux pas de la place de la République, l'église Saint-Paul, à la hauteur de l'université, et, plus à l'est encore, l'église Saint-Maurice, avenue de la Forêt-Noire. L'hôtel des postes occupe un îlot entier, entre l'avenue de la Liberté et celle de la Marseillaise. Il ne s'offre pas aux regards de façon frontale, mais discrètement, dans l'enfilade des façades de ces deux avenues. L'église Saint-Paul est à la pointe de l'île Sainte-Hélène, où la rivière de l'Aar se sépare de l'Ill, un site exceptionnel, désigné par les contemporains comme le plus beau terrain de construction de la *Neustadt*, approprié à un « monument » tel qu'on le concevait au XIXe siècle ; on envisagea même d'y élever un opéra[279]. Cependant, cette église n'apparaît que subrepticement dans le quartier, par la façade de son transept axé sur la rue du Maréchal-Joffre. Elle s'impose en revanche dans tout son développement aux visiteurs qui viennent de la vieille ville ou de la Krutenau ou du nord-est en longeant l'Ill. Enfin, l'église Saint-Maurice est placée à l'endroit où s'infléchit l'avenue de la Forêt-Noire ; grâce à ce coude et à un léger retrait, elle jouit d'une position fort séduisante, qui la laisse deviner sans l'imposer au regard. Son clocher se dresse à l'extrémité de la perspective de l'avenue et constitue

Fig. 1 : Église de garnison protestante Saint-Paul. Face latérale nord.

Fig. 2 : Église de garnison catholique Saint-Maurice.

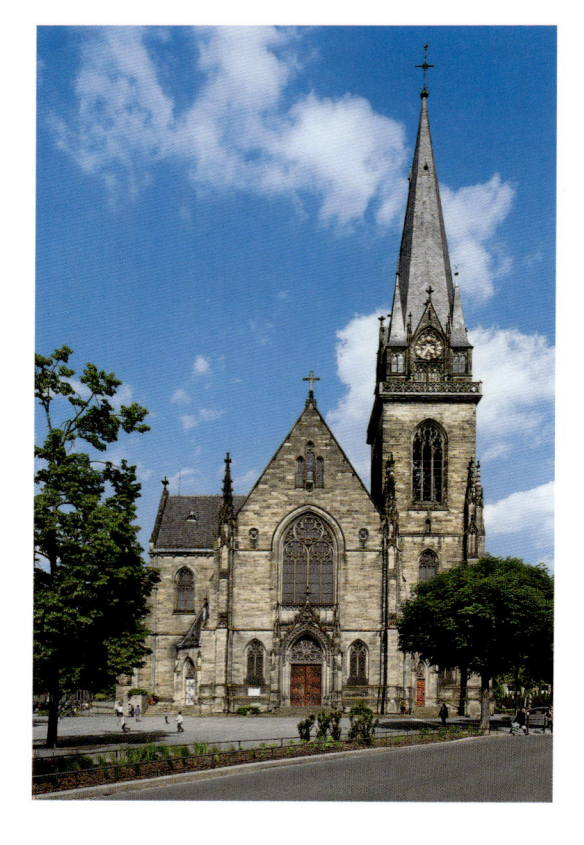

Page précédente : Front bâti du quai des Bateliers.

un repère visuel important, dans une partie de la *Neustadt* que ne marquait aucun accent vertical. La mise en scène urbaine de ces trois édifices témoigne ainsi d'autant d'habilité que de retenue. Elle ne semble pourtant pas relever d'une stratégie concertée. Leur réalisation s'est en effet échelonnée dans le temps et résulte de conditions bien différentes.

Deux églises de garnison et un hôtel des postes

Le premier édifice qui vit le jour fut l'église Saint-Paul, église de garnison protestante (fig. 1). Sa construction fit l'objet d'un concours organisé en mai 1889[279]. Le programme ne précisait pas le style à adopter[280]. Parmi les vingt-cinq projets envoyés, trois furent primés. Celui de l'architecte Louis Müller, d'une église néogothique, avec transept et deux tours de façade, fut retenu. Le jury demanda toutefois des modifications, en ce qui concerne l'aspect de la façade et des porches latéraux. La sobriété des formes décoratives est liée à la limitation des crédits disponibles (1 million cent mille *Reichsmark*). Les travaux commencèrent en août 1892. L'inauguration eut lieu le 9 mai 1897. Au-delà de la façade à deux tours, l'église Saint-Paul se compose d'un vaisseau central de trois travées avec collatéraux, d'un transept de cinq travées, et d'un chœur avec abside polygonale. Au revers de la façade, au-dessus des bas-côtés et dans le transept sont établies des tribunes auxquelles conduisent huit escaliers hors œuvre. Derrière l'abside s'élevaient une sacristie ainsi que la chapelle des baptêmes.

Pour Saint-Maurice, église de garnison catholique, l'État n'ouvrit pas de concours, mais s'adressa à trois architectes connus (fig. 2). Ludwig Becker obtint la préférence[281]. Les travaux débutèrent fin 1895[282], et l'édifice fut consacré le 28 mai 1899. Cette église comprend un chœur d'une travée terminé par une abside à cinq pans. Les bras du transept ont une terminaison polygonale. La nef compte trois travées, que bordent des bas-côtés (fig. 3). L'extrémité de l'édifice constitue une sorte de massif occidental, formé d'une profonde travée centrale avec tribune, qui s'intercale entre le clocher et la chapelle baptismale. Celle-ci, dotée d'une absidiole, agrémentait la face nord, tout comme la sacristie ornée d'une tourelle d'escalier. Le style choisi par Becker était, comme il l'indique lui-même, le style gothique rhénan du XIVe siècle[283].

L'hôtel des postes fut le dernier édifice réalisé ; il fut construit d'avril 1896 à août 1899 sur un terrain de 11 000 m² pour abriter l'administration régionale des postes (*Oberpostdirektion*) de Strasbourg (fig. 4).

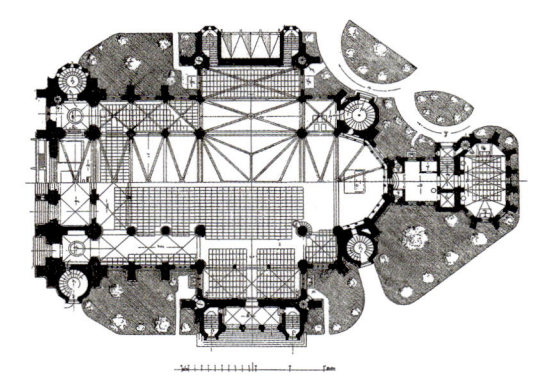

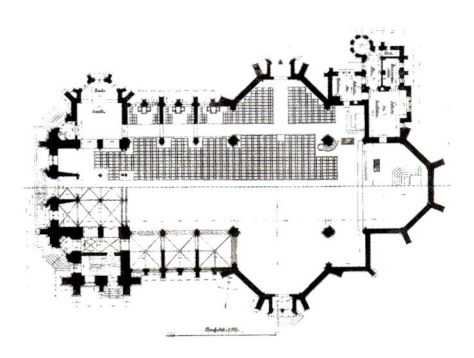

Fig. 3 : Églises de garnison Saint-Paul et Saint-Maurice. Plans comparés, à la même échelle. D'après *Strassburg und seine Bauten*, 1894 et relevé de Saint-Maurice au niveau des bas-côtés, 1900. Jean-Philippe Meyer © Inventaire général – Région Alsace.

Fig. 4 : Hôtel des Postes de Strasbourg depuis les flèches de l'église Saint-Paul.

Celui-ci occupe un îlot bordé par quatre rues, qui avait été préempté, dès 1893, par l'administration impériale des postes (*Reichspost*). Ses deux façades principales donnant sur deux axes majeurs de la *Neustadt* étaient ornées, avenue de la Liberté (*Kaiser-Wilhelmstrasse*), des armoiries de l'empereur Guillaume II, et avenue de la Marseillaise (*Königstrasse*), de statues d'empereurs du Saint Empire romain germanique et du deuxième *Reich*. Le coût total des travaux s'est élevé à 2,35 millions de *Reichsmark*. Selon le livret d'inauguration paru en 1899, son auteur principal fut l'*Oberpostrat* Ernst Hake[284], avec la collaboration du baron von Rechenberg. La conduite du chantier et les plans d'exécution furent confiés à l'inspecteur des bâtiments Buddeberg (*Postbaurat*). Selon la *Revue d'architecture du XXᵉ siècle* (*Die Architektur des XX. Jahrhunderts*), l'architecte von Rechenberg serait intervenu seul en suivant les directives de la *Reichspost* de Berlin[285]. D'après cette même revue, l'inspecteur de la *Reichspost* (*Postbauinspektor*) Buddeberg[286] aurait été l'architecte d'exécution, sous la direction du *Postbaurat* Ludwig Bettcher. L'édifice fut inauguré le 12 novembre 1899, en présence du secrétaire d'état des postes et télécommunications Heinrich von Stephan. De la genèse de l'édifice, seul un avant-projet non signé nous est parvenu. Attribué à l'architecte Skjold Neckelmann[287], ce plan d'élévation monumental de style néo-Renaissance, aux nombreuses coupoles carrées, s'inspirait largement du *Reichstag* de Berlin, construit de 1884 à 1894 d'après les plans de l'architecte Paul Wallot.

Les raisons du néogothique

Le choix du néogothique a été approuvé pour l'hôtel des postes et annoté par l'empereur Guillaume II en

Fig. 5 : Hôtel des Postes de Cologne. D'après une lithographie du *Handbuch der Architektur,* 4, 2, 3, Darmstadt, 1896, zu S. 129. BNUS.

personne, le 18 juin 1895 : « Le projet est aussi distingué dans sa conception que réussi dans le style. Il représentera une rupture fort convenable par rapport au style Renaissance des autres bâtiments[288]. » L'architecte des postes Ernst Hake (1844-1925)[289] avait déjà réalisé avec Karl Doflein l'hôtel des postes néogothique de l'*Oberpostdirektion* de Dortmund (1892-1894), celui de Cologne (inauguré en 1893 — fig. 5) ayant été construit d'après les plans de Karl Doflein et d'August Wilhelm Kind dans le même style néogothique. Auparavant, Conrad Wilhelm Hase avait construit l'hôtel des postes néogothique de Hildesheim de 1878 à 1880. En 1878-1880 également, l'architecte Julius Raschdorff avait conçu deux hôtels des postes de style néogothique à Brunswick et Münster en Westphalie.

Ce choix peut surprendre pour de tels édifices publics. De fait, il n'y a en France aucune poste néogothique, à l'exception de celle de Thann (1890-1891), construite lorsque l'Alsace était allemande[290], alors que l'on en compte plusieurs en Allemagne, parmi les édifices les plus monumentaux réalisés à la fin du siècle[291]. Cependant ce qui, vu de la France, paraît exceptionnel, s'éclaire à travers les débats qui eurent lieu outre-Rhin. L'architecture néogothique y a été portée par d'actifs propagandistes, au premier rang desquels figure le juriste et politicien August Reichensperger, rédacteur du *Kölner Domblatt*[292]. Ayant établi ce style comme celui de la germanité chrétienne (*christlisch-germanisch*), il en a défendu l'emploi non seulement dans les bâtiments religieux, mais aussi dans l'architecture civile. Député au *Reichstag*, il y a porté la question à plusieurs reprises, demandant que, comme d'autres édifices publics, les bâtiments postaux affirment leur germanité par leur façade néogothique[293] (fig. 6).

Pour les deux églises, en revanche, ce choix était attendu, le néogothique étant considéré durant la seconde moitié du XIXᵉ siècle comme le style privilégié des édifices religieux. Sans doute la personnalité des architectes a-t-elle eu une influence décisive. Né en 1842 à Francfort, Louis Müller, l'architecte de Saint-Paul, était un ancien élève de Georg Gottlob Ungewitter, propagateur du néogothique en Allemagne[294]. Le compte rendu de l'inauguration, très élogieux pour la nouvelle église, souligne d'ailleurs l'influence de ce maître[295]. L'architecte de Saint-Maurice, Ludwig Becker, né à Cologne en 1855, fit ses études à la *Technische Hochschule* d'Aix-la-Chapelle, puis participa aux chantiers de restauration des cathédrales de Metz et de Strasbourg. Il fut un bâtisseur très actif, représentant de l'architecture religieuse historiciste à la fin du XIXᵉ et au début du XXᵉ siècle[296].

Mais on ne sait qui, des membres du jury du concours ou des responsables de l'administration, fit pencher la balance en faveur de ces architectes et pour quelles raisons. Un entrefilet, paru dans la presse lors de l'annonce du concours pour Saint-Paul, induit l'idée que la présence de la cathédrale aurait été déterminante[297].

Fig. 6 : Avant-corps central de l'aile nord de l'hôtel des Postes de Strasbourg, 4, avenue de la Liberté.

Il est certain que ce monument, qui avait provoqué l'admiration de Goethe et suscité un regain d'intérêt pour le gothique, a joué un rôle essentiel. Et si les formes néogothiques paraissaient s'imposer dans le cas de villes marquées historiquement par ce style[298], Strasbourg était au premier rang d'entre elles. La confrontation avec un édifice aussi exceptionnel était cependant difficile, ce qui explique sans doute que le néogothique ait d'abord été repoussé. Si de nombreuses relations visuelles furent d'emblée créées entre la *Neustadt* et la cathédrale, dont celle qui s'offre depuis la place de la République, le premier édifice à puiser dans le registre gothique, Saint-Paul, n'apparut que dix ans après le lancement de l'extension et sur un site qui ne permettait pas d'embrasser simultanément son architecture et celle de la cathédrale.

Des églises à plan centré

On a admis que l'église Saint-Paul était inspirée de Sainte-Élisabeth de Marbourg[299]. Cet édifice célèbre fut entrepris en 1235 et consacré en 1283, tandis que la réalisation de la façade principale se prolongea jusque vers 1340. La structure intérieure, celle d'une halle à trois vaisseaux de même hauteur, la forme des supports, et surtout l'aspect général de la façade, à deux tours, sont comparables. Mais pour le reste, l'église Saint-Paul s'avère très différente, adaptée à la fonction de lieu de culte de la garnison protestante. Bien que catholique, Saint-Maurice est un édifice au plan plus nettement centré. Elle a des proportions similaires : une courte nef de trois travées et un large transept dont les bras ont des dimensions proches de celles du chœur.

Le plan centré a rarement été utilisé dans les édifices religieux construits en France au XIXe siècle[300]. On ne le trouve que dans quelques temples protestants comme à Clairac (1853), Castelmoron-sur-Lot (1855), Lyon (1854), Montpellier (1867-1870)[301] et dans quelques églises construites à l'extrême fin du siècle, par des architectes qui semblent en avoir fait une marque de leur virtuosité, tels qu'Arthur Régnault en Bretagne[302] ou François Bougouin en Vendée[303]. En Allemagne, à l'inverse, il a été fréquemment employé dans l'architecture protestante du XIXe siècle[304], afin de rapprocher les fidèles du prédicateur. Les controverses ont été nombreuses à ce sujet. En 1861, sous l'influence de trois architectes — Christian Friedrich von Leins, Friedrich August Stüler et Hase — fut édicté le « *Regulativ* », corpus de règles pour la construction des églises protestantes préconisant la solution traditionnelle de la nef allongée[305]. Cependant, trente ans plus tard, en 1891, Karl Emil Otto Fritsch, fort de l'appui du pasteur Emil Veesenmeyer, de Wiesbaden, les remettait en cause et publiait un plaidoyer en faveur d'une architecture à plan centré, accompagné de multiples propositions[306]. La solution s'était entre-temps largement diffusée en Allemagne, contribuant au renouvellement du style des églises tant catholiques que protestantes.

Ce type de plan a cependant été difficile à associer à une architecture inspirée du gothique. Si quelques églises à plan centré ont été construites au XIIIe siècle dans la vallée du Rhin, comme l'étonnante Notre-Dame de Trèves, elles restent exceptionnelles[307]. Aussi, la plupart des architectes qui, au cours du XIXe siècle, ont opté pour cette solution spatiale, ont repoussé le néogothique. Lorsqu'en 1845, Gottfried Semper remporta le concours lancé pour la reconstruction de l'église Saint-Nicolas à Hambourg, signant à cette occasion un argumentaire qui associe le plan centré au culte protestant[308], il dessina un édifice néo-Renaissance. Et si, sous l'influence d'August Reichensperger, c'est le projet néogothique de l'architecte anglais George Gilbert Scott qui fut finalement réalisé, l'espace de la célébration en perdit les qualités qu'avait assignées Semper à un édifice protestant, retrouvant avec le gothique un plan en longueur. Ce n'est qu'à l'extrême fin du XIXe siècle que cette association prit corps, lorsque les architectes acquièrent une liberté de composition nouvelle. Saint-Paul en est une brillante expression, comme le montre la place qui lui est réservée dans le manuel d'architecture religieuse publié par Cornelius Gurlitt en 1906[309].

Un néogothique historicisant et pittoresque

Certains éléments de leur silhouette, le dessin de leurs baies, leur modénature, leur sculpture ornementale font ainsi de Saint-Paul et de Saint-Maurice, comme de l'hôtel des postes, des édifices inspirés de l'architecture gothique. Cependant leurs plans, conçus pour répondre à des impératifs fonctionnels, ne puisent pas à cette source. Le plan ramassé des églises a été choisi, on l'a vu, pour rassembler des communautés de fidèles, quand l'hôtel des postes avec ses cinq ailes et quatre cours intérieures, dont deux cours couvertes, permettait de répondre à la répartition des bureaux des différents services. La présence de longues ailes et de tours d'angle est d'ailleurs inspirée des palais princiers de la Renaissance. Dès 1878, des critiques avaient fusé à ce propos, lors du débat sur les postes au *Reichstag* ; Georg Demmler trouvait en effet le gothique inadapté à cette fonction administrative, ne convenant pas pour des bâtiments horizontaux limités à deux étages, et réduit à ne s'exprimer qu'à travers une ornementation mal venue qui obscurcissait les fenêtres[310].

Cette façon de puiser librement dans le vaste répertoire des formes architecturales du passé et d'associer sans orthodoxie des espaces et des éléments décoratifs de périodes différentes, est sensible dans bien d'autres aspects de ces édifices. Alors que le plan général de Saint-Paul est d'une grande régularité, les porches et les huit tourelles d'escaliers confèrent à l'extérieur un aspect inattendu, qu'on ne trouverait pas dans une église médiévale. La presse fit ressortir la simplicité et la clarté de l'architecture, mais aussi le caractère pittoresque des tourelles d'escalier et de la chapelle des baptêmes[311]. La façade dissymétrique de l'église Saint-Maurice correspond à un goût marqué pour le pittoresque qui s'inscrit dans la lignée des réflexions d'un Otto March sur les compositions de volumes dans les bâtiments religieux[312]. Ces trois édifices si frappants de la *Neustadt*, par leur intégration subtile et leur langage stylistique, font ainsi partie des rares édifices qui, en France, s'inscrivent dans un courant néogothique historicisant et pittoresque, légué par les développements de l'architecture en Allemagne à la fin du XIXe siècle.

---

278 « Bebauungsplan von Strassburg », dans August ORT, *Entwurf zu einem Bebauungsplan für Strassburg bearbeitet im Auftrage der Stadtverwaltung*, Leipzig, 1878.
279 *Centralblatt für Bauverwaltung*, 9e année, 1889, p. 194, 242 (organisation du concours), p. 489 (attribution des prix), p. 505-506 (projets primés, avec 3 plans), et 10e année, 1890, p. 64, 393 ; *Deutsche Bauzeitung*, t. 24, n° 6, 18 janvier 1890, p. 32-35 ; t. 26, n° 54, 6 juillet 1892, p. 323 ; t. 32, n° 2, 8 janvier 1898, p. 13-15 ; Louis MÜLLER, *Die neue evangelische Garnison-Kirche zu Strassburg i. E.*, Strassburg, 1898 ; Louis MÜLLER, *La nouvelle église protestante de garnison de Strasbourg*, traduction de Henri KAPPLER, Strasbourg, paroisse de Saint-Paul, 1997 (multigraphié) ; Niels WILCKEN, *Architektur im Grenzraum : das öffentliche Bauwesen in Elsass-Lothringen (1871-1918)*, Saarbrücken, Institut für Landeskunde im Saarland, 2000, p. 253-257 ; Théodore RIEGER, « Le centenaire de l'église Saint-Paul de Strasbourg », *Cahiers alsaciens d'archéologie, d'art et d'histoire*, t. 31, 1998, p. 125-133 ; Jean-Philippe MEYER, dossier « Strasbourg, église Saint-Paul » du service de l'inventaire du patrimoine (dactylogr.), 2011.
280 Le programme (Louis MÜLLER, *op. cit.*, 1898) impose les spécifications suivantes : 2 100 places assises, dont un quart ou un tiers en tribune, dégagements importants, pouvant fournir 700 à 1 000 places debout, existence d'une tribune d'orgue de 150 à 200 places. Les points n° 10 et 11 sont plus directement en rapport avec la conception du plan : « 10. on s'efforcera d'organiser une disposition claire et fonctionnelle de la chaire, des places assises, de leur accès (…) et des tribunes ; pour celles-ci, il y aura lieu de prévoir des entrées particulières ; 11. la nouvelle église étant principalement un lieu d'écoute de la prédication, il conviendra de répartir les espaces intérieurs pour qu'ils offrent des vues dégagées et une bonne acoustique ». La création d'une sacristie et d'une chapelle pour les baptêmes, l'instruction des confirmands et les petits mariages est également demandée, ainsi que l'établissement de deux loges, l'une pour l'empereur, l'autre pour les officiers généraux.
281 Niels WILCKEN, *op. cit.*, 2000, p. 258. Bibliographie : *Strassburger Post*, n° 377, 11 mai 1896 (pose de la première pierre) ; n° 450, 28 mai 1899 ; *Neueste Nachrichten*, n° 123, 29 mai 1899 ; *Strassburger Korrespondenz*, 11e année, n° 55, 1899, 29 mai 1899 (consécration) ; Architekten- und Ingenieur- Verein für Elsass-Lothringen, *Strassburg und seine Bauten*, Strassburg, Karl J. Trübner, 1894, p. 397-400 ; Jean-Philippe MEYER, dossier « Strasbourg, église Saint-Maurice » du service de l'inventaire du patrimoine (dactylogr.), 2011.
282 « Die Grundsteinlegung der katholischen Garnisonkirche », *Strassburger Post*, n° 377, 11 mai 1896.

LE LANGAGE ARCHITECTURAL

283 Ludwig BECKER, *Kirchenbauten, entworfen von Ludwig Becker*, Mainz, 1899, p. 14 et suiv.
284 *Post und Telegraphie in Strassburg i. Els. Das neue Reichspostgebaeude*, Strassburg, Elsaessische Druckerei und Verlagsanstalt (vorm. G. Fischbach), 1899, p. 60. Hake est l'orthographe retenue dans les revues d'architecture allemandes de l'époque. L'architecte signe néanmoins Haake les plans d'élévation du centre de tri postal de la gare de Mulhouse (Haut-Rhin) de style Heimatschutz (en italique), datés de 6 mai 1913 : Aufbau des Bahnhofs-Postgebaüdes zu Mulhausen Elsass Blatt II (en italique), archives de la société d'histoire de la poste et de France Telecom en Alsace.
285 « Das neue Reichspostgebäude in Strassburg i. E. », dans *Die Architektur des XX. Jahrhunderts, Berlin*, Heft 4, 1901, p. 57-61 ; Élisabeth PAILLARD, « Hôtel des postes, poste principale de Strasbourg » (dossier électronique IA67044000) du service de l'inventaire du patrimoine, 2011.
286 Cet architecte a signé une série de plans d'exécution (décembre 1900) conservés à Strasbourg par la Société d'histoire de la Poste et de France Télécom en Alsace.
287 Skjold Neckelmann venait de construire avec August Hartel la bibliothèque universitaire (*Universitätsbibliothek*, actuelle Bibliothèque nationale et universitaire) de 1889 à 1894 et l'assemblée régionale (*Landesausschussgebäude*, actuel théâtre national de Strasbourg) de 1888 à 1892, tous deux situés sur la place impériale (actuelle place de la République) dans la *Neustadt* de Strasbourg.
288 « *Auf der Aufrisszeichnung an der Königstrasse : ¨Der Entwurf ist ebenso vornehm in der Auffassung, als gelungen im Styl. Es wird eine sehr geeignete Unterbrechung in dem Renaissancestyl der anderen Gebäude erreichen. 18/VI 95 W. I. R¨* », dans *Post und Telegraphie in Strassburg i. Els. Op. cit.*, p. 64.
289 Robert NEUMANN, « Ausgeführte Postgebäude für Bezirks- und Centralbehorden », dans *Gebäude für den Post, Telegraphen und Fernsprechdienst*, Handbuch der Architektur, 4, 2, 3, Darmstadt, 1896, p. 109-138 (Berlin, *Reichspostamt*, p. 133-135). Ernst Hake dirigea entre 1893 et 1898 l'agrandissement de la poste impériale néoclassique de la rue de Leipzig, avec ses collaborateurs Heinrich Techow et Franz Ahrens. Le bâtiment avait été construit initialement entre 1871 et 1874 par Carl Schwatlo. Cet ancien hôtel est aujourd'hui le musée des Télécommunications de Berlin. D'après « Hake Ernst M. », dans *Allgemeines Künstler Lexikon on line*, éd. De Gruyter, consultable en ligne Ernst Hake, architecte du gouvernement, fit toute sa carrière dans l'administration postale. *Postbaurat* à Hambourg dès 1883, il travailla à l'édification ou à l'agrandissement des bâtiments d'administration postale de Berlin (1893-1898), Dessau (1899-1901), Dortmund (1892-1895 avec Karl Doflein), Flensburg (1877-1881), Frankfurt/Oder (1899-1902), Lübeck (agrandissement, 1904-1909), Hamburg (1883-1887 avec August Wilhelm Kind und Julius Raschdorff), Magdeburg (1895-1899), Oldenburg (1901-1902 avec von Rechenberg), Potsdam (1894-1900), et Schwerin (1892-1897). Ses réalisations alsaciennes ne sont pas mentionnées.
290 Voir le commentaire intéressant de Niels WILCKEN, *Architektur im Grenzraum. Das öffentliche Bauwesen in Elsaß-Lothringen 1871-1918*, Saarbrücken, Institut für Landeskunde im Saarland, 2000, p. 141.
291 Voir *Handbuch der Architektur. Vierter Theil : Entwerfen, Anlage und Einrichtung de Gebaüde. 2. Halb-Band : Gebäude für die Zwecke des Wohnens, des Handels und Verkehres. 3. Heft : Gebäude für den Post-, Telegraphen- und Fernsprechdienst*, Darmstadt, Arnold Bergsträsser, 1896.
292 Michael J. LEWIS, *The Politics of the German Gothic Revival. August Reichensperger*, Cambridge, MIT, 1993.
293 « Debatte im Reichstag über die Architektur der deutschen Postgebäude (1878 / 1883) », dans *Kunsttheorie und Kunstgeschichte des 19. Jahrhundert in Deutschland. Texte und Dokumente. Band 2. Architektur*, Stuttgart, Philipp Reclam, 1985, p. 65-77.

294 Selon *Allgemeines Künstlerlexikon*, éd. De Gruyter, consultable en ligne. Article nécrologique dans *Deutsche Bauzeitung*, t. 32, n° 102, 21 décembre 1898, p. 656 ; Théodore RIEGER, « Louis Müller », dans *Nouveau dictionnaire de biographie alsacienne*, n° 27, Strasbourg, 1996, p. 2760 ; Niels WILCKEN, *op. cit.*, 2000, p. 363-364 (notice biographique).
295 « Die neue evangelische Garnisonkirche zu Strassburg », *Strassburger Post*, du 4 mai 1897, n° 354 : « *die architektonische Ausbildung [der Kirche] ist... durch die gründliche Sachkenntnis der Ungewitterschen Schule beeinflusst worden* ».
296 Niels WILCKEN, *op. cit.*, 2000, p. 356 ; Roger LEHNI, « Becker Ludwig », dans *Nouveau dictionnaire de biographie alsacienne*, n° 48, Strasbourg, 2007, p. 5058 ; Michael BRINGMANN, « Becker, Ludwig », dans *Allgemeines Künstlerlexikon*, éd. De Gruyter, consultable en ligne.
297 *Centralblatt für Bauverwaltung*, 9ᵉ année, 1889, p. 194.
298 *Kunsttheorie und Kunstgeschichte des 19. Jahrhunderts in Deutschland, II, Architektur, Texte und Dokumente*, Stuttgart, 1985, p. 64, 330, 334 ; Dieter DOLGNER, *Historismus. Deutsche Baukunst 1815-1900*, Leipzig, E.-A. Seemann, 1993, p. 22 ; le style gothique, utilisé à Saint-Paul est qualifié de « *einen hier heimischen Stil* », selon *Strassburger Post*, n° 354, 4 mai 1897.
299 Parenté déjà signalée, sur la base du projet, par l'article « *Die Preisbewerbung für Entwürfe zum Bau einer neuen evangelischen Garnisonkirche* », *Deutsche Bauzeitung*, t. 24, n° 6, 18 janvier 1890, p. 34 ; voir aussi Niels WILCKEN, *op. cit.*, 2000, p. 257. Au contraire Théodore Rieger a récusé cette thèse dans son étude « L'architecture religieuse à Strasbourg à l'époque allemande », dans *Strasbourg 1900, naissance d'une capitale*, Paris, Somogy, musées de Strasbourg, 2000, p. 213.
300 Une interrogation de la base Mérimée portant sur les églises à plan centré au XIXᵉ siècle fait apparaître cinquante-six occurrences.
301 Église évangélique des Terreaux à Lyon, temple 25, rue Maguelone à Montpellier.
302 Hélène GUÉNÉ et François LOYER, *L'Église, l'État et les architectes. Rennes 1870-1940*, Paris, Norma, 1995, p. 57-60.
303 Marie-Paule HALGAND, « Les églises en Vendée au XIXᵉ siècle », dans Bruno FOUCART et Françoise HAMON, *L'architecture religieuse au XIXᵉ siècle*, Paris, PUPS, 2006, p. 140.
304 *Der Kirchenbau des Protestantismus von der Reformation bis zur Gegenwart*, Berlin, Vereinigung Berliner Architekten, 1893.
305 Sur ce débat, voir Cornelius GURLITT, *Handbuch der Architektur. Vierter Theil : Entwerfen, Anlage und Einrichtung de Gebaüde. 8. Halb-Band : Kirchen, Denkmäler und Bestattungsanlagen. 1. Heft : Kirchen*, Stuttgart, Kröner, 1906, p. 81-83.
306 Karl Emil Otto FRITSCH, « Dritte evangelische Kirche für Wiesbaden », *Deutsche Bauzeitung*, n° 43, Jahrgang 25, 30 mai 1891, p. 257-261.
307 Heinz BIEHN, « Der gotische Zentralbau », dans *Ein Beitrag zur Geschichte des deutschen Zentralbaues bis zum Jahre 1500*, Dissertation der philosophischen Fakultät zu Heidelberg, 1933, p. 55-68.
308 Gottfried SEMPER, *Über den Bau evangelischer Kirchen. Mit besonderer Beziehung auf die Frage über die Art des Neubaues der Nikolai Kirche in Hamburg und auf ein dafür entworfenes Projekt*, Leipzig, 1845.
309 Cornelius GURLITT, *op. cit.*, 1906, p. 30-31.
310 *Kunsttheorie und Kunstgeschichte des 19. Jahrhunderts in Deutschland, II, Architektur, Texte und Dokumente*, Stuttgart, 1985, p. 66.
311 « Die neue evangelische Garnisonkirche zu Strassburg », *Strassburger Post*, n° 354, du 4 mai 1897, à propos des nombreux escaliers : « *die Treppenanlagen... in ihren verschiedenen Gestalten, sowie in Verbindung mit dem Hauptkirchenkörper, beleben... den ganzen Unterbau und sind, gleichwie die Sakristei und Capelle, Nebenanlagen von malerischer Wirkung* ».
312 Otto MARCH, « Gruppierte Bau bei Kirchen », *Centralblatt der Bauverwaltung*, n° 26, Jahrgang 16, 27 Juni 1896, p. 282-284 ; n° 27, Jahrgang 16, 4 Juli 1896, p. 298-299 ; n° 29, Jahrgang 16, 18 Juli 1896, p. 317-319.

RÉGIONALISME ET HEIMATSCHUTZ DANS L'ARCHITECTURE À STRASBOURG 1900-1918

Wolfgang Voigt

Lorsqu'au tournant des XIXe et XXe siècles, la *Neustadt* allemande de Strasbourg fut achevée dans ses principaux espaces urbains et ses bâtiments publics, un changement des conceptions avait abouti à ce que seules quelques dernières voix s'accommodaient encore des constructions et du tracé urbain. Pendant ces années, seuls les guides de voyage imprimés sur la rive droite du Rhin restèrent encore indulgents. Ainsi, le *Rheinlande* (1905) de Karl Baedeker vantait le « beau quartier » avec ses « bâtiments publics imposants »[313], et dans le *Straßburger Wanderbuch* (1904) de Wilhelm Schmidt, on pouvait lire l'éloge suivante : « *Auf dem gewonnenen Raum entstand eine neue Stadt, die durch die Menge ihrer Prachtbauten den Ruhm Straßburgs als einer wunderschönen Stadt zu rechtfertigen vermag* »[314]. De même, la nouvelle époque n'est pas passée à côté de la vieille ville, après que « quelques maisonnettes insignifiantes et laides (…) aient dû y faire place à de nouvelles constructions somptueuses ».

Au lieu d'être fier de pareils compliments, le rédacteur en chef de la *Revue alsacienne illustrée*, Ferdinand Dollinger, regrette que le titre honorifique de « Strasbourg, ville merveilleuse », ancré dans les chansons populaires depuis le XVIIIe siècle, qui se rapportait toujours à la vieille ville historique, ait dans les livres de voyage rapidement été attribué à la *Neustadt*, alors que la vieille ville n'était plus que traditionnelle et non plus belle. Grâce aux livres de John Ruskin, Cornelius Gurlitt et surtout de Camillo Sitte (*Der Städtebau nach seinen künstlerischen Grundsätzen,* paru en 1889), il semblait évident de pouvoir distinguer ce qui caractérise une belle ville : non pas l'arrogance de somptueuses bâtisses éclectiques de l'historicisme, mais plutôt l'authenticité discrète et artistique telle qu'elle peut être observée dans les vieilles villes mais étant dénoncée ici comme laide[315].

La critique de Dollinger n'en n'était qu'une parmi plusieurs à prendre la *Neustadt* pour cible depuis 1903. Une des premières remarques fut celle d'Ernst Möhring qui s'appliquait encore à répartir équitablement compliments et critiques en saluant les progrès obtenus en matière d'hygiène urbaine, en félicitant explicitement les « somptueuses bâtisses » et en valorisant « les créations véritablement monumentales » des architectes dans ses écrits[316]. Parallèlement, il qualifiait l'installation urbaine de « figée » et parlait d'un « ressenti glacial » en entrant dans la *Neustadt*. La fusion harmonieuse de l'ancien avec le nouveau a d'après lui totalement échoué ici. L'auteur anonyme d'une série d'articles « Embellissements de Strasbourg », diffusée entre 1903 et 1906 dans la *Revue alsacienne illustrée,* souligne ces affirmations : « Les avenues qui se prolongent à perte de vue, tout cela est bien fait pour nous étonner. Mais est-ce bien fait aussi pour nous satisfaire, je veux dire pour satisfaire notre goût ? »[317].

Theo Berst enfin, qui tout comme son collègue architecte Oberthur[318] publia sa critique dans la revue *Die Vogesen*, établit une comparaison entre la vieille ville et la *Neustadt*, intransigeante pour cette dernière : « *Hier das Ganze zu einer großen Gesamtwirkung vereint und vornehme Zurückhaltung im Detail, dort von Gesamtwirkung keine Spur und marktschreierischer falscher Prunk und gegenseitige Überbietung an schlechter aufgepappter Ornamentik. Hier mit Überlegung angelegte gebogene Straßen, die fast jedem einzelnen Hause die Sonne schenken, vor*

LE LANGAGE ARCHITECTURAL

Fig. 1 : Caserne Lizé, Édouard Schimpf. AVCUS.

Zugwind schützen und jedes Haus auch voll zur Geltung bringen, dort sinnlos auf dem Papier angelegte gerade Straßen, ohne jede Rücksicht auf Sonne, Windrichtung, Städtebild usw... »[319].

Cent ans après, il importe peu de savoir si ces critiques de la *Neustadt* encore fortement prisée aujourd'hui, étaient légitimes ou non. Elles nous apprennent qu'aux alentours de 1900 une nouvelle génération avait en tête des modèles différents. Après 1870 est apparu en France le mouvement culturel du régionalisme[320]. Tout comme au préalable dans le Languedoc ou en Provence, on commençait aussi en Alsace à décrire et cultiver les traditions propres à la région dans les années 1890. Ceci se passa cependant dans d'autres conditions qu'à l'ouest des Vosges où ce mouvement était plutôt considéré comme une réaction au centralisme jacobin de l'État français. En Alsace, une région qui faisait partie du *Reich* allemand depuis 1871, un régionalisme typiquement alsacien avait permis aux élites locales de faire preuve d'une indépendance intellectuelle face aux autorités politiques germano-prussiennes.

La principale plateforme de ce mouvement devint la revue bilingue susmentionnée *Revue alsacienne illustrée,* diffusée à Strasbourg entre 1898 et 1914. D'une part, ses éditeurs s'appliquaient à maintenir des liens avec la France et d'autre part ils entreprenaient beaucoup pour donner un profil culturel solide à la région frontalière oppressée[321]. Les protagonistes de la « Renaissance alsacienne » de ces années étaient des artistes tels que Charles Spindler et Gustave Stoskopf, de même que des intellectuels tels que

Fig. 2 : École de la Musau, Neudorf.

Pierre Bucher, Ferdinand Dollinger ou René Schickele au même titre que quelques architectes dont nous allons parler. La plupart étaient des natifs alsaciens de la première génération née après 1871 qui était déjà passée par l'école allemande et qui ne connaissait la période française que par ouï-dire.

Au régionalisme s'est bientôt associé le *Heimatschutz* allemand, émanant dans un premier temps moins de la prise de conscience des régions et paysages que de la critique générale de l'industrialisation particulièrement rapide en Allemagne, qui a abouti à l'expansion incontrôlable des grandes villes et qui était également sur le point d'affecter les villages et paysages[322]. C'est en 1904 que fut créé le *Deutsche Bund Heimatschutz*, bientôt suivi par des associations régionales. D'emblée, l'objectif fut la conservation du « type de construction traditionnel rural et conventionnel », tel qu'il sera défini ultérieurement dans les statuts du *Bund*[323]. Le *Bund* s'était engagé pour la protection de la nature et du paysage et était ainsi devenu un des précurseurs de la mobilisation écologique.

L'apparition du *Heimatschutz* est notamment liée au succès d'une série de livres publiés entre 1901 et 1917 par l'architecte Paul Schultze-Naumburg qui devint également le premier président du *Bund*[324]. Sa série de livres *Kulturarbeiten* confronte dans une rhétorique illustrée frappante et de manière polémique les constructions et le paysage urbain de l'époque préindustrielle à des exemples de l'historicisme vulgaire et éclectique. L'œuvre de Paul Mebes, publiée en 1908, *Um 1800*, fut également déterminante pour les architectes : elle présente au public des maisons de maîtres, des constructions bourgeoises et du mobilier d'une sobre élégance remontant aux périodes de l'Empire et Biedermeier[325].

Contrairement à la Rhénanie, la Saxe, la Bavière ou autre, l'Alsace ne comptait aucune association de *Heimatschutz*, mais un cercle actif d'architectes réputés non seulement dans le domaine de la protection des monuments, mais également en tant que défenseurs de la tradition de construction régionale et des méthodes de construction artisanales[326].

Ce ne fut sans doute pas une coïncidence que certains d'entre eux aient auparavant été élèves de Karl Schäfer (1844-1908) qui n'avait pas fait l'unanimité à Strasbourg lors de la restauration de l'église médiévale de Saint-Pierre-le-Jeune[327]. En tant que professeur d'architecture à Berlin et plus tard auprès

LE LANGAGE ARCHITECTURAL

de l'école supérieure technique de Karlsruhe, Schäfer était réputé pour son enseignement à première vue conservateur et illustré par des exemples médiévaux, ayant tout de même une influence moderne sur ses élèves étant donné qu'il accentuait les liens entre fonction, construction, matériel et forme. Parmi ses élèves se trouvait non seulement Paul Schmitthenner[328], originaire de Barr, qui fit ultérieurement carrière en Allemagne, mais également les architectes privés strasbourgeois susmentionnés en raison de leur critique sévère de la *Neustadt*, Gustav Oberthur et Theo Berst, de même que les architectes de l'administration municipale Édouard Schimpf et Fritz Beblo.

Theo Berst (1881-1962) était non seulement un des principaux défenseurs de la vieille ville historique qui représentait pour lui le vrai Strasbourg, mais il s'impliquait également dans la restauration de maisons de la vieille ville et il plaidait dans la

Fig. 3 : École Saint-Thomas.

Revue alsacienne illustrée pour le maintien des constructions à colombage avec leurs détails caractéristiques, de plus en plus menacées de disparition par les démolitions, les transformations irréfléchies et les restaurations mal faites[329]. Lorsque le plan de transformation d'une maison médiévale en musée alsacien sur le quai Saint-Nicolas fut présenté en 1903 Berst était non seulement un des initiateurs, mais il prit en charge la restauration délicate du bâtiment. Le musée fut inauguré en 1907 et devint un solide pilier du courant régionaliste alsacien[330].

Rapidement, l'opportunité s'est présentée d'appliquer le concept inspiré du *Heimatschutz* d'un type de construction ancré dans le substrat régional et ses traditions non seulement à l'entretien des monuments historiques, mais également à de nouvelles constructions urbaines. La ville de Strasbourg se trouvait dans une phase de croissance rapide et de modernisation qui impliquait la réalisation simultanée de nombreux ouvrages urbains dont la plupart étaient régis par la municipalité. Le chantier le plus spectaculaire fut celui de la première tranche de la Grande Percée entre 1911 et 1914 qui traversait l'ensemble de la vieille ville. Pour les habitants des maisons démolies, il avait fallu construire ailleurs de nouveaux appartements. Les nouvelles préoccupations en matière d'hygiène urbaine et de médecine rendaient indispensable la construction de bains publics et de nouveaux hôpitaux ; il fallait construire de grands établissements scolaires pour les nouveaux quartiers du Neudorf et du Neuhof; à l'est, l'aménagement du port du Rhin était en cours. Un grand nombre de ces ouvrages furent confiés à des architectes municipaux de la jeune génération déjà influencés à cette époque par la nouvelle pensée.

Il s'est avéré qu'Édouard Schimpf (1877-1916), originaire de Wissembourg, avait un talent en matière de conception régionaliste. Il intégra les services de la Ville en 1907[331] et réalisa la caserne d'artillerie (1907-1909) le long de la route d'Altenheim. Cet ensemble, composé de plusieurs bâtiments, fut construit pour le fisc militaire en remplacement de la caserne de la porte des Bouchers démolie pour permettre l'extension urbaine au sud appelé par la suite « quartier Lizé » (fig. 1). Les références à la tradition alsacienne se retrouvent dans les encadrements de fenêtres et de portes en grès rose des Vosges ainsi que dans les auvents de certaines constructions[332].

Le chef d'œuvre de Schimpf sera la cité-jardin du Stockfeld, conçue en coopération avec l'architecte Zimmerle et pour laquelle la Ville s'aventure en terrain inconnu en matière de politique d'habitat (1910). Avec des modèles de maisons minutieusement conçues comme de petits logements, d'après le modèle anglais du *Garden City Movement*, Schimpf a réussi à créer un paysage urbain varié, avec quelques légers rappels et détails alsaciens, qui hisse le quartier au rang des meilleures créations urbaines de l'époque[333]. Lorsque l'architecte meurt pour l'Allemagne lors de la Première Guerre mondiale, en 1916, la nécrologie diffusée dans le *Zentralblatt der Bauverwaltung* retient pour son œuvre « une structure claire, une sobriété sévère, une maîtrise évidente des matières et des formes grâce à un arrangement des plus réussis dans le paysage et l'environnement »[334].

La figure emblématique des architectes du *Heimatschutz* ne fut cependant pas un Alsacien, mais Fritz Beblo (1872-1947), originaire de Silésie, également élève de Schäfer à la *Technische Hochschule* de Karlsruhe, qui dirigea en tant qu'architecte de la Ville le service de l'urbanisme à Strasbourg de 1910 jusqu'à son expulsion en 1919. Il avait déjà intégré les services de la Ville en 1903, afin de traiter dans un premier temps les nouvelles constructions publiques en tant qu'inspecteur de l'urbanisme[335].

La première construction d'établissement scolaire de Beblo laisse déjà apparaître le rattachement aux méthodes de construction traditionnelles et locales. L'école de la Musau du Neudorf (aujourd'hui : lycée Louise Weiss), achevé en 1906, fut après plus d'un siècle la première construction de la ville ayant un toit élevé, recouvert de tuiles alsaciennes en queue de castor (fig. 2). Avec un plan de construction principal symétrique et un toit en demi-croupe des deux côtés, la construction ne rappelle pas par hasard celle de la Grande Boucherie (*Alte Metzig*) du XVIe siècle.

Toutefois, Beblo ne se sentait pas contraint au régionalisme, il se retrouvait également dans l'architecture moderne allemande dont les partisans se regroupèrent à partir de 1907 dans le *Deutscher Werkbund*. D'ailleurs, non seulement Beblo était membre du *Werkbund*, mais également son maire réformiste et ouvert aux questions relatives à la conception moderne[336]. L'Alsacien originaire de Colmar Rudolf Schwander, qui fut élu à cette fonction en 1906, était devenu le moteur de la modernisation de la ville et soutenait Beblo dans tous ses projets.

Beblo et Schimpf ne recherchaient pas les allusions régionales ou celles liées à la *Heimat* (patrie) dans la reconstruction éclectique des styles locaux comme cela se faisait au XIXe siècle. Les moyens employés dans la vieille ville méritant le respect étaient différents de ceux employés dans les nouveaux quartiers. L'école Saint-Thomas (1904-1906) devait permettre à Beblo de renouer avec les éléments existants en ayant recours à des *spolia* du XVIe siècle de maisons qui avaient auparavant été construites à cet endroit (fig. 3). L'échelonnement en hauteur des volumes est remarquable dans la rue de la Monnaie, car l'aile de bâtiment particulièrement basse et détaillée y permet un raccord harmonieux avec les petites maisons avoisinantes.

Fig. 4 : École du Neufeld, portail.

L'adaptation à la tradition du lieu, la restriction du décor à quelques détails minutieusement placés, l'utilisation ciblée de couleurs naturelles et — le plus important — l'utilisation de matériaux de construction traditionnels de la région provenant de préférence du même décor, faisaient entre autres partie des principes de Beblo. Il avait ainsi atteint le niveau du brillant régionaliste et fondateur du *Werkbund*, Theodor Fischer (1862-1938)[337]. Dans l'atelier de ce dernier travaillèrent aux alentours de 1910, temporairement ou à long terme, quelques jeunes architectes qui deviendront par la suite plus célèbres que leur maître — comme Bruno Taut, J. J. P. Oud ou Charles Édouard Janneret, qui se nommera plus tard Le Corbusier.

Friedrich Ostendorf (1871-1915), le successeur de Carl Schäfer à la *Technische Hochschule* de Karlsruhe, exerça également une influence non négligeable. Il revendiquait la « recherche de l'aspect le plus simple d'un programme de construction » pour la conception architecturale et incitait dans les exemples cités dans ses six livres consacrés à la construction, *Sechs Bücher vom Bauen,* à orienter les projets du présent aux places et espaces urbains clairement structurés du baroque et de l'époque vers 1800[338].

LE LANGAGE ARCHITECTURAL

Fig. 5 : École du Neufeld. *Deutschen Bauzeitung*, 1913.

L'école du Neufeld de Beblo (1907-1909) indique la fusion des deux éléments : « L'extérieur est caractérisé par des formes claires, seules les entrées sont façonnées plus abondamment »[139] (fig. 4). Il est possible de voir un lien entre les conceptions de Theodor Fischer et la façade verte qui n'existe plus aujourd'hui et qui contrastait avec le rouge des toits et le grès jaunâtre des encadrements de fenêtres. Aujourd'hui encore, on retrouve une façade d'un vert semblable sur le bâtiment de la préfecture de police de Munich (1909-1915). À l'époque, Beblo avait certainement choisi la couleur verte en raison de la proximité du Neudorf avec la nature. Le complexe de bâtiments agencé autour d'une cour carrée avait sur la façade principale un toit en croupe élevé, dans lequel l'étage supérieur de l'école paraissait comme intercalé par le bas — c'est ainsi que fut créée l'image de l'auvent alsacien (fig.5).

Dans la périphérie de la vieille ville, l'école Saint-Thomas qui avait également une façade en crépi, avait obtenu une couleur rougeâtre qui concordait avec le grès rose des Vosges de l'église Saint-Thomas avoisinante. Pour les bains municipaux (1905-1908), sa seule construction dans la *Neustadt*[340], Beblo choisit également une façade en crépi rouge avec des éléments architecturaux en grès rose des Vosges. Le complexe composé de plusieurs entités individuelles montre clairement les fonctions et les types d'espaces tels que les architectes du *Werkbund* les préconisaient. Les deux piscines couvertes avaient des toits hauts à demi-croupe, de même que l'installation de chauffage surplombée par une cheminée haute.

Comme élément structurant, Beblo plaça devant les halls le long de la rue une aile symétrique abritant le hall d'entrée et les baignoires réparties en petites cellules. L'architecte dessina la façade d'après le modèle d'un château baroque dont la rotonde ovale centrée avec un tambour ne faisait pas référence par hasard au château de Biebrich près de Wiesbaden (architecte : Maximilian von Welsch, 1707-1721). Le modèle ne se trouvait donc pas en Alsace, mais dans la vaste région rhénane reliant les deux endroits. Fritz Beblo marqua ainsi volontairement la frontière entre *Neustadt* et vieille ville par une touche régionaliste qui rattrapait symboliquement ce qui manquait jusque-là — une liaison entre les deux quartiers par le biais de l'architecture.

---

313 Karl BAEDEKER, *Die Rheinlande von der Schweizer bis zur holländischen Grenze. Handbuch für Reisende*, Leipzig, 1905, p. 203.
314 « Dans l'espace ainsi gagné s'est développé une nouvelle ville permettant à Strasbourg de justifier sa renommée de ville resplendissante grâce à une multitude de bâtisses somptueuses » (Wilhelm SCHMIDT, *Straßburger Wanderbuch*, Strassburg, 1904).
315 Ferdinand DOLLINGER, « Was verstehen Fremdenführer unter einer schönen Stadt ? », *Revue alsacienne illustrée*, Chronique d'Alsace-Lorraine, n° 8, 1906, p. 29-31.
316 Ernst MÖHRING : « Zur modernen Stadtanlage », *Das Kunstgewerbe in Elsass-Lothringen*, n° 3, 1902-1903, p. 208-212.
317 « Les embellissements de Strasbourg I », *Revue alsacienne illustrée*, Chronique d'Alsace-Lorraine, n° 5, 1903, p. 25-26.
318 Gustav OBERTHUR, « Straßenbilder in Alt- und Neu-Straßburg », *Die Vogesen Zeitschrift für Touristik und Landeskunde*, n° 2, 1908, p. 222-224.
319 « Ici le tout réunit pour un effet d'ensemble imposant et une retenue distinguée dans les détails, et là aucune trace d'effet d'ensemble et de faux points tapageurs et une surenchère réciproque d'une ornementation de mauvais goût. Ici des rues arquées judicieuses offrant le soleil à quasiment chaque maison, les protégeant des courants d'air et les mettant en valeur, et là des rues rectilignes dépourvues de sens tracées sur le papier sans prendre en compte ni le soleil, ni les vents, ni le paysage urbain etc. » Theo BERST, « Vom alten und neuen Straßburg », *Die Vogesen. Zeitschrift für Touristik und Landeskunde*, n° 2, 1908, p. 224-227.
320 Jean-Claude VIGATO, « Entre progrès et tradition », dans *Le Régionalisme, Architecture et Identité*, sous la direction de François LOYER et Bernard TOULIER, Paris, Éd. Du patrimoine, 2001, p. 72-84 ; Jean-Claude VIGATO, *L'Architecture régionaliste. France 1890-1950*, Paris, Norma, 1994.
321 Jean-Claude RICHEZ, « L'Alsace revue et inventée. La Revue Alsacienne Illustrée, 1898-1914 », *Saisons d'Alsace*, n° 119, 1993, p. 83-93.
322 Wolfgang VOIGT, « Régionalisme et 'Heimatschutz' en Alsace », dans *Interférences/Interferenzen — Architecture Allemagne-France 1800-2000*, sous la direction de Jean-Louis COHEN et Hartmut FRANK, Strasbourg, coll. « Musées de Strasbourg », 2013, p. 42-51 ; Id., Planifier et construire dans les territoires annexés : architectes allemands en Alsace de 1940 à 1944, Strasbourg, Société savante d'Alsace, t. 78, coll. « Recherches et documents », 2008 : voir la partie « Les antécédents : les architectes alsaciens et le Heimatschutz 1900-1940 », p. 115-127. Voir également le chapitre « Heimatschutz », dans Rolf Peter SIEFERLE, *Fortschrittsfeinde. Opposition gegen Technik und Industrie von der Romantik bis zur Gegenwart*, München, 1984, p. 167-173 ; Anne-Marie CHÂTELET, « Allemagne. Réforme et tradition », dans *Le régionalisme : architecture et identité*, sous la direction de François LOYER et Bernard TOULIER, Paris, Éd. Du patrimoine, 2001, p. 148-161.
323 Ernst RUDORFF, *Heimatschutz*, Berlin, 1901 (1ère édition).
324 Paul SCHULTZE-NAUMBURG, *Die Kulturarbeiten,* 9 volumes et un volume complémentaire, 1901-1917 ; Norbert BORRMANN, *Paul Schultze-Naumburg. Maler Publizist Architekt 1869-1949*, Essen, 1989.
325 Paul MEBES, *Um 1800. Architektur und Handwerk im letzten Jahrhundert ihrer traditionellen Entwicklung,* 2 volumes, Munich, 1908.
326 Denis DURAND DE BOUSINGEN, « L'architecture à Strasbourg de 1903 à 1918 : styles, écoles et Hommes », *Annuaire de la Société des amis du vieux Strasbourg*, Strasbourg, 1985, p. 59-80.
327 Jutta SCHUCHARD, *Carl Schäfer 1844-1908. Leben und Werk des Architekten der Neugotik, Materialien zur Kunst des 19. Jahrhunderts, Band 21*, Munich, 1979.
328 Wolfgang VOIGT et Hartmut FRANK (dir.), *Paul Schmitthenner 1884-1972*, Tübingen, 2003.
329 Theo BERST, « Schlechte Restaurierung von guten Fachwerkbauten im alten Straßburg », *Revue alsacienne illustrée*, n° 7, 1905, p. 85-88.
330 Malou SCHNEIDER, « La création du Musée Alsacien », dans *Strasbourg 1900 : naissance d'une capitale*, coll. « Musées de Strasbourg », Paris, Somogy, 2000, p. 33-37.
331 *Édouard Schimpf à Strasbourg, architecte d'une ville en renouveau*, Strasbourg, direction de l'urbanisme, de l'aménagement et de l'habitat, 2010.
332 « Die neue Feldartillerie-Kaserne zu Straßburg i. E. », *Zentralblatt der Bauverwaltung*, n° 30, 1910, p. 71-72.
333 Stéphane JONAS, *Le Faubourg-Jardin du Stockfeld à Strasbourg. Période de Fondation, 1907-1933*, Strasbourg, s. n., 1995.
334 Fritz BEBLO, « Eduard Schimpf † », *Zentralblatt der Bauverwaltung*, n° 36, 1916, p. 576.
335 Didier LAROCHE, « L'architecture de Fritz Beblo (1872-1947). Stadtbaumeister à Strasbourg », dans *Strasbourg 1900 : naissance d'une capitale*, coll. « Musées de Strasbourg », Paris, Somogy, 2000, p. 192-199. Voir également Rosa BEBLO-HUNDHAMMER, « Fritz Beblo 1872-1947 », dans *Stadtbaurat in Straßburg und München. Bauen auf Tradition*, Munich, Stadtarchiv München, 1991.
336 « Mitgliederverzeichnis », dans *Die Kunst in Industrie und Handel. Jahrbuch des Deutschen Werkbundes 1913*, Jena, E. Diederichs, 1913.
337 Winfried NERDINGER, *Theodor Fischer. Architekt und Städtebauer 1862-1938*, Berlin, 1988.
338 Friedrich OSTENDORF, *Sechs Bücher vom Bauen. Erster Band. Einführung*, Berlin, 1913.
339 « Volksschule zu Straßburg-Neudorf. Architekt: Stadtbaurat F. Beblo in Straßburg i. E. », *Deutsche Bauzeitung*, n° 37, 1913, p. 429-433.
340 Voir à ce sujet la contribution de Bernard Gauthiez dans le présent ouvrage.

LE LANGAGE ARCHITECTURAL

FIAT JUSTITIA. LE PALAIS DE JUSTICE DE STRASBOURG (1892-1898)

Philippe Grandvoinnet et Raphaël Labrunye

Le palais de justice de Strasbourg occupe une place singulière dans la *Neustadt*. Ce quartier, conçu par les Allemands à partir de 1870 pour étendre la capitale alsacienne au nord, est en effet conçu selon une composition monumentale formée par l'axe reliant l'université à la *Kaiserplatz* (actuelle place de la République). Programmé plus tardivement que les autres grands édifices publics du quartier, le palais de justice se situe aux marges de la composition urbaine. Afin de relier visuellement l'église Saint-Pierre-le-Jeune catholique (réalisée en 1895) au palais de l'Empereur, une rupture géométrique va être introduite dans le tracé des voies. Cette évolution correspond aux modifications qui vont s'opérer progressivement dans la *Neustadt* dans un esprit plus

Fig. 1 : Plan de situation de la place impériale et de ses environs, s.d. [ca. 1880]. En bleu : emplacement du futur palais de justice.
DRAC Alsace, *Denkmalarchiv*.

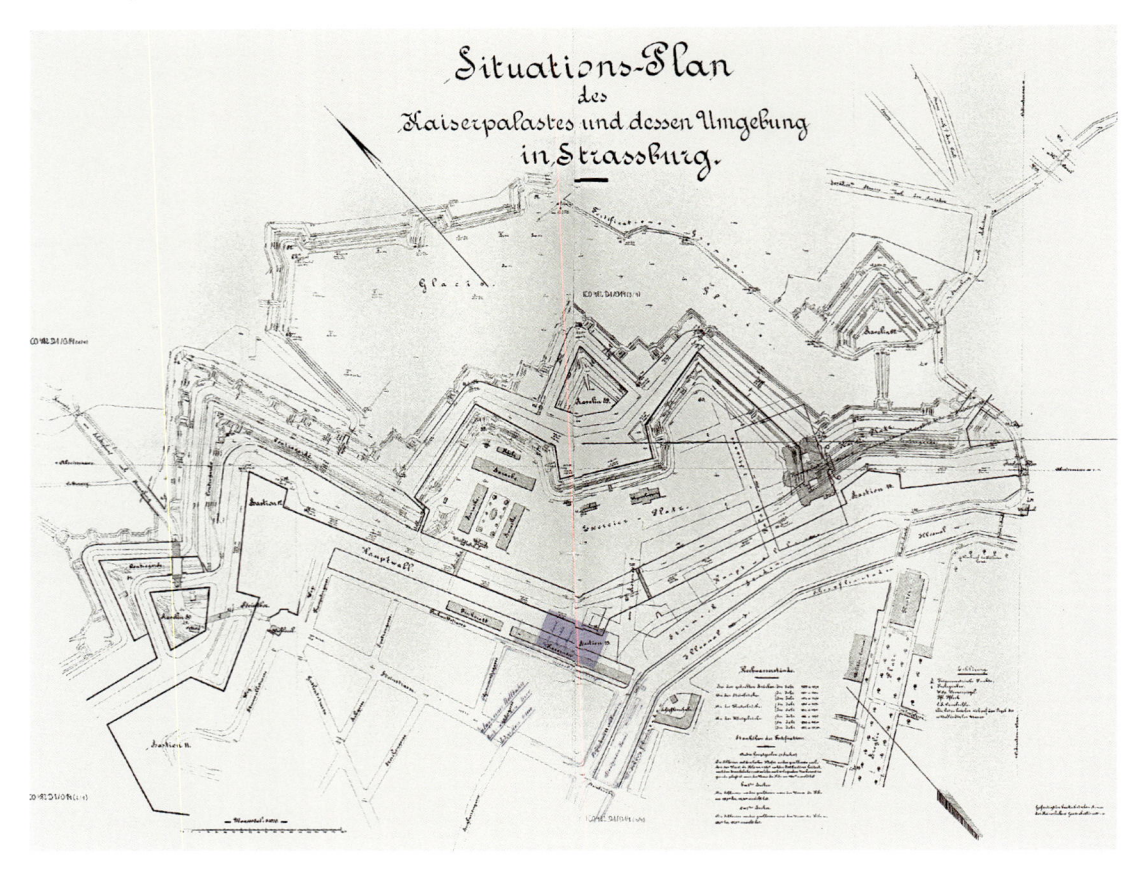

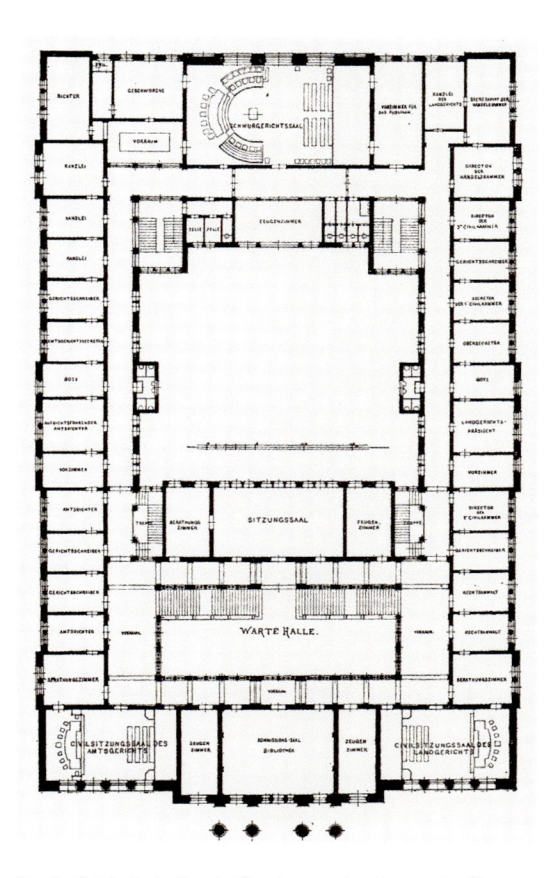

Fig. 2 : Palais de Justice de Strasbourg, plan du premier étage.
Architekten- und Ingenieur- Verein für Elsass-Lothringen, *Strassburg und seine Bauten*, Strassburg, Trübner, 1894, p. 432.

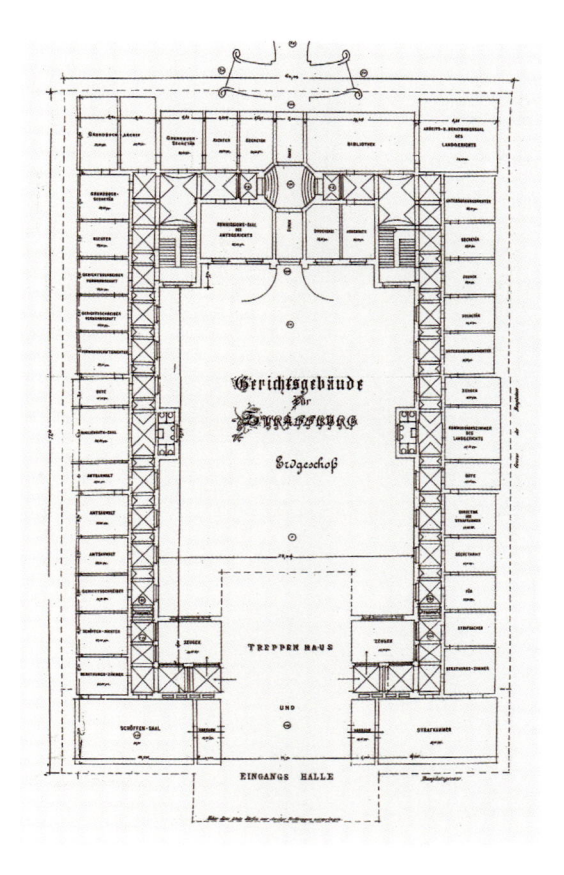

Fig. 3 : Gerichtsgebäude für Strassburg : Erdgeschoss ; Palais de Justice de Strasbourg, plan du rez-de-chaussée. BNUS.

pittoresque. Juxtaposé à l'église, le palais de justice articule cette grande composition allemande avec le tissu médiéval qui lui fait face. Il présente alors sa façade rigoureuse vers la place Broglie qui accueille l'hôtel de ville et l'opéra. Édifice emblématique dans la ville, il convient d'en comprendre les qualités architecturales car deux perspectives récentes le replacent dans l'actualité strasbourgeoise : le projet candidature au patrimoine mondial de l'Unesco de la *Neustadt* et la restructuration programmée de l'édifice par le ministère de la Justice.

La justice dans la *Neustadt*

Strasbourg n'était pas le siège d'un parlement de province sous l'Ancien Régime et ne possédait pas de tribunal avant la Révolution française. Créé en 1790, le premier tribunal fut installé dans l'hôtel du Maréchal du Bourg, rue de la Nuée-Bleue. Les réformes judiciaires[341] imposées par Napoléon aux provinces rhénanes occupées furent maintenues après leur rattachement à l'État prussien en 1815 ; elles marqueront profondément le système judiciaire allemand au XIXe siècle.

LE LANGAGE ARCHITECTURAL

Fig. 4 : *Fiat Justitia*, perspective de la façade principale du projet de Skjold Neckelmann, planche de concours. DRAC Alsace, *Denkmalarchiv*.

Les lois judiciaires (*Justizgesetze für das deutsche Reich*) adoptées en 1877 dans le but d'unifier les pratiques des différentes provinces rattachées au Reich, organisèrent quatre juridictions : *Amtsgericht* (tribunal d'instance), *Landesgericht* (tribunal de grande instance), *Oberlandesgericht* (cour d'appel) et *Reichsgericht*, la juridiction suprême de Leipzig[342]. Les deux premières instances siégeaient à Strasbourg mais étaient éclatées entre les trois anciens « tribunaux de paix » réunis au sein de l'*Amtsgericht*, et l'ancien tribunal de 1790 abritant le nouveau *Landesgericht*[343]. La volonté de les réunir au sein d'un *Amts und Landesrichtgebäude* est à l'origine de l'actuel palais de justice.

Le terrain choisi au début des années 1890 se trouve en limite ouest de la *Neustadt*, à cheval sur l'emprise de casernes incendiées lors des bombardements de 1870 et le mur d'enceinte du XVIIe siècle (entre les bastions XII et XIII) démoli après la guerre (fig. 1). Le *Stadtbaumeister* (architecte de la ville) Johann Karl Ott[344] (1846-1917) est chargé en juillet 1892 de dresser les plans du futur palais de justice, sur la base du programme ministériel définissant « l'ordonnancement des locaux, les dimensions des salles d'audience et la répartition des bureaux »[345]. Il conçoit également plusieurs projets de façades, de style néogothique et néo-Renaissance inspirés de l'hôtel du commerce (1585) de la place Gutenberg[346]. La municipalité valida les plans d'étages dressés par Ott mais ne se prononça pas sur les élévations (fig. 2 et 3). Un concours d'architecture pour la « conception des façades et de l'escalier »[347] fut donc organisé en novembre 1893. La bibliothèque de Strasbourg conserve un jeu de plans imprimés remis selon toute vraisemblance aux candidats : les aménagements intérieurs (circulations, bureaux, salles d'audience) y sont précisément définis tandis que les parties faisant l'objet du concours (façades, vestibule et escalier d'honneur) sont laissées en blanc, la limite extérieure du projet (*Grenze des Bauplatzes*) étant signifiée par une ligne discontinue. Parmi les douze projets reçus, le premier prix fut attribué à celui de l'architecte Skjold Neckelmann (1854-1903), dénommé *Fiat justitia* (signifiant : « Que justice soit faite ») (fig. 4). Implanté à Stuttgart, Neckelmann était déjà l'auteur de plusieurs édifices majeurs de la *Neustadt*, à commencer par la délégation de pays d'Empire (1886-1892, actuel théâtre national) et la bibliothèque (1889-1895) sur la *Kaiserplatz* ; en 1893 il achevait avec August Hartel l'église Saint-Pierre-le-Jeune catholique à côté du futur tribunal. La construction du bâtiment dura près de quatre ans : l'autorisation de construire fut accordée le 31 décembre 1894[348] et le chantier ouvert en janvier 1895[349] ; le gros œuvre était achevé à l'été 1897 et les aménagements intérieurs un an plus tard. Le bâtiment fut inauguré le 19 septembre 1898[350].

Le projet de Neckelmann

Dans le plan initial conçu par Ott, le vestibule situé à l'arrière du portique monumental d'entrée donnait directement accès aux salles d'audience du rez-de-chaussée. L'escalier ouvert sur la cour intérieure, placé dans l'axe du bâtiment, formait l'élément central de cette composition (fig. 2). Neckelmann, au contraire, prolonge le vestibule par une vaste salle des pas perdus (*Warte Halle*) dont il fait le centre symbolique et fonctionnel du projet. Le nouveau palais de justice forme un parallélépipède rectangle de 50 m de large et 78 m de long dont la façade principale se trouve sur le quai Finkmatt. Il dispose d'une cour intérieure, accessible de l'arrière par un passage cocher. L'aile sud de l'édifice comprend un vestibule d'entrée, une salle des pas perdus et six salles d'audience (quatre seulement dans le programme initial). La salle d'assises est abritée dans l'aile nord tandis que les ailes latérales sont dédiées aux bureaux. Dès l'origine, la stricte séparation qui existe entre les espaces publics et les espaces de service facilite la gestion des flux de personnes (personnel administratif et technique, magistrats, justiciables, témoins, public). Les deux salles d'audience ajoutées au programme ne sont peut-être pas étrangères aux modifications apportées par Neckelmann au projet d'Ott : placées dans la cour au revers du hall, elles occupent l'espace initialement dévolu à l'escalier d'honneur, dès lors privé de sa position axiale et d'éclairage. La verrière zénithale, qui conduit la lumière des combles jusqu'au rez-de-chaussée, est la réponse de l'architecte à la densification du programme. Par ses dimensions (11,50 m de large, 28 m de long et 16 m de haut), la salle des pas perdus donne la mesure du bâtiment dont elle articule les différents niveaux. Grâce à la succession d'espaces de dimensions et de qualités diverses, Neckelmann met en scène la transition entre l'espace public urbain et l'espace de la justice : le portique à l'antique avec ses figures allégoriques incarne la Justice ; resserré et plongé dans la pénombre, le vestibule annonce au visiteur un changement d'état ; enfin, l'espace lumineux, dilaté et structuré de la salle des pas perdus achève de le mettre en condition.

La salle d'assises constitue la seule enclave ouverte au public dans la partie nord du bâtiment. Cette enclave disposait autrefois de sa propre entrée (escaliers accessibles depuis le passage cocher de la façade nord) et de circulations verticales relativement indépendantes (du moins dissociables du reste de l'édifice en cas de besoins).

Le bâtiment dispose dès l'origine des équipements les plus perfectionnés : revêtements de sol en mosaïques colorées, granito et linoléum, réseau de chauffage central à vapeur basse pression, éclairage électrique[351]. Le palais de justice est à son inauguration, en 1898, un équipement que l'on peu qualifier de moderne ; il donnera satisfaction à institution qu'il abrite sans transformation notable pendant plus d'un siècle. Une surélévation partielle est toutefois réalisée à la fin des années 1970 afin d'augmenter les surfaces de plancher[352]. Sensible à la qualité architecturale et à la force expressive de l'ensemble, l'architecte en chef des bâtiments civils et palais nationaux en charge du projet, Roger Lamoise, limita son intervention aux ailes latérales et à la façade arrière, laissant intacte la façade principale sur le quai.

Architecture et symbole

Le style officiel du Reich fondé par Bismarck emprunte ses motifs à l'architecture de la Renaissance italienne envisagée, à la suite des théories de Gottfried Semper (1803-1879), comme une « fusion organique entre la pureté des formes grecques et les techniques de construction romaine »[353]. À Strasbourg, la gare (1883) et les édifices bordant la *Kaiserplatz* en sont les meilleurs exemples. Par ses références antiques affirmées (portique ionique grec, sphinx égyptiens, etc.), le palais de justice se démarque nettement de ce style officiel, inscrivant dans la pierre l'indépendance de l'institution judiciaire. La rigueur de sa composition fait d'ailleurs exception dans une production régionale qui échappe rarement à l'éclectisme en vigueur : Moyen Âge et Renaissance allemande pour les *Amstgerichtgebäuden* de Hochfelden (1895) et de Mulhouse (1902), Renaissance florentine pour le *Landesgerichtgebäude* de Mulhouse (1878), baroque allemand pour l'*Oberlandesgerichtgebäude* de Colmar (1906, actuelle cour d'appel).

Cette rigueur martiale n'est pas sans rappeler le style austère du tribunal impérial (*Reichsgerichtshaus*) de Leipzig (Hoffmann et Dybwald architectes, 1884-1895), antérieur de quelques années seulement, et salué en Allemagne pour la « retenue » avec laquelle fut exprimée sa monumentalité[354]. Un parallèle peut d'ailleurs être établi entre les fonctions symboliques de ces deux projets : il s'agissait à Leipzig de sceller l'unité allemande au travers de l'institution judiciaire, à Strasbourg de réaffirmer l'ancrage de l'Alsace-Lorraine dans le Reich[355]. Le projet strasbourgeois puise également dans l'architecture judiciaire française de la IIIe République, pour laquelle le retour aux modèles grecs eut une portée autant symbolique que politique. Chargé de dresser les plans du futur palais de justice, Ott visita d'ailleurs, en 1892, quelques-unes des réalisations publiées dans le *Handbuch der Architektur*[356], en Allemagne (Francfort, Kassel, Cologne) mais aussi en France (Le Havre, Meaux). Conçu « selon l'usage antique et solennel qui veut que les palais de justice modernes se présentent à la grecque »[357], le palais de justice du Havre (1873-1876 — fig. 4) a pu faire office de modèle, à la fois en plan, avec un schéma distributif clair et fonctionnel, mais aussi en élévation, et jusque dans certains détails ornementaux, tels les obélisques de pierre qui flanquent le portique du tribunal de Strasbourg, utilisés au Havre comme candélabre pour l'éclairage de la façade (fig. 5).

Dans *La justice en ses temples*, l'architecte et historien Werner Szambien souligne le « caractère symbolique »[358] des palais de justice : ces bâtiments constituent un type architectural si bien identifié qu'il évoque à leur propos l'idée d'une « architecture parlante »[359]. La distinction de deux niveaux (inférieur carcéral, supérieur judiciaire), par exemple, date du Moyen Âge et ce dispositif est rationalisé à l'époque classique : les salles d'audience occupent alors un étage noble qui repose sur un socle fermé d'où sont amenés les justiciables. À Strasbourg, l'accès des prévenus aux salles d'audience depuis le sous-sol, via la cour, s'inscrit dans cette tradition. Extérieurement, un palais de justice devait non seulement incarner l'institution judiciaire mais également donner une « idée de la justice », d'où l'emploi d'un vocabulaire architectural chargé de sens, d'une « architecture parlante »[360]. Ces motifs suffisent à justifier le découplage total du plan et des façades dans le processus de conception du palais de justice de Strasbourg, le premier devant optimiser le fonctionnement de l'institution judiciaire, les secondes devant exprimer les valeurs de la justice. Cette dissociation doit être mise en parallèle, s'agissant du monde germanique, avec les théories de Gottfried Semper qui prônait une distinction entre la structure du bâti et son enveloppe, assimilable à un « vêtement » habillant l'édifice.

À Strasbourg, l'expression architecturale du palais de justice marque incontestablement la « volonté d'imposer un nouvel ordre » lié autant à la réforme portée par la loi judiciaire de 1877 qu'au nouveau statut de l'Alsace-Lorraine, devenue *Reichland* en 1871. Dans le *Dictionnaire des monuments historiques d'Alsace*, le bâtiment est décrit comme « l'un des rares bâtiments publics strasbourgeois de cette époque totalement affranchi de la rhétorique impériale pro germanique ou régionale ; seules y sont admises les références antiques [...] réputées intemporelles et universelles, qui veulent signifier ici l'indépendance de la justice vis-à-vis de tous les pouvoirs »[361].

Fig. 5 : Façade du palais de justice du Havre, Bourdais architecte, 1873-1876. *Album national : France, Algérie, Colonies. Voyage à travers la France et son empire colonial*, Paris, L. Boulanger, s.d. [ca. 1900], p. 888.

Le projet à l'œuvre

Inscrit au titre des monuments historiques en 1992, le palais de justice de Strasbourg va connaître en 2014 une restructuration lourde. Le mode de fonctionnement des tribunaux contemporains est assez éloigné de ceux du XIXe siècle. Le cahier des charges actuel recommande par exemple cinq entrées différentes pour les salles d'audience : une sécurisée pour les détenus, une pour les victimes, une pour le public, une pour le parquet et une dernière pour les magistrats du siège. Par ailleurs, la justice se rend aujourd'hui dans des locaux de types bureaux banalisés, pour tout ce qui concerne les affaires familiales ou le droit de l'entreprise par exemple. Pour ces raisons, le ministère de la Justice a mené jusqu'à ces dernières années une politique de construction d'édifices neufs (Bordeaux, Lyon, Nantes), délaissant parfois les anciens tribunaux. Les juges ont cependant fait remonter à leur ministère de tutelle le manque de solennité de ces espaces récents. À Strasbourg, face à l'impossibilité technique d'étendre l'édifice sur le site, la conservation de la fonction de justice dans les locaux actuels passe par la densification du bâti. Il s'agit notamment de répondre aux problématiques de flux mais aussi de trouver de la surface de bureaux rationalisés. La réflexion menée de concert par les ministères de la Justice et de la Culture a pointé notamment la problématique de la salle d'assises, qui occupe un volume important à l'écart des zones ouvertes au public. Constatant que la sauvegarde et la mise en valeur du patrimoine passe aussi par la préservation des

LE LANGAGE ARCHITECTURAL

Fig. 5 : Vue générale de la salle des pas-perdus.

fonctions qui l'habitent, le cahier des charges établi a défini la hiérarchie des éléments pouvant faire l'objet de modifications. Si des éléments plus conventionnels ont été soulignés, comme la conservation de la façade principale dans son intégralité ou de la salle des pas perdus (fig. 5), d'autres ont été évoqués, comme la parfaite lisibilité fonctionnelle du plan, la qualité des espaces de distribution, l'intérêt à accorder aux éléments de décors et aux matériaux, alors que ces points étaient absents du dossier d'inscription. Le projet lauréat, de l'architecte catalan Jordi Garcés, propose ainsi une intervention en toiture, en réinterprétant de façon contemporaine la structure pyramidale des toitures, disparue lors de la surélévation des années 1970 (fig. 6). Le plan des distributions est lui aussi reconfiguré par un patio, prolongation directe de la salle des pas perdus vers les nouvelles salles d'audience. Celles-ci, incrustées au cœur du palais, dans l'ancienne cour, se situent à l'articulation des différents flux de circulation. On pourra regretter la désaffection des anciennes salles d'audience d'origine, car les qualités de cette « architecture parlante » ne semblent pas mobilisées dans cette transformation en bureaux banalisés. L'aile nord, et en particulier la salle d'assises, est profondément retouchée, mais en maintenant l'intégrité

LE LANGAGE ARCHITECTURAL

Fig. 6 : Maquette de concours. Jordi Garcès architecte, 2012.

des façades du palais, qui reste un édifice d'une très grande cohérence.

Le palais de justice de Strasbourg est un édifice structurant dans la *Neustadt*, non seulement parce qu'il constitue un élément d'articulation entre ce nouveau secteur urbain et la ville médiévale, mais aussi parce qu'il est révélateur de la circulation des modèles architecturaux des deux côtés du Rhin. Gageons que la réhabilitation en cours préservera les caractéristiques architecturales — rigoureuses et savamment ordonnancées — de l'édifice, tout en améliorant sa fonction — rendre la justice — au travers d'une adjonction résolument ancrée dans le temps présent.

---

341 Notamment le code de procédure civile (1806) et le code d'instruction criminelle (1808).
342 Klemens KLEMMER, Rudolf WASSERMANN et Thomas Michael WESSEL, *Deutsche Gerichtsgebäude : von der Dorflinde über den Justizpalast zum Haus des Rechts*, s. l., Beck, 1993, p. 28.
343 Le *Landesgericht* sera transféré dès 1883 dans l'ancienne gare, inoccupée depuis la construction de la nouvelle gare. Une partie des locaux de la rue de la Nuée-Bleue furent attribués au conseil supérieur de l'éducation (*Kaiserlicher Oberschulrath*). Administration d'Alsace-Lorraine , « Vorlage Nr. 76, betreffend die miethweise Ueberlassung eines Theiles der Räume im hiesigen Landgerichtsgebäude, welche der Abtheilung für Justiz und Kultus des Kaiserlichen Ministeriums überlasse waren, an den Kaiserlichen Oberschulrath », 18 novembre 1887 (archives départementales du Bas-Rhin, 84 AL 4714).
344 Johann Karl OTT (1846-1917) était architecte de la ville de Strasbourg depuis 1886, poste auquel il avait succédé à J.-G. Conrath, auteur du plan d'extension de 1878. Niels WILCKEN, *Architektur im Grenzraum. Das öffentliche Bauwesen in Elsass-Lothringen (1871-1918)*, Saarbrücken, Institut für Landeskunde im Saarland, 2000, p. 195.
345 *Memorandum* édité au Ministère d'Alsace-Lorraine, département de la Justice et des Cultes, Strasbourg, G. Fischbach, 19 septembre 1898, p. 3.
346 Le bâtiment abritait alors une partie de l'*Amtsgericht*. Niels WILKEN, *op. cit.*, 2000, p. 195.
347 *Ibid.*
348 *Bürgermeisteramt der Stadt Strassburg. Baugebühren-Schein*, n° 722, janvier 1895 (archives de Strasbourg, 801 W 113).
349 Les matériaux sont amenés par voie d'eau jusqu'au *Stadtgraben Kanal* et transportés par wagonnets sur rail jusqu'au chantier.
350 Anonyme, « Die Feier der Eröffnung des neuen Gerichtsgebäudes in Strassburg », *Strasburger Correspondenz*, n° 106, 19 septembre 1898, p. 1.
351 Les lampes à arc des salles d'audience furent toutefois rapidement remplacées des lampes à incandescence « en raison du fort bruit inévitable lors du raccordement aux lignes de courant triphasé de la centrale électrique ». *Memorandum*, *op. cit.*, 1898, p. 8.
352 *Palais de Justice de Strasbourg. Aménagement des combles en bureaux. Notice de présentation et description*, mais 1976, archives de Strasbourg. Le chantier a lieu entre 1978 et 1979.
353 *Der Stil in den technischen und tectonischen Künsten oder Praktische Ästhetik*, 1860-1863, cité par KLEMMER, WASSERMANN, WESSEL, *op. cit.*, 1993, p. 38.
354 *Ibid.*
355 *Ibid*, p. 62.
356 Niels WILKEN, *op. cit.*, 2000, p. 195. Voir LANDAUER, « Gerichtshäuser, Straf — und Besserungs — Anstalten », dans *Gebäude für Verwaltung, Rechtspflege und Gesetzgebung ; Militärbauten*, sous la direction de F. BLUNTSCHLI, Darmstadt, A. Bergsträsser, 1887 ; *Handbuch der Architektur ; Entwerfen, Anlage und Einrichtung der Gebäude*, demi-volume n° 7, partie 4.
357 Anonyme, *Album national : France, Algérie, Colonies. Voyage à travers la France et son empire colonial*, Paris, L. Boulanger, s. d. [ca. 1900], p. 888.
358 Association française pour l'histoire de la justice, *La justice en ses temples : regards sur l'architecture judiciaire en france*, Paris/Poitiers, Errance, Brissaud, 1992, p. 71.
359 Werner SZAMBIEN, « Architecture parlante, architecture à caractère, architecture écrite », *Interférences*, Université de Rennes, 1988, p. 59-64.
360 Klemens KLEMMER, Rudolf WASSERMANN et Thomas Michael WESSEL, *Deutsche Gerichtsgebäude : von der Dorflinde über den Justizpalast zum Haus des Rechts*, s. l., C.-H. Beck, 1993, p. 28.
361 Dominique TOURSEL-HARSTER, Jean-Pierre BECK et Guy BRONNER (dir.), *Dictionnaire des Monuments Historiques d'Alsace*, Strasbourg, La Nuée Bleue, 1995, p. 515.

LE STYLE NÉOMÉDIÉVAL DANS L'ARCHITECTURE PRIVÉE

Emmanuel Fritsch

Dans la *Neustadt* de Strasbourg, les maîtres d'œuvre attribuèrent le plus souvent aux immeubles d'habitation des styles historicistes ou éclectiques. Le contre-feu à ces échos de styles anciens que constituèrent l'Art nouveau et le *Jugendstil* ne fut que de paille ; il n'étouffa aucunement les flammes du pastiche qui continua de se manifester aux côtés des tendances nouvelles avant de leur survivre, répondant certainement à la demande du plus grand nombre.

Durant les premières décennies de la construction des nouveaux quartiers de la *Neustadt*, les maîtres d'œuvre optèrent de façon privilégiée pour le néo-Renaissance et, dans une moindre mesure, pour le néobaroque, rares étaient les constructions inspirées de l'architecture médiévale. Ainsi, en dehors de quelques édifices religieux l'architecture romane n'y servit qu'exceptionnellement de référence. Le presbytère situé au 7, rue Saint-Léon, dont la construction suivant le projet d'Émile Dacheux fut achevée en 1895, est un des rares exemples d'immeubles d'habitation se voulant entièrement néoromans, mais dans ce cas précis, ce style ne fut adopté que par souci d'unité avec l'église voisine à peine construite. Le roman était trop attaché à l'architecture religieuse dans l'esprit des maîtres d'œuvre ou des maîtres d'ouvrage pour être porté sur des immeubles d'habitation.

Les immeubles néogothiques sont davantage présents. Ni le cadre étroit de cette contribution ni l'état d'avancement du travail mené dans la *Neustadt* par le service de l'inventaire ne permettent une étude de l'architecture néogothique dans cette partie de la ville, aussi se contentera-t-on de privilégier ici les réalisations d'un architecte, Gottlieb Braun, correspondant aux immeubles d'habitation d'inspiration médiévale

Fig.1 : Immeuble du 2, rue Saint-Arbogast.

les plus marquants de l'époque à Strasbourg, avec l'espoir que les éclairages ponctuels proposés ci-après mettront en évidence quelques pistes de recherches. De fait, le corpus d'immeubles néogothiques de la *Neustadt* ne s'avère guère plus important puisqu'on a choisi d'exclure, d'une part, les constructions présentant une hétérogénéité stylistique (pour cause de méconnaissance du gothique ou de choix délibéré de la part du concepteur)[362], d'autre part, celles, assez nombreuses, qui sont exclusivement ou principalement empreintes d'un style gothique tardif[363], le plus souvent mâtiné d'éléments néo-Renaissance (germanique surtout), car ce choix, visant souvent avant tout à conférer à l'immeuble un caractère pittoresque, nous paraît relever d'autres ressorts.

Avant d'aborder les constructions de Gottlieb Braun, évoquons le premier immeuble d'habitation de style néogothique édifié dans la *Neustadt*. Il se situe au 2, rue Saint-Arbogast. Sa construction, d'après un projet d'Heinrich Backes de 1895, fut achevée en 1896. La façade principale de cet immeuble de trois étages présente un ordonnancement symétrique (fig. 1) ; les références au style gothique s'y concentrent sur la porte principale et sur les travées latérales, où le mode de superposition des balcons en grès des premier et deuxième étages n'est pas sans évoquer des oriels. L'influence de l'architecture italienne de transition entre le roman et le gothique est perceptible, en particulier sur la porte, abritée sous un gâble appuyé sur deux colonnettes et dotée d'un tympan ajouré d'une rosace, et dans l'alignement de baies du dernier étage, où le carrelage remplace toutefois les mosaïques qui agrémentaient les espaces entre les baies de résidences palatiales italiennes. Les formes de fenêtres, en revanche, sont plutôt inspirées du XVIe siècle germanique.

Les trois immeubles néogothiques de Gottlieb Braun présentent un caractère ostentatoire nettement plus marqué.

21, avenue de la Liberté

Dans l'état actuel des connaissances, cet immeuble résulte du plus ancien projet d'immeuble d'habitation néogothique de la *Neustadt*, même si sa construction fut achevée après celle de l'immeuble que Backes proposa quelques mois plus tard (cf. *supra*). En mai 1895, Braun dessina pour Joseph Reis, dirigeant d'une tuilerie, le projet d'immeubles à bâtir à l'angle de la rue dite *Kaiser-Wilhelm-Straße*, actuelle avenue de la Liberté, et du quai Koch. Considérant que le projet n'était pas recevable, le service d'architecture de la ville demanda au propriétaire de prendre contact avec Carl Schäfer, architecte[364] à Karlsruhe, afin qu'il suggère des modifications aux dessins de façades. Ce dernier déclara que dans tous ses aspects, l'architecture proposée par Braun était insuffisamment aboutie avant d'envoyer, avec beaucoup de retard par rapport à ses engagements, non pas des propositions de modifications de détails, comme convenu, mais un nouveau projet. Reis, déjà irrité par le retard du professeur-architecte, le rejeta, d'autant qu'il ne tenait aucun compte des fondations déjà construites. Suite à ces déconvenues, il demanda de pouvoir revenir aux plans dressés par Braun, ce que la commission de construction de la ville accepta, sous réserve qu'une autre hauteur fût donnée à l'édifice, arguant qu'un immeuble d'angle était important pour l'aspect de la ville. Après délivrance du permis de construire en mars 1896, les travaux déjà entrepris par la *Straßburger Baugesellschaft* purent reprendre. Ils s'achevèrent en 1898. En définitive, sur les deux façades de l'immeuble, on ne constate pas de différences importantes avec le projet de Braun de 1895, ce qui confirme que les propositions de Schäfer ne furent pas prises en considération.

L'immeuble, de trois étages, est en briques et en grès, sa toiture en ardoise (fig. 2). Son imposant massif à l'angle, dont la toiture est surmontée d'une petite terrasse, évoque une tour. Flanqué de deux ailes sur l'avenue de la Liberté et sur le quai Koch, il présente un pan coupé sur lequel se greffe un oriel de plan polygonal, de forme élancée, coiffé

Fig. 2 : Immeuble du 21, avenue de la Liberté.

d'une flèche à lanternon. Sur la façade orientale prend place un second oriel, de plan rectangulaire, surmonté d'une terrasse, et à son extrémité nord, un pignon redenté arbore une table comportant une inscription allemande en caractères gothiques sculptés en relief méplat, rappelant la date de construction. Devant la façade sud, un jardinet est enclos par une grille en fer forgé néogothique et par un muret imitant une balustrade gothique. La riche sculpture ornementale des façades sur rue offre aussi des motifs courants de l'architecture gothique, le décor du couronnement de l'oriel d'angle n'étant pas sans rappeler l'art gothique chargé de la Bohême. Elle est complétée par quelques sculptures figurées : trois gargouilles et deux têtes en haut-relief (d'un homme et d'une femme). Les appartements sont somptueusement ornés de lambris, de parquets marquetés et de riches stucs polychromes de style néogothique[365].

Une tradition orale confère à cet immeuble un intérêt historique particulier qui n'a jusqu'à présent pu être attesté : un de ses logements aurait été occupé par le *Kronprinz* Guillaume de Hohenzollern, dit Guillaume de Prusse, qui aurait fréquenté une loge maçonnique située au dernier étage de l'immeuble. Ni cette présence du dernier prince héritier de l'empire allemand ni l'existence d'une loge maçonnique n'ont pu être vérifiées, néanmoins, ces propos paraissent plausibles, en particulier au vu des décors peints et stuqués du vestibule d'entrée. Selon un ancien propriétaire, il se trouvait il y a quelques années encore, une importante concentration d'emblèmes maçonniques au dernier étage, ce qui plaiderait bien pour l'existence d'une loge à cet endroit. Quoi qu'il en soit, l'éclat du décor intérieur n'est sans doute pas étranger à cette tradition orale ; on ne prête qu'aux riches...

7, rue Paul-Müller-Simonis et 28, rue Schweighæuser

Ces deux immeubles construits dans la foulée du premier utilisent le même langage décoratif que lui mais de façon moins opulente. Le premier, à trois étages, fut construit de 1896 à 1898 par l'entrepreneur Adam Bürkmann suivant un projet de Braun de 1896. À gouttereau sur rue, il présente, comme le précédent, une façade en brique jaune et en grès, mais l'architecte retint cette fois un parti de symétrie, à l'exception de la porte d'entrée, située à gauche, et du balcon qui la surmonte (fig. 3). Un oriel de plan rectangulaire se détache sur le léger avant-corps central de la façade, percée de fenêtres à simples ou doubles meneaux. Un fronton, mal proportionné depuis la disparition d'une partie de son décor (fig. 4), forme comme un dorsal sur la terrasse qui coiffe l'oriel. On retrouve aussi les garde-corps de balcon ou de terrasse en grès, ajourés de trilobes ou de quadrilobes. L'intérieur est agrémenté d'un décor néogothique présentant des points communs avec celui de l'immeuble précédent, par exemple

LE LANGAGE ARCHITECTURAL

les mêmes emblèmes de métiers du bâtiment au plafond du vestibule d'entrée, et, dans l'appartement visité, un décor de lambris et de stucs néogothiques de belle facture, même s'il est tout de même moins opulent que celui de l'immeuble précédent.

Le projet de l'immeuble de la rue Schweighæuser fut quant à lui soumis à la police du bâtiment en 1897 par l'architecte et la construction suivit de 1898 à 1899. Bien qu'il ne comporte que deux étages, il rappelle fortement le premier immeuble de Braun par son oriel d'angle de plan polygonal, sa toiture en ardoise et l'emploi de grès rouge. En revanche, les formes de baies diffèrent de celles des deux autres immeubles, celles du rez-de-chaussée étant d'ailleurs plutôt fantaisistes (fig. 5). Les détails sont encore une fois soignés, telles les menuiseries de fenêtres, la porte principale, et jusqu'à la quincaillerie (entrée de serrure, sonnettes...). L'intérieur n'a malheureusement pas pu être visité.

Fig. 3 : Immeuble du 7, rue Paul-Müller-Simonis.

Fig. 4 : Projet de la façade antérieure du 7, rue Paul-Müller-Simonis, par Gottlieb Braun. AVCUS.

respectivement construites de 1892 à 1897 et de 1895 à 1899, et l'hôtel des postes, édifié de 1896 à 1899. Il convient aussi de mentionner l'importante campagne de restauration de l'église protestante Saint-Pierre-le-Jeune, menée de 1897 à 1901 par l'architecte Carl Schäfer, déjà cité, car elle comportait d'importantes adjonctions néogothiques.

Pour les édifices religieux, depuis la redécouverte du gothique quelques décennies auparavant, on continuait de privilégier ce style, considéré comme le « style chrétien » par excellence. En revanche dès lors qu'on évoque les édifices publics, à Strasbourg, le choix du néogothique se limite à l'hôtel des postes et cette nouveauté ne suscita pas d'engouement ; ce « palais néogothique » resta à cet égard un *unicum* à Strasbourg. On ne reviendra pas ici sur les fondements du choix stylistique de ces constructions, déjà abordés maintes fois[366].

Malgré cette concentration, la maigreur du corpus atteste qu'il ne se produisit pas, en ce XIXe siècle finissant, un phénomène de reprise du style néogothique. Tout au plus pourrait-on considérer que certains des édifices monumentaux dont il a été question précédemment constituèrent une stimulation esthétique pour de rares maîtres d'œuvre et pour quelque maître d'ouvrage, avec peut-être, dans certains cas, une volonté de se démarquer en se départissant des styles néo-Renaissance et néobaroque omniprésents, tout en demeurant dans la citation, valorisante à bien des égards.

Fig. 5 : Immeuble du 28, rue Schweighæuser.

L'impact de grands chantiers ?

Ces quatre immeubles furent édifiés pendant un laps de temps très réduit : la seconde moitié des années 1890. À peine avant ou concomitamment avaient débuté les chantiers de construction d'édifices monumentaux de style néogothique dans la *Neustadt*, à savoir les deux églises de garnison, Saint-Paul et Saint-Maurice,

Les acteurs du choix stylistique

À travers les quatre réalisations évoquées, on peut tenter de déterminer le poids des intervenants en matière de choix stylistique. Relevait-il davantage de la suggestion par les maîtres d'œuvre ou d'exigences formulées par les commanditaires ?

L'immeuble de la rue Saint-Arbogast est la première réalisation de l'architecte Heinrich Backes (1866-1931) dans la *Neustadt*. Étant donné que cet architecte semble ne s'être nulle part ailleurs inspiré de l'architecture gothique, on serait tenté d'attribuer le choix du style au commanditaire, Paul Arndt. Cependant, ce dernier fit aussi construire d'autres immeubles, mais aucun suivant cette inspiration, ce qui empêche d'invoquer une prédilection pour le néogothique de sa part. Tout au plus pourrait-on supposer qu'il cherchait par là à montrer l'éclectisme de ses goûts et de la sorte, sans doute, à afficher sa culture.

L'architecte Gottlieb Braun demeure malheureusement pour l'instant relativement insaisissable : sa formation et même son origine nous échappent. Il est absent des fichiers domiciliaires entre 1875 et 1920[367] alors qu'il résida à Strasbourg au moins un quart de siècle : de 1889, date de son plus ancien projet connu à ce jour (une usine, disparue), à 1914, année de sa dernière apparition dans un annuaire d'adresses de la ville[368]. Si l'on en juge par la relative modestie des immeubles où il habita, principalement dans le secteur de la rue du Faubourg-de-Pierre dans laquelle il installa son bureau vers 1897, son activité professionnelle ne fut pas des plus lucratives. À ce jour, on lui connaît une quinzaine de réalisations dans la *Neustadt*, jusqu'en 1901 seulement[369], bien que sa présence en tant qu'architecte à Strasbourg soit mentionnée dans les annuaires jusqu'en 1914[370].

S'il adopta des styles historicistes différents, il semble avoir préféré l'art gothique et c'est incontestablement grâce à ses trois immeubles néogothiques qu'il laissa une trace dans le paysage de la *Neustadt*, ses autres immeubles et villas (surtout néo-Renaissance et néo-XVIIIe siècle) étant relativement banals. Un autre indice conforte cette impression : la présence, dans un écu au revers de la porte d'entrée du 21, avenue de la Liberté, d'une marque d'architecte ou de tâcheron à la mode gothique à la fin d'une inscription peinte en lettres d'or, évidemment en caractères gothiques : « *Erbaut / 1896-1898 / von J. Reis / durch Gottlieb Braun / Architekt* ». Ce signe paraît révélateur d'un souci de fidélité, ou du moins d'inscription dans une continuité par rapport aux bâtisseurs du Moyen Âge, associés, dans l'imaginaire collectif, à un noble savoir-faire. Comme eux d'ailleurs, il prêtait une grande attention au second œuvre, sollicitant des artisans talentueux (pour les portes à panneaux sculptés « en plis de serviette », les boiseries, grilles, stucs, etc.), apparemment à chaque fois les mêmes. Mais même si certains points communs se dégagent sur les trois immeubles, que ce soit pour les oriels d'angle (plan et partie supérieure) ou en matière de décor, il ne récita pas une formule mais prit pour chaque immeuble des options différentes, tant dans le domaine de l'architecture que dans celui du décor.

Autant d'aspects qui incitent à penser que ce fut lui qui influa sur le style des trois immeubles dont il a été question plutôt que leurs commanditaires respectifs.

Les limites du néogothique de Backes et de Braun

Nous avons exclu d'emblée de notre corpus des réalisations par trop hétérogènes, celles qui manquaient de rigueur au point de vue archéologique, celles enfin qui empruntaient principalement au gothique tardif. À l'instar de l'immeuble de Backes, les réalisations néogothiques de Braun n'étaient pas complètement exemptes de ce que nous avons considéré comme des caractéristiques rédhibitoires. En effet, bien que les deux architectes aient fait montre de connaissances étendues du répertoire décoratif gothique, aucun de leurs immeubles n'adopta un style strictement homogène, mêlant pour le moins des éléments décoratifs du premier gothique à d'autres inspirés du gothique flamboyant, surtout pour la forme des oriels et des fenêtres. Par exemple l'immeuble de l'avenue de la Liberté présente une dominante de la fin du XVe siècle, mais de nombreux éléments décoratifs se réfèrent au XIIIe siècle. Par ailleurs, il leur arriva de puiser pour un même immeuble des références dans des aires géographiques différentes. Enfin, l'un comme l'autre s'autorisa, parmi des citations multiples, quelques rares éléments non archéologiques. Lacunes dans leurs connaissances du style ou fantaisies à visée pittoresque ? S'agissait-il là des défauts pointés par Schäfer pour le premier immeuble de Braun ?

Comme les édifices religieux et publics ayant adopté le style néogothique (mais cela vaut aussi pour les autres styles), les immeubles d'habitation évoqués présentent une modénature et un décor néogothiques, mais leurs plans demeurent ceux de constructions adaptées aux besoins du temps et ne se différencient pas de ceux d'immeubles dont les façades relevaient d'autres inspirations. Leurs élévations montrent que les architectes n'usèrent pas d'un langage gothique articulé, mais déclinaient un vocabulaire gothique qu'ils maîtrisaient de par leur formation, suivant une syntaxe de l'accumulation. Ainsi, ici comme ailleurs, l'historicisme se niche d'avantage dans le décor que dans l'architecture, juxtaposant des éléments appartenant à un style sans réellement le traduire vraiment d'un point de vue global. L'époque, les moyens et les souhaits des commanditaires appelaient peut-être cette surcharge démonstrative, mais reste-t-il légitime de parler dans ce cas d'architecture néogothique ?

Les moyens des commanditaires

Théodore Rieger évoqua à plusieurs reprises le coût prohibitif d'une construction de style néogothique[371]. Cette affirmation nous semble devoir être nuancée car on tendrait plutôt à penser que c'était la quantité et la qualité du décor qui entraînait une augmentation substantielle du prix, et ce quel que fût le style choisi. Et c'est à cet égard que les réalisations retenues ici furent coûteuses, surtout celles de Gottlieb Braun, chargées de sculptures et présentant de plus un riche décor intérieur. Leurs commanditaires devaient donc tous jouir d'une situation financière confortable.

Paul Arndt, maître d'ouvrage du 2, rue Saint-Arbogast, était secrétaire au chemin de fer, terminologie qui ne doit pas induire en erreur : il s'agissait d'un poste de direction important. Il avait déjà fait construire en 1887 un immeuble et fit dresser un projet pour un autre en 1901. Pouvoir faire construire à peu d'intervalle de temps plusieurs immeubles nécessitait des moyens financiers importants.

Joseph Reis, qui fit construire le 21, avenue de la Liberté, était quant à lui propriétaire d'une importante tuilerie : l'*Elsässische Kalk & Ziegelfabrik*[372]. Il est probable que la construction de la ville neuve à Strasbourg ait procuré de nombreuses commandes à son entreprise. On aurait pu déduire de cette activité professionnelle que Reis était l'initiateur du décor d'emblèmes de métiers du bâtiment agrémentant le plafond du vestibule d'entrée du 21, avenue de la Liberté, mais il n'en est rien puisqu'un décor semblable se trouve au 7, rue Paul-Müller-Simonis, dans un immeuble commandité par un individu qui ne travaillait pas dans ce domaine. Ces motifs doivent-ils être mis en relation avec la franc-maçonnerie, comme cela a déjà été fait ? Cela paraît un peu hâtif... On y voit plutôt une ornementation soumise par l'architecte, en rapport avec les bâtisseurs dont il se voulait l'héritier. En tout cas, les propositions de Braun convenaient apparemment à Reis qui formula implicitement sa préférence pour le projet initial par rapport à celui de Schäfer, disant du second qu'il ne convenait ni à ses plans, ni à ses goûts.

Il est plus difficile de se prononcer au sujet de la situation des commanditaires des autres immeubles : Jakob Herbertz était *Rentmeister* et il habita durablement dans l'immeuble de la rue Paul-Müller-Simonis. Quant à J. Acker, commanditaire du 28, rue Schweighæuser, elle était veuve, mais on n'a jusqu'à présent pas eu le loisir de chercher de qui.

En observant ses autres réalisations dans la *Neustadt*, on est en droit de penser que c'est pour les trois immeubles néogothiques que Braun eut affaire aux commanditaires les plus aisés, ou du moins à ceux qui consacrèrent la somme la plus importante à la construction souhaitée.

Conclusion : une conjonction d'intérêts

La veine néogothique fut donc très peu explorée dans l'architecture des immeubles d'habitation de la *Neustadt* ; sa première manifestation, sur l'actuelle avenue de la Liberté, pourrait avoir été influencée par la proximité du chantier de construction de l'église Saint-Paul. Le fait que les immeubles néogothiques de la *Neustadt* se résument quasiment aux réalisations d'un seul architecte a laissé penser, avec d'autres indices, que celui-ci eut une part prépondérante dans le choix stylistique des immeubles qu'il projeta et on pourrait imaginer que celui qu'il signa sur « l'axe impérial » produisit un effet d'appel, séduisant par sa singularité les commanditaires des futurs 7, rue Paul-Müller-Simonis et 28, rue Schweighæuser.

En un temps où les facteurs nationaux étaient déterminants, le lien du gothique à la « germanité », conception développée par certains théoriciens (Gœthe déjà), a-t-elle pesé sur les options prises par cet architecte ? Les emblématiques châteaux néogothiques de Hohenzollern et de Lichtenstein peints sur les murs du vestibule de l'immeuble de l'avenue de la Liberté seraient-ils révélateurs de cette adhésion ? Cela paraît douteux ; si ce choix d'un Moyen Âge national avait existé, le nombre d'immeubles néomédiévaux aurait été bien plus important à Strasbourg, en un temps où les revendications identitaires étaient particulièrement prégnantes. Ce choix marginal doit plutôt être considéré comme le produit d'une conception nostalgique, esthétisante de l'architecture et du métier d'architecte, idée peu partagée car dans le contexte de très forte demande de constructions, les maîtres d'œuvre devaient plutôt faire preuve de pragmatisme, voire d'opportunisme. Fortuitement se produisit là une convergence entre le goût pour l'architecture gothique d'un architecte et la stratégie d'exhiber d'une manière théâtrale leur réussite sociale de quelques commanditaires.

Si les constructions de Braun séduisent encore aujourd'hui, c'est sans doute en raison de la richesse de leur décor, mais on apprécie aussi, à l'instar de Guillaume II devant les plans du futur hôtel des postes, le contraste qu'elles offrent par rapport à leur environnement architectural, principalement inspiré par la Renaissance, rupture qui constitue un signe avant-coureur d'une tendance de l'historicisme qui se développa peu après à Strasbourg, que d'aucuns ont appelé, d'une façon qui nous paraît peu satisfaisante, le pictorialisme, et que nous nous contenterons ici de qualifier de goût pour le pittoresque.

---

[362] Par exemple les immeubles des 55, allée de la Robertsau (1898) et 5, rue Stimmer (1906). Sauf autre précision, les informations historiques concernant les immeubles sont issues des dossiers de la police du bâtiment déposés aux archives de la ville et de la communauté urbaine de Strasbourg (désormais archives de Strasbourg).
[363] Par exemple l'immeuble du 17, rue de Molsheim (1904).
[364] « *Oberbaurat* ». La correspondance concernant cet immeuble montre que le choix de Carl Schäfer (1844-1908), architecte et professeur d'architecture médiévale reconnu mais tenant majeur du néogothique tardif en Allemagne souvent contesté, reposait sur des liens amicaux existant entre le maire Otto Back et lui. Il se vit confier en 1895 l'importante restauration de l'église Saint-Pierre-le-Jeune protestante.
[365] L'intérieur et même les parties communes ne peuvent malheureusement être illustrés ici, les propriétaires de l'appartement visité ne le souhaitant pas.
[366] Voir à ce sujet la contribution d'Anne-Marie Châtelet, Élisabeth Paillard et Jean-Philippe Meyer dans le présent ouvrage.
[367] Archives de Strasbourg, 601 MW 46 (1875-1900/05) et 602 MW 84 (1900/05-1920).
[368] Il ne figure pas dans l'annuaire de 1888, mais bien dans le suivant, de 1890. Après 1914, pour cause de guerre, les annuaires d'adresses de Strasbourg ne parurent plus jusqu'en 1919, date à laquelle le nom de l'architecte n'apparaît plus.
[369] Le dépouillement des dossiers de la police du bâtiment effectué par le service de l'inventaire et le site www.archi-strasbourg.org ont permis de repérer dans la *Neustadt* une usine, treize immeubles et deux villas construits sous ses projets.
[370] L'annuaire de 1914 mentionne aussi à l'adresse de son agence un architecte du même nom, prénommé Karl, probablement un parent (son fils ?).
[371] Sans citer la source de cette affirmation, par exemple dans Théodore RIEGER, « La capitale du *Reichsland* », dans Jean-Pierre KLEIN *et al.*, *Strasbourg : urbanisme et architecture des origines à nos jours*, Strasbourg, Oberlin, Woippy, Gérard Klopp, s. l., Difal, 1996, p. 266.
[372] Société qui s'appelait auparavant *Reis & Bund*. Les tuileries Reis et Bund se situaient sur les territoires de Souffelweyersheim et d'Hœnheim. Elles furent fondées en 1872, avec usines à Souffelweyersheim et Hœnheim, selon Jean-Pierre ZEDER, *Hœnheim autrefois*, t. 2, Strasbourg, Oberlin, 1989, p. 42.

L'ARCHITECTURE DU XVIIIᵉ SIÈCLE À STRASBOURG : PALAIS ROHAN, HÔTELS PARTICULIERS ET DEMEURES BOURGEOISES

Élisabeth Loeb-Darcagne

Après trente ans de misères indicibles et de dévastations, l'Alsace exsangue devenait française. La paix avait été signée le 24 octobre 1648 à Münster et Osnabrück. Les traités de Westphalie ne changeaient rien pour Strasbourg qui était exclue de la « satisfaction française » et restait ville libre immédiate d'Empire. La République affaiblie s'installait pour des années dans une prétendue neutralité. Le 27 septembre 1681, on sonna le tocsin ! Le baron de Montclar avait regroupé quelque 30 000 hommes aux portes de la ville. Le 30 septembre, une commission des conseils rédigea les articles de la capitulation soumise au roi et, en marge du premier, le marquis de Louvois fit placer une apostille : « le Roi reçoit la ville de Strasbourg et toutes ses dépendances en sa royale protection ». Le même Louvois adressait au monarque le message suivant : « Sire, Strasbourg est à vous ! ». Après sept siècles d'appartenance au Saint Empire romain germanique, Strasbourg devenait « ville libre royale », perdait son indépendance, sa liberté, son arsenal, ses milices, sa monnaie, et sa cathédrale était rendue au culte catholique. Elle conservait cependant sa constitution, son gouvernement, son administration, son université, la douane, l'hôpital. Elle était exemptée d'impôts royaux et ses habitants disposaient de la liberté de culte et de conscience. Le 20 octobre, le prince évêque François-Egon de Furstenberg faisait son entrée dans une sorte de char triomphal suivi d'un long cortège pour prendre possession de son église. Trois jours plus tard, le roi faisait à son tour son entrée dans son carrosse doré et assistait le lendemain en la cathédrale à un *Te Deum* pour affirmer « l'alliance intime du trône et de l'autel ».

Les premiers objectifs de la politique royale dans la ville libre française furent d'ordres religieux et militaire. On s'attaqua à la conversion au culte catholique des familles protestantes les plus en vue et à l'alternative des fonctions dans le gouvernement et les conseils entre les deux confessions qui favorisa la venue de nombreux immigrés d'outre-Vosges. Une puissante garnison de près de 6 000 hommes s'installa pour laquelle la ville dut construire nombre de casernes. Les maîtres maçons locaux collaborèrent avec les ingénieurs militaires qui les influencèrent. Les façades de moellons ou de briques crépies étaient encadrées et divisées par des chaînages verticaux, des bandeaux horizontaux, des corniches et des chambranles de grès rouge. Ainsi furent bâtis les quartiers de Saverne (1711), celui des Pêcheurs (1730), de la Finkmatt (1751-1760) et plus tard de Saint-Nicolas (1780-1784). La première entreprise de Vauban, ingénieur ordinaire du roi, arrivé en toute hâte dès octobre 1681, accompagné de son disciple Jacques Tarade, fut de construire à l'est, entre la ville et le Rhin, une citadelle de plan polygonal qui concentrait toute la défense. Quelque trois mille terrassiers furent embauchés et, pour approvisionner en pierres ces chantiers, le canal de la Bruche fut aménagé jusqu'aux carrières de grès vosgiennes. L'espace *intra-muros* s'agrandit, passant de 202 à 232 ha. La cité comptait alors près de 23 000 habitants.

Lorsque la citadelle fut achevée en 1692, Vauban donna les plans d'un vaste hôpital militaire. Enfin on modernisa les fortifications médiévales et Renaissance en élevant de 1686 à 1700 la Grande Écluse, pont casemate de treize arches qui enjambait l'Ill en amont de ses divisions et permettait d'inonder le front sud-ouest de la ville en cas de siège. Le plan en relief que l'ingénieur La Devèze réalisa en 1727 montre aujourd'hui la citadelle disparue en 1870, les aménagements des fortifications

Fig. 1 : 25, rue de la Nuée Bleue, hôtel d'Andlau ou Prévôté du Grand Chapitre, 1732-1734.

à la fin du XVIIe siècle et nous donne une idée précise du tissu urbain avant les nombreuses constructions qui allaient suivre.

Entre 1717 et 1725, François-Rodolphe Mollinger, fils d'architecte qui avait été formé à Paris par de la Hire et à Berlin par Andreas Schlüter, reconstruisit l'hôpital détruit par un incendie. Il adossa à l'enceinte du Moyen Âge, en respectant les parties épargnées par le feu, le nouvel édifice qui s'incurve sur 150 m de long. Sur sa façade de brique crépie, haute de trois étages séparés par des bandeaux de pierre, s'ouvrent de nombreuses baies encadrées de grès rouge. Mollinger couvrit le bâtiment d'un immense comble à quatre étages de lucarnes, chef-d'œuvre de charpente. L'architecte s'inspira de l'hôpital militaire édifié une vingtaine d'années plus tôt mais resta fidèle aux traditions du Moyen Âge et de la Renaissance, et la longue façade, par son irrégularité et son asymétrie, reste plus pittoresque que classique. Mollinger et les services d'architecture de la République de Strasbourg réalisaient là la dernière construction « utilitaire ».

Après la capitulation, pendant près de cinquante ans, la physionomie de la ville ne changea guère. C'est autour des années 1725-1730 que la frénésie de bâtir se manifesta avec la réalisation de l'hôtel du prêteur royal Klinglin, de trois demeures princières, du palais épiscopal, du Grand Séminaire, de l'Aubette, d'une foule de demeures bourgeoises et d'immeubles simplement remaniés à la mode du jour, le tout commandité par d'éminents fonctionnaires princiers, épiscopaux, royaux, par un clergé nombreux et par les membres d'une nombreuse garnison et son corps d'officiers supérieurs. Tous voulurent rivaliser de goût et de luxe, aidés par la sécurité et la prospérité assurées. De 1750 à 1775, sur 3 600 maisons, plus de 1 500 furent construites.

Entre 1720 et 1735, quelques immeubles et leurs façades témoignent de l'association d'éléments architecturaux traditionnels comme l'oriel, emblématique de la Renaissance germanique, aux canons classiques du goût français.
Ainsi au 11, rue des Juifs, une façade du XIIIe siècle, remaniée en 1731, présente un oriel habillé d'éléments décoratifs Régence, ceinturé au premier étage d'un balcon à la française à l'élégante ferronnerie.

Au bord de l'Ill, 3, quai Saint-Thomas, à l'emplacement de l'hôtel du XVIe siècle des Boecklin de Boecklinsau, le négociant Weitz fit reconstruire en 1737 un immeuble qui témoigne de cette rencontre de la tradition locale et de la manière française. Sur une façade encadrée de chaînages à refends, à sept axes de fenêtres et à trois étages séparés par des bandeaux de grès, s'arriment deux oriels ou « balcons à l'allemande » dont la présence n'était plus admise depuis plusieurs années, mais que l'on tolérait quand il en existait dans la construction précédente. Ces deux oriels, supportés chacun par une paire de consoles, sont reliés par un balcon central ouvert dit « à la française » introduit à Strasbourg en 1730. Les grilles de fer forgé du grand et des petits balcons qui couronnent les oriels, en remplacement des clochetons effilés traditionnels, ainsi que les grilles de quatre baies du rez-de-chaussée, sont sobres et élégantes dans le goût Régence. Deux autres fenêtres ont des grilles en mirador caractéristiques du style Louis XIV, qui disparaîtront après 1740. Le toit brisé à la française est couvert de la tuile plate locale et s'ouvre de mansardes, mais aussi de lucarnes.

Au XVIe siècle, un hôtel Renaissance dont subsiste aujourd'hui encore un escalier à vis s'élevait 25, rue de la Nuée Bleue (fig. 1). Antoine d'Andlau, lieutenant-colonel de cavalerie, conseiller doyen du directoire de la noblesse de Basse Alsace et beau-frère du prêteur royal de Klinglin, fit appel pour la reconstruction de son hôtel à l'architecte de l'évêché de Wurzbourg, J.-M. Pfundstein, inscrit en 1743 à la tribu des maçons strasbourgeois. L'imposante façade qu'il réalisa, entièrement en grès, à trois étages séparés par des bandeaux, est rythmée par neuf axes de fenêtres et trois paires de pilastres à refends coiffés de consoles sculptées. Le corps central à trois baies aux linteaux cintrés, timbrés d'agrafes, est décoré de chutes de trophées au premier étage et surmonté d'un fronton triangulaire armorié à l'origine. Autant d'éléments d'architecture ou du décor correspondant aux canons du style Régence. En revanche, la présence des deux oriels dont le décor extérieur s'inspire du décor des boiseries intérieures, à la mode allemande, ainsi que la haute toiture pentue couverte de tuiles et percée de lucarnes, nous montrent que l'architecte franconien fut respectueux des usages. Il mêla ici les apports parisiens aux coutumes germaniques.

Il apparaît donc bien à travers ces trois exemples que, dans le premier tiers du XVIIIe siècle, des maîtres maçons originaires pour la plupart d'Allemagne, ou des architectes comme Mollinger formé à Berlin par Andreas Schlüter, Pflug originaire de Bamberg ou Pfundstein de Wurzbourg, ont su associer la modernité venue de Paris aux réminiscences gothico Renaissance locales dans une synthèse heureuse.

Apparaissent aussi au même moment, malgré le conservatisme ambiant, quelques immeubles de style Louis XIV.

L'hôtel Friedel, 11, rue de l'Épine, construit en 1731, adopte un plan en fer à cheval autour d'une cour carrée pavée qui s'ouvre par un portail flanqué de pilastres corinthiens encore très Renaissance. Les chambranles et encadrements de fenêtres moulurés sont à crossettes caractéristiques du style ludovicien.

Au 103, Grand'Rue, vers 1735-1740, les grilles en mirador du rez-de-chaussée présentent un savant treillage dont le décor s'inspire de l'ornemaniste Berain et de ferronnerie du « Grand Siècle ». Une première demeure princière fut élevée dès 1731 pour le doyen du grand chapitre de la cathédrale, Frédéric de la Tour d'Auvergne, prince de Turenne, par Auguste-Malo Saussard, architecte des bâtiments du roi, qui reprend ici le type parisien de l'hôtel construit entre cour et jardin. L'hôtel du Grand Doyenné de style Régence présente côté jardin une façade à un étage et onze axes de fenêtres aux linteaux légèrement arqués. Le ressaut central surmonté d'un fronton triangulaire est précédé d'une terrasse arrondie à deux volets d'escaliers. Les murs bicolores sont en briques crépies, le grès rouge régnant aux encadrements de fenêtres, chaînages à refends et bandeaux entre les étages. Le comble est brisé à la française, mais toujours couvert de la tuile locale.

En 1730-1736, l'hôtel du prêteur royal François-Jacques de Klinglin n'est pas une demeure princière mais peut, par sa somptuosité, y être associé. Originaire de Bamberg, Jean-Pierre Pflug construisit un hôtel entre cour et jardin dont la façade sur cour en hémicycle, flanquée de pavillons latéraux, est à deux niveaux. Elle présente un ressaut central surmonté d'un fronton entièrement en pierre de taille, comme la façade sur l'Ill ou sur jardin, à deux étages et à treize axes de fenêtres, divisée par trois légers ressauts coiffés au centre d'un fronton triangulaire et latéralement de frontons curvilignes, et par des chaînages à refends. L'hôtel qui fut très endommagé par

Fig. 2 : 9, rue Brûlée, hôtel de Hanau-Lichtenberg, de Hesse-Darmstadt, 1731-1736, actuel hôtel de Ville, façade sur cour.

les obus de 1870 présentait à l'origine, comme le voulait la tradition, un comble à lucarnes plus haut. L'ordonnance est bien française et l'hôtel de Klinglin, qui devint l'hôtel de l'Intendance, est un bel exemple de style Régence strasbourgeois.

Mais le grand chantier du milieu du XVIIIe siècle fut celui du palais Rohan dont le commanditaire Armand-Gaston de Rohan-Soubise avait été nommé évêque de Strasbourg en 1704 (fig. 2). Le grand prélat fut tout d'abord préoccupé par la construction de son hôtel parisien par Delamair. C'est en 1727 qu'il fit appel pour sa résidence

Fig. 3 : Palais Rohan, 1732-1742, façade sur cour.

strasbourgeoise à Robert de Cotte devenu, à la mort de son beau-père Jules Hardouin Mansart, premier architecte du roi. Âgé de 71 ans, il était au faîte de sa gloire et passait pour être le maître dans l'art de « distribuer » les appartements. La demeure épiscopale médiévale abandonnée depuis des siècles et inhabitable fut rasée, le terrain exigu et irrégulier fut aménagé et la déclivité vers le bras de l'Ill remblayée. Le plan d'hôtel entre cour et jardin devint ici atypique, une terrasse méridionale remplaçant le jardin et le verger du Moyen Âge. Le palais côté nord s'ouvre sur la place par un portail en arc de triomphe flanqué de colonnes jumelées baguées à bossages vermiculés, placé au centre d'un mur concave et encadré de deux pavillons carrés. L'important décor sculpté par Robert le Lorrain, « sculpteur ordinaire du Roi », secondé par le Berlinois Jean-Auguste Nahl et Gaspard Pollet, exalte la religion et les vertus du cardinal. La cour pavée s'ouvre latéralement sur deux basses-cours et les dépendances. Le plan du corps de logis est en fer à cheval et ses deux courtes ailes abritent des vestibules donnant accès aux escaliers d'honneur et de service. La façade au parement de grès jaune lisible, très sobre, à deux étages séparés par un bandeau mouluré, à neuf axes de fenêtres, est animée d'un ressaut central surmonté d'un fronton armorié. Sur l'eau, la façade est monumentale, élégante, classique, à trois étages, large de dix-sept axes de baies timbrées d'agrafes et de mascarons. L'avant-corps médian à quatre colonnes engagées d'ordre colossal est coiffé d'un fronton triangulaire aux armes de Rohan et d'un dôme à l'impériale couvert d'ardoises. Sur les avant-corps latéraux, les deux longs balcons sont l'œuvre de Nicolas Pertois. À l'ouest, l'aile plus basse qui rompt la symétrie est une construction en hors-d'œuvre voulue par Massol qui mena le chantier pour abriter la bibliothèque et la chapelle. Cette résidence de grand seigneur qui fut réalisée entre 1732 et 1742 correspond aux fonctions d'Armand-Gaston de Rohan Soubise, cardinal de la Sainte Église romaine, grand aumônier de France, grand commandeur de l'ordre du Saint-Esprit, pair de France, Landgrave de Basse Alsace, prince du Saint Empire romain germanique, docteur en Sorbonne, membre de l'académie des Belles-Lettres et de l'Académie française, etc.

Dans le même temps, une autre demeure princière s'élevait sur la promenade du Broglie, celle de la famille de Hanau-Lichtenberg (fig. 3). L'hôtel construit par Joseph Massol, architecte de l'évêché et du grand chapitre entre 1731 et 1736, est aussi un hôtel de style Régence situé entre « cour et promenade », aux façades bicolores de brique crépie et de grès rose, aux élégants décors sculptés inspirés du baroque germanique voisin.

Enfin en 1754-1755 fut bâti la dernière des demeures princières, celle de l'hôtel de Deux-Ponts, propriété des frères Gayot, acquis en 1771 par le comte palatin Maximilien de Deux-Ponts, seigneur de Ribeaupierre, qui devint roi de Bavière en 1806. L'hôtel d'un style Régence tardif déjà teinté de néoclassicisme fut l'œuvre du maître maçon Georges-Michel Muller à partir probablement de plans de Joseph Massol.

Entre 1745 et 1775, un grand nombre de maisons bourgeoises furent construites dans un style Louis XV strasbourgeois qui mêlait aux lignes classiques françaises un décor abondant souvent sophistiqué de mascarons, d'agrafes et de cartouches échevelés (fig. 4). Puis une quinzaine d'années plus tard, quelques immeubles affectent des façades plates aux lignes droites, en réaction à la profusion de courbes et contre-courbes des années précédentes, 8, rue du Dôme, François Pinot, architecte de l'évêché et du grand chapitre, construit en 1791 pour le chanoine de Strasbourg, de Cologne et d'Elwangen, le prince François-Charles-Joseph de Hohehlohe-Waldenbourg-Bartenstein, le dernier hôtel de style Louis XVI strasbourgeois de l'Ancien Régime (fig. 5).

Fig. 4 : 18, rue du Dôme, maison de l'orfèvre Frédéric Spach, 1751. Façade de style « rococo strasbourgeois ».

Fig. 5 : 8, rue du Dôme, hôtel du prince François-Charles-Joseph de Hohenlohe-Waldenbourg-Bartenstein, 1791.

LE PATRIMOINE DES RELIGIONS À STRASBOURG : DE LA CATHÉDRALE À LA GRANDE MOSQUÉE

Benoît Jordan

La cathédrale est, depuis le XVe siècle, le monument identitaire de la ville et de l'Alsace. À côté de ce monument qui résume à lui seul l'histoire de l'art médiéval en Europe, le patrimoine religieux de Strasbourg intègre sur le long terme des ensembles dont la diversité n'est pas la moindre qualité. Les cultes chrétien, catholique, luthérien et réformé dominent bien sûr le panorama avec la construction d'édifices religieux débutant au Haut Moyen Âge. Après une longue période durant laquelle l'historicisme domine, la synagogue de la Paix inaugurée en 1956 est marquée au coin d'une solennité moderne, comme de nombreux édifices cultuels de l'après-guerre. Le XXIe siècle connaît une nouveauté avec la construction de la grande mosquée ainsi que de l'église orthodoxe russe prévue pour 2014, reflets de la société strasbourgeoise contemporaine. L'étude d'une frise chronologique met en évidence les rythmes de construction de ces édifices ainsi que les esthétiques mises en œuvre et les courants artistiques dans lesquels s'inscrit leur construction.

Fig. 1 : L'église de la Trinité (citadelle) : vue extérieure.

De l'an mil à la Réforme protestante et à la Révolution

Le Moyen Âge[373] nous a légué des édifices dont la position dans la ville ne répond à aucune disposition particulière, sauf pour la cathédrale[374], élevée à partir de 1015 au centre de la ville née du camp romain. Deux églises paroissiales (Saint-André et Saint-Martin), les édifices abbatiaux ou conventuels médiévaux[375] ont, quant à eux disparu, sauf l'église Saint-Étienne (la nef est détruite en 1944), l'église des Dominicains qui subsiste jusqu'en 1870, les églises Saint-Thomas, Saint-Nicolas et Saint-Guillaume ; l'église Saint-Jean est restituée après 1945. Le passage de la ville à la Réforme protestante n'a pas modifié la carte des édifices religieux, sinon en la simplifiant (disparition du couvent des Franciscains sur l'actuelle place Kléber, des chapelles au Faubourg-National). Mais la Réforme modifie l'ameublement intérieur des églises, comme le montre la disposition actuelle de l'église Saint-Guillaume : des tribunes sont construites, un nouvel autel, une chaire et des orgues sont édifiés. Une seule église est élevée à Strasbourg spécifiquement pour une communauté protestante : Sainte-Aurélie, achevée en 1765, au plan et à l'aménagement intérieur proche de ceux des églises Stengel d'Alsace bossue.

Après que Louis XIV eut soumis Strasbourg à son autorité en 1681 et réintroduit le catholicisme dans la cité, les catholiques doivent reconstituer leur patrimoine : la cathédrale leur est restituée et ils occupent les chœurs de Saint-Pierre-le-Vieux et de Saint-Pierre-le-Jeune. L'église Saint-Louis du Finkwiller (rouverte et réaménagée en 1687), la chapelle du séminaire, celles du collège royal (lycée Fustel) et du palais épiscopal peuvent être ajoutées à cette liste que l'on peut compléter avec des édifices disparus : Saint-André, Saint-Louis de la Citadelle, différents couvents.

1800-1940 : la marque de l'histoire

Après la Révolution qui montre le profond attachement des Strasbourgeois à leurs églises et surtout à leur cathédrale dont ils préservent la flèche et certaines statues des portails, le XIXe siècle est une époque de reconstitution puis de construction : Saint-Pierre-le-Vieux catholique est consacrée en 1866 (après la démolition du chœur médiéval), le Temple-Neuf (reconstruit après le bombardement de 1870), Saint-Pierre-le-Jeune catholique (en 1893), Saint-Maurice (1893), Saint-Paul réformé (1897), Sainte-Madeleine (restaurée puis reconstruite après l'incendie de 1904), le curieux temple de Sion place Benjamin-Zix (1880-1882), le temple du Pont-Saint-Martin (achevé en 1905)[276], la chapelle évangélique au 9, rue de Niederbronn... Les faubourgs voient s'élever des églises pour les cultes chrétiens (deux églises à la Robertsau), trois églises au Neudorf, deux à Cronenbourg, deux à Koenigshofen (dont l'exceptionnelle église luthérienne Saint-Paul par l'architecte Édouard Schimpf), une à la Montagne-Verte, deux au Neuhof. Rajoutons les chapelles des établissements d'enseignement et des établissements hospitaliers : chapelle de la Toussaint (1855), chapelle Sainte-Barbe (1877), chapelle des Diaconesses (1904), chapelles de la clinique Sainte-Odile (1912), de l'hôpital.

Ce qui marque cette époque, c'est le caractère historique, quasi archéologique, des édifices. Le style néogothique s'impose entre 1840 et 1890 pour les édifices chrétiens. En revanche, pour les synagogues,

Fig. 2 : L'église Saint-Paul (pont d'Auvergne) : vue extérieure.

un romano-byzantin orientalisant est de mise. Dans les deux cas, ce choix renvoie à une époque bénie pour chaque religion : le temps de la chrétienté latine triomphante ou le rappel de la terre promise en

Palestine. Le même schéma se retrouve à Munich, avec les églises Sankt-Ludwig et la basilique Sankt-Bonifacius, néoclassiques, des années 1840, et, pour la fin du siècle, Sankt-Paul-Theresienwiese et l'église protestante Sankt-Lukas (gothiques), Sancta-Anna-Lehel, Sankt-Benno-Maxvorstadt, Sankt-Maximilian-Isarvorstadt. Ces dernières sont d'inspiration romane revue en modernité ce qui se constate dans toutes les grandes villes allemandes, comme à Francfort-sur-le-Main où la Dreikönigskirche à Sachsenhausen est édifiée de 1875 à 1881. Destinée au culte luthérien, elle reprend le thème de la Halle-Kirche dans un style gothique inspiré du XVe siècle, régional.

Les réalisations de style historicisant des architectes œuvrant à Strasbourg et employés par la Ville ne sont pas toutes exemplaires, on le voit bien avec Conrath, adepte du classicisme, qui réalise l'église catholique Saint-Pierre-le-Vieux. En revanche, la ravissante chapelle de la Toussaint (1855) apparaît comme un manifeste néogothique, élevée de surcroît sur un site historique (fig. 1). L'architecte Eugène Petiti, beau-frère de Gustave Klotz (architecte de la cathédrale) s'inspire ici de la Sainte-Chapelle de Paris, en adaptant le plan aux besoins de la congrégation.

C'est aussi l'époque des grandes restaurations : Gustave Klotz œuvre à la cathédrale[377] jusqu'à sa mort en 1880 (il restitue la tour de croisée et celle des portes de bronze, réorganise et restaure les vitraux), Carl Schäfer à Saint-Pierre-le-Jeune protestant qu'il reconstitue en respectant les différentes époques qui ont marqué l'édifice. Saint-Thomas échappe à une reprise gothicisante de sa tour. Le Temple-Neuf est reconstruit dans une élévation et sur un plan complètement nouveau, sans que ce « temple de Salomon » (du nom de l'architecte) emporte l'adhésion des Strasbourgeois.

Le cas des deux églises de garnison mérite un coup de projecteur. Si elles ne figurent pas sur les différents plans de la nouvelle ville, elles y occupent une place stratégique : la tour latérale de Saint-Maurice se place dans la perspective des avenues des Vosges et de la Forêt-Noire. Quant à Saint-Paul, sur l'axe impérial, elle dresse sa façade dans la perspective des quais de la ville ancienne (fig. 2). Le premier projet[379] de l'architecte Louis Muller faisait montre d'une ambition réduite avec des tours de façade peu élevées. Mais le parti définitif a finalement créé un décor urbain qui tourne le dos et fait presque concurrence à la cathédrale. Construits dans un style historisant, ce sont là des édifices qui sont modernes par leur plan, tout comme la paroissiale catholique Saint-Pierre-le-Jeune : le plan tend à être centré, le transept devient aussi large et important que la nef qui est réduite en longueur. Le décor intérieur est riche, associant les peintures murales aux vitraux ou aux mosaïques à Saint-Pierre-le-Jeune (fig. 3).

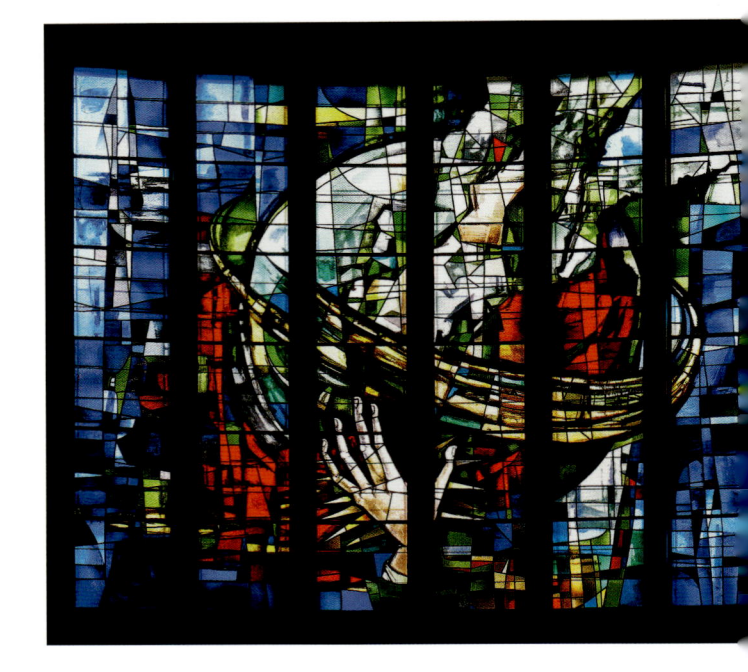

Fig. 3 : Le vitrail de la création à l'église du Sacré-Cœur à la Montagne-Verte.

Mais ces trois églises sont en retrait de la modernité. Il faut attendre 1912 et la construction de l'église protestante Saint-Paul de Koenigshoffen pour que l'on voie, à Strasbourg, un style nouveau, grâce au talent du jeune architecte Édouard Schimpf, et qui évoque la *Christuskirche*[379] à Dresden. Au même moment, son contemporain Gustave Oberthur construit à Cronenbourg l'église protestante Saint-Sauveur, dans le style néo-Renaissance qu'il affectionnait.

L'après-guerre

Si l'entre-deux-guerres reste en retrait (quelques chapelles dont, en 1932, celle des Dominicains, au décor en ciment moulé d'inspiration romane, l'église Saint-Léon au Schluthfeld), l'après-1945 voit une floraison de nouvelles églises dans les quartiers récents, dans un esprit résolument moderne : Sacré-Cœur (Montagne-Verte — fig. 4), Saint-Amand, Saint-Vincent-de-Paul (Meinau), Saint-Benoît (Hautepierre), Sainte-Anne (Robertsau), Christ-Ressuscité (Esplanade), Très-Sainte-Trinité (citadelle), Saint-Matthieu (pont d'Anvers), Saint-Bernard (Orangerie), église protestante du Neudorf, église évangélique baptiste (Meinau)... C'est le siècle des expériences architecturales avec une diversité des formes liée à la diversité des architectes. Le cas de l'église Saint-Jean, détruite par un bombardement en 1944, est représentatif des discussions entre les partisans de la reconstruction à l'identique et les tenants du modernisme : l'architecte Robert Will fait admettre la reconstruction architecturale à l'identique (1964), mais avec un aménagement et un décor intérieur modernes, au grand dam du chanoine Vital Bourgeois.

Le XIXe siècle avait vu la construction en 1893 d'une synagogue rue Kageneck, suivie en 1898 d'une autre, monumentale, sur le quai Kléber. Ces constructions marquent la reconnaissance du judaïsme dans la société d'alors. Détruite dès septembre 1940 par l'occupant, la synagogue consistoriale du quai Kléber ne sera pas reconstruite *in situ*, mais remplacée par la grande synagogue de la Paix inaugurée en 1958 sur l'avenue de la Paix. Le style de cette dernière est résolument moderne mais reprend des symboles traditionnels du judaïsme.

Enfin, nouveauté du XXIe siècle, l'arrivée dans le paysage architectural de religions absentes jusqu'à une date récente, entraîne la construction de mosquées, reflet d'un renouveau de la population, dont la grande mosquée achevée en 2012 et celle à venir de la Robertsau, une église orthodoxe. Dans le cas des orthodoxes roumains, la chapelle des Sœurs de Marie-Réparatrice rue Sainte-Élisabeth (édifiée en 1863 sur les plans du père Tournesac en style gothique) est mise à leur disposition et réaménagée avec, notamment, une belle iconostase.

Fig. 4 : La chapelle de la Toussaint (rue de la Toussaint) : vue intérieure ou extérieure.

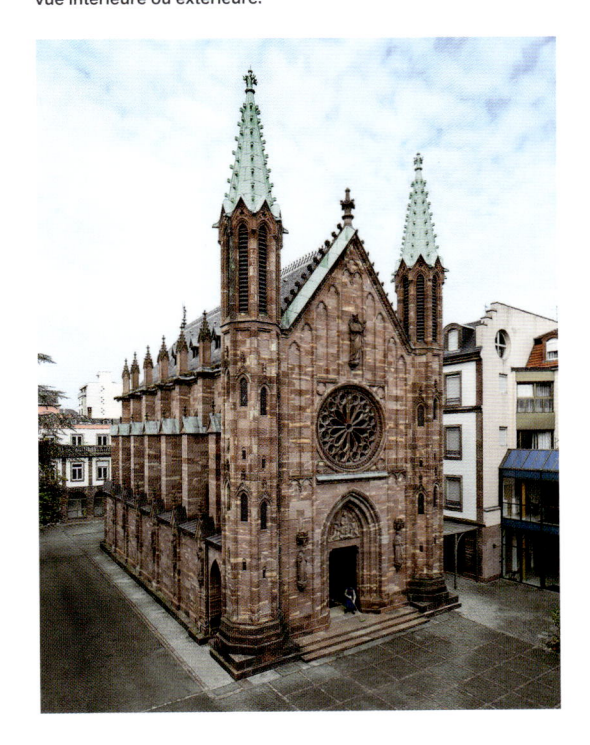

Quelles places occupent ces nouvelles églises élevées dans les nouveaux quartiers ? Si les formes de l'église catholique Saint-Pierre-le-Jeune profitent des perspectives des rues de la *Neustadt*, de même que Saint-Florent de Cronenbourg, les églises élevées au XXe siècle s'insèrent dans un tissu préexistant : la Très-Sainte-Trinité consacrée en 1966, le Christ-Ressuscité, le Sacré-Cœur ou les églises de la cité de l'Ill. L'église Saint-Vincent-de-Paul (Meinau), dès l'origine surdimensionnée, profite de la perspective de la place inscrite au centre du nouveau quartier de la Meinau-Canardière et l'église protestante Saint-Matthieu de la perspective du boulevard d'Anvers.

Le mobilier

Mais l'architecture n'est pas tout dans ces édifices. L'ameublement est primordial ainsi que l'aménagement intérieur de l'édifice selon les normes liturgiques et les courants artistiques de chaque époque. Le patrimoine matériel rejoint ici le patrimoine immatériel.

Éliminons tout de suite le XXe siècle : le mobilier de ce siècle est modeste, sauf en ce qui concerne le vitrail : les formes graphiques, la dalle de verre remplacent les vitraux archéologiques ou les vitraux-tableaux du XIXe siècle. Alors que le vitrail du XIXe siècle est assez terne, les productions du XXe siècle font montre d'un beau renouveau avec les productions de Tristan Ruhlmann, d'Ernest Werlé, de Pollet. Mais notons dans la chapelle Notre-Dame de Sion un ensemble exceptionnel réalisé par des artistes contemporains, dont Lambert-Rucki, pour le sanctuaire restauré après les destructions de 1944.

En revanche, le mobilier conçu pour les églises du XIXe siècle est plus riche : certes, les productions régionales sont les plus nombreuses, avec les ensembles de mobilier conçu par le Colmarien Klem à Saint-Louis du Finkwiller, à Saint-Pierre-le-Jeune catholique et à Saint-Maurice, sans oublier le retable (démonté) de Saint-Paul et les productions de son prédécesseur le Strasbourgeois Joseph Muller à la cathédrale. Saint-Joseph de Koenigshoffen est embelli par un ensemble produit à Offenbourg, cas assez rare d'intrusion d'un atelier badois en Alsace. L'apport de Munich, véritable capitale de l'art religieux en Allemagne, n'est pas négligeable : l'Alsacien Martin Feuerstein, devenu professeur d'art religieux à la *Kunstakademie* de Bavière, fournit les cartons des mosaïques de Saint-Pierre-le-Jeune, les tableaux de la clinique Sainte-Odile, de Saint-Louis du Finkwiller, son élève François-Xavier Dietrich le tableau d'autel de Sainte-Madeleine.

Ouvrons les placards des sacristies : l'orfèvrerie est strasbourgeoise, avec les restes du XVIIIe siècle (Pick, Alberti, Koenig, Leclerc) et les productions de l'atelier Laroche qui rayonne (sous d'autres raisons sociales) tout au long du XIXe siècle jusqu'en 1926. Kirstein, Imlin, Krüger, Oertel et Boden et les fondeurs d'étain Isenheim ou Bergmann livrent des objets selon les besoins paroissiaux ou le mécénat des fidèles. Mais la plupart des objets vient d'outre-Vosges, même après 1871. Est-ce là une manifestation anti-germanique du clergé ? Cela resterait à prouver. Les prix pratiqués semblent avoir été un argument plus pertinent. Quant aux ornements, ils sortent d'ateliers régionaux, français, parfois allemands.

Conclusion

Les édifices sont scrupuleusement conçus et aménagés selon les besoins du culte affectataire : chez les protestants, la place de la chaire et celle de l'orgue renvoient soit à la tradition des églises médiévales adaptées au culte luthérien (Saint-Paul), soit à la tradition des églises-salles du XVIIIe siècle (Saint-Sauveur, avec l'orgue placé derrière l'autel, ou Saint-Paul de Koenigshoffen avec l'orgue en position latérale), soit un mixte (le Temple-Neuf, la chapelle

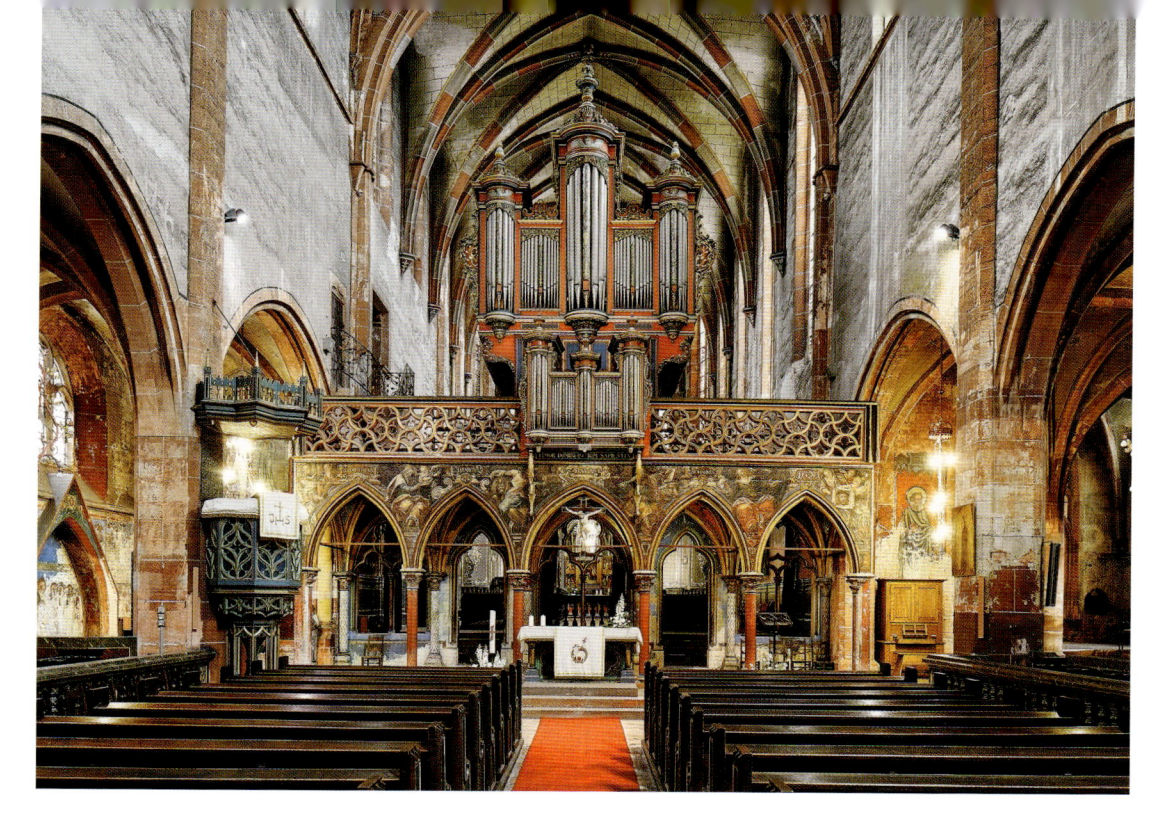

Fig. 5 : L'église Saint-Pierre-le-Jeune protestante (rue de la Nuée-Bleue) : vue intérieure.

des Diaconesses). Pour les édifices catholiques, en revanche, l'importance du sanctuaire est soigneusement mise en avant tant par l'architecture que par le mobilier. Les initiatives artistiques sont limitées au décor. Quant à la grande synagogue, à l'instar d'autres synagogues contemporaines, elle intègre des éléments du monde chrétien : orgue, espace sanctuarisé avec armoire sainte et bimah formant un « chœur ».

En revanche, les édifices postérieurs à 1945, surtout ceux construits pour le culte catholique dans les années conciliaires, montrent davantage de fantaisie dans la forme générale comme dans les détails : l'église luthérienne Saint-Matthieu ou l'église catholique du Christ-Roi à l'Esplanade sont traitées comme des salles polyvalentes avec espace podium, possibilité d'agrandissement sur une salle latérale, lieux annexes en sous-sol, voire sol incliné à l'Esplanade. Ces dispositifs n'empêchent pas des gestes architecturaux d'envergure, comme à la Très-Sainte-Trinité, dont le haut volume est illuminé par des parois diaphanes, soutenues à l'extérieur par des structures évoquant des contreforts (fig. 5).

Dans le panorama qu'il dresse en 2000 en distribuant des bons et des mauvais points, l'historien de l'art Théodore Rieger[380] relève la diversité des styles utilisés par les architectes avant 1918, parlant d'une « surabondance presque chaotique ». En effet, comme après 1945, on ne trouve pas d'archétype sinon dans les évocations esthétiques. Cela permet aux architectes de s'exprimer, créant à Strasbourg un panorama empreint d'éclectisme. L'architecture religieuse strasbourgeoise échappe ainsi à tout cadre restrictif : cette liberté renvoie à la grammaire des styles revue par les nécessités liturgiques et l'histoire religieuse de la ville, enfin à la recherche toujours renouvelée d'une esthétique au service d'un culte et exprimant une foi.

---

[373] Parmi les ouvrages présentant les monuments anciens, citons Suzanne BRAUN, *Églises de Strasbourg*, Strasbourg, Oberlin, 2002.
[374] Édifices subsistants : cathédrale, églises Saint-Étienne, Saint-Thomas, Saint-Pierre-le-Vieux (nef), Saint-Pierre-le-Jeune, Saint-Nicolas, Saint-Guillaume, Sainte-Madeleine (chœur), Saint-Jean (reconstruite), chapelle Saint-Ehrard de l'hôpital.
[375] Églises Saint-Nicolas-aux-Ondes, Sainte-Claire, etc.
[376] Transformée pour le Théâtre jeune public (TJP) en 1974.
[377] Restitution de la tour de croisée, peintures de l'abside, portes en bronze.
[378] Archives de Strasbourg, 843 W 658.
[379] Construite de 1902 à 1905 sur les plans de Schilling et Graebner. Elle passe pour la première église *Jugendstil* d'Allemagne.
[380] Théodore RIEGER, « L'architecture religieuse à Strasbourg à l'époque allemande », dans *Strasbourg 1900. Naissance d'une capitale*, sous la direction de Rodolphe RAPETTI, Paris, Somogy, coll. « Musées de Strasbourg », 2000, p. 206-213.

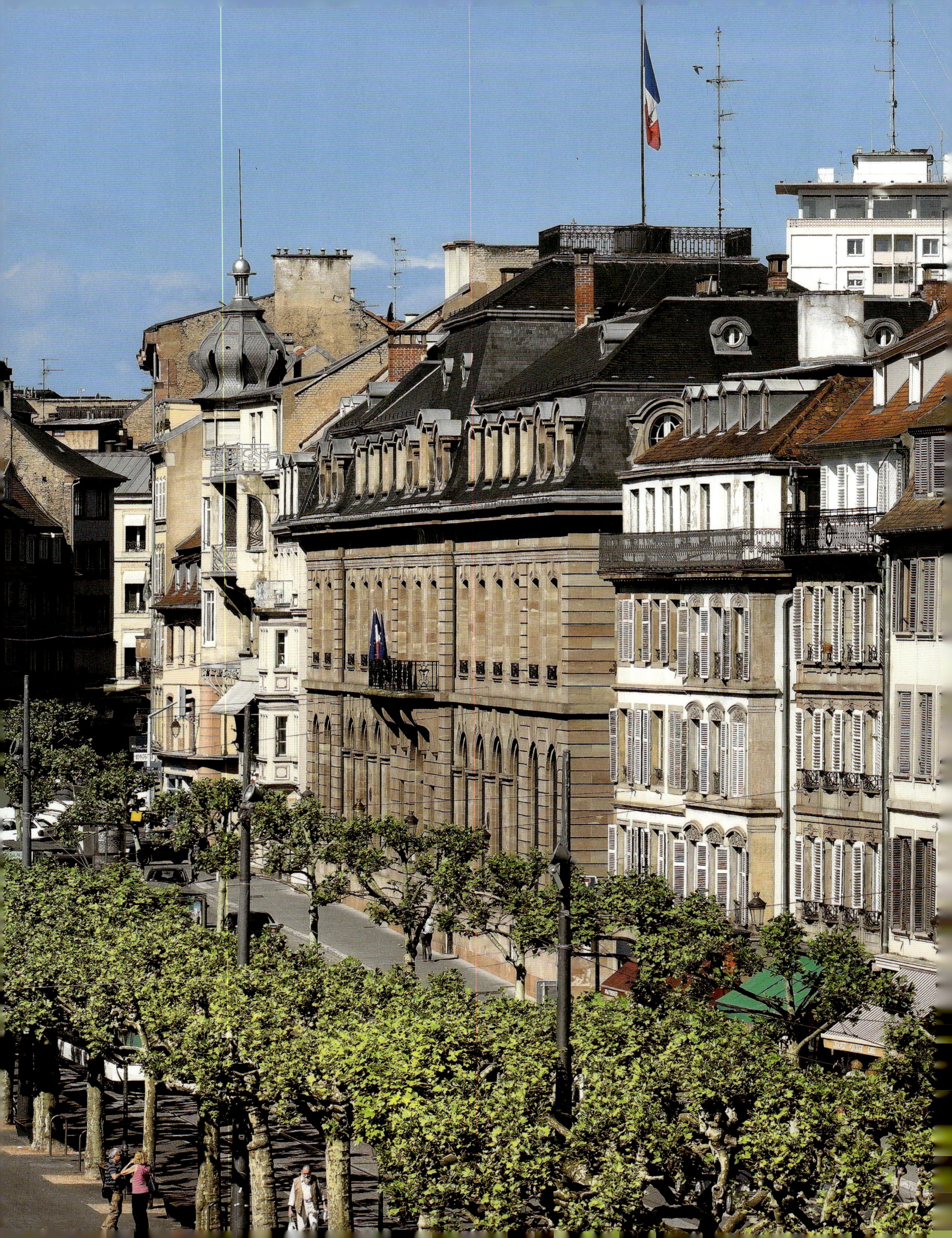

LES FRONTIÈRES DÉPASSÉES : LES ÉCHANGES D'INFLUENCES

LA CATHÉDRALE DE STRASBOURG — MONUMENT PHARE À LA CROISÉE DES CULTURES GERMANIQUE ET FRANÇAISE

Sabine Bengel

La qualité exceptionnelle de son architecture et de ses sculptures garantit à la cathédrale de Strasbourg une place prépondérante dans de nombreux ouvrages d'histoire de l'art européen. Si l'édifice partage cette qualité avec d'autres réalisations remarquables, celui-ci traverse de surcroît une histoire unique pour un monument de cette envergure et partagée entre deux pays, l'Allemagne et la France. La cathédrale porte les marques de ce passé, non seulement par les différents styles et goûts de construction et de décoration, mais aussi par ses différentes appartenances et croyances (cultes et liturgies)[381].

Surplombant la ville, la cathédrale est l'édifice phare de la Grande-Île de Strasbourg inscrite depuis 1988 sur la liste du patrimoine mondial de l'Unesco (fig. 1). Construite principalement entre le XIIe et le XVe siècle, c'est un des plus beaux monuments de l'art gothique. Son architecture représente une prouesse technique et artistique inégalée. Elle répond par ailleurs à trois des six critères exigés par l'Unesco pour les biens culturels, à savoir, constituer une réalisation artistique unique et représenter un chef-d'œuvre du génie créateur humain (critère i) et témoigner d'un échange d'influences considérable (critère ii). Vecteur de l'art gothique de l'ouest en direction de l'est, son architecture, comme celle de toute la Grande-Île, illustre un mélange d'influences

Page précédente : Front bâti de la place Broglie.

Fig. 1 : Vue aérienne de la Grande-Île avec la cathédrale.

françaises et germaniques depuis le Moyen Âge jusqu'à nos jours (critère iv).

La circulation des formes et des idées qui a marqué l'identité de toute la ville atteint son apogée dans la cathédrale. Ce constat est assuré grâce au bon état de préservation de l'édifice, facilité par les soins constants et ininterrompus dont son architecture et son décor ont bénéficié depuis le Moyen Âge. La Fondation de l'Œuvre

Fig. 2 : Cathédrale de Strasbourg, vue d'ensemble des parties orientales, 1897. Œuvre Notre-Dame.

Notre-Dame, partenaire fidèle à travers les siècles, chargée du chantier de la construction de la cathédrale depuis le début du XIIIe siècle, de son entretien et de sa restauration depuis son achèvement, représente une institution unique en France[382]. Devenue propriété de l'État lors de la Révolution française puis classée monument historique en 1862, la cathédrale fait l'objet depuis la fin de la Première Guerre mondiale d'une attention particulière de la part de l'État français.

Par manque de traces et de fouilles systématiques, nous avons peu de renseignements sur les premières églises. La construction de la première cathédrale (en bois) vers 500, est attribuée à Clovis, roi des Francs. La description d'un poète aquitain, exilé à Strasbourg vers 824, évoque une cathédrale à deux chœurs opposés, caractéristique des églises monastiques germaniques de l'époque comme Fulda ou Cologne tel que le montre également le plan de l'abbaye de Saint-Gall du début du IXe siècle.

Après des incendies et autres ravages, une somptueuse cathédrale est construite à partir de l'an 1015. Son commanditaire est l'évêque Wernher, comte de Habsbourg, un proche et fidèle d'Henri II, empereur du Saint Empire romain germanique, auquel appartient Strasbourg depuis le Xe siècle. La monumentale cathédrale du XIe siècle est conçue comme une représentation de la Jérusalem céleste sur terre mais aussi comme un imposant symbole du puissant pouvoir terrestre et clérical de l'évêque et de son soutien impérial[383]. Son impressionnante nef était divisée en trois vaisseaux par deux rangées de colonnes et décorée d'un grand cycle de fresques, tel que le présente aujourd'hui encore l'église Saint-Georges d'Oberzell sur l'île de la Reichenau au lac de Constance. Les parties orientales avec un transept continu et une abside qui fut très probablement surmontée d'une tour carrée ont fortement influencé la construction de l'église Sainte-Marie de Mittelzell à la Reichenau, à tel point que les historiens d'art y voient une copie réduite de la cathédrale de Strasbourg.

La façade à deux tours de la cathédrale romane, hypothèse longtemps controversée mais plus que probable si on étudie les fondations qui sont plus épaisses au niveau de ces tours, a servi par la suite de modèle pour un grand nombre d'églises du Rhin supérieur. Construite d'après le modèle de la cathédrale strasbourgeoise l'église abbatiale de Limburg an der Haardt, non loin de Bad Dürkheim (1030/1045), nous livre, malgré son état de ruine, une vision de l'architecture grandiose de la cathédrale et de son rayonnement lointain.

Rendues nécessaires après divers incendies au XIIe siècle, les restaurations entamées dans les parties orientales reprennent de manière fidèle les dispositions de la cathédrale romane[384]. En premier lieu par respect pour celle-ci mais aussi en honneur de son mécène, Henri II, qui, réputé pour sa piété et son rôle de réformateur de l'église, fut canonisé en 1146[385].

La crypte est transformée et agrandie au début du XIIe siècle alternant dans les arcs des pierres taillées en grès rouge et gris clair, suivant le modèle des grandes cryptes des cathédrales d'Empire : tel que celle de Spire, la plus grandiose et la plus importante des cathédrales romanes d'Allemagne qui a largement influencé l'architecture rhénane. Après l'incendie survenu en 1176, un projet ambitieux de reconstruction des parties orientales, lequel comprend la construction des voûtes (en conservant les parois érigées peu avant) est entamé par l'influent évêque Heinrich von Hasenburg. Ce dernier est un proche du pouvoir impérial représenté à cette époque par les puissants ducs de Hohenstaufen qui considèrent l'Alsace comme « la plus chère » de leurs possessions familiales. Cet attachement est concrétisé par la construction de châteaux forts et la fortification de leurs villes.

L'édification du chœur, de la croisée (avec sa coupole sur trompes, entourée d'une galerie à colonnettes) et de la chapelle Saint-André aux alentours de 1180/1200 s'inspire fortement des formes massives et impressionnantes de la cathédrale de Worms, achevée peu avant (fig. 2). Son architecture a ensuite un réel impact sur de nombreuses églises construites à cette période, la ville de Worms étant alors un haut lieu du pouvoir impérial.

Peu après, un autre architecte achève le bras nord du transept d'après le modèle de la cathédrale de Spire. Cette partie de la cathédrale présente des liens étroits avec les parties orientales de la collégiale Saint-Étienne à Strasbourg (fief de l'évêché) et avec l'église des bénédictins de Schwarzach (près de Baden-Baden, placée sous autorité de l'évêque strasbourgeois) mais dévoile dans certains détails une connaissance de l'architecture gothique telle qu'on la retrouve à Laon, Noyon et Braine à la fin du XIIe siècle[386].

Un nouvel architecte et des artisans provenant des grands chantiers de l'Île-de-France et de la Champagne, Chartres et Reims, révolutionnent le chantier vers 1220. Leurs réalisations, l'achèvement du bras sud du transept et la chapelle Saint-Jean, sont extrêmement novatrices pour la région. Il s'agit d'un changement complet de style, et ce, du jour au lendemain. Les fameuses sculptures du bras sud du transept sont imprégnées du style « gothique antiquisant » (entre 1180 et 1220) qui marque l'époque du roi Philippe-Auguste en France, à la mode dans les cours du Saint Empire romain germanique, où la culture française influence les modes de vie. La cathédrale devient alors un vecteur de l'art gothique de l'ouest vers l'est. L'architecture et les sculptures montrent beaucoup d'analogies avec la cathédrale de Chartres mais également avec le plus grand chantier de l'époque, celui de la cathédrale de Reims. L'expressivité émouvante et dramatique des statues est sans précédent et constitue, à cette échelle, une nouveauté propre aux créations strasbourgeoises. Dans le Saint Empire, le bras sud du transept de la cathédrale de Strasbourg figure parmi les premières constructions de style gothique. Sa réalisation inspire le massif occidental

LES FRONTIÈRES DÉPASSÉES : LES ÉCHANGES D'INFLUENCES

de l'église Saint-Thomas à Strasbourg, la statuaire à Fribourg-en-Brisgau et à Bamberg ainsi que le décor intérieur de la chapelle du château de Landshut en Basse Bavière. La qualité exceptionnelle des statues à Strasbourg, chefs-d'œuvre de la sculpture européenne, a fixé pour l'avenir le haut niveau de la statuaire strasbourgeoise[387].

Tout au long des XIIIe et XIVe siècles, la cathédrale continue à bénéficier des influences provenant de l'ouest, tout en devenant elle-même un foyer créateur de première importance inspirant les chantiers du Saint Empire et propageant ainsi le style gothique vers l'est[388].

À partir de 1235, la grande nef à trois vaisseaux est construite dans la continuité immédiate du transept dans un style appelé « le gothique rayonnant ». Son architecte suit les réalisations françaises les plus récentes et témoigne ainsi des influences directes des grands chantiers du royaume de France et ses régions voisines. L'architecture de la collégiale de Saint-Denis, chantier contemporain et de haute importance par sa fonction de lieu de sépulture des rois de France sert de référence. La nef de Saint-Denis, commencée en 1231, est un modèle pour le vaisseau strasbourgeois qui conserve la largeur et la longueur de la cathédrale romane. Les arcatures des bas-côtés et les passages au-dessus de celles-ci attestent quant à eux d'une influence champenoise.

Fig. 3 : Cathédrale de Strasbourg, vue du massif occidental, 1897. Œuvre Notre-Dame.

Fig. 4 : Vue de Strasbourg — la cathédrale comme le symbole de la ville. Hartmann SCHEDEL, *Chroniken und geschichten mit figuren und pildnissen von anbegin der welt bis auf diese Zeit*, Nuremberg, 1493. CE.

Pour l'architecture du jubé, clôture de pierre séparant la nef des fidèles du chœur réservé aux chanoines, construit vers 1252, c'est la façade de l'église Saint-Nicaise de Reims qui donne le ton[389]. Les sculptures montrent une proximité stylistique avec la statuaire contemporaine de la cathédrale de Reims et de la Sainte-Chapelle à Paris. La même configuration de reprise de styles se retrouve à Cologne, dont la cathédrale, commencée en 1248, s'inspire largement des cathédrales d'Amiens, de Beauvais et la Sainte-Chapelle de Paris.

Avec la construction du massif occidental à partir de 1277, le chantier strasbourgeois devient un foyer créateur de première importance (fig. 4). Toujours sous l'influence des grands chantiers du domaine royal français, il présente également innovations et créations. En particulier, l'idée de cacher les murs de soutènement par un somptueux décor en relief composé de gables et d'arcatures est, à cette échelle, une véritable nouveauté. Beaucoup de motifs trouvent ici leur plus ancienne formulation connue. La rose, une des plus grandes avec ses 13,60 m de diamètre, s'inspire de celle du transept sud de la cathédrale Notre-Dame de Paris. Elle a servi de modèle aux rosaces aveugles de la façade de la cathédrale de Fribourg, qui restera tout au long de sa construction en étroite relation avec sa grande sœur strasbourgeoise[390]. Au portail sud de la façade, l'idée d'opposer à la statue du Christ Époux une représentation du mal sous la forme d'un jeune homme habillé à la mode contemporaine et envahie des reptiles sur son dos, le fameux « Tentateur », est purement strasbourgeoise et sera reproduite aux portails des cathédrales de Bâle et Fribourg[391]. Les sculptures du massif occidental, toutes imprégnées d'une grande expressivité, vont marquer la région du Rhin supérieur et l'Allemagne du Sud tout au long du XIVe siècle.

À cette époque, le chantier de la cathédrale est géré par la municipalité de la ville. Strasbourg, libérée de la tutelle de l'évêque depuis 1262, est une ville libre du Saint Empire romain germanique administrée par un magistrat. Elle attire artisans et architectes des régions éloignées, et le chantier est souvent confié à des membres de grandes familles d'architectes (Erwin et ses descendants, les Parler, les Ensingen). Le conseil municipal se sent libre de changer radicalement le plan d'origine impulsé par l'évêque Conrad de Lichtenberg, et affirme son pouvoir en projetant une cathédrale plus haute que prévue. L'architecte Ulrich von Ensingen, en charge de la construction de la tour éminente de la grande église paroissiale d'Ulm, sera engagé par le magistrat pour la construction de la haute tour de la cathédrale. Construit entre 1399 et 1418, l'octogone et ses sculptures dévoilent, comme beaucoup d'autres réalisations artistiques de l'époque, une forte influence de la Bohème et notamment de Prague[392]. L'inversement des flux créatifs s'explique par le fait que Prague devient le centre politique et artistique de l'époque et attire un grand nombre d'artistes. Avec la construction de la haute tour, Strasbourg mène à bien son projet ambitieux de surpasser en hauteur les églises paroissiales et cathédrales des autres villes du sud de l'Empire telles que Fribourg, Ulm, Vienne et Ratisbonne[393].

L'achèvement de la flèche en 1439, exceptionnelle réalisation entièrement ajourée et combinant huit escaliers convergents vers la pointe (au lieu d'un seul escalier central traditionnel) réalisée par l'architecte Johannes Hültz de Cologne lui confère, avec ses 142 m, le statut du plus haut monument de la chrétienté, qualifiée par certains contemporains de « huitième merveille du monde » (fig. 3)[394]. La réussite de ce défi insensé que constitue la flèche et la grande habileté et créativité sans cesse renouvelée du chantier de la cathédrale accroissent significativement la reconnaissance de la loge des tailleurs de pierre de la cathédrale de Strasbourg qui obtiendra, en 1459, le titre de loge suprême du Saint Empire. Les chapelles et le décor de la cathédrale réalisés à la fin du XVe et au début du XVIe siècle empruntent les formes virtuoses du gothique tardif de l'Allemagne méridionale, souvent en lien avec les origines des différents maîtres d'œuvre qui se succèdent, comme Jakob Dotzinger de Worms, Jakob von Landshut et Bernard Nonnenmacher de Heidelberg[395].

En 1525, Strasbourg adhère à la Réforme, et la cathédrale devient protestante. Son intérieur a sans doute été réaménagé à cette époque suite aux destructions iconoclastes de nombreux autels, pierres tombales et sculptures. Avec le rattachement de la ville au royaume de France en 1681 sous Louis XIV, Strasbourg se transforme en ville de garnison. Le changement de nationalité et de régime se manifeste dans l'architecture surtout par la construction d'hôtels particuliers et la sollicitation des architectes parisiens. Le retour du catholicisme et la contre-réforme engendrent des aménagements de l'intérieur de la cathédrale, notamment la suppression du jubé et le remplacement du mobilier ancien par un mobilier nouveau au somptueux décor baroque au goût français. La sacristie du grand chœur est édifiée dans le même style par l'architecte Joseph Massol en 1744. La destruction des boutiques médiévales entourant la cathédrale laisse alors la place à des boutiques néogothiques (1772-1778) et non d'un style classique pourtant en vogue. Cela traduit concrètement la fascination pour le Moyen Âge et la redécouverte de l'art gothique exprimé à ce moment-là par un jeune étudiant à Strasbourg : Johann Wolfgang von Goethe.

Cependant, lors de la Révolution française, la cathédrale n'échappe pas à la destruction de nombreuses statues de pierre, symboles de la religion : deux-cent-trente sculptures sont ainsi martelées. Le monument, transformé en « temple de la raison », est coiffé d'un immense bonnet phrygien en tôle rouge, seul moyen trouvé par un artisan strasbourgeois de sauver la flèche de la destruction prônée par les révolutionnaires qui y voyaient un symbole d'inégalité. L'époque de la Restauration est caractérisée par le remplacement des statues brisées ainsi que la création d'une statue équestre du roi Louis XIV posée sur la façade, à côté des statues anciennes des bienfaiteurs de la cathédrale (Clovis, Dagobert et Rodolphe de Habsbourg)[396].

LES FRONTIÈRES DÉPASSÉES : LES ÉCHANGES D'INFLUENCES

1880, ce projet approuvé en mars 1869 par le Comité des inspecteurs généraux des édifices religieux à Paris, dont l'architecte et historien de l'architecture Eugène Viollet-le-Duc[397]. L'architecte Gustave Klotz s'inspire des tours de croisée octogonales de la vallée rhénane.

La construction de la *Neustadt*, avec ses avancées techniques importantes, stimule le chantier de la cathédrale. Un des architectes de la *Neustadt*, August Hartel, originaire de Cologne[398], est nommé architecte de la cathédrale en février 1889, mais décède un an plus tard. L'architecte Franz Schmitz (1890 à 1894), également natif de Cologne, propose de grands travaux de transformation afin de créer un édifice gothique idéal. Les autorités allemandes, suite à l'expertise de 1894 de l'académie d'Architecture de Prusse, refusent ce projet, jugeant les interventions trop importantes et non conformes aux directives visant à la protection de la cathédrale en tant que monument historique de l'histoire de l'art. Le mot d'ordre de l'époque « conserver et non pas restaurer » n'empêche pas les adeptes d'une deuxième flèche d'en proposer la construction à plusieurs reprises. L'achèvement des tours des églises de Cologne et d'Ulm contribue en effet à amplifier l'idée d'une seconde flèche sur la cathédrale de Strasbourg[399].

L'élan constructeur de la *Neustadt* a amené un nouveau savoir-faire facilitant la prouesse technique dont témoigne la reprise en sous-œuvre des fondations du pilier portant la haute tour. Celles-ci, s'étant affaissées au début du XXe siècle, font encourir un fort risque d'effondrement. Des travaux gigantesques furent menés à bien pendant et après la Première Guerre mondiale, dans un climat de plus en plus tendu au moment du retour de l'Alsace à la France, en raison des conflits nationalistes[400]. La création des axes de visibilité dans la *Neustadt* inscrira alors dans le tissu urbain la reconnaissance fondamentale de la cathédrale comme élément fédérateur de la ville (fig. 5). L'édifice ne sera pas épargné par les vicissitudes de la Seconde Guerre mondiale. Adolf Hitler propose de rendre le monument au culte protestant, mais décide finalement

Fig. 5 : La perspective sur la cathédrale depuis la place de la République.

Plus tard, en 1870, l'édifice est endommagé lors du bombardement de Strasbourg par les troupes prussiennes. Il est par la suite restauré sous les autorités allemandes. La construction de la tour de croisée dans un style néo-roman s'explique par la volonté de s'accorder au style des parties romanes de la cathédrale et non celle d'affirmer une germanisation volontaire après l'annexion de l'Alsace-Lorraine à l'Empire allemand (fig. 2). En effet, achevé en

LES FRONTIÈRES DÉPASSÉES : LES ÉCHANGES D'INFLUENCES

d'en faire un monument à la gloire de l'histoire allemande, le considérant comme l'apogée de l'art germanique[401]. La cathédrale est malheureusement partiellement bombardée et endommagée par les raids anglo-américains en août 1944. Au même moment, elle symbolise le souhait des Français du retour de l'Alsace à la France, exprimé lors du serment de Koufra en 1941 par le général Leclerc, qui jure de ne déposer les armes que lorsque le drapeau français flottera sur la cathédrale[402]. La construction d'une Europe unie et réconciliée qui s'impose dans l'après-guerre est matérialisée par le vitrail de la Vierge aux bras étendus. Offert par le Conseil de l'Europe en 1956, il symbolise la paix et la réconciliation, au centre d'un édifice, merveilleux résultat d'influences croisées entre France et Allemagne tout au long de son histoire.

---

[381] Pour la cathédrale de Strasbourg, voir en premier lieu : Hans REINHARDT, *La cathédrale de Strasbourg*, Grenoble, Arthaud, 1972 ; *Strasbourg. La grâce d'une cathédrale*, sous la direction de Monseigneur Joseph DORÉ, Strasbourg, La Nuée Bleue, 2007.

[382] Crée par le chapitre de la cathédrale, la Fondation de l'Œuvre Notre-Dame est administrée depuis la fin du XIIIe siècle par la Ville de Strasbourg, à ce sujet voir : Barbara SCHOCK-WERNER, « Le chantier de la cathédrale de Strasbourg. L'Œuvre Notre-Dame », dans *Chantiers médiévaux*, sous la direction de Francesco ACETO, Maria ANDALORO et al., Paris, Desclée de Brouwer, coll. « Présence de l'art II », 1996, p. 221-249 ; Marie-José NOHLEN « La construction de la cathédrale gothique. XIIIe-XVe siècles », dans *Strasbourg, la grâce d'une cathédrale*, op. cit., p. 31-61.

[383] Richement dotée par Henri II, elle devient par ses dimensions une des plus grandes églises de l'Empire germanique. Elle suivra le modèle de la cathédrale de Mayence, métropole ecclésiastique (et archevêché) dont dépend l'évêché de Strasbourg tout au long du Moyen Âge, mais s'inspire également d'autres grandes églises de l'Empire, tel que Cologne, Worms et Fulda.

[384] Les murs inférieurs des faces est du transept reflètent encore aujourd'hui les dispositions de la cathédrale du XIe siècle. À ce sujet et sur l'histoire de la cathédrale jusqu'au début du XIIIe siècle, voir : Jean-Philippe MEYER, *Voûtes romanes. Architecture religieuse en Alsace de l'an mil au début du XIIIe siècle*, Strasbourg, Société Savante de l'Alsace, collection « Recherches et documents », t. 70, 2003, p. 375-397.

[385] Il sera ensuite représenté plusieurs fois dans les vitraux de la cathédrale.

[386] Au même moment, une série de nouveaux vitraux est installée dans les baies de l'ancienne nef. Ils représentent les souverains du Saint Empire romain germanique. Cet acte manifeste clairement la position politique du commanditaire, l'évêque strasbourgeois, dans la querelle entre le pape et les empereurs de la dynastie des Hohenstaufen. Stylistiquement, ces vitraux, qui sont réemployés dans le bas-côté nord de la nef actuelle, sont proches des miniatures byzantinisantes du somptueux manuscrit de l'Hortus Deliciarum réalisé vers 1180 pour les nonnes du mont Saint-Odile.

[387] Sabine BENGEL, *Das Straßburger Münster. Seine Ostteile und die Südquerhauswerkstatt*, Petersberg, Michael Imhof Verlag, 2011; Jean-Philippe MEYER et Brigitte KURMANN-SCHWARZ, *La cathédrale de Strasbourg. Chœur et transept. De l'art roman au gothique*, Illkirch, Société des amis de la cathédrale de Strasbourg, 2010.

[388] Marc Carel SCHURR, *Gotische Architektur im mittleren Europa 1220-1340. Von Metz bis Wien*, Berlin, Deutscher Kunstverlag, 2007 ; Marc Carel SCHURR, « The West Façade of Strasbourg Cathedral and its impact on Gothic Architecture in Central Europe », dans *The Year 1300 and the Creation of a New European Architecture*, sous la direction de A. GAJEWSKI, Turnhout, Brepols, coll. « Architectura Medii Aevi », vol. 1, p. 79-88.

[389] Le jubé fut détruit en 1681, mais ses sculptures furent conservées et sont aujourd'hui exposées au musée de l'Œuvre Notre-Dame, voir Peter KURMANN, « Le jubé de la cathédrale de Strasbourg et la filiation rémoise de ses statues », *Bulletin de la Cathédrale de Strasbourg*, n° 25, 2002, p. 83-102.

[390] Wilhelm SCHLINK, « Les rapports entre Fribourg et Strasbourg dans le domaine de l'architecture gothique », *Bulletin de la Cathédrale de Strasbourg*, n° 25, 2002, p. 135-150.

[391] En dernier lieu : Guido LINKE, *Gotische Skulpturen der Turmvorhalle*, Freiburg/Br., 2011, p. 69-73.

[392] Dany SANDRON, « L'Art n'a jamais rien produit de plus élevé : l'octogone et la flèche », dans *Strasbourg 1400. Un foyer d'art dans l'Europe gothique*, sous la direction de Philippe LORENTZ, Strasbourg, catalogue des musée de l'Œuvre Notre-Dame, coll. « Musées de Strasbourg », 2008, p. 100-117.

[393] Dany SANDRON, « Les flèches de Strasbourg, Ulm, Vienne et Francfort : L'intervention municipale dans les grands chantiers d'église vers 1400 », *Revue de l'art*, n° 166, 2009, p. 27-42.

[394] Voir Jakob WIMPHELING, *Argentinensum Episcoporum Catalogus*, Strasbourg, Gruninger, 1508, fol. 27 ; Hans REINHARDT, « La haute tour de la cathédrale de Strasbourg à l'occasion du demi-millénaire de son achèvement, 1439-1939 », *Bulletin de la Société des Amis de la cathédrale de Strasbourg*, 1939, p. 15-40 ; Jörg Jochen BERNS, « 'Prinz aller hohen Türm'. Notizen zur literarischen Wahrnehmung des Straßburger Münsters in der Frühen Neuzeit », *Marburger Jahrbuch für Kunstwissenschaft*, n° 22, 1989, p. 83-95; Dany SANDRON, *op. cit.*, 2008, p. 100.

[395] Barbara SCHOCK-WERNER, *Das Straßburger Münster im 15. Jahrhundert. Stilistische Entwicklung und Hüttenorganisation eines Bürger-Doms*, Köln, 1983.

[396] Robert WILL, « Les statues équestres d'empereurs et de rois. Un décor insolite à la cathédrale de Strasbourg », *Bulletin de la Cathédrale de Strasbourg*, n° 21, 1994, p. 21-26.

[397] Voir Jaques KLOTZ, *Gustave Klotz. D'après ses notes, ses lettres, ses rapports 1810-1880*, Strasbourg, 1965, p. 671-729.

[398] Architecte notamment du palais de la Diète d'Alsace-Lorraine (1892), de l'église catholique Saint-Pierre-le-Jeune (1893) et de la Bibliothèque impériale (1894), voir Uwe SCHUMACHER, *Dombaumeister August Hartel*, Beucha/Markkleeberg, Sax-Verlag 2011.

[399] Voir les projets de l'ingénieur H. Schuster de Brandenbourg et du strasbourgeois Karl Hermann Perrot : H. SCHUSTER, *Skizze zum Vollendungsbau des Münsters in Straßburg nebst Erläuterungen*, Strassburg, 1880 ; Karl Hermann PERROT, *Die Vollendung des Domes zu Köln und der projektierte Ausbau des Südthurmes am Münster zu Strassburg*, Strassburg, 1880. À sujet voir aussi Lucien PFLEGER « Der zweite Turm des Strassburger Münsters. Projekte zu seiner Vollendung », Elsass-Land, Lothringer Heimat, 1932, p. 225-231 ; Niels WILCKEN, *Architektur im Grenzraum. Das öffentliche Bauwesen in Elsass-Lothringen : 1871-1918*, Saarbrücken, Institut für Landeskunde im Saarland, 2000, p. 291-293.

[400] H. HERING et A. SCHIMPF, « Les travaux de consolidation du pilier supportant la tour de la cathédrale de Strasbourg, conduits par Johann Knauth et Charles Pierre », *Bulletin de la Cathédrale de Strasbourg*, n° 13, 1978, p. 7-40.

[401] A. IRJUD, « La cathédrale désaffectée », *Bulletin de la Société des Amis de la cathédrale*, n° 22, 1996, p. 35-42.

[402] Sur la cathédrale comme lieu de mémoire allemande, française et alsacienne, voir Frédéric HARTWEG, « Das Strassburger Münster », *Deutsche Erinnerungsorte*, vol. 3, sous la direction d'Étienne FRANÇOIS et Hagen SCHULZE, München, Beck, 2003, p. 409-421 ; Jean-Marie MAYEUR, « Une mémoire-frontière : L'Alsace », *Les lieux de mémoire*, vol. 1, sous la direction de Pierre NORA, Paris, Gallimard, 1997, p. 1147-1169.

L'ARCHITECTURE CIVILE À STRASBOURG DU XIIe AU MILIEU DU XVIe SIÈCLE : UN RETOUR AUX SOURCES RHÉNANES

Maxime Werlé et Maurice Seiller †

Depuis que la Grande-Île a été inscrite sur la liste du patrimoine mondial de l'Unesco en 1988, nos connaissances sur le cadre architectural civil de Strasbourg au Moyen Âge et à l'époque moderne ont considérablement progressé. Ces progrès ont principalement reposé sur le recours à l'archéologie du bâti. Cette discipline, vouée à l'étude des vestiges construits conservés en élévation, s'est développée en France dans les années 1980[403]. Fondée sur les principes et les méthodes de l'archéologie, elle s'est particulièrement appuyée sur les analyses dendrochronologiques[404] des bois d'œuvre, qui livrent des datations extrêmement précises[405]. À Strasbourg, ces études ont été menées au gré de travaux de réhabilitation et exceptionnellement de démolition, pour remédier aux pertes irrémédiables d'informations que ces derniers entraînent.

Le projet d'extension de la Grande-Île au patrimoine mondial de l'Unesco offre l'occasion de mesurer les progrès, au cours des vingt-cinq années écoulées, de nos connaissances sur l'architecture civile médiévale de Strasbourg. Les principaux apports de l'archéologie du bâti peuvent être articulés, en fonction de critères d'évolution multiples (structurels, techniques, culturels, esthétiques, etc.), en quatre phases, qui couvrent la période qui s'étend du XIIe au milieu du XVIe siècle. Il conviendra également de nous interroger sur les échanges d'influences et sur les particularités des habitations strasbourgeoises.

Du XIIe au milieu du XIIIe siècle : une effervescence architecturale

Les maisons médiévales construites à Strasbourg avant la fin du XIIIe siècle demeurent très mal connues. L'héritage bâti légué par l'Antiquité gallo-romaine et par les premiers siècles du Moyen Âge nous échappe presque entièrement, de même que les formes d'habitat employées jusqu'au XIIe siècle. Elles paraissent avoir été en partie comparables aux constructions en bois et en terre en usage en contexte rural à la même époque. Ces habitats n'ont pas laissé de traces en élévation dans le tissu urbain actuel ; c'est un domaine qui paraît relever davantage des fouilles archéologiques.

L'archéologie du bâti a en revanche permis d'identifier quelques immeubles d'habitation maçonnés, appartenant à la deuxième moitié du XIIe et la première moitié du XIIIe siècle. L'étude de la maison 17, rue des Hallebardes (ancienne Droguerie du Serpent) a livré des résultats remarquables : elle a permis de reconnaître une première phase de construction attribuée à la fin du XIIe ou aux premières années du XIIIe siècle (fig. 1). Ce vaste édifice, maçonné en pierres et en briques, se distingue par ses dimensions importantes et par sa structure architecturale interne complexe, qui s'accordent avec une résidence aristocratique ; les sources écrites suggèrent d'ailleurs qu'elle a été construite par un membre de l'un des plus puissants lignages de la ministérialité épiscopale de Strasbourg[406]. Au 4, rue des Veaux, les vestiges d'un habitat maçonné en pierres et en briques, de plan quadrangulaire massé et pourvu de chaînages d'angle en blocs à bossage, paraissent se rattacher à un autre groupe d'immeubles aristocratiques, celui des maison-tours (*Wohntürme*)[407]. Dans la même rue, les fondations en pierre et/ou en briques d'autres bâtiments ont été mises au jour en 1944 et en 2009 au cours de fouilles archéologiques ; ces vestiges témoignent d'une opération de lotissement de terrains gagnés, autour de 1200, sur les berges de l'Ill[408].

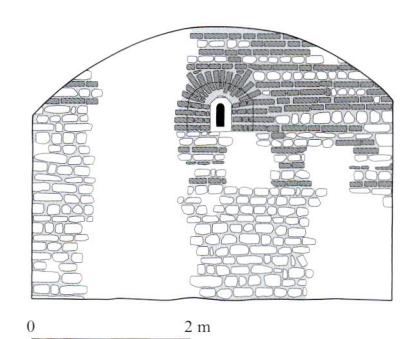

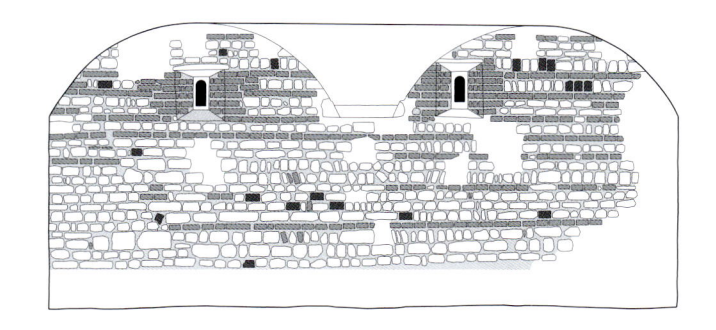

LES FRONTIÈRES DÉPASSÉES : LES ÉCHANGES D'INFLUENCES

☐ Moellons ou pierres de taille
▨ Briques rouge-orangé
▪ Briques rouge

Fig. 1 : 17, rue des Hallebardes. Relevé du mur est de la cave, montrant les vestiges du dernier tiers du XIIe / début du XIIIe siècle. Maxime Werlé, 1996.

Cette phase semble ainsi être caractérisée par une sorte d'effervescence architecturale, marquée par un dynamisme du marché de la construction, par la recherche de nouvelles sources d'approvisionnement en matériaux de construction et par l'hétérogénéité des caractéristiques architecturales des vestiges parvenus jusqu'à nous. Elle s'inscrit manifestement dans un contexte de développement économique, démographique et urbain, à une époque où la ville épiscopale engage les travaux de construction d'une nouvelle église cathédrale et se dote d'une nouvelle enceinte.

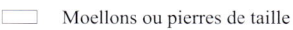

Du milieu du XIIIe à la fin du XIVe siècle : l'émergence de modèles constructifs

L'un des principaux apports de l'archéologie du bâti à Strasbourg réside dans l'identification d'un groupe composé de grandes demeures patriciennes, construites dans les dernières décennies du XIIIe et au XIVe siècle[409]. Conservés dans un état archéologique satisfaisant, ces habitats maçonnés, de plan quadrangulaire, sont hauts de deux à trois étages au-dessus d'un rez-de-chaussée avec cave. Ils sont caractérisés par une structure porteuse mixte, où l'ensemble des charges et des poussées est reporté sur les murs périphériques maçonnés en briques et sur une structure porteuse interne en bois. Le programme architectural est fréquemment complété par des éléments architecturaux symboliques, empruntés au répertoire des formes militaires, tels que les pignons à redents, les pignons crénelés ou même, exceptionnellement, une tourelle (6, rue du Vieux-Seigle — fig. 2)[410]. Dans le cas de la maison 8, rue des Cordonniers, les sources écrites ont apporté des informations sur les commanditaires de l'immeuble, construit en 1304 : ils appartiennent à une famille de chevaliers alsaciens, probablement d'origine rurale[411]. Le recours à des formes architecturales symboliques (ici une demeure turriforme et des pignons crénelés) est peut-être, pour eux, un moyen d'affirmer leur rang social, leur indépendance et leur puissance.

Des habitats plus modestes de cette période, partiellement édifiés en pans de bois, ont été reconnus, mais ils n'ont pu faire l'objet que d'études archéologiques ponctuelles ou partielles[412]. Ils peuvent cependant être mis en regard avec d'autres immeubles en pans de bois, remarquablement bien étudiés dans les années 1910-1913 par l'architecte F. Beblo, peu avant leur démolition[413]. Ces bâtiments présentent habituellement un rez-de-chaussée et des murs mitoyens maçonnés en briques et, aux étages, l'une ou l'autre façade en pans de bois et en encorbellement. Les pans de bois sont notamment caractérisés par l'emploi de poteaux montant sans interruption jusqu'au toit, en réunissant plusieurs étages (fig. 3).

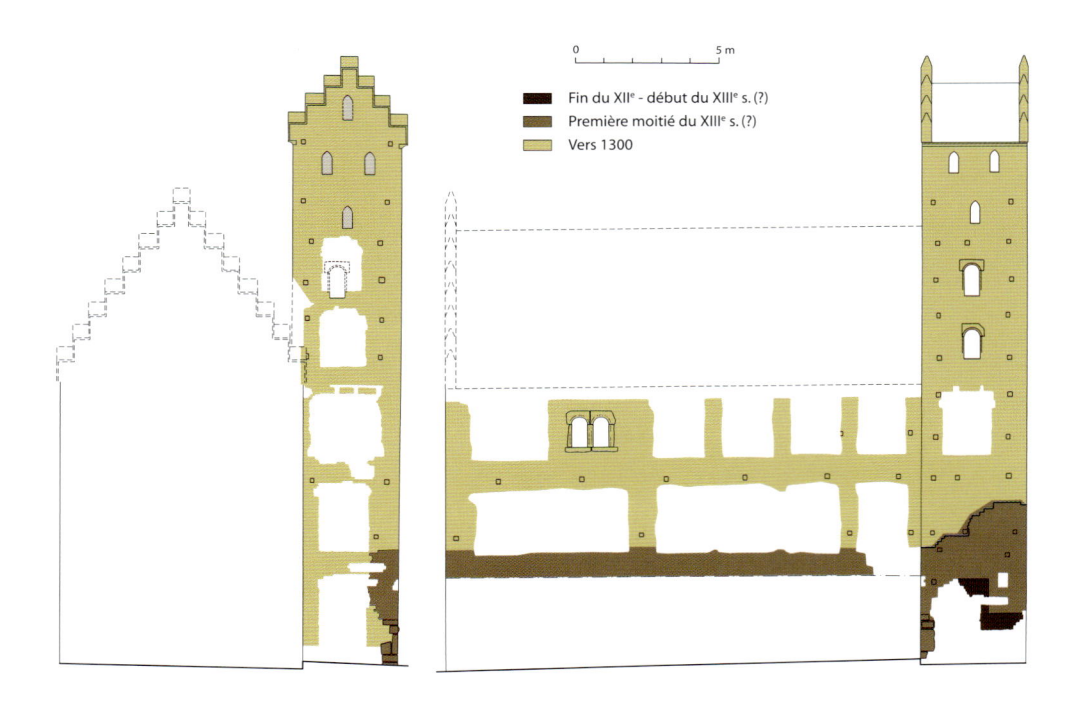

LES FRONTIÈRES DÉPASSÉES : LES ÉCHANGES D'INFLUENCES

Fig. 2 : 6, rue du Vieux-Seigle / 2, rue de la Lanterne. Proposition de restitution des façades de la maison et de la tour en 1300.
Maxime Werlé, 1996.

Légende :
- Fin du XIIe - début du XIIIe s. (?)
- Première moitié du XIIIe s. (?)
- Vers 1300

Les charpentes à chevrons-portant-ferme couvrant la plupart de ces maisons intègrent fréquemment une structure de renfort constituée par des poteaux soulageant des poutres longitudinales. Les assemblages des entraits et des faux-entraits sur les chevrons sont des entailles à demi-queue-d'aronde. Avant le milieu du XIVe siècle, ces structures de renfort deviennent de véritables chevalets sur poteaux (*stehender Stuhl*), dans lesquels le contreventement est assuré par des aisseliers.

La brique, produite dans les environs immédiats de la ville, est à cette époque un matériau de construction prédominant à Strasbourg. La place du bois, massivement approvisionné par flottage depuis la Forêt-Noire, demeure toutefois essentielle car, dans les maisons maçonnées comme dans les maisons en pans de bois, il constitue le matériau exclusif pour les planchers, les cloisons, les lambris, les charpentes, mais aussi, par exemple, les

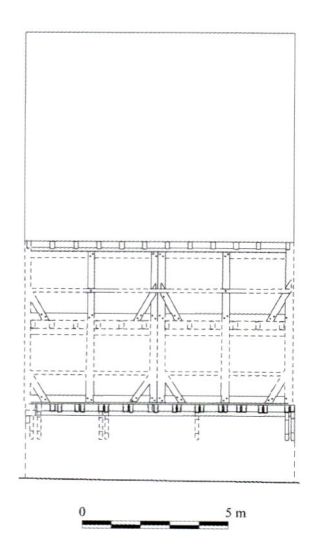

Fig. 3 : 24, rue d'Or. Proposition de restitution de la façade principale de la maison (XIVe siècle).

escaliers. L'emploi de la pierre dans la construction civile strasbourgeoise a progressivement reculé, le grès d'origine vosgienne ne servant plus qu'à réaliser des éléments architecturaux particuliers (piliers, consoles, portes et fenêtres, etc.). Les études archéologiques du bâti ont enfin permis de mieux apprécier la place de matériaux complémentaires, tels que les mortiers (liants, enduits et sols), les céramiques architecturales (carreaux de sol et tuiles creuses) et le fer (clous et fers d'ancrages).

Les équipements d'hygiène et de confort sont habituellement attestés soit par les fouilles archéologiques en sous-sol, soit par les études archéologiques du bâti. L'approvisionnement en eau était assuré par des puits creusés dans les espaces de cour ou de jardin. Les latrines, si elles n'étaient pas placées en encorbellement au-dessus des venelles et des cours d'eau, étaient également rejetées en fond de cour. L'éclairage était apporté en premier lieu par la lumière du jour, dont les vitrages (mal connus) et les coussièges (aménagés dans les embrasures des fenêtres) permettaient de jouir aussi favorablement que possible, mais aussi par des dispositifs d'éclairage artificiel d'appoint. Le chauffage était assuré par des cheminées (également dévolus à la cuisson) et par des poêles. Certaines des plus anciennes *Stuben* d'Alsace, ces pièces à vivre chauffées par un poêle, ont été identifiées à Strasbourg : elles datent du milieu et de la seconde moitié du XIVe siècle. Ces pièces, les seules à être chauffées à l'intérieur des habitations, étaient pourvues de revêtements lambrissés, décorés de motifs gothiques, destinés à en renforcer l'isolation thermique.

Si les façades des maisons maçonnées, dépourvues de décors sculptés, se distinguent par leur sobriété, les salles des maisons patriciennes étaient parées de peintures murales et de plafonds peints[414]. L'ensemble le plus remarquable, associant des représentations de musiciens et de musiciennes, une scène d'adoration des Mages et des motifs végétaux, a été peint, dans la seconde moitié du XIVe siècle, sur les murs de la salle d'apparat au rez-de-chaussée du 17, rue des Hallebardes (fig. 4).

Fig. 4 : 17, rue des Hallebardes. Peintures murales au rez-de-chaussée, représentant une joueuse de trompette marine (à gauche) et une joueuse de timbre (deuxième moitié du XIVe siècle).
Maxime Werlé, 1996.

Au total, les vestiges des habitats de cette période témoignent du dynamisme du marché de la construction immobilière à Strasbourg autour de 1300. Ils soulignent, en particulier, l'importance de la campagne de reconstruction consécutive à l'incendie de 1298, qui aurait ravagé 355 maisons autour de la cathédrale. Cet incendie serait par ailleurs à l'origine de la restriction imposée à la saillie des encorbellements, dont la mesure est gravée à proximité du portail sud du transept de la cathédrale.

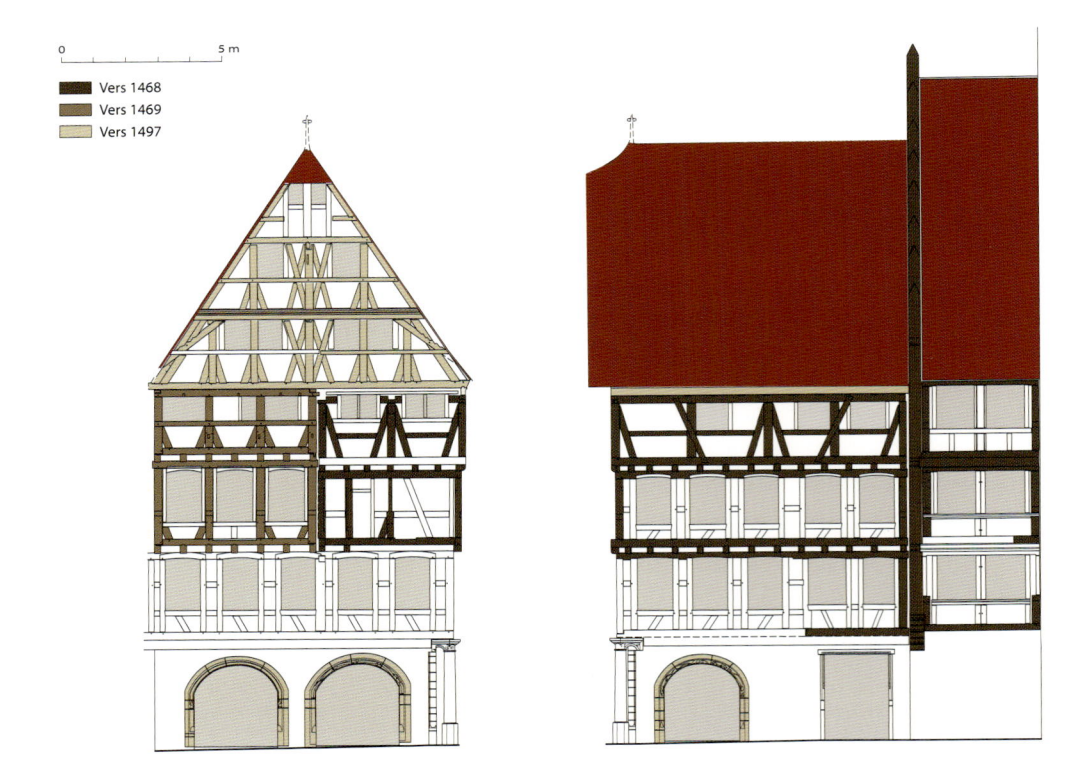

Fig. 5 : 10, place de la Cathédrale / 11, rue Mercière. Élévation des façades sur la rue Mercière (à gauche) et sur la place de la Cathédrale (à droite), et indication des phases médiévales. Maxime Werlé, 1996.

La fin du XIVᵉ et le XVᵉ siècle : des pans de bois de haute technicité à la fin du Moyen Âge

Les résidences aristocratiques construites à la fin du XIVᵉ et au XVᵉ siècle demeurent en grande partie méconnues, compte tenu de la faiblesse quantitative et du caractère ponctuel des études réalisées[415]. Celles-ci suggèrent cependant que ce groupe d'immeubles s'inscrit dans la continuité du modèle architectural développé depuis la fin du XIIIᵉ siècle. C'est d'ailleurs dans les étages du 15, rue des Juifs, construit en 1290, qu'a été découverte une très riche décoration intérieure peinte, notamment constituée de peintures murales exécutées dans les années 1450-1460.

Les études sur des habitats plus modestes se rapportent presque exclusivement à des édifices au moins en partie construits en pans de bois au-dessus d'un rez-de-chaussée maçonné. C'est le cas, par exemple, d'une maison vraisemblablement (re)construite en 1442 au 4, rue du Poumon. C'est encore le cas de l'immeuble construit en 1471 au 42, rue du Bain-aux-Plantes (maison des Tanneurs), et du complexe immobilier édifié entre 1468 et 1497 au 10, place de la Cathédrale (pharmacie du Cerf) (fig. 5)[416]. Il s'agit, dans les trois cas, de maisons de marchands, de commerçants ou d'artisans. Une autre maison, au 13, rue des Bouchers, construite suite à l'incendie des quartiers situés en rive droite de l'Ill en 1397, est un édifice dont les façades sont élevées en maçonnerie, mais que ses proportions rattachent aux habitats de bourgeois.

Si la brique continue de constituer l'un des principaux matériaux de construction, la pierre réapparaît exceptionnellement, employée en particulier au rez-de-chaussée de la maison Kammerzell (16, place de la Cathédrale), daté par un millésime de 1467. À côté de la brique, la place du bois demeure prépondérante. L'étude des façades en pans de bois et des charpentes a permis de mesurer les mutations techniques progressivement intervenues dans ce domaine dans le courant du XVe siècle[417] : abandon des poteaux montant sur plusieurs niveaux et recours à des pièces de bois courtes dans les pans de bois, permettant de faciliter le montage et de superposer les étages en multipliant les encorbellements ; développement des assemblages à crans et des assemblages à tenon et mortaise ; apparition des « Mann », composés de goussets et d'aisseliers croisés et disposés en chevrons ; développement des charpentes à *liegender Stuhl*, dans lesquelles les poteaux des chevalets ont été remplacés par des jambes-de-force, de façon à assurer un meilleur report des charges et à libérer l'espace des combles.

Dans ces habitations, la *Stube* lambrissée, de style gothique tardif, et pourvue d'un poêle en céramiques glaçurées, devient le cœur de la demeure. Elle fonctionne en étroite association avec la cuisine (*Küche*), dont le foyer, adossé à un mur mitoyen parefeu, permet d'assurer l'alimentation du poêle. Les chambres (*Kammern*), en revanche, sont dépourvues d'équipements immobiliers particuliers.

Dans la première moitié du XVIe siècle : les premières manifestations de la Renaissance rhénane

Peu de maisons construites dans la première moitié du XVIe siècle ont été étudiées. Elles ont été édifiées en pans de bois sur un rez-de-chaussée maçonné. L'une d'entre elles, datée de 1531, pourrait s'accorder avec un habitat de maraîchers implanté dans un faubourg (70, rue du Faubourg-National). Un ensemble architectural exceptionnel est partiellement conservé dans le faubourg de la Krutenau, rue Prechter : il est constitué de douze maisons standardisées, édifiées en rangée entre 1555 et 1558 à la suite d'une fondation pieuse (fig. 6). Ces maisons, appelées *Prechterhäuschen*, étaient destinées au logement de bourgeois indigents[418].

Au cours des premières décennies du XVIe siècle, l'évolution morphologique et technique des maisons amorcée précédemment se poursuit : les assemblages à mi-bois et à demi-queue-d'aronde disparaissent au profit des assemblages à tenon et mortaise ; dans les pans de bois, de nouvelles pièces de bois apparaissent, tels que les aisseliers pleins décorés de motifs « en crête-de-coq » ; les charpentes à *liegender Stuhl* se perfectionnent. De la même manière, les anciennes couvertures en tuiles creuses sont désormais remplacées par celles en tuiles plates, moins chères, moins lourdes, plus faciles à poser et à entretenir.

L'essentiel est cependant ailleurs : l'Humanisme et la Réforme s'accompagnent, à Strasbourg comme ailleurs en Alsace, d'une profonde évolution stylistique, esthétique et culturelle, qui se manifeste par l'introduction, dans les années 1520, de la Renaissance rhénane[419]. Celle-ci est marquée, jusqu'après le milieu du XVIe siècle, par la sobriété des formes architecturales et du décor.

Fig. 6 : 6, 8-10, rue Prechter. Restitution de la façade principale d'un groupe de trois unités d'habitation. Maxime Werlé, 1996.

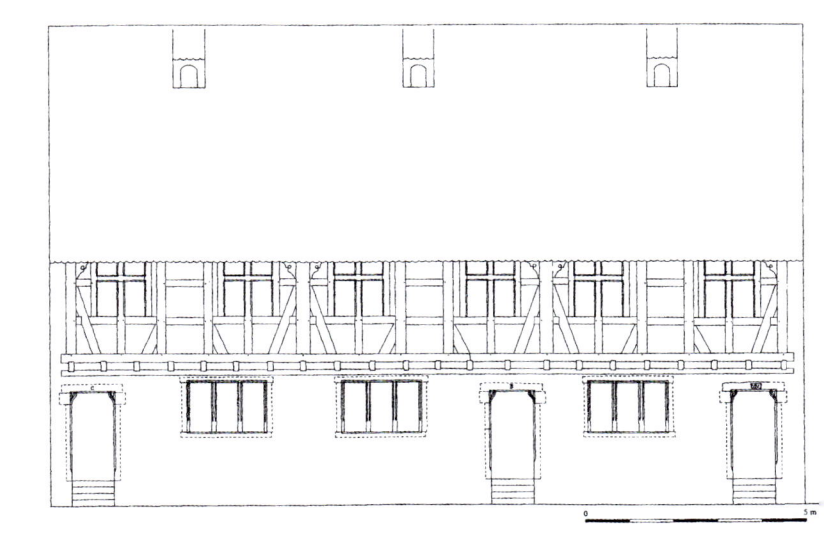

Les liens de parenté et les singularités de l'habitat médiéval strasbourgeois

La recherche a depuis longtemps montré l'appartenance de l'architecture civile médiévale strasbourgeoise à l'aire d'influence germanique en général, et alémanique en particulier[420]. Les éléments de comparaison les plus pertinents se trouvent, tout au long de la période considérée, en Alsace même et dans les régions du Rhin supérieur relevant de l'Allemagne et de la Suisse. La véritable frontière culturelle est constituée, dans le domaine de l'architecture domestique, par les Vosges et le Jura : les maisons strasbourgeoises se distinguent assez nettement, par exemple, des habitations médiévales que l'on rencontre en Lorraine, en Franche-Comté et en Bourgogne. Ces différences résident tant dans les matériaux et les techniques de construction employées, que dans les formes architecturales mises en œuvre et dans l'organisation et les aménagements internes des maisons.

---

403 Catherine ARLAUD et Joëlle BURNOUF (dir.), « L'archéologie du bâti médiéval urbain », *Les nouvelles de l'archéologie*, n°s 53-54, automne-hiver 1993, p. 5-69.

404 La dendrochronologie est une méthode scientifique permettant en particulier d'obtenir des datations de pièces de bois à l'année près en comptant et en analysant la morphologie des anneaux de croissance (ou cernes) des arbres.

405 Les datations suivies de la lettre « d » ont été livrées par des analyses dendrochronologiques. Elles ont toutes été réalisées par le laboratoire Archéolabs.

406 Maxime WERLÉ, *La droguerie du Serpent. Une demeure médiévale au cœur de Strasbourg*, Strasbourg, Université Marc Bloch, 2006, 170 p. (Rhin Meuse Moselle — Monographies d'Archéologie du Grand Est ; 1).

407 Marie-Dominique WATON, avec la collaboration de Christian DORMOY, « Strasbourg (Bas-Rhin), 4 rue des Veaux : l'évolution d'une berge médiévale de l'an mil au XIIIe siècle », *Cahiers Alsaciens d'Archéologie, d'Art et d'Histoire*, n° 42, 1999, p. 79-115.

408 Charles CZARNOWSKY, « Vestige d'une maison de l'époque romane (XIIe siècle) à Strasbourg — 16 rue des Veaux », *Cahiers d'Archéologie et d'Histoire d'Alsace*, n° 129, 1948, p. 207-208.

409 10, rue de la Râpe, 1271d ; 15, rue des Juifs, 1290d ; 17, rue des Hallebardes, 1300d ; 6, rue du Vieux-Seigle, 1300d ; 8, rue des Cordonniers, 1304d ; 7 et 12, rue de l'Épine, respectivement 1315d et 1319d. Voir Jean-Pierre RIEB et al., « Un ensemble médiéval urbain exceptionnel, rue des Juifs à Strasbourg », *Archéologie Médiévale en Alsace*, 1987, p. 149-169. L'immeuble 18, rue de l'Ail, étudié en 1932, appartient également à ce groupe. Voir Charles CZARNOWSKY, « Une maison de l'époque gothique 18, rue de l'Ail à Strasbourg, démolie en 1932 », *Cahiers d'Archéologie et d'Histoire d'Alsace*, n° 132, 1952, p. 121-130.

410 Maxime WERLÉ, « L'habitat à Strasbourg autour de 1400 », dans *1400. L'Alsace dans l'Europe gothique*, sous la direction de Marie POTTECHER, Lyon, Lieux Dits, 2008, p. 57-67.

411 Maxime WERLÉ et Maurice SEILLER, « Une résidence aristocratique médiévale à Strasbourg : la maison des chevaliers von Westhus », *Bulletin Monumental*, n° 160-1, 2002, p. 11-25.

412 23, rue des Charpentiers, 1302d ; 31, rue du Bain-aux-Plantes, 1309d ; 12, rue de l'Épine, 1319d. D'autres immeubles, dotés de façades en pans de bois (24, rue d'Or et 5, quai des Pêcheurs), pouvant être datés du XIVe siècle sur la base de critères morphologiques et techniques, n'ont pas fait l'objet d'expertises dendrochronologiques.

413 14, quai des Bateliers (détruit en 1911) ; 20, Petite-Rue-de-la-Grange, 4, et 8, Grande-Rue-de-la-Grange (détruits en 1912 lors de la percée de la rue du Vingt-Deux-Novembre). Voir Fritz BEBLO, « Die alemannische Holzbauweise in Straßburg im Elsaß », *Zentralblatt der Bauverwaltung*, n° 33, 1913, p. 37-39 ; Fritz BEBLO, « Alemannische und fränkische Elemente des Straßburger Bürgerhaus », *Elsaß-Lothringisches Jahrbuch*, n° 3, 1924, p. 92-104.

414 Jean-Jacques SCHWIEN, « Les décors peints (1300-1700) de Strasbourg », dans *Un art de l'illusion : peintures murales romaines en Alsace*, sous la direction de Bernadette SCHNITZLER, Strasbourg, catalogue d'exposition des Musées de Strasbourg, du 20 avril 2012 au 31 août 2013, 2012, p. 160-173.

415 17, rue des Bouchers, 1397d ; rue Martin Luther, place Saint-Thomas (doyenné du chapitre de Saint-Thomas), 1484d.

416 Nicolas MENGUS et Maxime WERLÉ, « La pharmacie du Cerf à Strasbourg (XIIIe-XXe siècle). De l'écrit au bâti : une histoire qui coule de source ? », *Cahiers Alsaciens d'Archéologie, d'Art et d'Histoire*, n° 47, 2004, p. 59-92.

417 Maurice SEILLER et Frédérique BOURA, « Construire et habiter la maison en pans de bois », dans *1400. L'Alsace dans l'Europe gothique*, sous la direction de Marie POTTECHER, Lyon, Lieux Dits, 2008, p. 117-126.

418 Maxime WERLÉ, « La fondation d'une maison de pauvres au milieu du XVIe siècle à Strasbourg : histoire et archéologie des *zwölf Prechterhaüschen* », *Cahiers alsaciens d'Archéologie, d'Art et d'Histoire*, n° 42, 1999, p. 141-166.

419 Karl STAATSMANN, « Zur Geschichte der deutschen Frührenaissance in Straßburg i. E. », *Das Kunstgewerbe in Elsaß-Lothringen*, n° 5, 1904-1905, p. 177-228.

420 Hermann PHLEPS, *Alemannische Holzbaukunst*, Karlsruhe, Bruderverlag, 1988 (rééd. 1967), 359 p.

ÉVOLUTION DU TISSU URBAIN STRASBOURGEOIS : DE LA CITÉ MÉDIÉVALE À LA NEUSTADT

Katia Karli

Depuis l'introduction des hôtels « à la Française » au XVIIIe siècle dans le tissu médiéval de la Grande-Île jusqu'à la réalisation de l'extension urbaine au tournant des XIXe et XXe siècles, les influences croisées françaises et germaniques se sont inscrites dans la trame urbaine.

Le territoire urbain de la ville de Strasbourg, où se lit encore la trace des anciennes fortifications, s'est construit à partir et autour d'un noyau central historique : la Grande-Île. Inscrite depuis 1988 sur la liste du patrimoine mondial de l'Unesco, la Grande-Île ou « ellipse insulaire » constitue un ensemble urbain remarquable, caractérisé par les deux bras de l'Ill qui la ceinture et par ses édifices religieux et publics à forte valeur symbolique qui s'inscrivent dans un tissu urbain aux origines antiques[421]. Autour de l'ellipse s'est développée la couronne des anciens faubourgs qui ont progressivement été intégrés à l'espace *intra-muros*, ainsi que l'extension urbaine réalisée à partir de 1880, issue d'un plan d'urbanisme aux tracés régulateurs forts.

Notre lecture de l'évolution du paysage urbain, en particulier celui de la Grande-Île, propose d'identifier les transformations et les permanences ainsi que les éléments forts du tissu urbain qui contribuent à renforcer l'identité de Strasbourg et témoignent de l'évolution de son statut de place forte vers celui de capitale européenne.

Strasbourg, ville fortifiée (fig. 1)

Le sol strasbourgeois est marqué par ses fortifications, qui ont conditionné la croissance urbaine depuis l'enceinte antique jusqu'à la dernière extension de la fin du XIXe siècle. Strasbourg gardera longtemps l'image d'une place forte à la frontière de deux empires, image renforcée au XVIIIe siècle lorsque le système défensif prend une ampleur telle que l'emprise des fortifications est supérieure à celle de l'espace bâti *intra-muros*[422], faisant de Strasbourg une véritable forteresse sur le Rhin.

De l'ensemble des fortifications, quelques éléments construits sont encore visibles aujourd'hui, mais ce sont surtout leurs tracés — repris par le réseau viaire — qui se lisent dans la topographie actuelle.

L'enceinte du camp légionnaire, construite au IVe siècle, a laissé son empreinte dans le quartier de la cathédrale[423]. Quelques rues reprennent les axes majeurs qui organisaient le camp, telles les rues du Dôme et des Hallebardes qui suivent respectivement le tracé de la *via principalis* et de la *via praetoria*. Des éléments de l'enceinte médiévale construite au XIIIe siècle sont encore présents dans le tissu urbain : les trois tours des Ponts Couverts, une tour quai de Turckheim et une quai Schoepflin, la tour de l'Hôpital ainsi que deux tours portes dans le secteur de l'hôpital civil ou encore le fragment du mur crénelé, situé entre la rue Sainte-Madeleine et la rue du Fossé-des-Orphelins[424]. Des réalisations de l'ingénieur militaire Vauban qui renforce le système de défense du XVIIe siècle, seuls subsistent le barrage ou la grande écluse faisant face aux tours des Ponts couverts et une infime partie de la citadelle intégrée à la composition du parc du même nom. Enfin, à l'arrière de la gare, une partie de l'enceinte allemande de la fin du XIXe a été conservée, elle est aménagée en parc promenade le long du fossé du rempart. Les anciens bastions sont aujourd'hui reconvertis en lieu d'accueil (centre d'hébergement, ateliers d'artistes).

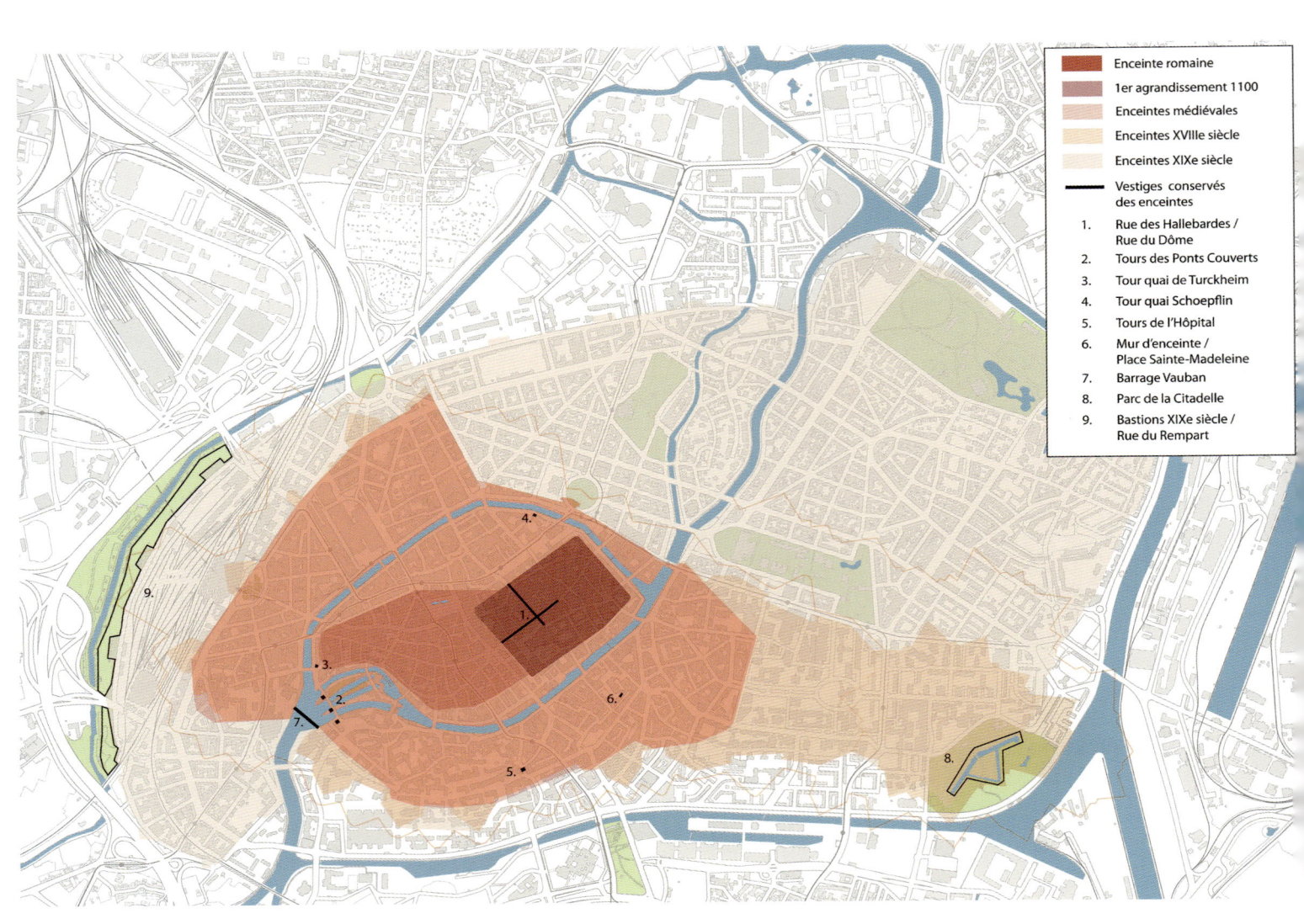

Fig. 1 : Strasbourg, ville fortifiée : Évolution des enceintes depuis la période antique jusqu'à la fin du XIXe siècle.
Katia Karli, 2013 © Ville et Communauté urbaine de Strasbourg. Fond de plan SIG-CUS.

Liées aux changements de statut politique de la ville de Strasbourg, les fortifications ont longtemps contraint le développement de la ville, leur présence a préservé le tissu ancien, en particulier celui de la Grande-Île.

De la cité médiévale à la ville libre royale
(fig. 2)

Cité épiscopale depuis le VIe siècle, la ville passe sous l'autorité des bourgeois — remplacés progressivement par les corporations — en 1262 et devient ville libre du Saint Empire romain germanique en 1358.

La Grande-Île avec ses rues étroites et sinueuses, son parcellaire serré et ses alignements de façades témoigne encore des origines médiévales de l'espace urbain très dense, que seule aère à la fin du Moyen Âge la suppression des cimetières et de quelques églises au moment de la Réforme en 1529.

Le réseau viaire qui irrigue la Grande-Île s'organise autour des axes principaux issus des voies de communication antiques, qui relient les différents quartiers entre eux. À l'époque médiévale, la création de certaines rues témoigne de la réorganisation de l'espace soit par comblement des anciens fossés soit pour relier les nouveaux édifices majeurs entre eux. Elles sont complétées par un réseau secondaire de ruelles, parfois en impasse ou surmontées d'un porche, rendant la circulation difficile. Nombre de ces rues rappellent aujourd'hui encore la prédominance des corporations en reprenant les noms des poêles qui s'y installèrent.

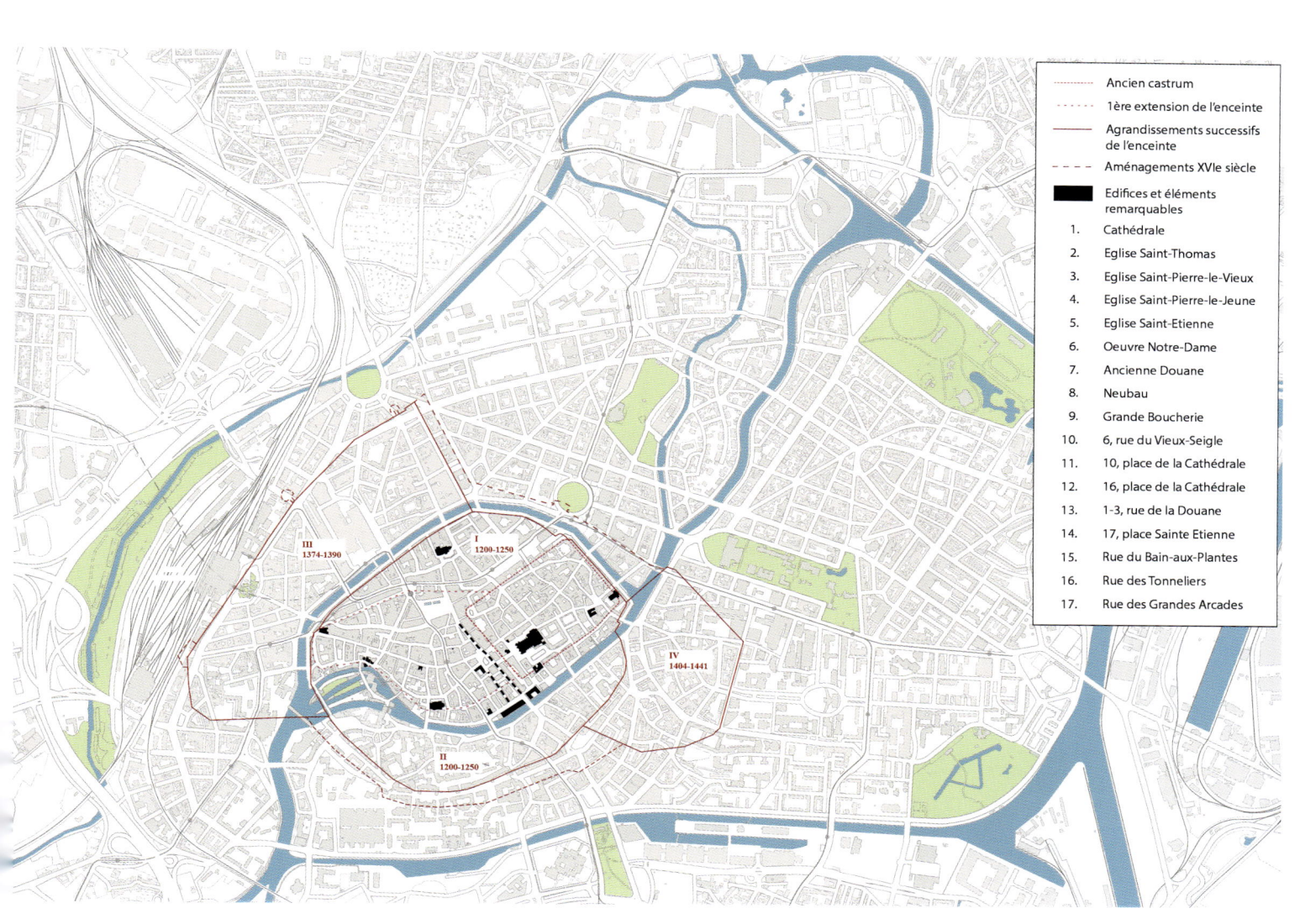

Fig. 2 : De la cité médiévale à la ville royale : localisation des édifices et éléments remarquables.
Katia Karli, 2013 © Ville et Communauté urbaine de Strasbourg. Fond de plan SIG-CUS.

La cathédrale, les quatre églises anciennes Saint-Étienne, Saint-Thomas, Saint-Pierre-le-Vieux, Saint-Pierre-le-Jeune protestant ainsi que les édifices civils[425], l'Œuvre Notre-Dame, l'ancienne douane, la Grande Boucherie, le *Neubau* et les nombreuses maisons en pans de bois ou à oriel composent ce paysage médiéval de la Grande-Île où prédominent les hautes toitures à lucarnes et les pignons crénelés[426]. Aux pans de bois simples succéderont les façades en bois richement sculptées, tandis que les façades en brique et pierre s'ornent d'oriels pendant la Renaissance[427]. Dans les rues à vocation marchande, les rez-de-chaussée s'ouvrent par des arcades qui seront reprises jusqu'au XIXe siècle. Le rythme soutenu de l'alignement des façades atteste de l'étroitesse des parcelles, qui s'enfoncent en cœur d'îlot, la rue des Grandes-Arcades et son prolongement par la rue du Vieux-Marché-aux-Vins offrent un exemple remarquable de préservation de ce parcellaire ancien[428]. Les nombreux pignons crénelés[429] qui apparaissent encore çà et là entre les édifices — même construits plus tardivement — participent au maintien de ce paysage médiéval.

Certains quartiers de la ville sont encore représentatifs des activités anciennes qui s'y développèrent. L'ancien fossé des tanneurs, aujourd'hui recouvert, est lié à l'installation des tanneries dans le quartier des artisans (aujourd'hui de la Petite France), où les toits ouverts par des galeries pour faire sécher les peaux, surmontent les maisons à poutrages apparents depuis la fin du XVIe siècle.

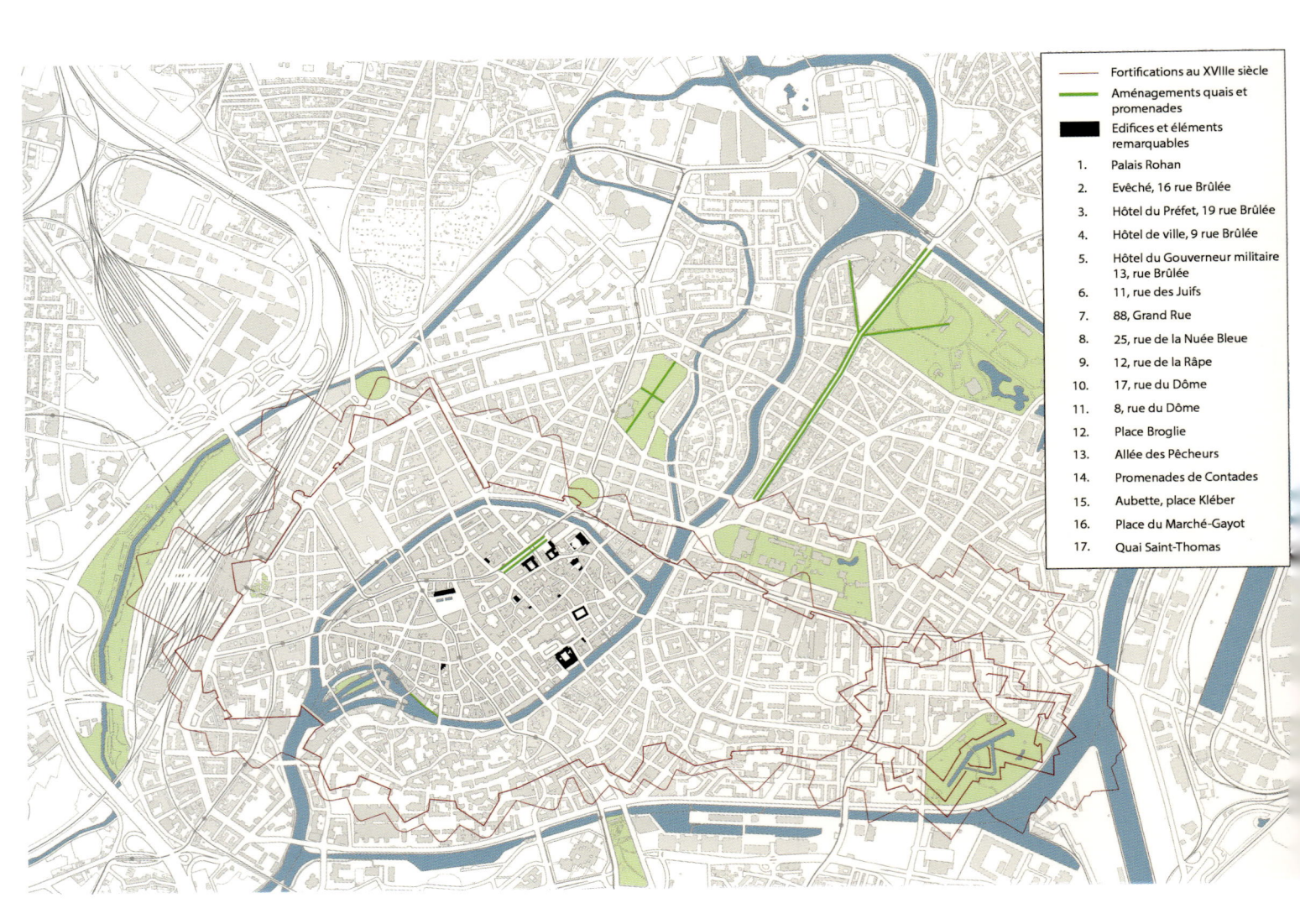

Fig. 3 : La ville au XVIIIe siècle : localisation des édifices et éléments remarquables.
Katia Karli, 2013 © Ville et Communauté urbaine de Strasbourg. Fond de plan SIG-CUS.

C'est dans ce tissu médiéval que va s'introduire progressivement le style français au XVIIIe siècle, faisant de l'ancienne ville libre du Saint Empire romain germanique, une ville libre du royaume de France.

La ville au XVIIIe siècle (fig. 3)

Strasbourg, devenue place forte à la frontière du royaume de France en 1681 ainsi que grande ville de garnison, voit sa physionomie changer. La ville devient un chantier permanent avec la construction de casernes, de palais et d'hôtels particuliers.

La couronne des anciens faubourgs qui entoure la Grande-Île offre de nombreux terrains libres, proches des fortifications, ils sont propices à l'installation des casernes qui accueillent l'importante garnison (5 000 à 7 000 hommes) imposée par le pouvoir royal pour assurer la défense de la ville[430].

Entre 1720 et 1760, une vague de constructions modifie le tissu médiéval de la Grande-Île et introduit le style « français » dans l'architecture civile[431] : il s'agit d'hôtels construits selon le modèle parisien « entre cour et jardin » avec une ordonnance rigoureuse des façades et des combles brisés à la « Mansart » : le palais Rohan[432], édifié entre 1731 et 1742, en est l'exemple le plus remarquable et influencera de nombreuses réalisations. Ces grands hôtels — dont la construction a nécessité l'achat des terrains et la destruction des maisons anciennes[433] — se regroupent pour l'essentiel entre la place Broglie et la rue Brûlée.

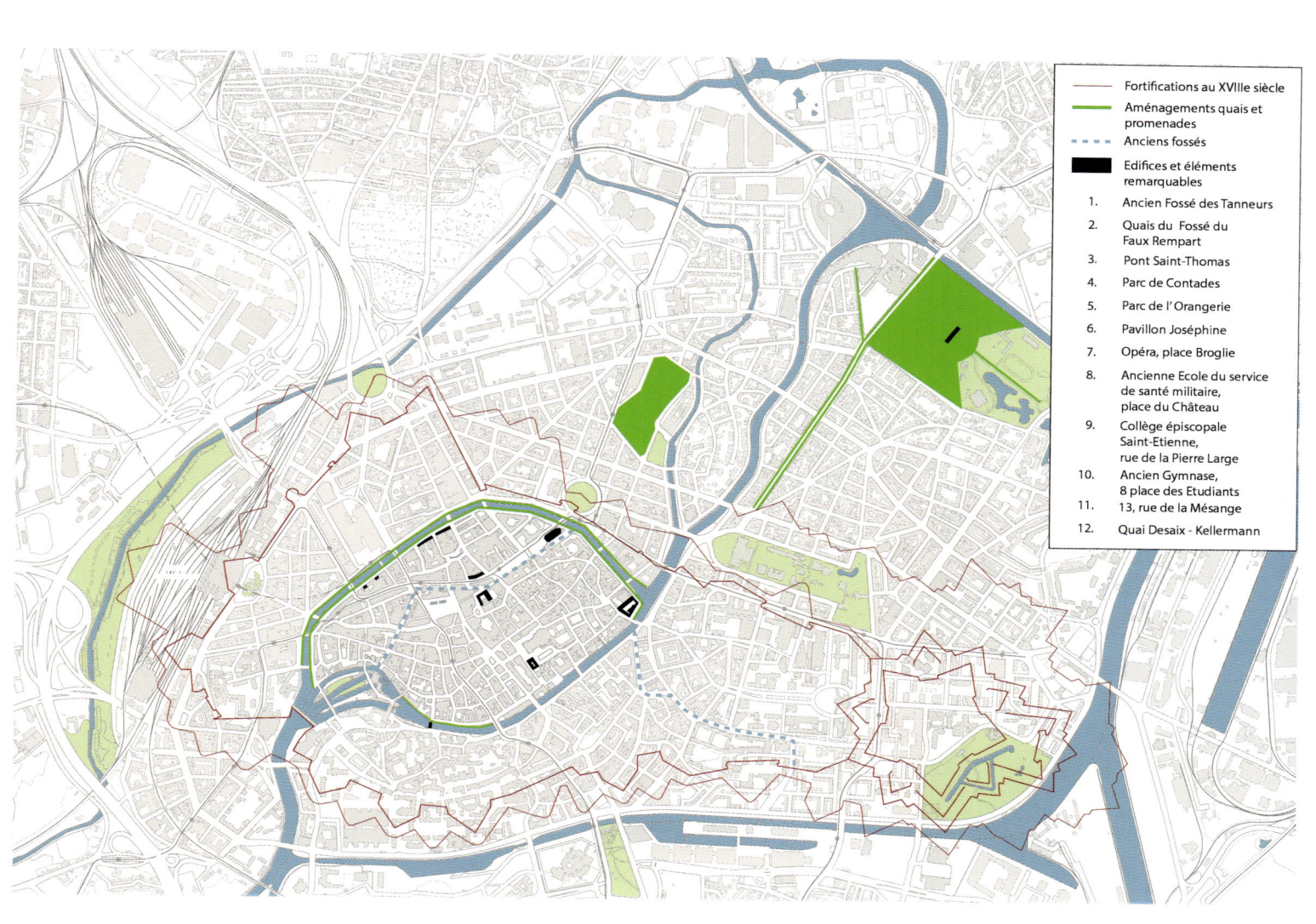

Fig. 4 : Vers la modernisation de la ville ancienne : localisation des édifices et éléments remarquables.
Katia Karli, 2013 © Ville et Communauté urbaine de Strasbourg. Fond de plan SIG-CUS.

La structure parcellaire, issue de la période médiévale et la densité du bâti ne permettent pas de libérer suffisamment d'espace pour construire de grandes demeures, il en résulte un renouvellement du bâti sur lui-même et de ce fait, la préservation du parcellaire ancien[434]. Les maisons bourgeoises ou les hôtels particuliers respectent l'agencement de l'habitat ancien et reprennent souvent les attributs médiévaux et Renaissance : hautes toitures, portails décentrés et oriels. Dans de nombreux cas, seule la façade sur rue est adaptée au « goût du jour »[435]. Progressivement le balcon à la française détrône l'oriel et se place dans l'axe de la façade. La construction en pans de bois se poursuit également et ce jusqu'au XIXe siècle.

Dans la Grande-Île, les espaces non bâtis sont peu nombreux. Les places, peu ou pas plantées, constituent les rares espaces libres. Seule se distingue l'ancienne place du Marché-aux-Chevaux dont les rangées de tilleuls, plantées à l'initiative du maréchal de Broglie en 1740, préfigurent la première promenade à l'intérieur de la ville[436]. Hors des murs, existe déjà depuis 1692 une allée plantée qui relie la porte des Pêcheurs à la Robertsau. Cette allée se termine, quelques années plus tard, avec une promenade qui deviendra ensuite le parc de l'Orangerie. Enfin en 1764, la nouvelle promenade du Contades est aménagée. Bien plus qu'une allée bordée d'arbres, il s'agit d'un ensemble planté organisé qui préfigure le premier jardin public de la ville.

Mais Strasbourg, enfermée dans ses fortifications, est une ville insalubre. Dans l'ellipse insulaire, les maisons s'entassent et les rues sont trop étroites.

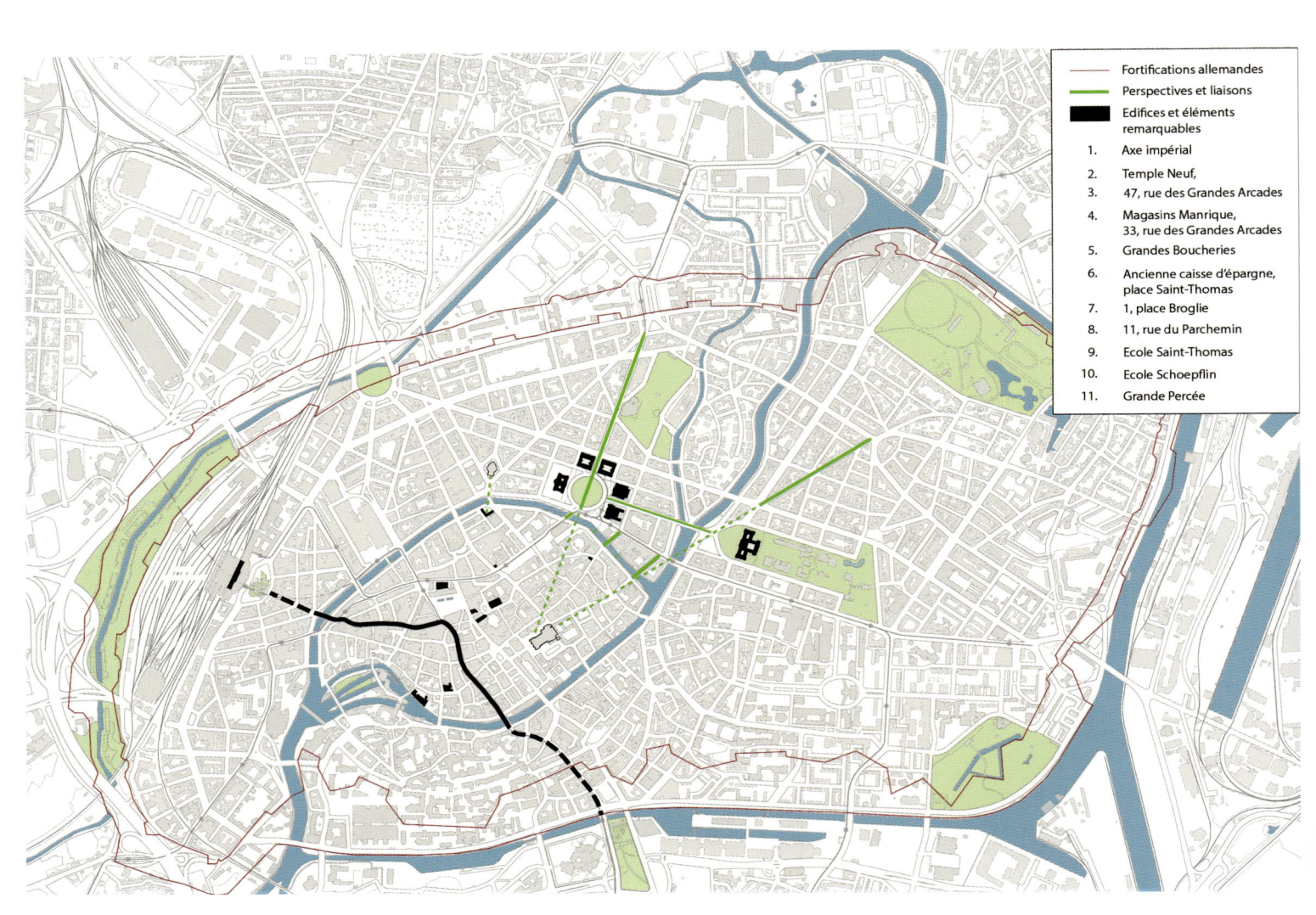

Fig. 5 : La capitale impériale : localisation des édifices et éléments remarquables.
Katia Karli, 2013 © Ville et Communauté urbaine de Strasbourg. Fond de plan SIG-CUS.

Mandaté par Louis XV, Jacques François Blondel propose en 1765 un plan d'embellissement[437] qui ne sera jamais réalisé. Nous retiendrons la réalisation de l'Aubette, l'aménagement de la place du Marché-Gayot ou encore la création du quai Saint-Thomas en 1772, premier quai aménagé de la ville.

Vers la modernisation de la ville ancienne au XIXe siècle (fig. 4)

Le XIXe siècle est marqué par les grands travaux qui visent à moderniser la ville. Entre la fin du XVIIIe siècle et le début du XIXe siècle, de nombreux fossés sont comblés dans la Grande-Île. Le long de l'Ill et du canal du Faux-Remparts, dans la suite du projet Blondel, les quais sont aménagés dès la première moitié du XIXe siècle et une circulation périphérique autour de la Grande-Île se met en place. L'architecture métallique fait son apparition à Strasbourg en 1841 avec la reconstruction du pont Saint-Thomas[438], l'un des plus anciens ponts en fonte conservés de France.

L'espace *intra-muros* autour de la Grande-Île se densifie au détriment des espaces libres[439]. Le phénomène s'accélère avec l'arrivée du chemin de fer et l'industrialisation. Les promenades *extra-muros* se transforment progressivement en jardins publics. La promenade du Contades, rasée à la fin du XVIIIe siècle, prend sa forme actuelle et devient un parc proche des limites de la ville. Le parc de l'Orangerie voit également le jour. Créé à l'extrémité de l'allée des Pêcheurs, il reprend les anciennes promenades Le Nôtre et se développe autour du pavillon Joséphine[440] qui constitue le centre de la composition.

Au début du XIXe siècle, les modèles hérités du XVIIIe siècle sont conservés[441], le style Empire n'est présent que dans les édifices monumentaux, tel le pavillon Joséphine ou encore le théâtre Napoléon (actuel opéra), construit entre 1804 et 1821. Après 1835, le modèle de l'immeuble rambutéen, dépouillé et fonctionnel est utilisé dans les nouvelles constructions. Il est progressivement remplacé à partir de 1848 par une architecture strasbourgeoise simple et élégante sans les surcharges ornementales parisiennes. Les quais qui longent le fossé du Faux-Rempart présentent de beaux exemples de ces immeubles de rapport. Un règlement municipal de 1856 détermine la hauteur des immeubles en fonction de la largeur des rues et préconise l'emploi de la pierre de taille au rez-de-chaussée pour faciliter la création d'arcades commerçantes. L'ancienne école du service de santé militaire est un bel exemple d'architecture néo-XVIIIe siècle, avec ses arcades en rez-de-chaussée[442] et sa toiture à la Mansart qui s'harmonise avec celle du palais Rohan et de l'ancien collège des Jésuites situés sur la même place.

Le parcellaire ancien est bien préservé dans son ensemble, les procédures d'alignement exigées par la municipalité dans la deuxième moitié du XIXe siècle concernent pour l'essentiel l'arc nord de la Grande-Île. On assiste également à une surélévation des édifices auxquels sont rajoutés un ou plusieurs étages[443].

Le XIXe siècle laisse peu de constructions majeures à Strasbourg, la plupart des bâtiments ont disparu à cause des bombardements de 1870, de la reconstruction ou encore des grands travaux du XXe siècle.

De la capitale impériale vers la ville européenne (fig. 5)

Le 10 mai 1871, le traité de Francfort rattache l'Alsace et la Moselle à l'Empire allemand et Strasbourg est élevée au rang de capitale du *Reischland Elsass-Lothringen* (1872-1918). Les autorités prennent conscience de l'obsolescence du système de défense du XVIIIe siècle et de la nécessité d'agrandir l'espace *intra-muros*. Le front nord-est des fortifications est étendu pour libérer la place nécessaire à l'extension de la ville qui voit sa surface triplée. La destruction des anciennes fortifications, en libérant des terrains jouxtant le centre ancien, va permettre d'assurer la jonction entre la ville ancienne et l'extension aux tracés régulateurs forts[444].

Les bombardements ont causé de nombreux dommages. La couronne périphérique — où des alignements entiers de maisons ont disparu — est profondément remaniée tandis que dans la Grande-Île, les bâtiments majeurs détruits sont rapidement reconstruits de manière à restituer la physionomie ancienne, telle l'Aubette ou encore l'ancien hôtel de Klinglin[445]. De nouvelles constructions éclectiques ou historicistes, qui réinterprètent pour certaines le langage architectural de la Renaissance ou réemploient des éléments anciens[446], s'insèrent dans le tissu ancien par regroupement de plusieurs parcelles[447]. L'architecture métallique des grands magasins fait son entrée dans la Grande-Île avec les anciens magasins Manrique, rue des Grandes Arcades, puis c'est au tour du style Art nouveau[448]. L'école Saint-Thomas, représentative du style régionaliste qui se développe au début du XXe siècle, rappelle les édifices de la Renaissance alsacienne avec ses pignons à volutes et ses tourelles.

La Grande-Île voit sa physionomie changée par la réalisation de la Grande Percée[449] dont le tracé sinueux, en référence aux tracés médiévaux, relie la gare au nouveau quartier de la Bourse. Les habitations insalubres sont démolies et remplacées par des immeubles résidentiels et de commerce aux allures modernes. Les travaux commencent en 1910 et s'achèvent dans les années 1950.

Strasbourg et sa Grande-Île, épargnées en 1914-1918, payent un lourd tribut lors du second conflit mondial.

Certains édifices, tels l'ancienne douane, sont reconstruits, d'autres sont remplacés par des constructions neuves intégrées dans le tissu traditionnel. Peu après la Seconde Guerre mondiale, Strasbourg s'engage sur le chemin de la réconciliation franco-allemande, puis de la construction européenne. En 1949, Strasbourg accueille le siège du Conseil de l'Europe et se transforme en véritable capitale européenne.

---

421 ICOMOS, « Évaluation des organisations consultatives » (page consultée le 11 mai 2013), [en ligne], http://whc.unesco.org/archive/advisory_body_evaluation/495.pdf

422 Jean-Jacques SCHWIEN, Strasbourg : document d'évaluation du patrimoine archéologique urbain, Tours, Centre national d'archéologie urbaine, 1992, p. 167.

423 Katia KARLI, Strasbourg de l'Antiquité à la ville actuelle : l'empreinte du castrum, permanence, transformation, déformation des tracés, mémoire de master de l'école nationale supérieure de Strasbourg, 2007.

424 Marie POTTECHER (dir.), 1400 : l'Alsace dans l'Europe gothique, Lyon, Lieux Dits, 2008, p. 46.

425 Le terme « civils » est employé ici au sens de bâtiments à usage collectif.

426 Voir le plan Morant dans les chapitres introductifs du présent ouvrage.

427 L'oriel, caractéristique de l'architecture renaissance dans les pays germaniques, est une avancée en encorbellement d'un ou plusieurs étages qui se place sur la façade. En Alsace, il est souvent appelé « balcon à l'allemande » en opposition au balcon dit « à la française » qui se développe au XVIIIe siècle.

428 Katia KARLI, Évolution du tissu urbain strasbourgeois du XVIIIe siècle à nos jours, évolution de la forme urbaine, Strasbourg, Université Marc Bloch, 2008.

429 Ces murs coupe-feu sont élevés entre les constructions pour limiter la propagation des incendies dans une ville où les maisons à pans de bois sont nombreuses.

430 Jean-Jacques SCHWIEN, op. cit., 1992, p. 167.

431 Le terme d'architecture « civile » est employé ici en opposition à l'architecture militaire ou religieuse. Le style « français » apparaît avec la construction des ouvrages militaires à la fin du XVIIe siècle.

432 Le rattachement au royaume de France en 1681 marque aussi le retour du culte catholique, Strasbourg devient le siège de l'évêque Armand-Gaston de Rohan-Soubise, cardinal évêque depuis 1704 qui décide de se faire construire un palais.

433 Thierry HATT, Parcellaire foncier et parcellaire morphologique à Strasbourg au XVIIIe siècle : Comparaison du plan relief de 1725 et du plan Blondel de 1765, Strasbourg, 2005, p. 35.

434 Thierry HATT, op. cit., 2005.

435 La façade de l'hôtel,11, rue des Juifs, est rhabillé dans un style Régence.

436 Olivier HAEGEL, « Les jardins à Strasbourg du Moyen Âge à 1870 », dans Jardins en Alsace : quatre siècles d'histoire, sous la direction de Marie-Hélène BÉNETIÈRE et Frédérique BOURA, Lyon, Lieux Dits, 2010, p. 65.

437 Voir le plan Blondel dans les chapitres introductifs du présent ouvrage.

438 Le pont est construit selon le procédé Polonceau, arc unique composé de quatre tuyaux creux en fonte, qui reprend un des travées du pont du Carrousel à Paris.

439 Katia KARLI, « La place des jardins dans le développement urbain : une approche synthétique », dans Jardins en Alsace : quatre siècles d'histoire, sous la direction de Marie-Hélène BÉNETIÈRE et Frédérique BOURA, Lyon, Lieux Dits, p. 134-137.

440 L'architecte de la ville, Pierre-Valentin Boudhors, projettera plusieurs palais néoclassiques, dont seul le pavillon Joséphine dans le parc de l'Orangerie est réalisé en 1807.

441 Grégory LAMARCHE, « Le XIXe siècle français », dans Strasbourg urbanisme et architecture des origines à nos jours, sous la direction de Jean-Louis GYSS, Strasbourg, Oberlin-Gérard Klopp, s. l., Difal, 1996, p. 221-238.

442 À l'origine, l'édifice était destiné à accueillir une clientèle fortunée et des boutiques en rez-de-chaussée, ce qui explique son décalage avec l'architecture militaire.

443 Katia KARLI, Connaissance du parcellaire et du patrimoine bâti strasbourgeois : rapport de stage, Ville et Communauté urbaine de Strasbourg, 2001, p. 111.

444 Voir le Bebauungsplan dans les chapitres introductifs du présent ouvrage.

445 Il est intéressant de noter ici que ces deux édifices, représentatifs de l'architecture française du XVIIIe siècle sont reconstruits à l'identique.

446 L'immeuble au numéro 47, rue des Grandes Arcades, construit dans un style néo-Renaissance, intègre l'oriel d'une des anciennes maisons détruites sur sa façade arrière.

447 Katia KARLI, op. cit., 2001.

448 Immeubles 1, place Broglie et 11, rue du Parchemin.

449 1910, Attention travaux ! De la Grande Percée au Stockfeld, catalogue d'exposition des archives de Strasbourg, 2010.

LA NAISSANCE D'UNE NOUVELLE DISCIPLINE : LE PLAN D'EXTENSION STRASBOURGEOIS DE 1880 ET L'URBANISME EN ALLEMAGNE

Hartmut Frank

Lorsque l'architecte municipal de Cologne Josef Stübben présente en 1890 sous le titre *Der Städtebau (L'Urbanisme)* le 9ᵉ tome de la 4ᵉ partie d'un imposant traité de l'architecture rédigé en plusieurs volumes, les nombreux architectes et fonctionnaires communaux, qui feront rapidement grand usage de cet ouvrage et de ses nombreuses rééditions comme outil de travail, n'ont quasiment pas conscience qu'émerge alors une nouvelle discipline dont les doctrines susciteront souvent des discussions controverses et des changements de conjonctures[450]. Ce n'est pas le premier texte consacré à la construction, la restructuration et l'extension des villes. De nombreuses discussions à l'occasion des congrès de l'association allemande d'architectes et d'ingénieurs et un grand nombre d'articles spécialisés parus dans des magazines consacrés à l'architecture et aux sciences des ingénieurs l'ont précédé, tout particulièrement l'écrit innovateur de Reinhard Baumeister paru en 1876 *Stadterweiterungen in technischer, baupolizeilicher und wirtschaftlicher Beziehung* (*L'extension des villes du point de vue technique, de la réglementation urbaine et de l'économie*)[451]. Mais Stübben rassemble pour la première fois dans une sorte de manuel tous les débats précédents et les connaissances acquises au cours du processus d'industrialisation qui s'est accompagné, à partir du milieu du XIXᵉ siècle en Allemagne et dans les pays voisins, d'une croissance urbaine fulgurante. À la différence du texte de Baumeister, au ton neutre et distancié, son manuel est plus que largement illustré. La première édition de ce livre clairement structuré ne compte pas moins de huit cent cinquante-sept illustrations sur cinq cent soixante-et-une pages, contre seulement quatre schémas très techniques chez Baumeister. La grande lisibilité qui en résulte contribue au succès d'envergure de cette publication, notamment auprès des praticiens de cette nouvelle discipline, qui n'est pas encore enseignée à un niveau universitaire. L'importance attachée à la *Neustadt* strasbourgeoise dans ce contexte est attestée par le fait que le plan général établi par l'architecte municipal strasbourgeois Johann Gottfried (Jean-Geoffroy) Conrath est reproduit sur une double-page entière et que des images de places strasbourgeoises, de mobilier urbain et d'autres éléments de ce type émaillent plusieurs chapitres à titre d'exemple. Les douze exemples strasbourgeois l'emportent certes sur la plupart des autres villes dans le monde, mais il n'atteint pas les soixante-huit illustrations consacrées à Paris, ni les cinquante-cinq de Cologne ou les quarante-trois de Berlin, villes auxquelles l'auteur a accordé encore plus d'importance.

Après des études à l'académie d'architecture de Berlin et des travaux d'architecte municipal à Aix-la-Chapelle, Stübben (1845-1936) remporta en 1878 avec Karl Henrici le concours prestigieux de l'extension urbaine de Cologne, entamant ainsi une carrière internationale d'architecte particulièrement brillante, qui lui valut jusque dans son grand âge de nombreuses commandes et une reconnaissance universelle (fig. 1). Son livre prouve la minutie avec laquelle il analysait les processus d'urbanisation de la deuxième moitié du XIXᵉ siècle, et souligne qu'il ne considérait à aucun moment la nouvelle discipline avec l'idée préconçue de l'hégémonie d'une culture nationale sur une autre. Il ne développe pas d'utopies mais confronte ses propres

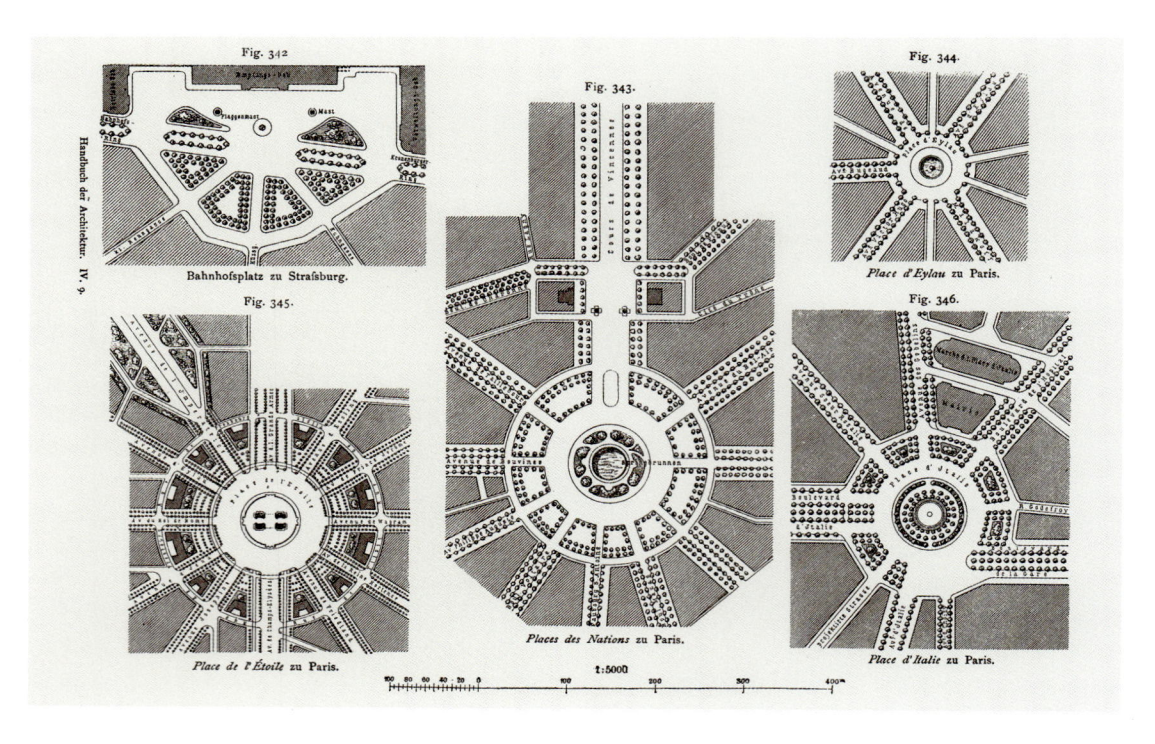

Fig. 1 : Carrefours à Strasbourg et à Paris. Josef STÜBBEN, *Der Städtebau*, Handbuch der Architektur IV.9, Darmstadt, Arnold Bergsträsser, 1890, fig. 342-346.

connaissances aux travaux de ses collègues contemporains étrangers et allemands dans une représentation graphique homogène et une description neutre, sans se livrer à des considérations sur leur valeur, même si on note une forte indifférence face aux questions sociales. Tout comme Baumeister, il considère que l'urbaniste doit organiser le territoire de manière efficace tant sur le plan technique qu'esthétique, afin de ne pas entraver voire de favoriser la spéculation privée. L'architecture des bâtiments pris individuellement ne fait pas partie de son champ de préoccupation. S'il exerce une influence sur leur typologie et leur configuration, ce n'est que de manière indirecte, par la détermination de l'emplacement des bâtiments et des monuments publics, par les règlements de construction, le découpage des lotissements, les directives d'exploitation, les consignes concernant les alignements et les lignes de gouttière, de même que par la conception des espaces de circulation et la proximité ou l'éloignement de parcs ou de terrains encore non bâtis ou d'installations industrielles susceptibles de créer des désagréments. Cet outil réglementaire avait déjà été perfectionné dans les métropoles européennes telles que Paris, Berlin, Londres et Vienne. Cependant, les nombreux exemples choisis par Stübben dans les villes d'Europe centrale et d'Europe de l'est prouvent que les grandes métropoles, tout en imposant clairement leur marque, ne sont pas les seules à influencer la constitution de cette discipline encore jeune.

À Cologne, tout comme dans les autres villes fortifiées de la rive gauche du Rhin telles que Mayence,

LES FRONTIÈRES DÉPASSÉES : LES ÉCHANGES D'INFLUENCES

Coblence et Strasbourg, la croissance urbaine et le développement économique avaient été profondément entravés par la ceinture de murailles et la zone *non aedificandi* dans laquelle il était interdit de construire[452]. À la différence des villes situées loin des frontières, les fortifications n'y avaient pas été démantelées, même après la guerre de 1870, mais avaient tout au contraire été modernisées et déplacées dans la zone périurbaine. La zone ainsi libérée avait été vendue aux municipalités par le fisc militaire et avait permis des extensions urbaines considérables, même si elles restaient limitées par les fortifications. Tout comme pour Paris, qui avait également été à nouveau fortifiée dans la deuxième moitié du siècle, il était difficile pour ces villes de s'étendre librement dans la zone périurbaine et de coordonner leur organisation spatiale avec leurs banlieues et communes voisines situées en dehors des fortifications.

Le plan pour Cologne de Stübben reproduit le schéma de base du *Ring* (boulevard annulaire) de Vienne[453] (fig. 2). Alors qu'à Vienne, les fortifications abandonnées avaient été utilisées pour la construction d'une avenue somptueuse reliant la vieille ville, dont

Fig. 2 : Le *Ring* de Vienne (1859–1890, plusieurs auteurs). Josef STÜBBEN, *Der Städtebau*, Handbuch der Architektur IV.9, Darmstadt, Arnold Bergsträsser, 1890, p. 253.

rues diagonales relient le nouveau boulevard annulaire à une série de places en forme d'étoile sur lesquelles se trouvent souvent placées des églises qui fournissent des points de perspective et qui articulent le paysage urbain. (fig. 3). Le nouveau quartier, qui se pose comme une couronne autour de la vieille ville, est traversé par des voies radiales allant jusqu'aux nouvelles portes de la ville et établit une hiérarchie entre ses zones résidentielles en plaçant les unes à la proximité de parcs et les autres en bordure de zones ferroviaires dont on redoutait les nuisances.

Paris constitue indéniablement le modèle de ce plan. Dans ses publications, Stübben n'a jamais manqué de souligner la force esthétique des grandes percées et des places parisiennes. Mais les conceptions qui avaient, à Paris, porté sur des terrains *intra-muros*, donnent lieu à Cologne – tout comme cela avait déjà été le cas à Berlin, avec le plan Hobrecht de 1862[454] – à la construction de quartiers urbains sur des terrains restés jusqu'alors largement en friche. Les boulevards annulaires, les rues rectilignes, les places en forme d'étoile et les bâtiments publics édifiés comme point de mire d'un axe visuel constituent autant d'éléments typiquement parisiens qui peuvent faire l'objet d'un transfert dans une extension urbaine souvent désignée par le terme de *Neustadt*.

Stübben n'est pas convié à Strasbourg du 23 au 28 septembre 1878, lorsqu'une commission de vingt-et-un experts discute les projets de l'extension de la ville sur l'ancienne enceinte fortifiée sous la direction du maire désigné par les nouvelles autorités, Otto Back[455]. Sa carrière vient seulement de commencer, alors que les auteurs des trois projets en lice, Johann Gottfried Conrath (1824-1892), August Orth (1828-1901) et Hermann Eggert (1844-1920), mais surtout le principal expert convié, Reinhard Baumeister (1833-1917), ainsi que ses confrères Eduard Kreyssig (1830-1897), Franz Andreas Meyer (1837-1901) et Christian Friedrich von Leins (1814-1882) jouissent déjà d'une solide

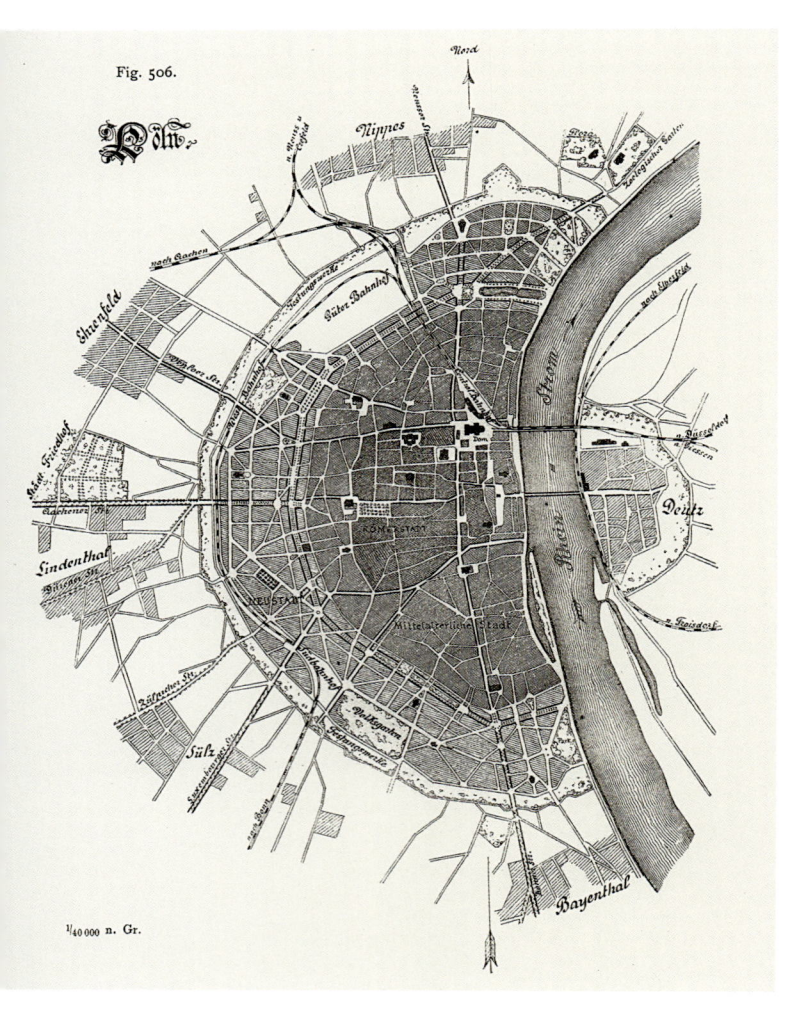

Fig. 3 : Plan d'extension de la ville de Cologne en 1880.
Josef STÜBBEN, *Der Städtebau*, Handbuch der Architektur IV.9, Darmstadt, Arnold Bergsträsser, 1890, fig. 505.

les structures dataient pour l'essentiel de l'époque médiévale, avec des banlieues modernes urbanisées, alignant en bordure de son tracé les édifices d'apparat du régime impérial, le *Ring* de Cologne devait remplir une fonction bien moins spectaculaire, qui était de faire baisser la pression démographique de la vieille ville, surpeuplée, grâce à la construction de logements. Des

réputation. Les autres membres de la commission représentent les autorités municipales, la chambre de commerce, l'armée, les architectes locaux, la direction ferroviaire, l'administration de la santé publique et la police.

Le choix des experts ne surprend guère. Depuis son plan d'urbanisme pour la ville de Heilbronn et la parution, deux ans plus tôt, de son livre sur les extensions urbaines, Baumeister, professeur à Karlsruhe, est devenu le porte-parole universellement reconnu de la nouvelle discipline de l'urbanisme en Allemagne. À Mayence, dans des conditions en tout point comparables à celles de Strasbourg et de Cologne, Kreyssig vient de s'imposer comme architecte municipal avec une planification d'extension urbaine accordant une large place aux intérêts des investisseurs[456].

À Hambourg, Meyer a déjà entrepris les travaux de démolition de deux quartiers historiques pour les transformer en une impressionnante *Speicherstadt* (littéralement ville des entrepôts) au sein du nouveau port, devenu indispensable après le rattachement de la ville hanséatique à la zone douanière du Reich[457]. Seule la présence du professeur Christian Friedrich von Leins, de Stuttgart, peut éventuellement surprendre, car il devait sa réputation non pas à des travaux d'urbanisme, mais à des constructions de bâtiments officiels pour le roi du Württemberg. Il est le plus âgé de la commission, mais il partage avec Conrath le fait d'avoir étudié à Paris[458]. Baumeister et Meyer font partie de la première génération d'architectes diplômés de l'institut polytechnique d'Hanovre et sont tout au moins autant ingénieurs qu'architectes; Kreyssig, quant à lui, a fait l'essentiel de ses études d'architecture à Darmstadt. Orth et Eggert sont diplômés de l'académie d'architecture de Berlin. Orth a aussi étudié la peinture avant de débuter sa carrière à Berlin au service de la société des chemins de fer de Basse-Silésie et de la Mark, et en tant qu'architecte privé du magnat des chemins de fer, Bethel Henry Strousberg[459]. À Berlin, il a présenté plusieurs projets de métro urbain et un plan de modernisation du centre-ville de Berlin, qui ont été accueillis avec grand intérêt[460] ; il a également tenu, lors du congrès annuel de l'association allemande des architectes et ingénieurs, un discours programmatique sur l'avenir de Berlin en comparant en détail les planifications de Londres, Vienne et Paris[461]. Eggert, le participant le plus jeune, est chargé depuis 1875 de la construction de l'université de Strasbourg[462]. En février 1878, il a, apparemment de sa propre initiative, choisi de présenter un projet d'extension urbaine de Strasbourg. D'un geste empreint de loyauté collégiale, Baumeister inclut celui-ci dans son évaluation comparative des deux projets commandités par la ville, ceux de Conrath et d'Orth, qui ont été présentés au public en mai 1878[463].

Au cours de cette réunion de septembre 1878, après un discours introductif de Baumeister, suivi d'une discussion approfondie, la décision fut prise de retenir le projet de Conrath comme base pour la planification de la *Neustadt*. Il semble que ce furent surtout des considérations pragmatiques, portant sur le financement et le développement urbain à long terme, qui ont fait pencher la balance, bien plus que des questions de conception. Les arguments formulés par Baumeister et son examen négatif mais prudent de la proposition d'Orth ont sans aucun doute été décisifs. Son évaluation mérite une attention particulière car elle met en relief quelques questions centrales du discours urbanistique allemand des années 1870.

Les trois projets sont très similaires quant aux traits généraux d'articulation de l'espace et de l'aménagement des voies de communication du nouveau quartier. Tous les trois prévoient une « place impériale » centrale et ne se différencient que par le raccordement à la place Broglie et l'aménagement de la circulation. Les trois projets projettent une rue centrale allant de la porte de Kehl à la porte de Pierre et reprennent le tracé de la nouvelle *Wallstrasse* (rue longeant les fortifications) dont le contour est imposé par les fortifications et les portes qui vont être construites. Ceci n'est guère

Fig. 4 : Plan d'aménagement de la place de l'Empereur et de ses abords. August ORTH, *Entwurf zu einem Bebauungsplan für Strassburg*, Leipzig, Verlag E. A. Seemann, 1878, Blatt III.

surprenant car l'emplacement des nouvelles installations militaires était connu depuis 1874 et n'avait jamais été remis en question. De même, l'emplacement de la nouvelle gare centrale avait été fixé tout à l'ouest du plan, et le chantier du nouveau campus universitaire, qui constituait une sorte d'îlot au milieu de la zone à urbaniser, avait déjà été lancé. Entre les lignes, Baumeister formule prudemment quelques critiques sur les restrictions du développement urbain qui découlent de ces décisions préalables, notamment du fait du maintien des bastions de Vauban au sud et de la citadelle à l'est.

Les propositions de Conrath et d'Eggert portaient la marque des discussions de planification urbaine des années 1870, à un moment où la doctrine de

Baumeister régnait en maître. Par une structure de rues orthogonales, ils s'efforcent de créer un plan de lotissement avantageux, pour satisfaire les intérêts des investisseurs particuliers, en évitant d'allouer trop d'espaces réservés à des églises ou à des édifices publics. Mais Baumeister lui-même critique les grands blocs carrés d'immeubles du plan d'Eggert, dont le schéma rigide n'est tempéré que par l'îlot de son campus universitaire et par la place impériale. En revanche, il approuve chez Conrath le recours modéré à des rues diagonales, dont le but est de contrebalancer la rigidité du cadrillage. Lorsqu'on compare le plan d'Orth aux projets d'Eggert et de Conrath, on est frappé d'emblée par une volonté de création artistique bien plus poussée (fig. 4). L'analyse de l'exposé accompagnant son projet montre qu'Orth propose des transformations structurelles qui dévoilent son expérience d'architecte de chemins de fer et d'ingéniérie des voies de communication[464]. Même Baumeister est forcé de le reconnaître en partie, alors qu'il rejette globalement sa vision urbanistique. En prévision des travaux assurant la navigabilité du Rhin au-dessus de Mannheim, Orth propose un nouveau canal au sud de la ville reliant l'Ill et le canal de la Marne au Rhin, et prévoit des installations portuaires à l'intérieur et à l'extérieur du nouveau périmètre urbain. Il suggère de créer entre le Rhin et le petit Rhin en face de Kehl de nouveaux parcs publics pour favoriser la construction d'un nouveau quartier de villas le long de la route reliant les deux villes. Sur l'exemple du modèle berlinois, il suggère de créer un réseau urbain de tramways à vapeur pour contrebalancer l'emplacement défavorable de la nouvelle gare centrale et pour mieux relier la vieille ville à la *Neustadt*[465]. Les propositions nombreuses et détaillées d'Orth concernant la modernisation de la vieille ville devenu étroite ne correspondent peut-être plus à la conception actuelle de la protection des monuments, mais elles représentent un idéal de progrès qui caractérise la pensée urbanistique

Fig. 5 : **Musées sur l'île aux musées d'August Orth, 1875.** Architekturmuseum der TU Berlin.

de l'époque. Sa proposition d'une grande percée parallèle à la *Langstrasse* est effectivement reprise au tournant du siècle, et réalisée dans un processus qui s'étend sur plus de cinquante ans au-delà de toutes les césures historiques.

Mais Baumeister désapprouve chez Orth les nombreuses rues diagonales convergeant sur des places en forme d'étoile et de carrefours, qui doivent être accentués par des bâtiments publics. Leur tracé produit des parcelles en partie triangulaires ou irrégulières et serait, selon Baumeister, défavorable à une exploitation efficace. Sans plus d'égard, il estime même que la jonction entre la place impériale et le quartier environnant, telle que proposée par Orth, « manque de dignité ». Baumeister évite de prendre position au sujet de l'emplacement de nouvelles églises, de la synagogue, d'un musée, d'un opéra, d'une salle de concert et autres édifices, ce qui tend à montrer qu'il souhaitait de manière générale prendre ses distances avec l'architecture, et de s'éloigner d'un urbanisme artistique dont il sentait les prémices. Pourtant, il est difficile de ne pas être sensible chez Orth au charme de l'ensemble, qui résulte de l'agrandissement de la place impériale, raccordée directement à la place Broglie par l'enjambement du canal de l'Ill couvert par un pont très large, et relié en outre au parc de Contades. De plus, d'un geste généreux, il relie la place impériale à un nouvel opéra à quelque distance sur l'île Sainte-Hélène, au lieu d'y placer une église de garnison comme le prévoyaient ses concurrents[466]. La place impériale est en outre mise en relation avec l'université qui se trouve complétée par lui d'un « quartier médical » rattaché perpendiculairement à l'Esplanade qui s'étend devant le *Kollegiengebäude*, l'actuel Palais universitaire, projet de Otto Warth[467].

Alors qu'il est d'origine berlinoise, Orth défend bien plus que Conrath qui, lui, avait fait ses études à Paris, une conception d'urbanisme qui s'inspire de l'exemple parisien. Dans sa comparaison précédemment citée des métropoles européennes, il avait insisté en 1875 sur « la perfection éblouissante de l'apparence extérieure » de Paris, qui serait due à « l'emplacement des bâtiments publics », habilement disposés de sorte à être en harmonie avec le tracé des rues. Stübben se fit le relais de ces opinions, dans ses compte-rendus détaillés de l'Exposition universelle de 1878, et de l'aménagement des voies de communication à Paris. Avec encore plus de force qu'Orth, il y soulignait combien la ville de Paris, largement restructurée sous Napoléon III, était devenue un modèle pour ceux d'entre les urbanistes allemands qui souhaitaient se libérer des doctrines essentiellement techniques de Baumeister en matière d'urbanisme. En 1878, il exprimait son admiration pour « la conception rationnelle des rues qui a, comme chacun sait, permis une relation aussi directe que possible entre tous les points nodaux, grâce à des lignes diagonales vigoureuses et des faisceaux de rues brillamment conduits, et qui n'accordent généralement pas trop d'importance à la configuration plus ou moins avantageuse du terrain à bâtir[468] ».

Pour Stübben, le plan de Conrath, dont la réalisation est finalement décidée par le comité d'experts, reste toutefois un exemple des doctrines urbanistiques dont il va se servir pour Cologne. On sait que cela n'a pas empêché pendant plus d'un siècle certains critiques français de déceler dans le projet de Conrath avant tout l'expression de la volonté arbitraire de l'esprit prussien et de sa soif de reconnaissance. Mais en Allemagne aussi, le projet fit l'objet, au plus tard depuis le tournant du siècle, d'un rejet grandissant de la part de nationalistes pétris d'idées romantiques. Le changement de paradigme qui se manifestait en Allemagne suite à la publication du livre de Camillo Sitte sur le caractère artistique de l'urbanisme eut pour conséquence des polémiques parfois stériles au sujet de la planification urbaine, aboutissant par exemple à la discussion absurde sur les avantages et les inconvénients de la rue droite face à la rue incurvée[469]. Dans ce contexte, les planifications de Strasbourg

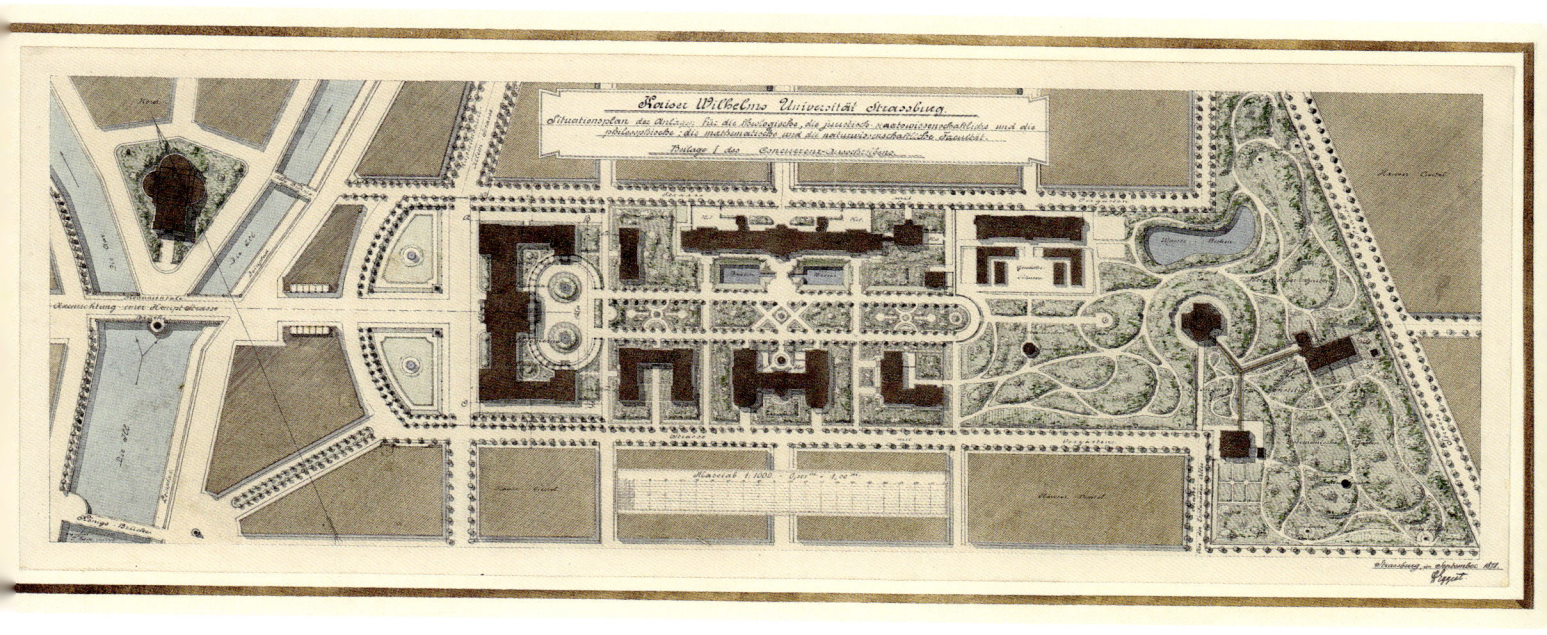

LES FRONTIÈRES DÉPASSÉES : LES ÉCHANGES D'INFLUENCES

Fig. 6 : Plan d'aménagement de l'université de Hermann Eggert, 1879. Architekturmuseum der TU Berlin.

rencontraient de moins en moins les conditions nécessaires pour leur bonne compréhension.

Lors de la première « Exposition des villes allemandes » à Dresde en 1903, le plan d'urbanisation de Strasbourg ne fut déjà plus montré dans sa totalité. Dans le catalogue on ne trouve que le plan de la nouvelle université d'Eggert, qui, en disposant les différents instituts universitaires au sein d'un vaste parc, était certainement en avance sur son temps. Il fut néanmoins accompagné d'un commentaire étonnant (fig. 6) : « Les différentes constructions n'entretiennent pas une relation artistique entre elles, bien qu'elles aient été disposées selon un plan précis »[470]. Dans le premier volume du même catalogue, le principal organisateur de l'exposition, l'architecte et historien de l'art Cornelius Gurlitt (1850-1938), surenchérit en écrivant au sujet de la *Neustadt* strasbourgeoise : « Tout le quartier est conçu pour impressionner par sa grandeur, et il y parvient à plusieurs endroits comme les constructions parisiennes du Second Empire. Il n'y a pas de place pour une ambiance plus proche de la sensibilité allemande, qui tend vers la convivialité et la proximité des âmes »[471]. Dans son *Handbuch des Städtebaus* (manuel d'urbanisme) paru après la Première Guerre mondiale, Strasbourg n'est plus mentionnée[472]. À ce moment, le rejet des principes de l'urbanisme allemand de la *Gründerzeit* (époque des fondateurs) après 1871 était devenu un lieu commun, tout comme le refus de l'architecture éclectique dont le modèle principal avait été Paris.

L'architecte et critique Leo Adler (1891-1962), éditeur du dictionnaire d'architecture *Wasmuths Lexikon der Baukunst*[473] (Dictionnaire Wasmuth de l'architecture), va, une décennie plus tard, dans la rubrique « Strasbourg », faire l'éloge de l'urbanisme et de l'architecture du XVIIIe siècle, où « la pensée des régulations haussmanniennes de Paris semble anticipée », avant de poursuivre : « le plan ultérieur d'extension urbaine mis en place par Conrath en 1876 fut bien moins important[474] ».

Après ces appréciations négatives, cinq décennies durent passer avant que les années de jeunesse de l'urbanisme moderne, ses premiers acteurs et théoriciens, leurs controverses et leurs œuvres réussissent à nouveau à attirer l'attention des chercheurs et des praticiens[475]. La planification de Strasbourg permet de constater que ce cycle long n'est pas tant dû aux changements politiques ou aux drapeaux qui flottent au-dessus de la ville, mais plutôt aux changements de paradigmes au sein d'une discipline qui s'est développée dès ses débuts dans un contexte international.

---

450 Josef STÜBBEN, *Der Städtebau*, Handbuch der Architektur IV. 9, Darmstadt, Arnold Bergsträsser, 1890.

451 Reinhard BAUMEISTER, *Stadterweiterungen in technischer, baupolizeilicher und wirthschaftlicher Beziehung*, Berlin, Ernst & Sohn, 1876.

452 L'extension urbaine de Coblence d'après le plan de Stübben ne commence qu'en 1889, plus tard que Strasbourg.

453 Voir Hiltrud KIER, *Die Kölner Neustadt : Planung, Entstehung, Nutzung, Beiträge zu den Bau- und Kunstdenkmälern im Rheinland*, Band 23, Düsseldorf, Pädagogischer Verlag Schwann, 1978.

454 Ce plan crucial pour le développement urbain moderne de Berlin est devenu la cible pendant plus d'un siècle de la polémique du mouvement réformateur contre la spéculation des terres et est principalement rendu responsable de la construction d'immeubles locatifs (Mietskasernen) et de la crise du logement à Berlin. À titre d'exemple : Werner HEGEMANN, *Das steinerne Berlin*, Berlin, Gustav Kiepenheuer, 1930 ; Ernst HEINRICH et Hannelore JUCKEL entreprirent une première tentative de réhabilitation, « Der Hobrechtplan », dans *Jahrbuch für Brandenburgische Landesgeschichte*, 13. Band, 1962 ; de même que : Dieter RADICKE, « Der Berliner Bebauungsplan von 1862 und die Entwicklung des Wedding. Zum Verhältnis von Obrigkeitsplanung zu privatem Grundeigentum », dans *Festschrift Ernst Heinrich, Universitätsbibliothek der Technischen Universität Berlin*, sous la direction de Goerd PESCHKEN, Dieter RADICKE et Tilmann J. HEINISCH, Berlin, 1974, p. 56-74.

455 La désignation officielle de Back fut « Bürgermeisterei-Verwalter », directeur provisoire de l'administration communale strasbourgeoise, voir le rapport de la commission de septembre 1978 dans la *Deutsche Bauzeitung*, 1878, n° 80, p. 411.

456 Michael KLÄGER, « Die Stadterweiterung von Mainz. Konkurrierende Interessen und die Entwicklung von Bebauungsplänen zwischen 1854 und 1875 », dans *Stadterweiterungen 1800-1875. Von den Anfängen des modernen Städtebaus in Deutschland*, sous la direction de Gerhard FEHL et Juan RODRIGUEZ-LORES, Hamburg, Christians Verlag, 1983, p. 315-343.

457 Oskar BESELIN, *Franz Andreas Meyer. Ein Baumeister der Großstadt Hamburg*, Hamburg, Christians Verlag, 1974 ; Hermann HIPP, « Franz Andreas Meyer », dans *Neue Deutsche Biographie*, n° 17, 1994, p. 308.

458 Von Leins était à Paris de 1837 à 1840 et il a travaillé pendant un court moment chez Henri Labrouste. Il avait bâti à Stuttgart la Villa Berg et le *Königsbau* près du château pour le compte du roi du Württemberg 1845-53. Il était depuis 1858 professeur à l'Université technique de la ville. Johann Gottfried Conrath était Strasbourgeois, il avait étudié l'architecture à l'école des Beaux-Arts à Paris. De 1854 à 1892, il fut architecte municipal à Strasbourg. Avec Meyer et Stübben il développa en 1885 un plan général d'aménagement urbain pour Düsseldorf qui prévoyait le déplacement des chemins ferroviaires et la construction d'une gare centrale.

459 Gustav EBE, *August Orth. Ein Lebensbild*, Berlin, Ernst & Sohn, 1904 ; Manfred KLINKOTT, « Der preussische Baurat August Orth unter dem Einfluss von Industrialisierung und sozialem Wandel im Deutschen Kaiserreich », dans *Kunstpolitik und Kunstförderung im Kaiserreich*, sous la direction de MAI, POHL et WAETZOLD, Berlin, Gebr. Mann, 1982.

460 Voir les commentaires détaillés de Werner Hegemann concernant les propositions d'Orth dans le catalogue en deux volumes *Der Städtebau* publié à l'occasion des expositions à Berlin et Düsseldorf (Ernst Wasmuth, Berlin, 1911/1913), tout particulièrement les reproductions n° 43 et 44.

461 August ORTH, *Berlin und seine Zukunft*, (1875) reproduit in *Festreden Schinkel zu Ehren*, choisi et introduit par Julius Posener, AIV Berlin, s.d., p. 168-182.

462 Parallèlement aux planifications pour l'université de Strasbourg, Eggert construit à partir de 1880, la gare centrale de Francfort, à partir de 1883, le palais du Rhin à Strasbourg, à partir de 1897, la nouvelle mairie de Hanovre et à partir de 1900, l'université de Dantzig. Voir les archives de plans du musée d'architecture de la Technische Universität de Berlin.

463 Reinhard BAUMEISTER, « Die Stadterweiterung von Straßburg », *Deutsche Bauzeitung*, n° 68, 1878, p. 343-347 et n° 70, p. 356-357.

464 August ORTH, *Entwurf zu einem Bebauungsplan für Straßburg, bearbeitet im Auftrag der Stadtverwaltung*, Leipzig, E.A. Seemann, 1878.

465 Harald BODENSCHATZ, « Der Beitrag August Orths zur Reorganisation der inneren Stadt Berlins », dans *Stadterweiterungen 1800-1875. Von den Anfängen des modernen Städtebaus in Deutschland*, sous la direction de Gerhard FEHL et Juan RODRIGUEZ-LORES, Hamburg, Christians Verlag, 1983, p. 485-510.

466 Orth avait déjà publié en 1875-76 ses propositions pour une conception de l'île aux Musées de Berlin, qu'il semble reprendre pour sa proposition de conception de l'île Sainte-Hélène (fig. 5). C'est Ernst von Ihne (1848-1917), le conseiller architectural de l'empereur Guillaume II, formé à Paris, qui fit construire de 1898 à 1904 le Bode-Museum actuel, qui se dresse à la pointe de l'île entre Spree et Kupfergraben.

467 August ORTH, *op. cit.*, 1878, Blatt III.

468 Josef STÜBBEN, « Die baulichen Einrichtungen der Pariser Weltausstellung des Jahres 1878 », *Deutsche Bauzeitung*, n° 70, 1878, p. 355 ; Josef STÜBBEN, « Paris in Bezug auf Strassenbau und Stadterweiterung », *Zeitschrift für Bauwesen*, Berlin, 1879, p. 377-412.

469 Camillo SITTE, *Der Städte-Bau nach seinen künstlerischen Grundsätzen*, Vienne, Carl Graeser, 1889.

470 Robert WUTTKE (dir.), *Die Deutschen Städte, geschildert nach den Ergebnissen der ersten deutschen Städte-Ausstellung zu Dresden 1903*, Leipzig, Friedrich Brandstätter, 2. Band, 1904, fig. 21, p. 47.

471 Cornelius GURLITT, « Der deutsche Städtebau », dans Robert WUTTKE, *op. cit.*, 1. Band, 1904, p. 34.

472 Cornelius GURLITT, *Handbuch des Städtebaus*, Berlin, Der Zirkel, Architekturverlag GmbH, 1920.

473 Pour Leo Adler, voir Myra WAHRHAFTIG, *Sie legten den Grundstein, Leben und Wirken deutschsprachiger jüdischer Architekten in Palästina 1918-1948*, Tübingen, Berlin, 1996.

474 Leo ADLER, « Stichwort : Strassburg im Elsass » dans *Wasmuths Lexikon der Baukunst*, Berlin, Ernst Wasmuth, IV. Band, 1931, p. 471-472.

475 Voir entre autres : Gerd ALBERS, *Entwicklungslinien im Städtebau. Ideen, Thesen, Aussagen 1875-1945. Texte und Interpretationen*, Bauwelt Fundamente 46, Düsseldorf, Bertelsmann Fachverlag, 1975 ; Giorgio PICCINATO, *La costruzione dell'urbanistica. Germania 1871-1914*, Roma, Officina Edizioni, 1977 ; Anthony SUTCLIFFE, *Towards the Planned City: Germany, Britain, the United States, and France 1780-1914*, Oxford, Palgrave Macmillan, 1981.

L'EXTENSION DE STRASBOURG DANS LA PERSPECTIVE DES EXTENSIONS URBAINES EN EUROPE APRÈS 1850

Bernard Gauthiez

L'extension de Strasbourg approuvée en 1880 prend place dans le contexte des reconfigurations des villes concernées par un changement géopolitique, très nombreuses au XIXe siècle, du fait de la montée des nationalismes, du très fort développement économique et des nombreuses modifications de frontières[477]. Cependant, le cas de Strasbourg est particulièrement intéressant en ce qu'il constitue une transition entre deux puissances majeures et rivales[478]. L'une, la France, qui n'est plus ensuite la puissance dominante sur le Continent, et l'autre, l'Allemagne, émergeant à ce rôle.

On est frappé par l'ampleur de la réalisation : la superficie de la ville *intra-muros* passe de 232 à 618 ha, ce qui la place au niveau des grandes extensions allemandes contemporaines, entre celle de Mayence décidée en 1866, qui passe de 100 à 230 ha et celle de Cologne vers 1880 qui passe de 405 à 812 ha. Par ailleurs, on est surpris de la conservation au poste d'architecte en chef de Jean-Geoffroy Conrath, qui avait fait ses études à Paris et qui opérait dans la ville depuis 1849. Il faut donc examiner avec attention ce qui a pu, dans l'extension de Strasbourg, être nourri par les grands projets allemands, et ce qui peut procéder d'un héritage de la période antérieure. Il faudra aussi s'intéresser à des réalisations dans d'autres villes.

Les débats sur la transformation de Strasbourg dans les années 1860

Suite au projet d'aménagement de promenade urbaine réunissant les jardins de l'Orangerie et du Contades envisagé au nord de la ville, mis à l'étude dans les années 1830[479], une réflexion sur l'extension est déjà à l'origine d'un plan de l'espace au débouché de la porte des Juifs, autour du parc du Contades, en 1835[480]. On retrouve une même préoccupation en 1863 à l'occasion de la reconstruction du pont aux Juifs, puis un décret est pris en 1866 pour établir une avenue dans l'axe du Contades jusqu'à la porte des Juifs, et réunir le Contades au parc de l'Orangerie[481]. L'extension est donc envisagée et préparée (fig. 1). Mais elle bute sur deux obstacles majeurs, dont le coût. Comme place forte de premier ordre, Strasbourg est enserrée dans un espace militaire épais d'environ 500 m. La réflexion est, peu avant 1870, active pour améliorer la défense de la ville, dont on sait qu'elle est obsolète. Le gouvernement n'investit cependant pas les sommes nécessaires[482], et seuls des travaux de confortation des ouvrages existants sont effectués. Le siège montrera combien la situation était bien comprise : la ville est bombardée à partir de l'est, mais c'est par le nord-ouest que les troupes allemandes pourront y pénétrer, pratiquant une brèche dans des ouvrages où des travaux étaient en cours[483]. L'autre obstacle est constitué par une démographie urbaine atone. La population civile augmente à peine avant la guerre, 75 565 habitants en 1851, 71 499 en 1861, 75 784 en 1866, 78 130 en 1871[484].

En revanche, l'aménagement intérieur est très actif à partir des années 1840, notamment sous les maires Schützenberger et Coulaux. De multiples réalisations témoignent de la modernisation, équipements publics, ponts, quais qui font des bras d'eau des éléments majeurs de la voirie et de la scénographie urbaine, sur l'Aar et l'Ill. On pense aussi à des percements destinés à assainir certains quartiers, comme entre la place d'Armes et la Grand'Rue, près de l'église

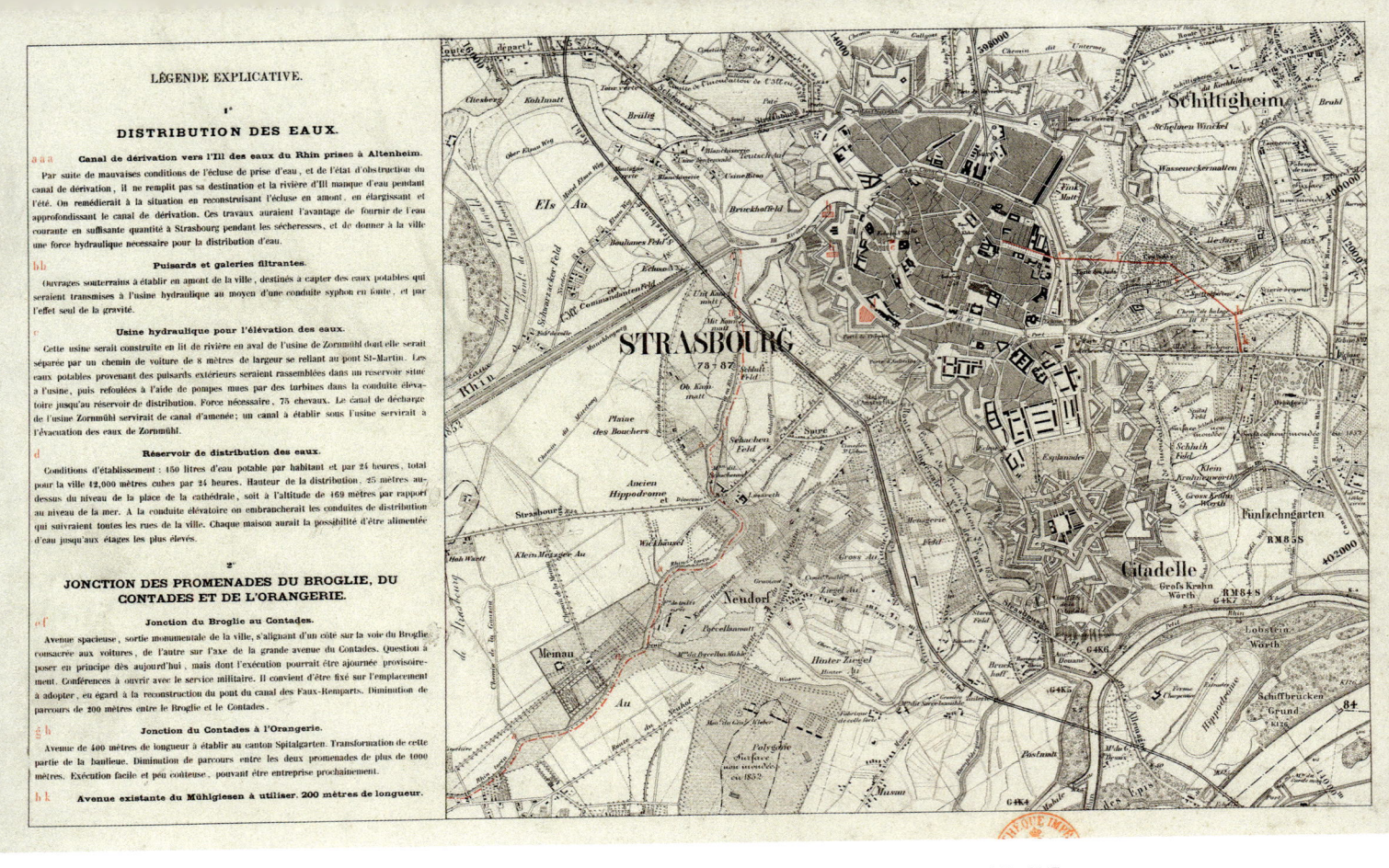

Fig. 1 : Plan de 1866 montrant le projet d'avenue liant les parcs de Contade et de l'Orangerie au pont aux Juifs. BNF.

Saint-Pierre-le-Vieux ; et des rues qui pourraient aboutir sur la Grand'Place et la rue du Jeu-des-Enfants[485]. En 1854, un projet propose de prolonger la rue des Grandes-Arcades jusqu'au site de l'usine à gaz, qui serait transformé en quartier ouvrier. En 1862, Charles Alfred Oppermann, un ingénieur des Ponts et Chaussées actif en France et à l'étranger, fait la somme des projets alors envisagés : agrandissement de la ville entre la porte de Saverne et celle des Juifs, prolongement de la rue des Arcades jusqu'à la place Saint-Pierre-le-Jeune, construction d'un nouveau quartier sur l'emplacement de la fonderie des canons et de l'arsenal qu'on va déplacer à Bourges. On a même pensé à une surélévation de toutes les maisons ayant moins de deux étages[486].

La situation était mûre pour un déplacement de l'enceinte, il restait à en trouver les moyens. En conséquence, dès le 29 mai 1871, alors que le traité de rattachement à l'Empire allemand a été signé le 10, la commission municipale charge le maire Klein de présenter le vœu d'un agrandissement englobant les jardins du Contades et de l'Orangerie à von Moltke, envoyé par le gouvernement pour faire un état des lieux[487].

La nouvelle enceinte de Strasbourg dans le contexte allemand

On s'intéresse alors aux réalisations à même de servir d'exemple, en séparant deux domaines de conception, celui du dessin de l'urbanisme de l'extension à proprement parler, sujet mis en concurrence en 1878, et la conception militaire de la nouvelle enceinte.

Plusieurs événements font évoluer la situation d'avant-guerre. Le général von Moltke, dans son rapport de 1871, liste des enjeux majeurs : urgence de nouveaux terrains à trouver — trop rares et coûteux en ville, notamment pour les établissements militaires nécessaires, gare centrale, canal du Rhin à établir, place pour un afflux d'éléments allemands pour germaniser la ville, d'où « indispensable [...] extension considérable des murs d'enceinte de la forteresse », ce qui correspond d'ailleurs au vœu de la commission

Fig. 2 : Plan de l'espace enclos par la nouvelle enceinte de Strasbourg, soumis à concours en 1877. AVCUS.

municipale, mais qui répond à d'autres intérêts comme l'immobilier et l'industrie, impossible dans le cadre étroit des fortifications existantes, à la grande différence de Mulhouse[488]. La situation stratégique nouvelle de la ville, avec une frontière reportée au-delà des Vosges, conduit le gouvernement allemand à décider de la réalisation d'une couronne de douze forts, disposés à environ 7 km à vol d'oiseau de la cathédrale[489]. Les travaux ont été très rapides, de septembre 1872 à fin 1875[490].

Les années qui suivent sont employées à parer aux démolitions majeures dans le quartier au nord-ouest de la ville où Conrath produit un nouveau tracé des rues, face au pont Saint-Pierre[491]. Dès la fin 1872, les fortifications face à ce quartier sont déclassées pour une immense gare, sur 37 ha, dont l'axe reprend celui du quartier, la rue Küss[492]. La conception de la gare renvoie aux gares de Mayence et Magdebourg, placées de façon tangente à l'intérieur des nouvelles enceintes, et non plus, comme pour l'ancienne gare, en cul-de-sac orienté vers la ville. À cette réalisation stratégique répond une autre à dimension idéologique, celle de l'université, recréée par une loi du 28 avril 1872 (du fait de son déplacement à Nancy par les Français), et dont l'emplacement, après un vif débat, est localisé aussi sur l'emprise de l'ancienne enceinte à partir de 1875[493]. L'université vise à faire de Strasbourg un pôle majeur de culture et de science, présentant l'État allemand comme vecteur de civilisation, la science étant aussi considérée comme l'un des vecteurs de la puissance de l'empire. Ambivalence, donc, outil de la puissance dans un cas, affirmation de civilisation dans l'autre.

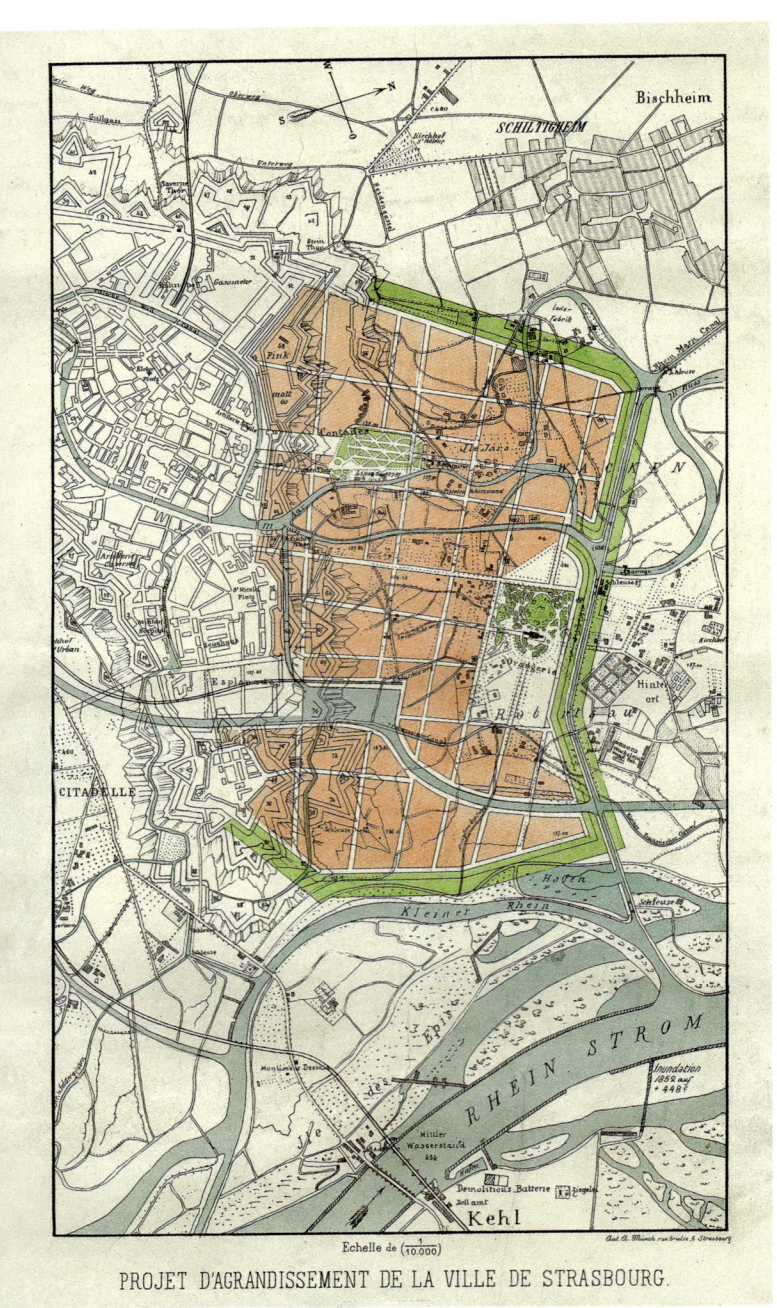

LES FRONTIÈRES DÉPASSÉES : LES ÉCHANGES D'INFLUENCES

Fig. 3 : Plan Münch pour l'extension de Strasbourg, 1872. AVCUS.

Les sources d'inspiration architecturale de l'université comprennent les universités réalisées peu de temps auparavant à Vienne[494], à Genève[495], sur des terrains d'anciennes fortifications déclassées et aussi objets de grands projets d'urbanisme, et Bonn, citée en exemple par Deitzel au moment de la fondation de l'université de Strasbourg[496]. À Bonn, les édifices universitaires sont organisés suivant une disposition axiale de part et d'autres du Hofgarten et au long de la Nussallee. Sur les deux sites, un grand édifice fait face à une place, solution qui sera retenue lors du concours pour Strasbourg en 1878, gagné par Otto Warth.

Une fois la ceinture de forts achevée, les terrains de l'enceinte face à l'extension prévue sont vendus à la Ville le 2 décembre 1875[497], et la réalisation du nouveau mur poursuivie activement[498]. L'administration donne en 1877 le plan du cadre de l'extension, précisant l'emplacement du boulevard intérieur longeant les murs et celui des portes (fig. 2). Ce cadre reprend pour l'essentiel le « Plan Münch » de 1871-1872, cohérent avec les éléments que nous connaissons de la réflexion antérieure sur le projet, plan sans suite probablement parce qu'il ne présentait qu'une esquisse assez rapide de projet d'urbanisme[499] (fig. 3). La différence tient surtout dans la réduction du périmètre fortifié au nord-ouest.

C'est alors que le plan d'agrandissement lui-même est mis au concours. Le processus a vraisemblablement été l'objet de multiples manœuvres, et son issue ne s'est certainement pas dessinée sans d'âpres discussions. En effet, si c'est en 1878 que Jean-Geoffroy Conrath, architecte de la ville, et August Orth, architecte berlinois, sont chargés d'élaborer des propositions, Hermann Eggert avait déjà de son côté envisagé le raccordement de l'université à la ville, produisant de son propre chef une esquisse d'urbanisme, reprise postérieurement aux propositions d'Orth et de Conrath, tentant, si l'on suit Nohlen, de les concilier[500].

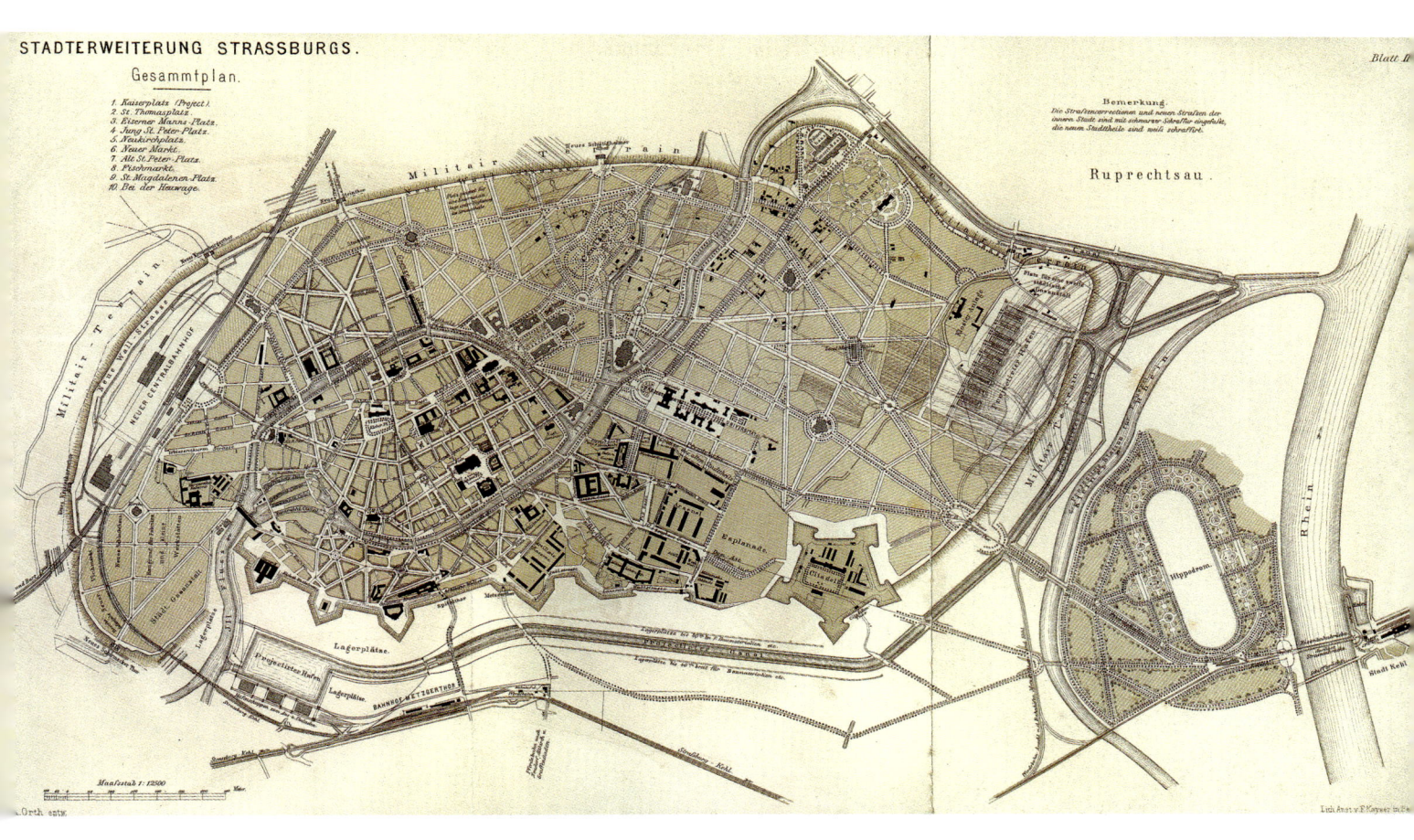

Fig. 4 : Plan d'Orth pour l'extension de Strasbourg, 1878. AVCUS.

Orth avait déjà produit une esquisse en 1877, avec l'appui de l'administrateur municipal Otto Back[501]. Son plan définitif est livré à l'enquête, comme celui de Conrath, le 24 mai 1878.

Le dessin d'Orth est assez différent de celui de Conrath (fig. 4). Il partage cependant plusieurs points avec lui, en particulier le point central de jonction entre l'agrandissement et la vieille ville, placé au pont des Juifs, au nord-est duquel est localisée une place monumentale. Le projet est dans l'ensemble structuré par deux nouvelles voies majeures, l'une reliant la porte de Pierre à celle de Kehl, et passant au nord de l'université et de la grande place nouvelle, l'autre en forme de Ring longeant en retrait le rempart et l'Orangerie au nord pour se raccorder aussi à la porte de Kehl.

En revanche, plusieurs éléments divergent : localisation du port intérieur au nord-est, canal du Rhin au sud, qui constituent des reprises du projet Münch. L'esthétique d'Orth est marquée par la multiplicité des voies biaises, accompagnées de places-carrefours centrées par des monuments. La perpendicularité est bannie, ce qui est un désavantage économique évident. Enfin, Orth propose de percer des rues nouvelles en tous sens dans la vieille ville, n'y conservant que quelques rues comme la rue aux Épices et la Grande Rue. Les origines du dessin sont à la fois locales, comme le placement de la grande place nouvelle dans l'axe du Broglie, le port, le canal, et lointaines, avec la multiplication des percées existantes dans la ville, usant des recettes de l'urbanisme parisien.

Le plan de Conrath est une esquisse beaucoup plus simple (fig. 5). Pas de port ni de canal, rien dans la ville ancienne à l'exception des quartiers du nord-ouest, où il prévoit le déplacement de l'usine à gaz dans la suite de son projet de 1854. Le souci d'économie conduit à adopter des tracés souvent orthogonaux, de même qu'à limiter le nombre d'édifices publics. Le fait de disposer certaines rues dans l'axe de la flèche de la cathédrale est bien connu, volonté qui détermine graphiquement la disposition de la place gouvernementale, dont l'axe orienté sur la porte de Schiltigheim est ainsi orthogonal à l'avenue des portes de Pierre et de Kehl, non loin du pont aux Juifs[502]. Les origines du dessin sont en partie les mêmes que celles d'Orth, mais témoignent d'une connaissance beaucoup plus familière des modèles dont deux sont évoqués, d'abord Genève, que Conrath reprend pour les allées d'arbres sur le boulevard de ceinture intérieur et aux squares des portes de la ville. Genève est l'un des grands projets d'agrandissement en cours à cette époque, déjà exemplaire pour son université[503]. Puis, là où Conrath parle d'une composition « par hasard », pour la place d'apparat, l'architecte von Leins écrit : « c'est justement la grande simplicité de la disposition de la place Impériale par Conrath qui lui assure son grand effet architectural, l'effet imposant de

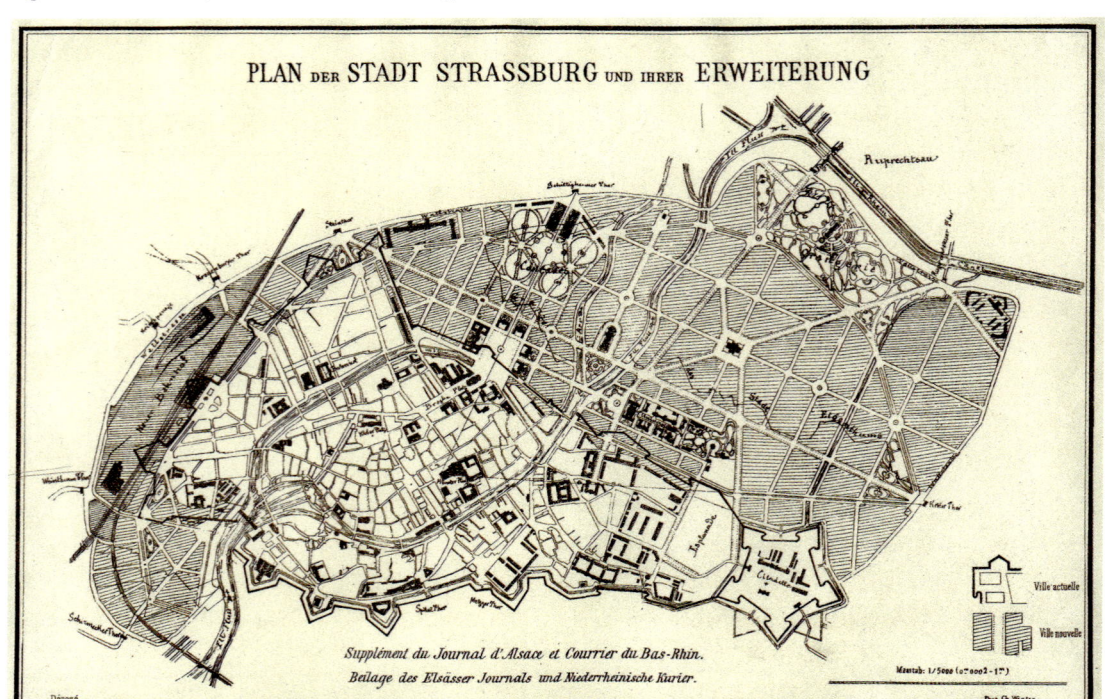

Fig. 5 : **Plan de Conrath pour l'extension de Strasbourg, 1878.** AVCUS.

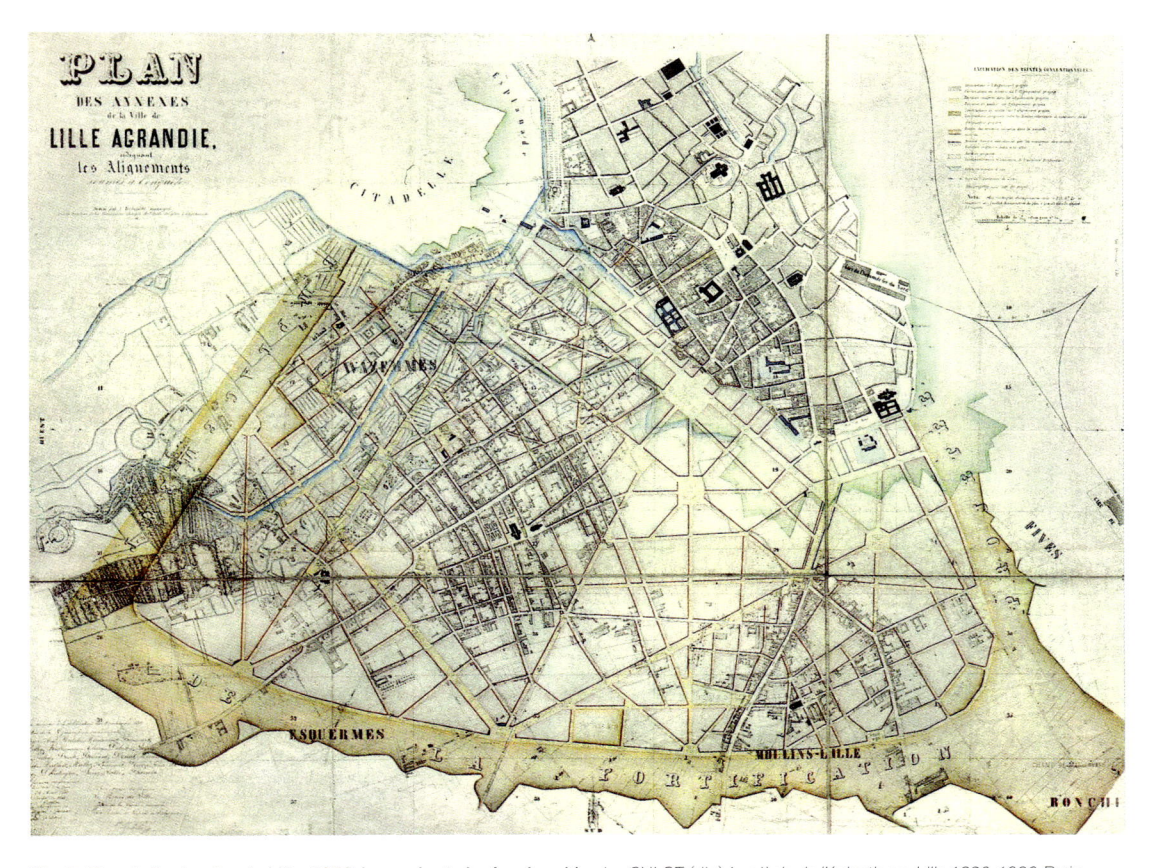

LES FRONTIÈRES DÉPASSÉES : LES ÉCHANGES D'INFLUENCES

Fig. 6 : Plan de l'extension de Lille, 1859. Le nord est placé en bas. Maurice CULOT (dir.) *Le siècle de l'éclectisme, Lille 1830-1930*, Paris-Bruxelles, AAM, 1979, p. 125.

la place de la Concorde à Paris se fondant justement en priorité sur le simple croisement orthogonal des axes de la Madeleine à la chambre des députés, et des Tuileries vers l'arc de Triomphe »[504].

Cependant, von Leins se trompe dans l'exemple retenu, car la forme adoptée par Conrath est en fait identique à celle de la place impériale de Lille. C'est Lille, en effet, qui est la référence majeure du plan (fig. 6). Le silence de Conrath sur ses sources françaises explique aussi la prudence à évoquer les réalisations de Vienne, dont le Ring et ses places, surtout le *Rathauspark* entouré de l'université et de l'hôtel de ville commencés en 1873, du parlement et du théâtre du Hofburg commencé en 1876[505].

L'exemple de Lille mérite attention : le projet d'agrandissement y est décrété le 2 juillet 1858, avec suppression de l'enceinte ancienne sur un seul côté. On y pensait depuis les années 1830. L'extension anticipe sur celle de Strasbourg par sa taille étendue de 210 à 720 ha, et par les attendus de l'opération, une grande réussite selon Masquelez, directeur des travaux municipaux[506]. Conrath ne pouvait méconnaître l'urbanisme lillois, la plus grande extension urbaine française du Second Empire[507]. Et la disposition de sa place principale, appelée place impériale, au point d'articulation entre extension et ville ancienne, là où sont placés la préfecture du Nord et le musée des Beaux-Arts, est la même que celle de la place impériale de Strasbourg, de même les tridents de rues partant des portes vers l'intérieur de l'extension.

En conclusion du concours, la décision fut fondée sur des considérations à la fois pratiques et politiques. Sur le plan pratique, le projet de Conrath était plus simple, mieux hiérarchisé et structuré, et beaucoup moins cher. Enfin, il prévoyait, comme à Lille, de fonder la réussite financière de l'opération sur la vente des terrains de l'ancienne fortification. Sur le plan politique, on dut assister à une sourde bataille. Orth était prussien, avait l'appui de confrères comme Eggert, et de l'administrateur municipal Back. De plus, il était bien en cours à Berlin, éloignement peut-être d'ailleurs à l'origine de son manque de connaissance de la situation locale. Mais il a fait aussi l'erreur de prévoir des percées dans la ville ancienne, alors même qu'on sort d'une très douloureuse reconstruction, puisqu'environ 333 immeubles privés avaient été détruits et presque tous les édifices touchés[508], à laquelle l'état allemand avait généreusement contribué (3 millions de marks en édifices publics et 36,5 millions pour les bâtiments privés)[509].

Les avantages techniques du plan Conrath devaient emporter la décision, mais le jeu politique fit que cela se fit avec une courte majorité. Le plan fut l'objet de mises au point importantes, surtout pour la partie entre la grande avenue est-ouest et les fortifications. Il fut rendu exécutoire le 21 mai 1879 et son règlement approuvé le 7 avril 1880. Les détails techniques de la réalisation, en particulier les réseaux et le règlement architectural, firent l'objet d'une très grande attention, c'est là que réside la modernité de l'extension[510]. Ces aspects sont nourris de l'expérience des membres de la commission chargée de mettre au point le projet.

On y trouve en effet Christian von Leins, architecte royal et professeur wurttembergeois ayant dessiné à Stuttgart en 1858 le théâtre et en 1857 le Königsbau sur la place du Château ; Kreyssig, urbaniste de l'extension de Mayence ; Baumeister professeur à Karlsruhe et connu pour ses publications, Orth de Berlin, et l'ingénieur en chef de Hambourg Meyer[511]. Cet ingénieur, dans la lignée de l'anglais Lindley, eut certainement une influence majeure sur les questions relatives aux réseaux, en particulier les égouts et le gaz, et les équipements publics. La commission de l'extension de Strasbourg réunit donc des personnages au plus haut niveau du savoir-faire allemand en matière d'urbanisme, traduit dans les modalités finales du projet. Les exécutants techniques furent aussi de très haut niveau, comme les ingénieurs Gruner et Thieme, de Bâle, pour le système d'adduction d'eau. Thieme est considéré comme l'un des fondateurs de l'hydrologie scientifique, Gruner travaille ensuite dans de nombreuses villes allemandes. Pour résumer, Lille capitalise sur Paris et Lyon ; Strasbourg sur Lille puis sur un impressionnant rassemblement de compétences allemandes, constituant ainsi un relais entre l'urbanisme français du Second Empire et celui de l'Allemagne de la fin du XIXe siècle.

Pour conclure : des inspirations multiples

La conception du plan d'extension de Strasbourg en 1878-1780 fut donc un processus nourri à de multiples sources (fig. 7). L'extension est projetée et esquissée avant 1870. Elle est ensuite portée par un architecte municipal qui reste en place, Conrath, formé à l'école des Beaux-Arts de Paris et bien au fait des réalisations françaises, Paris et Lille principalement, mais qui nourrit son projet avec des éléments repris de Genève et peut-être Zürich et Bâle. D'autres sources viennent servir des projets particuliers comme celui de la gare, calquée sur Mayence et Magdebourg, et l'université, où l'on retrouve des éléments de Bonn et de Genève.

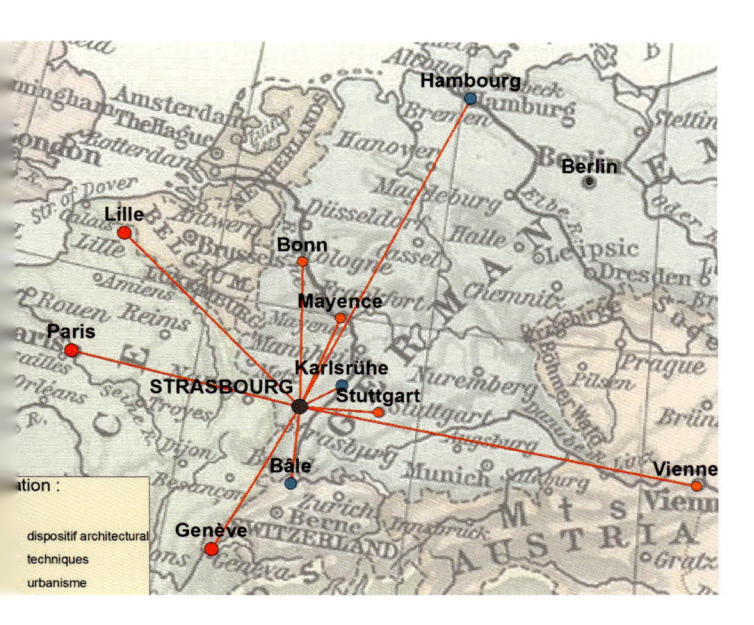

LES FRONTIÈRES DÉPASSÉES : LES ÉCHANGES D'INFLUENCES

Fig. 7 : Carte des villes en relation avec le projet d'extension de Strasbourg en 1880. Bernard Gauthiez, 2013.

TABLEAUX ANNEXES

Principales extensions de fortifications en France et Allemagne à cette époque

Ville	Date extension	Superficie initiale enclose	Extension	Total en ha
Paris	1844	3 370	4 432	7 802
Lyon	c. 1830	470	676	1 146
Lyon	1871	1 146	3 400	4 546
Lille	1858	220	500	720
Strasbourg	1878	230	390	620
Cologne	1880	405	407	812
Mayence	1866	100	130	230

La conception de la place impériale fait référence aux places du Ring viennois, à la place royale de la Concorde à Paris et surtout à la place impériale de Lille, au contexte pratiquement identique. Enfin, les aspects techniques sont nourris des réalisations allemandes les plus avancées, en particulier Hambourg.

Le projet de Strasbourg est aussi un moment assez rare de confrontation entre des cultures dominantes rivales. On sent une forme de déférence des Allemands devant la culture urbanistique et architecturale française, d'où en partie le fait de conserver en poste Conrath, mais aussi Klotz, architecte de la cathédrale, Röderer, autre architecte municipal, ou encore Brion[512]. Cette déférence sera encore exprimée par Joseph Stübben à la fin des années 1880, pour qui Paris est toujours un modèle, mais qui évoque aussi, déjà, Strasbourg. Le projet entre ensuite dans la très forte dynamique de développement des techniques urbaines allemandes, bientôt en pointe, accompagné de l'émergence d'un fort sentiment de supériorité et d'un mépris croissant pour les réalisations françaises.

L'urbanisme de l'extension de Strasbourg est donc un cas remarquable d'intégration culturelle et technique à plusieurs échelles, Ville, France et Allemagne rivales, Suisse voisine et centre-ouest européen, qui voit passer d'une situation conflictuelle à l'osmose du meilleur de deux cultures, portée par une population les portant déjà en partie.

---

477 Bernard GAUTHIEZ « Changement politique et aménagement urbain dans les villes en Europe au XIXᵉ siècle », *Villes rattachées, villes reconfigurées XVIᵉ-XXᵉ siècles*, sous la direction de Denise TURREL, Tours, CNRS/université de Tours, 2003, p. 231-46.
478 *Architekten- und Ingenieur- Verein für Elsass-Lothringen, Strassburg und seine Bauten*, Strassburg, Karl J. Trübner, 1894 ; Klaus NOHLEN, *Baupolitik im Reichsland Elsaß-Lothringen 1871-1918. Die repräsentativen Staatsbauten um den ehemaligen Kaiserplatz in Strassburg*, Berlin, Gebr. Mann, 1982. Traduction française, sans le tableau chronologique ni le répertoire des architectes et des artistes : *Id., Construire une capitale. Strasbourg impérial de 1870 à 1918. Les*

bâtiments officiels de la Place Impériale, Strasbourg, Société savante d'Alsace, coll. « Recherches et documents », t. 56, 1997.
479 Qui fait l'objet d'un concours, dont le projet lauréat est celui des strasbourgeois Klotz et Petiti « À la mémoire de Le Nôtre ».
480 Il est associé à une délibération du conseil municipal du 31 août 1835, Bibliothèque nationale de France, Ge D 17347.
481 Bibliothèque nationale de France, Ge D 16542, 16541.
482 M. Z., « Strasbourg, sa description, ses fortifications, son rôle militaire avant la guerre de 1870 », *Mélanges militaires*, 2ᵉ série, XIV-XV, 1873, p. 14. En 1867, le comité des fortifications propose 110 millions de francs de travaux pour la défense des villes. Le gouvernement en demande, l'assemblée n'en accorde que 32.
483 Plan de Weinig, dans *Zeitschrift für die schweiz. Artillerie*, Zürich, Bibliothèque nationale de France, Ge D 6227.
484 Anthony J. STEINHOFF, *The gods of the city, protestantism and religions culture in Strasbourg, 1870-1914*, Brill, 2008 ; *Architekten- und Ingenieur-Verein für Elsass-Lothringen, op. cit.*, 1894, p. 382.
485 Philippe-Jacques FARGÈS-MÉRICOURT, *Description de la ville de Strasbourg avec un aperçu des changements, améliorations et embellissements qui ont eu lieu de 1828 à 1840*, Paris, F. G. Levrault, 1840, p. 30-31.
486 Charles Albert OPPERMANN, *300 projets et propositions utiles*, Paris, Chez l'auteur, 1866, p. 129-30. Oppermann fait les plans de la partie arrière du tribunal en 1870-1871 (*Architekten- und Ingenieur-Verein für Elsass-Lothringen, op. cit.*, 1894, p. 430).
487 *Architekten- und Ingenieur- Verein für Elsass-Lothringen, op. cit.*, 1894, p. 383.
488 Klaus NOHLEN, *op. cit.*, 1997, p. 32-34.
489 *Ibid.*, p. 312, document 2, ordre du 17 novembre 1871.
490 *Ibid.*, p. 35.
491 Plan du 1ᵉʳ novembre 1870, sur 5 ha..
492 *Architekten- und Ingenieur- Verein für Elsass-Lothringen, op. cit.*, 1894, p. 384. L'édifice principal est commencé en 1878.
493 Coll., *L'université impériale de Strasbourg, le site de la porte des Pêcheurs*, sous la direction de la Région Alsace et l'Université de Strasbourg (Jardin des sciences), Lieux Dits, 2012, p. 12. Plan de H. Eggert, en octobre 1876 (Klaus NOHLEN, *op. cit.*, 1997, p. 192, fig. 172).
494 Travaux en cours à partir de 1873.
495 Travaux en 1868-1873.
496 Coll., *L'université impériale de Strasbourg, le site de la porte des Pêcheurs*, sous la direction de Région Alsace et l'Université de Strasbourg (Jardin des sciences), Lieux Dits, 2012, p. 5.
497 Juste après la détermination des terrains vendus pour l'université, vendus en novembre (Klaus NOHLEN, *op. cit.*, 1997, p. 191, fig. 171).
498 La valeur de la vente à la ville des terrains de l'enceinte supprimée correspond en principe à celle de la nouvelle enceinte, mais avec peut-être une surévaluation massive de leur valeur, si l'on compare à Cologne, où les terrains achetés par la ville coûtent 11 794 000 marks. Ceci laisse penser que l'administration militaire a fait une très bonne affaire au détriment de la Ville.
499 Klaus NOHLEN, *op. cit.*, 1997, p. 34, fig. 9.
500 *Architekten- und Ingenieur- Verein für Elsass-Lothringen, op. cit.*, 1894, p. 667 ; Klaus NOHLEN, *op. cit.*, 1997, p. 42, fig. 14.
501 *Ibid.*, p. 37, fig. 27.
502 Dans un rapport, Conrath justifie l'abandon du prolongement de l'axe du Contades (cité par Klaus NOHLEN, *op. cit.*, 1997, p. 315, doc. 4).
503 G. BARBEY, A. BRULHART, G. GERMANN et J. GUBLER, « Genève », *INSA, Inventaire suisse d'Architecture 1850-1920, Delémont, Frauenfeld, Fribourg, Genève, Glarus*, Berne, SHAS, 1982, p. 282.
504 En 1878, cité par Klaus NOHLEN, *op. cit.*, 1997, p. 269, fig. 1.
505 Le *Kaiser* s'était rendu en visite à l'exposition internationale de Vienne en 1873.
506 M. MASQUELEZ, « Historique de l'agrandissement de Lille », Association française pour l'avancement des sciences, compte-rendu de la 3ᵉ session, Lille 1874, Paris, 1875, p. 161-169.
507 Principales extensions de fortifications en France et Allemagne à cette époque (voir tableau annexe).
508 Klaus NOHLEN, *op. cit.*, 1997, p. 29 ; plan des destructions du siège par Gillot, en 1871, Bibliothèque nationale de France, Ge D 17443.
509 *Architekten- und Ingenieur- Verein für Elsass-Lothringen, op. cit.*, 1894, p. 382.
510 *Ibid.*, p. 385.
511 *Ibid.*, p. 385.
512 Même s'il s'agissait aussi de se concilier la population locale, devenue allemande. Le droit français est aussi conservé, d'où par exemple la mise en place d'une commission sur l'insalubrité en 1880, dans le cadre de la loi française de 1850.

LA CONSTRUCTION DES VALEURS D'HÉRITAGE DE LA NEUSTADT DE STRASBOURG

Sophie Eberhardt

« Le silence lui-même est une manière de recevoir l'architecture et les idées qu'elle véhicule. »[513]

Caractérisée par différents spécialistes, d'une part, comme l'expression d'« *Opus francigenum* »[514] et, d'autre part, comme le « reflet de toute l'architecture allemande pendant un demi-millénaire »[515], la cathédrale de Strasbourg a fait l'objet d'une interprétation partagée et empreinte de considérations souveraines fortes en particulier à partir du XIXe siècle, dans le contexte de la définition des nations en Europe, jusqu'à ces dernières décennies. Cette ambiguïté, exacerbée sur l'édifice le plus emblématique de la capitale alsacienne, concerne une grande partie de l'héritage bâti de la capitale alsacienne, notamment dans la vieille ville et son extension urbaine, édifiée pendant la période du *Reichsland* (1871-1918) jusqu'à la seconde moitié du XXe siècle.

Demeurée méconnue durant de longues décennies, la *Neustadt* de Strasbourg a fait l'objet d'appréciations confondues d'ordre idéologique, historique et culturel portées d'un côté et de l'autre de la frontière franco-allemande. Les traits de caractère équivoques qu'on lui a attachés, constituant autant d'images et de symboles, ont contribué à jeter le flou sur les valeurs d'héritage du quartier et à repousser dans le temps la reconnaissance de ses qualités patrimoniales. La *Neustadt* entretient également un rapport complexe avec la ville ancienne, la « Grande-Île »[516] inscrite sur la liste du patrimoine mondial de l'Unesco depuis 1988, avec laquelle les liens et les distances qui se font et se défont sont tour à tour valorisés et négligés dans le contexte des changements d'appartenance nationale de l'Alsace.

Le présent article vise à analyser la teneur des discours portant sur l'héritage bâti strasbourgeois tout au long du XXe siècle, en particulier la « réception » de la *Neustadt* en lien avec celle de la ville constituée avant 1870, et à en faire émerger les valeurs d'héritage et de patrimoine. Il procède de la déconstruction de l'histoire du patrimoine strasbourgeois, pour faire apparaître les continuités et les ruptures dont il est le vif témoin. Il a également pour objectif d'appuyer la nécessité de prendre en compte la réception de l'architecture comme une condition de la connaissance de l'héritage bâti et de la bonne conservation des édifices[517]. La contribution s'appuie sur les discours contenus dans les guides et récits de voyage, les histoires de Strasbourg, les revues d'architecture et d'urbanisme et les archives des monuments historiques[518].

La force symbolique de l'héritage bâti strasbourgeois

Strasbourg témoigne d'une forte valeur symbolique incarnée par des images et mythes attribués dans l'inconscient collectif dont certains constituent des constantes présentes sur un temps long, et d'autres viennent s'y greffer de manière plus ponctuelle, en réaction à des événements précis ou selon une certaine catégorie d'observateurs. Ces images rayonnent jusqu'à, dans certains cas, avoir des effets sur le programme des réalisations architecturales et urbanistiques. Ainsi, par exemple, le mythe de la ville médiévale du Saint Empire romain germanique, exalté notamment dans le chant populaire (*lied*) intitulé *Die wundershöne Stadt* datant du XVIIIe siècle[519], conditionne une partie des intentions des Allemands agissant comme les bâtisseurs d'une contrée retrouvée après 1871. Lors d'un entretien tenu avec l'administrateur municipal Otto Back, à l'occasion d'un passage éclair à Strasbourg en 1893, l'empereur Guillaume II en personne (fig. 1) fait référence à Strasbourg en ces termes : « Il y a longtemps déjà que je ressens un attachement particulier pour votre ville, cette perle des cités allemandes. Déjà comme enfant, je chantais comme tout allemand l'air : 'O Straßburg, o Straßburg, du wunderschöne Stadt' et je priais le ciel que cette ville redevint allemande. [...] Je considère Strasbourg comme une des meilleures villes allemandes. »

Ces images sont, pour une partie d'entre elles, liées à des édifices emblématiques qui constituent des références incontournables dans la constitution et la définition de l'identité de la ville et dont l'influence est considérable au-delà des frontières nationales. C'est le cas notamment de la cathédrale, œuvre magistrale dont les différentes restaurations opérées depuis la fin du XIXe siècle jusqu'à aujourd'hui, notamment sur la tour de croisée, témoignent de la conscience des concepteurs et des praticiens de la force symbolique de l'édifice et de la volonté d'en maîtriser les effets[520].

Fig. 1 : Visite de l'empereur Guillaume II à Strasbourg, place de la gare, en 1886. BNUS.

Par ailleurs, l'image de Strasbourg communément partagée en France et au-delà de ses frontières est celle de la ville médiévale, de la cathédrale et des maisons à pans de bois, dont le caractère « pittoresque » est apprécié tant par les habitants de la ville, les spécialistes de l'architecture et de l'urbanisme, que les visiteurs. En attestent les écrits d'Adolphe Joanne dans un volume illustré publié en 1863 : « Strasbourg, grande et belle cité, renferme, à côté des vieilles rues garnies de maisons à haut pignon dentelé, souvenir du moyen âge (fig. 2), de beaux quartiers modernes. Ce contraste entre le passé et le présent donne à Strasbourg une physionomie très pittoresque. »[521] Dans le même ouvrage, l'auteur dresse un portrait de la ville de Strasbourg quelques années avant l'annexion allemande : « On peut dire de cette ville qu'elle est à son époque de transition ; ce n'est pas encore une ville moderne ; ce n'est déjà plus tout à fait une ville de moyen âge mais sa transformation s'opère lentement et ne sera pas de longtemps complète. »[522]

À partir de 1871, la grande ville (*Großstadt*) qui se matérialise dans l'espace puis dans l'inconscient collectif, va constituer une rupture dans l'historiographie de la ville. Dans le contexte de la meilleure documentation et valorisation de son patrimoine opérée par la Ville de Strasbourg, et en particulier dans le cadre de l'élaboration du dossier à l'extension de la Grande-Île à la *Neustadt* au patrimoine mondial de l'Unesco, de forts liens de continuité entre la ville ancienne et l'extension urbaine se dégagent aujourd'hui. Cette cohérence historique se nourrit de valeurs d'héritage qui se sont construites tout au long du XXe siècle, et en particulier à partir des années 1980.

Les valeurs d'héritage de la *Neustadt*

Jean-Pierre Babelon et André Chastel définissent le patrimoine comme étant « dans l'usage commun, [...] une notion toute récente, qui couvre de façon nécessairement vague tous les biens, tous les trésors du passé »[523]. Dans le présent article, nous considérons la nécessaire distinction entre la notion d'« héritage », à laquelle correspond la définition de Babelon et Chastel, au concept de « patrimoine », qui se distingue de l'ensemble des legs antérieurs de part les valeurs de mémoire qui lui sont attachées par la population, les universitaires et spécialistes du patrimoine.

En revanche, la prise en considération des conditions qui déterminent la notion de patrimoine selon Babelon et Chastel à savoir les faits religieux, monarchique, familial, national, administratif et scientifique ainsi que les trois principales valeurs de mémoire établies par l'Autrichien Alois Riegl[524] au début du XXe siècle, notamment la valeur d'ancienneté, la valeur historique et la valeur commémorative apportent un éclairage pertinent à l'analyse des discours portés sur la Neustadt et de ses valeurs d'héritage. Cinq principales valeurs accordées à la Neustadt tout au long du XXe siècle ont été identifiées : les valeurs idéologique, technique, esthétique, historique et de continuité. Les intérêts technique, esthétique et historique figurent parmi les critères couramment employés pour l'inscription et le classement des monuments historiques en France et dans d'autres pays européens tels que l'Italie, le Royaume-Uni, l'Irlande et l'Espagne. En revanche, les valeurs idéologiques et de continuité émergent de l'étude du cas particulier de Strasbourg. Aussi nourrissent-elles une relation privilégiée liée aux enjeux culturels de la capitale régionale.

Valeur idéologique

La valeur idéologique est présente dès le début de la construction de la Neustadt à la fin du XIXe siècle. Celle-ci figure dans le programme architectural et iconographique de certains édifices institutionnels, tels que l'aigle impérial du palais du Rhin ou encore la sculpture représentant une allégorie de Germania logée dans une des deux alcôves de la façade du palais universitaire. L'université, fondée sur le modèle de Wilhelm von

Fig. 2 : Adolphe JOANNE, *Les bords du Rhin illustrés : itinéraire descriptif et historique des bassins du Rhin, du Neckar et de la Moselle*, Paris, Hachette, 1863, p. 47. Bibliothèque du tourisme et des voyages, Paris.

Humbolt, s'affirme d'ailleurs en tant que vitrine de la nation et des savoir-faire allemands[525].

Tout au long du XXe siècle, l'antagonisme qui s'instaure entre la France et l'Allemagne en suite au siège de Strasbourg en 1870, accentué par les conflits mondiaux constituant autant de traumatismes, exacerbe les discours idéologiques caractérisés du côté français par des manifestations symptomatiques de la souveraineté et du sentiment anti-allemand. Ainsi, l'architecte de la cathédrale, Knauth, d'origine allemande, est destitué en 1920 en raison de sa nationalité, et de son refus de devenir français.

Valeur technique

L'image de la Neustadt comme vitrine des savoir-faire techniques et de la modernité sur le plan de l'urbanisme et de l'architecture figure parmi les valeurs d'héritage les plus insignes attribuées au quartier, en particulier dans les guides de voyage et les histoires de Strasbourg. Cette considération traverse le XXe siècle jusqu'à aujourd'hui. Le guide Joanne *Vosges, Alsace et Forêt-Noire*, publié en 1903 mentionne : « Le front N. a fait place à un somptueux quartier moderne dont les avenues sont bordées de palais et d'hôtels [...] des anciennes fortifications s'élève la magnifique gare centrale des chemins de fer d'Alsace-Lorraine. Ce Strasbourg allemand, tout neuf, contraste étrangement avec ses vieilles maisons à pignons élevés, groupées autour d'une merveilleuse cathédrale gothique. »[526] (fig. 3). Plus récemment, dans leur ouvrage *Strasbourg, deux mille ans d'art et d'histoire* Théodore Rieger et Georges Foessel indiquent en 1987 au sujet de la *Neustadt* : « [...] des palais et des institutions remarquables, dont le style pastiche ne doit pas faire oublier les qualités d'espace et de modernisme. »[527] Quant à François Loyer, celui-ci atteste dans son ouvrage intitulé *Le Voyage à Strasbourg* publié en 1998 : « Car la Ville Allemande est avant tout une ville moderne. »[528]

Valeur esthétique

Sur le plan esthétique, au caractère monumental bien souvent attaché à l'architecture institutionnelle de la *Neustadt*[529], s'ajoutent d'autres considérations d'ordre artistique portant notamment sur le style historiciste et éclectique de certaines réalisations. Nous relevons dans un premier temps quelques éloges formulées au sujet de l'architecture du quartier dans les guides de voyage de Baedeker au début du XXe siècle. Ainsi, dans le manuel du voyageur portant sur l'Allemagne du sud et l'Autriche, publié en 1888, l'auteur vante les qualités de l'architecture néo-Renaissance du palais universitaire : « Au N.-E., dans le quartier neuf au-delà d'un bras de l'Ill, la place de l'Empereur (pl. 2), à g. de laquelle s'élève le nouveau Palais de l'Empereur, sur les plans d'Eggert. Une large rue conduit du côté opposé à l'Université [...], ensemble de constructions neuves fort remarquables, du style de la renaissance, sur les plans de Warth. Il y a même un observatoire (*Sternwarte*). »[530] Dans le contexte de la Seconde Guerre mondiale, lors de l'occupation allemande, les louanges atteignent leur paroxysme dans le guide Baedeker *Das Elsass, Strassburg und die Vogesen*, publié en 1942, qui considère le palais universitaire comme étant : « *ein prunkvoller Renaissancebau* », c'est-à-dire un « fastueux édifice Renaissance »[531]. Nous ne retrouvons pas les mêmes propos dans le guide français Joanne, dont les présentations du palais du Rhin sont d'ailleurs bien plus succinctes. Cette tendance pourrait s'expliquer notamment par le fort ressenti de l'auteur envers les Allemands, considérant que ceux-ci ont « enlevé » l'Alsace et la Moselle à la France[532], interprétation qui empêcherait la reconnaissance du bâtiment le plus emblématique de l'ancien pouvoir du Second Reich.

L'architecture du palais du Rhin, tout comme l'architecture historiciste de la *Neustadt*, fait ensuite l'objet d'une relative dépréciation exprimée par la majeure partie des spécialistes et observateurs de Strasbourg et d'Europe jusqu'à la fin des années 1970. Les critiques s'attardent notamment sur la lourdeur esthétique de l'édifice, désigné d'ailleurs par l'empereur Guillaume II en personne sous le terme *Elephantenhaus*[533]. En attestent les propos de Philippe Dollinger en 1962 : « Le palais du Rhin demeure donc planté là, dans son agressive inutilité, plus désuet que vingt autres demeures plus anciennes, comme un témoin singulier d'un passé à jamais aboli. »[534] Dans la préface de l'ouvrage de Klaus Nohlen, François Loyer explique en partie ce scepticisme en indiquant que ce mépris de l'architecture historiciste remonte à la dénonciation du pastiche par les modernes au début du siècle, dont Gropius et Le Corbusier furent les héritiers. À cette époque, l'historicisme était considéré comme un « art sans talent », la « copie plus ou moins vulgaire, redondante, des grandes époques de l'Ancien régime »[535]. L'opinion de Robert Heitz[536], observateur de son temps, appuie ces considérations. Celui-ci soutient dans une note rédigée dans les années 1950, en partie reprise dans un article des *Dernières Nouvelles d'Alsace* les 8 et 9 mai 1957 : « Certes, le palais du Rhin n'est pas beau. Il relève de cette esthétique de la deuxième moitié du XIXe siècle, où la suprême ambition des architectes semble avoir été de démontrer leurs connaissances des styles historiques de l'architecture et de l'ornement, dont ils collaient les éléments, un peu au hasard, sur les constructions nouvelles. Mais, parmi les monuments qui lui sont contemporains, le palais du Rhin est loin de posséder le monopole

Fig. 3 : Vue depuis la place de l'Université, vers 1900. AVCUS.

de la laideur. Le Palais de Longchamp à Marseille, la basilique de Lyon-Fourvière et la Cathédrale de Marseille, les gares parisiennes de Lyon et d'Orsay, le Grand Palais des Champs-Élysées, d'innombrables autres églises, gares et hôtels de ville sont des dignes émules en mauvais goût — tel du moins que nous l'entendons aujourd'hui. » Quelques années avant, une farce parue dans le quotidien les *Dernières Nouvelles d'Alsace* le 1er avril 1951 annonce que le président de la République française a offert le palais du Rhin au gouvernement américain pour le remercier de l'aimable accueil dont il a bénéficié sur place. Il est avancé à ce propos : « Les Américains faisant preuve d'une préférence marquée pour entrer en possession d'un souvenir de Strasbourg en tant que siège du Conseil de l'Europe, M. Vincent Auriol leur proposa de leur faire don du palais du Rhin, ce monument historique construit pour l'Empereur Guillaume II qui aurait dû servir, s'il s'y était mieux prêté de siège à l'Union européenne [...] En compensation, les Américains ont offert à notre ville les crédits nécessaires à la construction d'un grand building dont les plans seraient confiés à M. Le Corbusier, l'architecte bien connu pour ses conceptions ultramodernes. »[537] (fig. 4). La plaisanterie est remémorée par la chronique de Bernard Vogler dans les *Dernières Nouvelles d'Alsace* le 28 mars 2001, indiquant : « Il convient de rappeler qu'entre 1950 et 1960, il a été plusieurs fois question de raser ce bâtiment à cause de son architecture allemande, peu appréciée à une époque où tout ce qui rappelait l'Allemagne était mal vu. »

Le palais du Rhin est en effet sérieusement menacé de destruction à la fin des années 1950 et les autorités publiques prévoient de remplacer le bâtiment par une construction moderne. Il est alors hors de question à cette époque d'envisager une quelconque mesure de protection pour l'édifice. L'avis de M. Bertrand Monnet, architecte en chef des monuments historiques, rédigé le 30 avril 1960[538] en réponse à un projet de restauration des extérieurs précise sur le compte du palais du Rhin : « Du point de vue des Services des Monuments Historiques, il est permis de juger le palais du Rhin fort laid. » Il ajoute ensuite : « Cet édifice est cependant le témoin d'une époque laquelle, abstraction faite des conditions politiques du moment, a été « la belle époque » pour la précédente génération. Il semble infiniment peu probable, en raison de sa médiocre qualité architecturale, qu'une mesure de protection au titre des Monuments Historiques intervienne un jour en sa faveur. »

Les premières procédures de protection pour l'ancien palais de l'empereur sont engagées bien plus tard, dans le courant des années 1970. Une première proposition est adressée à l'État pour les façades, toitures, hall d'entrée et escalier d'honneur avec ses vitrages en 1976. Elle est accompagnée d'une lettre rédigée par M. Destremeau, conservateur régional des bâtiments de France, dans une lettre adressée à Monsieur le Secrétaire d'État le 25 juin 1976, laquelle évoque les « menaces de constructions

Fig. 4 : « L'amitié franco-américaine : le palais du Rhin cédera sa place à un grand building ». *Dernières Nouvelles d'Alsace*, 1er avril 1951.

pesant sur les abords immédiats du Palais ». La proposition reçoit un avis favorable de la part de l'architecte en chef des monuments historiques qui précise : « Construit pour l'Empereur Guillaume Ier pour marquer la souveraineté impériale en Alsace-Lorraine annexée, le palais du Rhin, de style néo-Renaissance, en dépit d'une lourdeur qui n'est pas de notre fait, est un des plus remarquables exemples de style historisant en vigueur en Allemagne à la fin du XIXe siècle. » Un premier arrêté d'inscription est formulé le 1er mars 1977 pour les façades et toitures, le hall d'entrée, l'escalier d'honneur avec son vitrage, certaines pièces avec leur décor[539] au rez-de-chaussée et au premier étage et le jardin. Le palais du Rhin et le parc sont classés au titre des monuments historiques en 1993.

Il faut relever cependant que certains avis divergents s'expriment encore dans les années 1990 au sujet du palais du Rhin. L'avis de Philippe Hertel, inspecteur général des monuments historiques, exprimé le 6 décembre 1993 dans le cadre d'une étude préalable sur les décors intérieurs des appartements impériaux et de l'ancienne salle des fêtes au premier étage affirme la reconnaissance grandissante envers le lieu : « Le classement du Palais du Rhin, en février 1993, témoigne de l'intérêt actuel pour l'architecture wilhelminienne à Strasbourg, ceci après un long purgatoire dans les décennies qui suivirent la seconde guerre mondiale. Rappelons qu'en 1957, le Palais échappa de peu à la destruction, et que la population alsacienne, marquée par le traumatisme de l'annexion nazie, se détournait d'un type d'architecture à forte connotation symbolique et nationaliste. Or, les journées du patrimoine de septembre 1993 ont fourni la preuve d'un revirement spectaculaire, tant était grande la curiosité de la foule qui se pressait pour visiter l'ancien Palais impérial allemand. Cet engouement nouveau, qui surmonte les anciens tabous, est la prise de conscience que ce type d'architecture (qui n'est d'ailleurs, tant s'en faut, pas sans lien avec les écoles françaises) fait partie intégrante du patrimoine alsacien, et particulièrement strasbourgeois. » Le rapport de Christian Prevost-Marcilhacy prend le contre-pied de ce qu'avance son collègue le 6 décembre 1993 en indiquant au sujet de la ville nouvelle : « En réalité il s'agissait de réaliser une véritable ville vitrine du Reich et par le biais de l'architecture de promouvoir l'intégration de l'Alsace. Cette arrière-pensée politique évidente restera en définitive un échec car les constructions de cette époque sont restées en Alsace synonymes d'une architecture d'importation. La construction du Palais Impérial est justifiée officiellement par l'absence d'un bâtiment approprié pour abriter l'empereur et son entourage lors de ses visites, mais c'est en réalité également un acte politique : il s'agit de garantir la permanence de l'institution impériale en concrétisant dans la pierre la politique de reconquête d'une ancienne possession, d'où le caractère ostentatoire du Palais, tant décriée. »

Les péripéties connues par le palais du Rhin ne sont partagées par aucun des autres bâtiments institutionnels, car nul autre n'a été investi de tant de valeurs idéologiques que celui-ci. Au regard d'autres exemples tels que notamment le palais universitaire, il est cependant permis d'indiquer que, dès lors que l'ombre des discours idéologiques s'estompe et que les considérations patrimoniales gagnent de l'importance, à partir de la fin des années 1970, les regards portés sur l'ensemble des édifices de la *Neustadt* reconnaissent pour la plupart la valeur historique de ces réalisations.

Valeur historique

L'extension de la notion de patrimoine à l'architecture moderne et contemporaine en Europe, perceptible à partir de la fin des années 1970, créée les conditions nécessaires à la reconnaissance et la protection progressive, mais très mesurée dans un premier temps, des édifices de la *Neustadt*. Les premières inscriptions au titre des monuments historiques de réalisations de l'extension urbaine concernent cinq immeubles d'habitation de style 1900 (*Jugendstil* ou Art nouveau) en 1975[540] (fig. 5). Aux anciens édifices prestigieux et institutionnels, on préfère ainsi faire valoir l'intérêt de villas et hôtels dont la reconnaissance ne risquerait pas de froisser les esprits de la population locale parfois réticente face au patrimoine « allemand ».

Dans le même temps, le sud de la ville ancienne fait l'objet d'une protection au titre du secteur sauvegardé en 1974, qui reconnaît le caractère « historique » de la zone urbaine et l'ensemble de l'ellipse insulaire est inscrit sur la liste du patrimoine mondial de l'Unesco en 1988.

Valeur de continuité

« Mosaïque d'îlots que fragmente le réseau dense de rivières et de canaux qui l'entourent, Strasbourg est une ville très riche d'espaces et d'ambiances urbaines différentes — d'autant plus significatives que leur accumulation reste encore de nos jours parfaitement maîtrisée (à la différence de tant de ces agglomérations éclatées, dont l'ordre urbain est devenu illisible). »[541]

L'architecture et l'urbanisme de Strasbourg, ainsi que leur caractère singulier, s'inscrivent dans le parcours unique traversé par la ville dont la réception, les interprétations et les expressions ont participé de la constitution d'un paysage urbain et paysager cohérent et continu[542]. Leurs valeurs d'héritage et de patrimoine et le rayonnement dont a bénéficié la ville de Strasbourg au travers des siècles, en lien avec les savoir-faire des concepteurs et constructeurs de son espace urbain capables de composer et recomposer leurs réalisations selon leurs cultures et références font aujourd'hui de la Grande-Île et de la *Neustadt* un ensemble d'une remarquable qualité. Depuis ses origines jusqu'à aujourd'hui, la ville de Strasbourg a démontré sa capacité à intégrer et valoriser tous les legs antérieurs tout en se forgeant une forte identité propre et en développant de nouvelles formes de vie sociale et de production technique et artistique.

Les valeurs d'héritage et de patrimoine de la ville constituent autant de strates qui sont lisibles dans l'architecture et l'espace urbain et qui fondent la valeur universelle exceptionnelle du site. La Grande-Île et la *Neustadt* constituent également aujourd'hui de formidables témoins d'une histoire croisée continue[543] ainsi que d'échanges d'influences uniques.

Conclusion

L'héritage bâti de Strasbourg, et en particulier celui de la *Neustadt*, s'est construit à partir de discours à teneur fortement idéologique, qui se fixent bien souvent sur les mêmes édifices, espaces et objets investis de représentations stables et mouvantes au travers des changements d'appartenance nationale connus par la ville au XXe siècle. Cet espace s'est ainsi constitué sur une tension constante, autour de laquelle les regards, images et valeurs se sont solidement cristallisés. Force est de constater que le contexte politique et culturel qui s'exprime en filigrane dans les discours formulés au sujet de l'architecture et de l'urbanisme du quartier, influence les jugements portés à plus grande échelle sur l'espace urbain. En atteste le rejet du palais du Rhin qui est associé de manière univoque au pouvoir allemand dans les périodes d'après-guerre.

Passé le « délai de mémoire »[544], il est reconnu aujourd'hui que le destin de la ville l'a investi d'un fort caractère métissé, résultat d'influences françaises et germaniques qui se confondent autant qu'elles se distinguent au sein d'un espace à la fois concret, celui du territoire urbain, et immatériel, animé par les consciences collectives et sur lequel se fondent aujourd'hui les valeurs de son patrimoine. En d'autres termes, la continuité et la cohérence historique de l'espace urbain strasbourgeois émergent au-delà de l'alternance géopolitique.

Les perceptions, interprétations et représentations dont l'héritage bâti est investi, formulées dans des circonstances précises de lecture et d'usage par des récepteurs issus de différentes sphères de la société, participent de l'intégrité des réalisations. Elles revêtent une importance fondamentale pour la connaissance de l'espace bâti, qui ne se limite pas aux domaines du physique et du visible, dépassant le cadre limité de l'analyse des techniques et pratiques architecturales et urbanistiques. Elles font écho et modèlent, par un jeu subtil d'échanges et d'incidences, les valeurs attribuées à l'architecture et l'espace urbain.

---

[513] Panayotis TOURNIKIOTIS, « Introduction : la réception de la réception », dans *La réception du mouvement moderne : image, usage, héritage*, sous la direction de Jean-Yves ANDRIEUX, Université de Saint-Étienne, 2005, p. 94.

[514] Expression latine signifiant « œuvre francilienne » relative au style d'architecture gothique de l'Île-de-France. Le congrès archéologique de France est organisé à Strasbourg les lundi 21 et mardi 22 juin 1920. À cette occasion, M. Gelis, inspecteur des monuments historiques et des palais nationaux en Alsace est invité par le président du congrès à faire une communication sur le service des monuments historiques en Alsace et en Lorraine depuis l'armistice. Dans son discours, celui-ci se réfère aux cathédrales de Strasbourg et de Metz comme des chefs-d'œuvre de « l'*Opus francigenum* (...) rendus à la France ». (archives départementales du Bas-Rhin, 178 AL 130).

[515] Friedrich ADLER, « Das Munster Strasburg », *Deutsche Bauzeitung*, 1871, p. 351.

[516] La dénomination « Grande-Île » correspond à un terme forgé dans le cadre de l'élaboration du dossier d'inscription de la ville ancienne de Strasbourg sur la liste du patrimoine mondial de l'Unesco à la fin des années 1980. La « Grande-Île » est délimitée par l'Ill d'une part et par le canal du Faux-Rempart d'autre part.

[517] Voir notamment les ouvrages : Richard KLEIN et Philippe LOUGUET (dir.), *La réception de l'architecture*, Éditions de l'école d'architecture de Lille et Jean-Michel Place éditeurs, 2003 ; Jean-Yves ANDRIEUX (dir.), *La réception du Mouvement moderne : image, usage, héritage*, Université de Saint-Étienne, 2005 ; Gérard MONNIER (dir.), *L'architecture : la réception immédiate et la réception différée. L'œuvre jugée, l'édifice habité, le monument célébré*, Paris, Publication de la Sorbonne, 2006.

[518] L'auteur remercie vivement Simon Piéchaud, conservateur régional des monuments historiques et Clémentine Albertoni, chargée d'études documentaires à la conservation régionale des monuments historiques de la direction régionale des affaires culturelles d'Alsace pour avoir permis et facilité l'accès aux dossiers des monuments historiques.

[519] La première strophe du *lied* écrit en 1771 annonce : « O Strassburg, o Strassburg, Du wunderschöne Stadt, Darinnen liegt begraben, So mannicher Soldat ».

[520] La restauration de la tour de croisée néoromane (« ottonienne ») édifiée par Gustave Klotz pendant la période du *Reichsland* est décidée en 1986, soit plus de quarante ans après que celle-ci soit touchée par les bombardements de la Seconde Guerre mondiale. Cela au terme d'un vif débat opposant les partisans de la tour pyramidale du français

LES FRONTIÈRES DÉPASSÉES : LES ÉCHANGES D'INFLUENCES

Jacques-François Blondel et ceux prônant l'importance de la restitution de la tour dans son état de la fin du XIXᵉ siècle. Voir à ce sujet la contribution de Sabine Bengel dans le présent ouvrage.
521 Adolphe JOANNE, *Les bords du Rhin illustrés : itinéraire descriptif et historique des bassins du Rhin, du Neckar et de la Moselle*, Paris, Hachette, 1863, p. 31. L'auteur tient à remercier M. Goulven Guilcher pour lui avoir permis l'accès à son importante collection de guides de voyage anciens.
522 Adolphe JOANNE, *op. cit.*, 1868, p. 42.
523 Jean-Pierre BABELON et André CHASTEL, *La notion de Patrimoine*, Paris, Liana Levi, 2004, p. 11.
524 Aloïs RIEGL, « Der moderne Denkmalkultus, sein Wesen und seine Entstehung », dans *Gesammelte Aufsätze*, Augsburg-Wien, 1919. Traduit en français par Jacques Boulet : *Id.*, *Le culte moderne des monuments*, Paris, Seuil, 1984.
525 Voir à ce sujet la contribution de Delphine Issenmann et de Sébastien Soubiran dans le présent ouvrage.
526 Paul JOANNE, *Vosges, Alsace et Forêt-Noire*, Parie, Hachette et Cⁱᵉ, 1903.
527 Théodore RIEGER et Georges FOESSEL, *Strasbourg, deux mille ans d'art et d'histoire*, Strasbourg, La Nuée Bleue, 1987, p. 39.
528 Michel DEUTSCH, François LOYER (textes) François NUSSBAUMER (photographies), *Le voyage à Strasbourg*, Strasbourg, Nussbaumer F., 1998, p. 10.
529 Le guide Baedeker portant sur les *Bords du Rhin : de la frontière suisse à la frontière de Hollande* édité en 1896 caractérise notamment le site de l'université comme constituant un « ensemble de constructions neuves imposantes », p. 143.
530 Karl BAEDEKER, *Allemagne du Sud et Autriche : manuel du voyageur*, Leipzig, Baedeker, 9ᵉ collection, 1888, p. 12.
531 Karl BAEDEKER, *Das Elsass, Strassburg und die Vogesen : Reisehandbuch*, Leipzig, K. Baedeker, 1942.
532 Dans le volume *Vosges, Alsace et Ardennes* datant de 1876, l'auteur indique : « La guerre de 1870-1871 et le traité de Francfort, signé le 10 mai 1871 entre les gouvernements de la République française et de l'empire d'Allemagne, ont enlevé à la France une grande partie des localités décrites dans ce volume. Nous ne saurions cependant trop engager les touristes français à parcourir, à visiter, à étudier les belles et riches contrées restées si françaises de cœur, qui sont aujourd'hui réunies à l'empire d'Allemagne. Ce voyage souvent pénible, mais toujours instructif, aura pour but de leur faire connaître et regretter tout ce que la France a perdu avec l'Alsace et la Lorraine ! » (préface p. ix).
533 En français, « Maison (ou cage) à éléphants ».
534 Philippe DOLLINGER, *Strasbourg du passé au présent*, Strasbourg, Strasbourg, Éditions des Dernières Nouvelles d'Alsace, 1962, p. 65
535 François LOYER, « Préface », dans Klaus NOHLEN, *Construire une capitale. Strasbourg impérial de 1870 à 1918. Les bâtiments officiels de la Place Impériale*, Strasbourg, Société savante d'Alsace, 1997, p. 7. Traduction française de l'étude, sans le tableau chronologique ni le répertoire des architectes et des artistes : *Id.*, *Baupolitik im Reichsland Elsaß-Lothringen 1871-1918. Die repräsentativen Staatsbauten um den ehemaligen Kaiserplatz in Strassburg*, Berlin, Gebr. Mann, 1982.
536 Marie Charles Robert Heitz, né à Saverne (67) le 3 août 1895, sous l'annexion de l'Alsace-Lorraine par l'Empire allemand et décédé à Strasbourg le 14 novembre 1984. Il fut un administrateur, homme politique, écrivain, critique d'art et artiste-peintre.
537 « L'amitié franco-américaine : le palais du Rhin cédera sa place à un grand building », *Dernières Nouvelles d'Alsace*, 1ᵉʳ avril 1951.
538 Voir dossier des archives des monuments historiques.
539 Voir l'arrêté préfectoral.
540 À savoir l'hôtel 22, rue Sleidan (Auguste Brion, 1904), l'immeuble 46, avenue des Vosges (Lütke et Backes, 1905), l'immeuble 22, rue du Général-de-Castelnau (Lütke et Backes, 1901), l'immeuble 56, allée de la Robertsau (Lütke et Backes architectes, 1902) et l'ancien hôtel

Fig. 5 : Immeuble 22, rue du Général-de-Castelnau.

Schützenberger, 76, allée de la Robertsau (Berninger et Kraft, 1903).
541 Michel DEUTSCH, François LOYER (textes) et François NUSSBAUMER (photographies), *op. cit.*, 1998, p. 7.
542 « [...] les espaces urbains, comme l'architecture proprement dite, suscitent des relations nouvelles, qu'elles soient affectives ou purement fonctionnelles. Et leurs nombreuses mutations ne restent pas sans effet les unes sur les autres. Autant dire que les transformations rêvées ou entreprises à Strasbourg affectent non seulement l'espace et les édifices où évoluent les hommes mais aussi les liens et les intrigues qu'ils tissent à loisir, ou encore les regards qu'ils échangent. » (*Encyclopédie de l'Alsace*, p. 7072)
543 Voir la notion d' « histoire croisée » dans Michaël WERNER et Bénédicte ZIMMERMANN (dir.), *De la comparaison à l'histoire croisée*, Paris, Seuil, 2004.
544 Voir la notion de « délai de mémoire » dans Jan ASSMANN, *Das kulturelle Gedächtnis. Schrift, Erinnerung und politische Identität in frühen Hochkulturen*, München, Verlag C.-H. Beck, 2002. Traduit en français : Jan ASSMANN, *La mémoire culturelle. Écriture, souvenir et imaginaire politique dans les civilisations antiques*, Paris, Aubier, collection historique, 2010.

BIBLIOGRAPHIE INDICATIVE DE L'OUVRAGE :

- Architekten- und Ingenieur- Verein für Elsass-Lothringen, *Strassburg und seine Bauten*, Strassburg, Karl J. Trübner, 1894.
- Christoph CORNELISSEN, Stefan FISCH et Anette MAAS, *Grenzstadt Strassburg, Stadtplanung, kommunale Wohnungspolitik und Öffentlichkeit 1870-1940*, St. Ingbert, Röhrig Universitätsverlag, 1997.
- Claude DENU et Éric OLLIVIER, *Le plan d'extension de Strasbourg. Naissance d'une planification ?*, Strasbourg, dossier école d'architecture et d'urbanisme de Strasbourg, 1978 (dactyl.).
- Philippe DOLLINGER, *Strasbourg du passé au présent*, Strasbourg, Éditions DNA, 1962.
- Georges FOESSEL et al., *Strasbourg : panorama monumental et architectural des origines*, Mémoire d'Alsace, G4J, 2003.
- Angéla KERDILÈS-WEILER, *Limites urbaines de Strasbourg - évolution et mutation*, Strasbourg, Société savante d'Alsace, coll. « Recherches et documents », 2005.
- Jean-Pierre KLEIN et al., *Strasbourg Urbanisme et Architecture*, Woippy, Oberlin-Gérard Klopp-Difal, 1996.
- Georges LIVET et Francis RAPP (dir.), *Histoire de Strasbourg des origines à nos jours*, 4 tomes, Dernières nouvelles de Strasbourg, 1980-1982.
- Elisabeth LOEB-DARCAGNE, *Sept siècles de façades à Strasbourg*, Bernardswiller, I.D. l'Édition, 2012.
- Maurice MOSZBERGER (dir.), *Dictionnaire historique des rues de Strasbourg*, Barr, Le Verger, 2012.
- Klaus NOHLEN, *Baupolitik im Reichsland Elsaß-Lothringen 1871-1918. Die repräsentativen Staatsbauten um den ehemaligen Kaiserplatz in Straßburg*, 1982. Traduction française, sans le tableau chronologique et sans le répertoire des architectes et des artistes : Id., *Construire une capitale. Strasbourg impérial de 1870 à 1918. Les bâtiments officiels de la Place Impériale*, Strasbourg, Société savante d'Alsace, 1997.
- Frédéric PITON, *Strasbourg illustré ou panorama pittoresque, historique et statistique de Strasbourg et de ses environs*, 2 vol., Strasbourg, chez l'Auteur/Impr. G. Silbermann, 1855.
- Roland RECHT, Jean-Pierre KLEIN et Georges FOESSEL, *Connaître Strasbourg*, Colmar, Editions Alsatia, 1997 (réédition).
- Théodore RIEGER et Georges FOESSEL, *Strasbourg, deux mille ans d'art et d'histoire*, Strasbourg, La Nuée Bleue, 1987.
- Théodore RIEGER, Denis Durand de Bousingen et Klaus NOHLEN, *Strasbourg Architecture 1871-1918*, Illkirch, Le Verger, coll. « Art Alsace », 1991.
- Adolphe SEYBOTH, *Das alte Strassburg : vom 13. Jahrhundert bis zum Jahre 1870*, Strassburg, Heitz & Mündel, 1894.
- *Strasbourg 1900 : naissance d'une capitale*, Paris, Somogy, musées de Strasbourg, 2000.
- Dominique TOURSEL-HARSTER, Jean-Pierre BECK et Guy BRONNER, *Dictionnaire des monuments historiques*, Strasbourg, La Nuée Bleue, 1995.

REGARDS SUR LA VILLE

Regards sur l'architecture et l'urbanisme à Strasbourg au temps du *Reichsland*
— Klaus Nohlen

- Denis DURAND DE BOUSINGEN, « L'architecture strasbourgeoise de 1903 à 1918 », *Annuaire de la Société des Amis du Vieux-Strasbourg*, 1985.
- Stefan FISCH, « Der Straßburger 'Große Durchbruch' 1907-1957. Kontinuität und Brüche in Architektur, Städtebau und Verwaltungspraxis zwischen deutscher und französischer Zeit », dans *Grenzstadt Straßburg. Stadtplanung, kommunale Wohnungspolitik und Öffentlichkeit 1870-1940*, sous la direction de Christoph CORNELISSEN, Stefan FISCH et Anette MAAS, St. Ingbert, Röhrig Universitätsverlag, 1997.
- Shelley HORNSTEIN-RABINOVITCH, *Tendances d'architecture Art Nouveau à Strasbourg*, thèse de 3e cycle non publiée, Strasbourg, Université Louis Pasteur, 1981.
- François LOYER, « Le Palais Universitaire de Strasbourg, Culture et politique au XIXe siècle en Alsace », *Revue de l'Art*, n° 91, 1991.
- Niels WILCKEN, *Architektur im Grenzraum. Das öffentliche Bauwesen in Elsaß-Lothringen 1871-1918*, Saarbrücken, Institut für Landeskunde im Saarland, 2000.

Le paysage strasbourgeois, les paysages strasbourgeois — Yves Luginbühl

- John BRINCKERHOFF JACKSON, *À la découverte du paysage vernaculaire*, Arles, Actes-Sud, Versailles, ENSP, 2003. [Première édition en 1984 sous le titre de : *Discovering the Vernacular Landscape*, New Haven et Londres, Yale University Press.]
- CREDOC, ministère de l'Environnement, *L'environnement, question sociale*, Paris, Éditions Odile Jacob, 2001.
- Luisa LIMIDO, *L'art des jardins sous le Second Empire, Jean-Pierre Barillet-Deschamps (1824-1873)*, préface d'Yves Luginbühl, Seyssel, Champ Vallon, 2002.
- Yves LUGINBÜHL, « Un paysage authentique », dans *L'authenticité*, sous la direction de Bruno JACOMY, Lyon, Les Cahiers du Musée des Confluences, 2011, p. 45-57.
- Yves LUGINBÜHL, Monique TOUBLANC, « Les paysages de la vallée de la Loire, de l'expérimentation à la mise en patrimoine », *Revue 303*, n° 121, Nantes, conseil régional des Pays de la Loire, 2012, p. 126-139.
- Yves LUGINBÜHL, *La mise en scène du monde, construction du paysage européen*, Paris, CNRS éditions, 2012.
- W. J. T. MITCHELL, *Landscape and Power*, Chicago, The University of Chicago Press, 2002. [Première édition en 1994]
- Kenneth Robert OLWIG, *Landscape, Nature and the body politic, from Britain's renaissance to America's new world*, Madison, University of Wisconsin Press, 2002.
- François WALTER, *Les figures paysagères de la nation*, Paris, EHESS, 2004.

LA GRANDE VILLE

Strasbourg : la formation d'une ville et ses représentations
— René Tabouret, Thierry Hatt et Andreea Grigorovschi

- Charles BACHOFEN et Eric OLLIVIER, *Le projet urbain dans l'histoire de Strasbourg*, Strasbourg, ADEUS, 1981.
- Charles BACHOFEN et Isabelle BURAGLIO, *L'urbanisme municipal à Strasbourg entre les deux guerres*, Strasbourg, ENSAS, 1989.
- Viviane CLAUDE, *Strasbourg, assainissement et politiques urbaines, 1850-1914*, Paris, thèse de l'EHESS, 1985.
- Gustavo GIOVANNONI, *Vecchie città ed edilizia nuova*, Turin, UTET Libreria, 1931 ; Traduction française : Id., *L'urbanisme face aux villes anciennes*, traduit par J.-M. Mandosio, A. Petita et C. Tandille, introduction de F. Choay, Paris, Seuil, coll. « Points », 1998.
- Andreea GRIGOROVSCHI, *Place de l'Étoile, évolution historique et enjeux contemporains*, Strasbourg, Laboratoire AMUP, ENSAS et Ville de Strasbourg, Atelier Urbain, 2012
- Thierry HATT, « La fiabilité documentaire du plan relief de 1725 », *Cahiers Alsaciens d'Archéologie d'Art et d'Histoire*, T XLVII, 2004, p. 139-149, (page consultée le 15.02.2013), [En ligne], Adresse URL : http://bit.ly/2004-fiabilite-1725.
- Thierry HATT, *Pour un système d'information géographique historique pour la ville de Strasbourg, XVIe-XXIe siècle, le cadastre du plan Blondel de 1765*, Strasbourg, Musée historique, septembre 2006, (page consultée le 15.02.2013), [En ligne], Adresse URL : http://bit.ly/2006-SIG-Blondel.
- Thierry HATT, *Un système d'information géographique pour l'histoire cartographique de Strasbourg, de la carte au bâtiment, XVIe-XXIe siècle*, Ensas, conférence de DEA, méthodologie de l'histoire de l'architecture et de l'urbanisme, 2005, (page consultée le 15.02.2013), [En ligne], Adresse URL : http://bit.ly/2005-SIG
- Angéla KERDILES-WEILER, *Limites urbaines de Strasbourg, évolution et mutation*, Strasbourg, Société savante d'Alsace, 2005.
- Jean-Luc PINOL (dir.), *Atlas historique des villes de France*, Centre de cultura contemporània de Barcelona, Paris, Hachette, 1996.
- Jean-Jacques SCHWIEN, *Strasbourg : document d'évaluation du patrimoine archéologique urbain*, Centre national d'archéologie urbaine, Paris : Association pour les fouilles archéologiques nationales, 1992.

La Neustadt de Strasbourg, un ouvrage militaire ?
— Franck Burckel

- Philippe BURTSCHER, *De la ceinture fortifiée de Strasbourg à la position de la Bruche*, Mutzig, 1999, p. 24-46. *1870, Strasbourg brûle-t-il ?*, catalogue d'exposition des archives de Strasbourg, Strasbourg, 2010.

Le chantier de la Neustadt
— Marie Pottecher

- Reinhard BAUMEISTER, *Stadt-Erweiterungen in technischer, baupolizeilicher und wirtschaftlicher Beziehung*, Berlin, Ernst & Korn, 1876.
- Reinhard BAUMEISTER, « Die Stadt-Erweiterung von Strassburg », *Die Deutsche Bauzeitung*, 1878, n° 68, p. 343-347 ; n° 70, p. 356-357 ; n° 80, p. 411.
- *Protokolle über die Sitzungen der Commission zur Feststellung des Bebauungsplanes für die Stadt Strassburg*, Strassburg, G. Fischbach, 1879.- Jean-Geoffroy CONRATH, *Bericht des Stadtarchitekten über den Bebauungsplan der neuen Stadttheile Strassburgs*, Strassburg, G. Fischbach, 1878.
- François IGERSHEIM, « Strasbourg, capitale du Reichsland : le gouvernement de la Cité et la politique municipale », dans sous la direction de Georges LIVET et Francis RAPP (dir.),

ANNEXES

Histoire de Strasbourg des origines à nos jours, 4 volumes, Strasbourg, 1982.
- Stephan JONAS, *et al.*, *Strasbourg, capitale du Reichsland Alsace-Lorraine et sa nouvelle université, 1871-1918*, Strasbourg, Oberlin, 1995.
- August ORTH, *Entwurf zu einem Bebauungsplan für Strassburg bearbeitet im Auftrage der Stadtverwaltung*, Leipzig, E. A. Seemann, 1878.
- *Stadterweiterung (Die) von Strassburg. Verhandlungen bezüglich des die Stadterweiterung betreffenden, zwischen dem Reich und der Stadt abgeschlossen Vertrages*, Strassburg, Schultz R., 1876.
- Joseph STÜBBEN, « Der Städtebau », dans *Handbuch der Architektur IV*, Band 9, Darmstadt, Verlag von Arnold Bergstrasser, 1890.
- Rolf WITTENBROCK, *Bauordnungen als Instrumente der Stadtplanung in Elsa-Lothringen (1870-1918). Aspekte der Urbanisierung im deutsch-französischen Grenzraum*, St. Ingbert, 1989.

La Kaiser-Wilhelms-Universität et la Neustadt : une université modèle au coeur de l'extension urbaine
— Delphine Issenmann et Sébastien Soubiran

- Howard AYRES, « The Laboratory at Strassburg », *Botanical Gazette*, vol. IX et X, 1885-1886, p. 414-416.
- Frédérique BOURA, Delphine ISSENMANN et Sébastien SOUBIRAN (dir.), *L'observatoire astronomique de Strasbourg*, Lyon, Lieux Dits, coll. « Parcours du patrimoine », n° 352, 2009.
- Frédérique BOURA, Delphine ISSENMANN et Sébastien SOUBIRAN (dir.), *Mesurer les séismes, la station de sismologie de Strasbourg*, Lyon, Lieux Dits, coll. « Parcours du patrimoine », n° 363, 2011.
- John E. CRAIG, *Scholarship and Nation Building. The University of Strasbourg and Alsatian Society, 1870-1939*, Chicago-Londres, The University of Chicago Press, 1984.
- Elisabeth CRAWFORD et Josiane OLFF-NATHAN (dir.), *La Science sous influence : l'Université de Strasbourg, enjeu des conflits franco-allemands 1872-1945*, Strasbourg, La Nuée Bleue, 2005.
- S. HAUSMANN, *Die Kaiser-Wilhelms-Universität Strassburg, ihre Entwicklung und ihre Bauten*, Strassburg i. Eld., 1897.
- Stéphane JONAS, Marie-Noëlle DENIS, Annelise GERARD et Francis WEIDMANN, *Strasbourg, capitale du Reichsland et sa nouvelle université*, Oberlin, 1995.
- Lucie MOSCA, *La faculté de droit de Strasbourg, campus de l'Esplanade*, Lyon, Lieux-Dits, coll. « Parcours du patrimoine », 2012.
- Hans-Dieter NAGELKE, *Hochschulbau im Kaiserreich. Historische Architektur im Progress bürgerlicher Konsensbildung*, Kiel, Verlag Ludwig, 2000 (thèse de doctorat).
- Marie-Dominique WANDHAMMER, *Histoires naturelles, les collections du Musée zoologique de la Ville de Strasbourg*, Éditions des musées de la Ville de Strasbourg, 2008.

L'évolution de l'architecture scolaire à Strasbourg (1871-1918)
— Niels Wilcken

- Niels WILCKEN, *Architektur im Grenzraum - Das öffentliche Bauwesen in Elsaß-Lothringen (1871-1918)*, Saarbrücken, Institut für Landeskunde, 2000.

Du paysage urbain au foyer confortable, un essai de synthèse de l'immeuble strasbourgeois
— Hervé Doucet et Olivier Haegel

- Reinhardt BAUMEISTER, *Bauordnung und Wohnungsfrage*, Berlin, Ernst, coll. « Städtebauliche Vorträge », Bd. 4, H. 3, 1911.
- César DALY, *L'architecture privée au XIX® siècle sous Napoléon III. Nouvelles maisons de Paris et des environs*, Paris, A. Morel, 1864.
- Monique ELEB, Anne DEBARRE, *L'invention de l'habitation moderne. Paris 1880-1914*, Paris, Hazan, AAM, 1995.
- Heinrich EMERICH, « Die Bauliche Entwicklung und das Stadtbild von Strassburg », *Export-Woche*, 1913.
- Heinrich EMERICH, *Wohnungsfürsorge der Stadt Strassburg von dem Beigeordneten der Stadt Strassburg Regierungsrat Dr. Emerich, Festschrift zum 12. Verbandstage des Deutschen Techniker Verbandes*, [Metz Pfingsten 1914].
- Friedrich ENGELS, *Zur Wohnungsfrage*, Leipzig-Berlin, 1872-1873.
- François IGERSHEIM, « La fabrication de la ville moderne : Strasbourg (1850-2000) », dans *L'urbanisme à Strasbourg au XX® siècle. Actes des conférences organisées dans le cadre des 100 ans de la cité-jardin du Stockfeld*, Strasbourg, Ville de Strasbourg, 2011, p. 126-132.
- Adolf LOOS, « Die Potemkin'sche Stadt », *Ver Sacrum*, 1898, Heft 7, p. 15-17.
- François LOYER, *Paris XIX® siècle. L'Immeuble et la rue*, Paris, Hazan, 1984.
- Klaus NOHLEN, « Paris ou Karlsruhe ? La formation des architectes en Alsace à l'époque du Reichsland, 1871-1918 », dans *L'urbanisme à Strasbourg au XX® siècle. Actes des conférences organisées dans le cadre des 100 ans de la cité-jardin du Stockfeld*, Strasbourg, Ville de Strasbourg, 2011, p. 102-117.
- Marie POTTECHER, « Une cité dans la Neustadt : la cité Spach », dans *L'urbanisme à Strasbourg au XX® siècle. Actes des conférences organisées dans le cadre des 100 ans de la cité-jardin du Stockfeld*, Strasbourg, Ville de Strasbourg, 2011, p. 6-15.
- Simon TEXIER, *Paris contemporain. De Haussmann à nos jours, une capitale à l'ère des métropoles*, Paris, Parigramme, 2005.

Une ville plurifonctionnelle : le cas des immeubles du tertiaire, Altstadt-Neustadt de Strasbourg
— Elisabeth Paillard

- Walter BING, *Die Entwicklung des Bank- und Bœrsenwesens von 1871 bis 1914*, Frankfurt, 1931.
- Pierre BIRCKEL, *La Banque d'Alsace et de Lorraine, 1871-1931*, 1993.
- Max CREUTZ, « Banken, u. andere Verwaltungsgebäude von Carl Moritz », dans *Die Architektur des XX. Jahrhunderts*, Sonderheft, 1911, p. 1-101.
- Emil GRUBER, *Die Sparkasse zu Strassburg : Festschrift zur Einweihung des neuen Verwaltungsgebaeudes*, Strassburg, G. Fischbach G., 1905.
- Joseph EHRHARD, *Le crédit alsacien*, Strasbourg, Coprur éd., 1994.
- Paul KICK, « Gebäude für Banken und andere Geldinstitute », dans *Handbuch der Architektur*, 4, 2, 2, Stuttgart, 1902, p. 139-246.

- La SOGENAL, *Société Générale Alsacienne de Banque 1881-1981*, Strasbourg, impr. Istra, 1981.
- *Livre d'or de l'industrie et du commerce du Bas-Rhin*, Strasbourg, 1924.
- Karl von LUMM, *Die Entwicklung des Bankwesens in Elsass-Lothringen seit der Annexion*, Jena, Staatswissenschaftliche Studien, Bd. III, 7, 1891.
- Karl von LUMM, *Die preussische Bank in Elsass-Lothringen*, Jena, 1890.
- Hermann Freiherr von MUELLENHEIM VON RECHBERG, *Die Gewerbebank, vormals Creditgenossenschaft in Strassburg*, Strassburg, 1898.
- Rudolf MUMM, *Der Niedergang der Kreditgenossenschaft für Elsass-Lothringen, seine Ursachen und Wirkungen. Eine Denk- und Verteidigungsschrift*, Strassburg, 1896.
- Rudolf MUMM, *Der Personal-Kredit und die Kredit-Versicherung. Vortrag gehalten im Gewerbeverein Strassburg am 4. Februar 1891*, Strassburg, 1891.
- Henri NONN, *Strasbourg, capitale du Reichsland : espace, économie, société*, dans *Histoire de Strasbourg des origines à nos jours*, sous la direction de Georges LIVET et Francis RAPP, t. 4, Strasbourg, 1982, p. 269-342.
- Raymond POIDEVIN, « Les banques alsaciennes entre la France et l'Allemagne de 1871 à 1914 », *Revue d'Allemagne*, 17-4, 1985.
- Théodore RIEGER, « La 'Strassburger Bank', fleuron de l'éclectisme », *Annuaire de la Société des Amis du Vieux-Strasbourg*, Strasbourg, 1995, p. 136.
- Walter RINCKENBERGER, « La banque de Strasbourg (anct. Ch. Staehling, L. Valentin et Cie) », *Annuaire de la Société des Amis du Vieux-Strasbourg*, Strasbourg, 1995, p. 125-135.
- Michel SIEGEL, *Les banques en Alsace, 1870-1914*, Strasbourg, Coprur éd., 1993.

Altstadt et *Neustadt*, le dialogue urbain
— Marie Pottecher

- Reinhard BAUMEISTER, « Die Stadterweiterung von Strassburg », *Die deutsche Bauzeitung*, n° 3, 1881, p. 13-14 ; n° 5, p. 26-28.
- Viviane CLAUDE, « La germanisation de Strasbourg après 1871 », *Annales de la recherche urbaine*, n° 37, 1987-1988.
- Jean-Geoffroy CONRATH, *Bericht des Stadtarchitekten über den Bebauungsplan der neuen Stadttheile Strassburgs*, Strassburg, G. Fischbach, 1878.
- Harold HAMMER-SCHENK, « Die Stadterweiterung Strassburgs nach 1870. Politische Vorgaben historischer Stadtplanung », dans *Geschichte allein ist zeitgemäß. Historismus in Deutschland*, sous la direction de Michael BRIX, Monika STEINHAUSER, Lahn-Giessen, Anabas-Verlag Kämpf, 1978.
- Dominique LABURTE, Jean-Jacques CARTAL et Paul MAURAND, *Les Villes pittoresques. Étude sur l'architecture et l'urbanisme de la ville allemande de Metz entre 1870 et 1918*, Nancy, Centre d'études méthodologiques pour l'aménagement, Unité pédagogique d'architecture, 1981.
- « Les embellissements de Strasbourg », *Revue alsacienne illustrée*, vol. V, n° 2, 1903.
- Klaus NOHLEN, « Das Bild der Stadt Strassburg zur Reichslandzeit. Historischer Kern versus Neustadt », *Revue d'Alsace*, 2005.
- Joseph STUBBEN, « Der Städtebau », *Handbuch der Architektur IV*, Band 9, Darmstadt, Verlag von Arnold Bergstrasser, 1890.

LA MODERNITÉ

La Grande Percée de Strasbourg,
— Michaël Darin

- *1910, attention travaux ! De la Grande Percée au Stockfeld*, catalogue d'exposition des archives de Strasbourg, 2010.
- Alphonse ARBOGAST, *Un problème d'urbanisme ; la Grande Percée à Strasbourg*, mémoire de l'école pratique d'administration de Strasbourg, 1953.
- Michaël DARIN, « Livre IV : Mœurs urbanistiques », dans *La comédie urbaine*, Paris, Infolio, coll. « Archigraphy », 2009.
- Stefan FISCH, « Der 'grosse Durchbruch' durch die Strassburger Altstadt » dans Gerhard FEHL et Juan RODRIGUEZ-LORES (dir.), *Die planmässige Erneuerung Europäischer Grossstädte zwischen Wiener Kongress und Weimarer Republik.*, Basel, Birkhäuser, 1995.
- Florence PETRY, *La « Grande Percée » de rues de Strasbourg : les constructions des frères Horn*, mémoire de maîtrise, Université Marc Bloch, 2000.
- Pierre PINON, *Atlas du Paris haussmannien, La ville en héritage du Second Empire à nos jours*, Paris, Parigramme, 2002.

La genèse transnationale des bains municipaux de Strasbourg
— Alexandre Kostka

- Ian GORDON et Simon INGLIS, *Great Lengths. The historic indoor Swimming Pools of Britain*, Swindon, English Heritage, 2009.
- Susanne GROETZ et Ursula QUECKE, *Balnea : Architekturgeschichte des Bades*, Marburg, Jonas, 2006.
- Barbara HARTMANN, *Das Müllersche Volksbad in München*, München, tuduv-Verlag, 1987.
- Nikolaus HEISS, *Jugendstilbad Darmstadt*, Darmstadt, Justus v. Liebig, 2009.
- Didier LAROCHE, « L'architecture de Fritz Beblo (1872-1947) Stadtbaumeister à Strasbourg », dans *Strasbourg 1900, naissance d'une capitale*, sous la direction des musées de Strasbourg, Paris, Somogy, 2000, p. 192-199.
- Dieter LEISTNER, Hans-Eberhard HESS et Kristin FEIREISS, *Badetempel: Volksbäder aus Gründerzeit und Jugendstil*, Berlin, Ernst & Sohn, 1993
- Liane ZOPPAS, *Les Bains. Analyse et propositions*, mémoire de diplôme dactylographié, école nationale supérieure d'architecture de Strasbourg, 1997.

Strasbourg et Pasteur, paradigme de la santé et de la ville modernes
— François Igersheim

- *Archiv für öffentliche Gesundheitspflege in Elsass-Lothringen*, 1897.
- G. BECHMANN, *Salubrité urbaine, distributions d'eau, assainissement*, Paris, Baudry, 1898-1899.
- Peter BRAUBACH, « Scheffer-Boichorst und Aloys Schulte », *Archiv für Kulturgeschichte*, 1958.
- Robert BRESCH, *Geschichte der Wasserversorgung der Stadt Strassburgs*, Strassburg, 1931.
- Viviane CLAUDE, *Strasbourg 1850-1914, assainissement et politiques urbaines*, thèse de l'EHESS, Strasbourg, 1985.
- *Die Verhandlungen der Kreisgesundheitsrat im Unter-Elsass (1872-1874)*.
- Discours de M. Peirotes, maire de Strasbourg, *Alliance d'hygiène sociale*, congrès de Strasbourg, 23, 24 et 25 septembre 1923, Strasbourg, 1923, p. 27.
- Dr. Wilhelm Roth, K. Sächs. Generalarzt ; Dr. Rudolf Lex, K. Preuss. Ober - Stabsarzt. *Handbuch der Militär-Gesundheitspflege*, 3 tomes, Berlin, 1872–1877.
- *Exposition internationale du centenaire de Pasteur*, juin-octobre 1923, catalogue officiel du musée Pasteur, Strasbourg, 1923.
- Jean-Pierre GOUBERT, *La conquête de l'eau : l'avènement de la santé à l'âge industriel*, Paris, Hachette, 1986. p. 195-214.
- GRUNER et THIEME, *Vorproject zu einem Wasserversorgung von Strasbourg*. Strassburg, 1875.
- *Jahresbericht des Städtischen Wasserwerkes zu Strassburg i Elsass mit Einleitung*, Strassburg, 1907.
- Joseph KRIEGER, *Topographie der Stadt Strassburg nach ärztlichhygienischen Gesichtspunkten bearbeitet*, Strassburg, 1885.
- Bruno LATOUR, *Pasteur : une science, un style, un siècle*, Paris, Perrin, Institut Pasteur, 1994.
- PAULSSEN. *Entwaesserung der Stadt Strassburg von Paulssen. Gutachten des Gesundheitsrathes*, AöG-EL, XV, 1893. TAP, Strasbourg 1894.
- Marie-Christine PERILLON, *Promenades littéraires dans Strasbourg*, Rennes, Ouest France, 1990.
- Johann-Karl OTT, *Erläuterungsbericht des Stadtbauraths Ott zu dem Entwurf für die Entwässerung der Stadt Strassburg*, Strassburg, 1891.
- Johann-Karl OTT, « Die Entwässerung der Stadt », dans *Strassburg und seine Bauten*, sous la direction des Architekten und Ingenieur-Verein für Elsass-Lothringen, Strassburg, Karl J. Trübner, 1894.
- *Recueil des travaux du conseil départemental d'hygiène publique et de salubrité du Bas-Rhin*, 1858-1865.
- Victor STOEBER et Gabriel TOURDES, *Hydrographie médicale de Strasbourg et du département du Bas-Rhin*, Strasbourg, 1862.
- *Verwaltungsbericht der Stadt Strassburg 1870-1889*, Strasbourg, 1890.
- Gemeinderath der Stadt Strassburg, *Bericht der Commission zur Berathung des Entwurfs für die Entwässerung der Stadt Strassburg*, 1893.
- Joerg LANGE, *Zur Geschichte des Gewässerschutzes am Ober und Hochrhein*, thèse, Fribourg/Brisgau, 2002.
- Service municipal de la voie publique et des égouts. [Goehner], *Le tout à l'égout de la Ville de Strasbourg*, Strasbourg, 1935.
- Stadtisches Tiefbauamt, *Die Entwässerung der Stadt Strassburg*, Strassburg, 1935.

Strasbourg à l'ère de la « grande vitesse » : la construction d'une métropole transfrontalière entre pensée technique et regard humaniste
— Cristiana Mazzoni

- Reinhard BAUMEISTER, *Stadterweiterungen in technischer, baupolizeilicher und wirthschaftlicher Beziehung*, Berlin, Ernst & Korn, 1876.
- Annelise GÉRARD et Roger GÉRARD, « Place de la gare et centralités urbaines à Strasbourg – 1870-1994 », dans *Villes en gares*, sous la direction d'Isaac JOSEPH, Paris, Recherches, 1995.
- Johann Wolfgang von GOETHE, *Poésie et vérité, souvenirs de ma vie*, Aubier, 1992.
- Cristiana MAZZONI, « La gare et ses rails : charpente structurelle de la ville moderne. Entre réalité spatiale et images mythiques (1850-1900) », dans *Metropolen. Mythen - Bilder - Entwürfe. 1850-1950*, sous la direction de Jean-Louis COHEN et Hartmut FRANK, Berlin, Deutscher Kunstverlag, 2013.
- Joseph STÜBBEN, « Der Städtebau », dans *Handbuch der Architektur*, sous la direction de Joseph DURM, Darmstadt, Arnold Bergsträsser, 1890.

L'hôpital de Strasbourg — Olivier Haegel

- Denis DURAND DE BOUSINGEN, *L'hôpital de Strasbourg. Une ville dans la ville*, Illkirch, Le Verger Éditeur, 2003.
- Stéphane JONAS (dir.), *Strasbourg, capitale du Reichsland Alsace-Lorraine et sa nouvelle université 1871-1918*, Strasbourg, Oberlin, 1995.
- Pierre-Louis LAGET et Claude LAROCHE (dir.), *L'hôpital en France. Histoire et architecture*, Lyon, Lieux Dits, 2012.
- Georges LIVET et Francis RAPP, *Histoire de Strasbourg des origines à nos jours*, Strasbourg, Dernières nouvelles de Strasbourg, 1980-1982, XXVIII + 302 + XV + 661 + XVI + XX + 713 + XVI + XXVII + 799 + XVI p.
- Jean-Marie MANTZ (dir.), *Histoire de la médecine à Strasbourg*, Strasbourg, La Nuée Bleue, 1997.
- Axel Hinrich MURKEN, *Vom Armenhospital zum Gro klinikum. Die Geschichte des Krankenhauses vom 18. Jahrhundert bis zur Gegenwart*, Köln, Dumont, 1995.
- Otto WINCKELMANN, *Das Fürsorgewesen der Stadt Strassburg vor und nach der Reformation bis zum Ausgang des sechzehnten Jahrhunderts*, Leipzig, M. Heinsius Nachfolger, coll. « Quellen und Forschungen zur Reformationsgeschichte, n° V », 1922, XVI + 208 + 301 p. + 1 pl.

LE LANGAGE ARCHITECTURAL

Le néogothique comme pittoresque urbain — Anne-Marie Châtelet, Elisabeth Paillard et Jean-Philippe Meyer

- Cornelius GURLITT, *Handbuch der Architektur. Vierter Theil : Entwerfen, Anlage und Einrichtung de Gebaüde. 8. Halb-Band : Kirchen, Denkmäler und Bestattungsanlagen. 1. Heft : Kirchen*, Stuttgart, Kröner, 1906.
- *Handbuch der Architektur. Vierter Theil : Entwerfen, Anlage und Einrichtung de Gebaüde. 2. Halb-Band : Gebäude für die Zwecke des Wohnens, des Handels und Verkehres. 3. Heft : Gebäude für den Post-, Telegraphen- und Fernsprechdienst*, Darmstadt, Arnold Bergsträsser, 1896.
- *Kunsttheorie und Kunstgeschichte des 19. Jahrhundert in Deutschland. Texte und Dokumente*, Band 2, Architektur, Stuttgart, Philipp Reclam, 1985.
- Michael J. LEWIS, *The Politics of the German Gothic Revival. August Reichensperger*, Cambridge, MIT, 1993.
- Louis MÜLLER, *Die neue evangelische Garnison-Kirche zu Strassburg i. E.*, Strassburg, 1898. Traduit en français par Henri KAPPLER, *La nouvelle église protestante de garnison de Strasbourg*, Société savante d'Alsace, 1997 (multigr.).
- Klaus NOHLEN, « L'hôtel des Postes impériales », dans *Construire une capitale, Strasbourg impérial de 1870 à 1918. Les bâtiments officiels de la place impériale*. Strasbourg, 1997, p. 201-204.

ANNEXES

- *Post und Telegraphie in Strassburg in Elsass. Das neue Reichspostgebaüde. Denkschrift zur Einweihung des neuen Reichs-Post und Telegraphengebaüdes an der Königstrasse in Strassburg (Els.) am 12. November 1899*. Strassburg, 1899, p. 60-71, 19 pl.
- Théodore RIEGER, « Le centenaire de l'église Saint-Paul de Strasbourg », *Cahiers alsaciens d'archéologie, d'art et d'histoire*, t. 31, 1998, p. 125-133.
- Niels WILCKEN, « Les hôtels des Postes de Strasbourg et de Metz, exemples de l'architecture allemande dans le Reichsland », *Diligence d'Alsace*, Strasbourg, 1996.

Régionalisme et *Heimatschutz* dans l'architecture à Strasbourg 1900-1918
— Wolfgang Voigt

- Karl BAEDEKER, *Die Rheinlande von der Schweizer bis zur holländischen Grenze. Handbuch für Reisende*, Leipzig, 1905.
- Fritz BEBLO, « Eduard Schimpf », *Zentralblatt der Bauverwaltung*, n° 36, 1916, p. 576.
- Rosa Beblo-Hundhammer, *Fritz Beblo 1872-1947. Stadtbaurat in Straßburg und München. Bauen auf Tradition*, Munich, Stadtarchiv München, 1991.
- Théo BERST, « Schlechte Restaurierung von guten Fachwerkbauten im alten Straßburg », *Revue alsacienne illustrée*, n° 7, 1905, p. 85-88.
- Théo BERST, « Vom alten und neuen Straßburg », *Die Vogesen. Zeitschrift für Touristik und Landeskunde*, n° 2, 1908, p. 224-227.
- Norbert BORRMANN, *Paul Schultze-Naumburg. Maler Publizist Architekt 1869-1949*, Essen, 1989.
- Erice CHENDEROWSKY (éd.), *Édouard Schimpf à Strasbourg, architecte d'une ville en renouveau*, Strasbourg, 2010.
- « Die neue Feldartillerie-Kaserne zu Straßburg i. E. », *Zentralblatt der Bauverwaltung*, n° 30, 1910, p. 71-72.
- Ferdinand DOLLINGER, « Was verstehen Fremdenführer unter einer schönen Stadt ? », *Revue alsacienne illustrée*, « Chronique d'Alsace Lorraine », n° 8, 1906.
- Denis DURAND DE BOUSINGEN, « L'architecture à Strasbourg de 1903 à 1918 : styles, écoles et Hommes », *Annuaire de la Société des amis du vieux Strasbourg*, Strasbourg, 1985, p. 59-80.
- Stéphane JONAS, *Le faubourg-jardin du Stockfeld à Strasbourg. Période de Fondation, 1907-1933*, Strasbourg, s.n., coll. « Cités-jardins de l'Europe », 2010.
- Didier LAROCHE, « L'architecture de Fritz Beblo (1872-1947). Stadtbaumeister à Strasbourg », dans *Strasbourg 1900 : naissance d'une capitale*, sous la direction des musées de Strasbourg, Paris, Somogy, 2000, p. 192-199.
- « Les embellissements de Strasbourg I », *Revue alsacienne illustrée*, n° 5, 1903.
- Paul MEBES, *Um 1800. Architektur und Handwerk im letzten Jahrhundert ihrer traditionellen Entwicklung*, 2 volumes, Munich, 1908.
- Ernst MÖHRING, « Zur modernen Stadtanlage », *Das Kunstgewerbe in Elsaß-Lothringen*, n° 3, 1902-03.
- Winfried NERDINGER, *Theodor Fischer. Architekt und Städtebauer 1862-1938*, Berlin, 1988.
- Gustav OBERTHÜR, « Straßenbilder in Alt- und Neu-Straßburg », *Die Vogesen. Zeitschrift für Touristik und Landeskunde*, n° 2, 1908, p. 222-224.
- Friedrich OSTENDORF, *Sechs Bücher vom Bauen. Erster Band. Einführung*, Berlin, 1913.
- Jean-Claude RICHEZ : « L'Alsace revue et inventée. La Revue Alsacienne Illustrée, 1898-1914 », *Saisons d'Alsace*, n° 119, 1993, p. 83-93.
- Ernst RUDORFF, *Heimatschutz*, Berlin, 1901.
- Wilhelm SCHMIDT, *Straßburger Wanderbuch*, Strasbourg, 1904.
- Malou SCHNEIDER, « La création du Musée Alsacien », dans *Strasbourg 1900 : naissance d'une capitale*, sous la direction des musées de Strasbourg, Paris, Somogy, 2000, p. 33-37.
- Jutta SCHUCHARD, *Carl Schäfer 1844-1908. Leben und Werk des Architekten der Neugotik*, Materialien zur Kunst des 19. Jahrhunderts, Band 21, Munich, 1979.
- Paul SCHULTZE-NAUMBURG, *Die Kulturarbeiten*, 9 volumes et un volume complémentaire, 1901-1917.
- Jean-Claude VIGATO, « Entre progrès et tradition », dans *Le régionalisme, architecture et identité*, sous la direction de François LOYER et Bernard TOULIER, Paris, Éditions du patrimoine, 2001, p. 72-84 ; Jean-Claude VIGATO, *L'Architecture régionaliste. France 1890-1950*, Paris, Norma, 1994.
- Wolfgang Voigt et Hartmut FRANK (dir.), *Paul Schmitthenner 1884-1972*, Tübingen, 2003.
- Wolfgang VOIGT, *Planifier et construire dans les territoires annexés : architectes allemands en Alsace de 1940 à 1944*, Strasbourg, Société savante d'Alsace, coll. « Recherches et documents », t. 78, 2008.
- Wolfgang VOIGT, « Régionalisme et 'Heimatschutz' en Alsace », dans *Interférences/Interferenzen - Architecture Allemagne-France 1800-2000*, sous la direction de Jean-Louis Cohen et Hartmut Frank, catalogue des musées de Strasbourg, 2013, p. 42-51.
- « Volksschule zu Straßburg-Neudorf. Architekt: Stadtbaurat F. Beblo in Straßburg i. E. », *Deutsche Bauzeitung*, n° 37, 1913, p. 429-433.

Fiat Justicia. Le palais de justice de Strasbourg (1892-1898)
— Philippe Grandvoinnet et Raphaël Labrunye

- Association française pour l'histoire de la justice, *La Justice en ses temples : regards sur l'architecture judiciaire en France*, Paris, Errance ; Poitiers, Brissaud, 1992.
- Alexis ENDERLÉ, *Découverte de l'architecture judiciaire : un palais de justice à Strasbourg*, mémoire de fin d'études de l'école national supérieure d'architecture de Strasbourg, 2000.
- Klemens KLEMMER, Rudolf WASSERMANN et Thomas Michael WESSEL, *Deutsche Gerichtsgebäude : von der Dorflinde über den Justizpalast zum Haus des Rechts*, s. l., C.H. Beck, 1993.
- Theodor v. LANDAUER, « Gerichtshäuser, Straf- und Besserungs- Anstalten », dans F. *Bluntschli, Gebäude für Verwaltung, Rechtspflege und Gesetzgebung, Militärbauten, Handbuch der Architektur*, Darmstadt, A. Bergsträsser, 1887 ; *Entwerfen, Anlage und Einrichtung der Gebäude*, demi-volume n° 7, partie 4 (collation : IX, 588 p., pl.)

Le style néomédiéval dans l'architecture privée
— Emmanuel Fritsch

- Jean-Pierre KLEIN et al., *Strasbourg : urbanisme et architecture des origines à nos jours*, Strasbourg, Oberlin ; Woippy, Gérard Klopp ; s. l., Difal, 1996.

L'architecture du XVIIIe siècle à Strasbourg : palais Rohan, hôtels particuliers et demeures bourgeoises — Elisabeth Loeb-Darcagne

- Hans HAUG, *François-Rodolphe Mollinger et les services d'architecture strasbourgeois au XVIIIe siècle*, Archives Alsaciennes d'Histoire de l'Art, II, 1923.
- Hans HAUG, *L'architecture Régence à Strasbourg*, Archives Alsaciennes d'Histoire de l'Art, V, 1926.
- Hans HAUG, *Le château des Rohan et les grands hôtels du XVIIIe siècle à Strasbourg*, Strasbourg, 1953.
- Hans HAUG, *Le style Louis XIV à Strasbourg*, Archives Alsaciennes d'Histoire de l'Art, III, 1924.
- Jean-Daniel LUDMANN, « L'architecture à Strasbourg sous Louis XV », *Cahiers alsaciens d'archéologie, d'art et d'histoire*, t. 24, 1981.
- Jean-Daniel LUDMANN, *Le Palais Rohan*, Strasbourg, 1979-80 (2 vol.).

Le patrimoine des religions à Strasbourg : de la cathédrale à la grande mosquée
— Benoît Jordan

- Suzanne BRAUN et Jacques HAMPE, *Églises de Strasbourg*, Strasbourg, Oberlin, 2002.
- Théodore RIEGER, « L'architecture religieuse à Strasbourg entre 1918 et 1939 », *Annuaire des Amis du Vieux-Strasbourg*, 1992, n° 22, p. 137-144.
- Théodore RIEGER, « L'architecture religieuse à Strasbourg à l'époque allemande », dans *Strasbourg 1900 : naissance d'une capitale*, sous la direction des musées de Strasbourg, Paris, Somogy, 2000, p. 206-213.
- Paul WINNINGER, *Art sacré et nouvelles églises en Alsace : de 1945 à la fin du siècle*, Strasbourg, ERCAL, 1994.

LES FRONTIÈRES DÉPASSÉES : LES ÉCHANGES D'INFLUENCES

La cathédrale de Strasbourg — monument phare à la croisée des cultures française et germanique
— Sabine Bengel

- Sabine BENGEL, *Das Straßburger Münsters. Seine Ostteile und die Südquerhauswerkstatt*, Petersberg, Michael Imhof Verlag, 2011.
- Sabine BENGEL, *La restauration 'à l'allemande' de la cathédrale de Strasbourg après 1870*, actes du colloque « Strasbourg/Belfort 1870/1871. De la guerre à la paix », Strasbourg/Belfort le 4 et 5 novembre 2011, 2013.
- Jaques KLOTZ, *Gustave Klotz. D'après ses notes, ses lettres, ses rapports 1810-1880*, Strasbourg, Muh-Leroux, 1965.
- Jean-Philippe MEYER, *La cathédrale de Strasbourg. La cathédrale romane 1015-vers 1180*, Strasbourg, Société des amis de la cathédrale de Strasbourg, 1998 (supplément au t. XXII du Bulletin de la cathédrale de Strasbourg).
- Jean-Philippe MEYER et Brigitte KURMANN-SCHWARZ, *La cathédrale de Strasbourg. Chœur et transept : de l'art roman au gothique*, Strasbourg, 2010 (supplément au t. XXVIII du Bulletin de la cathédrale de Strasbourg)
- Roland RECHT, *La cathédrale de Strasbourg*, Strasbourg, La Nuée Bleue, 1993.
- Roland RECHT, *Les bâtisseurs des cathédrales gothiques*, catalogue d'exposition des musées de Strasbourg, 1989.
- Hans REINHARDT, *La cathédrale de Strasbourg*, Grenoble, Arthaud, 1972.
- Marc Carel SCHURR, *Gotische Architektur im mittleren Europa 1220-1340. Von Metz bis Wien*, Berlin, Deutscher Kunstverlag, 2007.

- *Strasbourg. La grâce d'une cathédrale*, sous la direction de Monseigneur Joseph DORÉ, Strasbourg, La Nuée Bleue, 2007.
- *Strasbourg 1400. Un foyer d'art dans l'Europe gothique*, sous la direction de Philippe LORENTZ, Strasbourg, catalogue du musée de l'œuvre Notre-Dame, 2008.

L'architecture civile à Strasbourg du XIIe au milieu du XVIe siècle : un retour aux sources rhénanes
— Maxime Werlé et Maurice Seiller

- Fritz BEBLO, « Alemannische und fränkische Elemente des Straßburger Bürgerhaus », *Elsaß-Lothringisches Jahrbuch*, n° 3, 1924, p. 92-104.
- Burghard LOHRUM, « Fachwerkbau », dans *Stadtluft, Hirsebrei und Bettelmönch. Die Stadt um 1300*, Zürich, Hof des Schweizerischen Landesmuseums, 1992, catalogue, Stuttgart, Haus der Wirtschaft, 1993, Stuttgart, Theiss, 1992, p. 248-266.
- Hermann PHLEPS, *Alemannische Holzbaukunst*, Karlsruhe, Bruderverlag, 1988 (rééd. 1967).
- Maurice SEILLER et Frédérique BOURA, « Construire et habiter la maison en pans de bois », dans *1400. L'Alsace dans l'Europe gothique*, Lyon, Lieux Dits, 2008, p. 117-126.
- Karl STAATSMANN, « Zur Geschichte der deutschen Frührenaissance in Straßburg i. E. », *Das Kunstgewerbe in Elsaß-Lothringen*, n° 5, 1904-1905, p. 177-228.
- Maxime WERLÉ, « L'habitat à Strasbourg autour de 1400 », dans *1400. L'Alsace dans l'Europe gothique*, Lyon, Lieux Dits, 2008, p. 57-67.
- Maxime WERLÉ, *La droguerie du Serpent. Une demeure médiévale au cœur de Strasbourg*, Strasbourg, Université Marc Bloch, coll. « Rhin Meuse Moselle - Monographies d'Archéologie du Grand Est », n° 1, 2006.
- Maxime WERLÉ, « La fondation d'une maison de pauvres au milieu du XVIe siècle à Strasbourg : histoire et archéologie des *zwölf Prechterhäuschen* », *Cahiers alsaciens d'Archéologie, d'Art et d'Histoire*, n° 42, 1999, p. 141-166.

Évolution du tissu urbain strasbourgeois : de la cité médiévale à la Neustadt
— Katia Karli

- *1910, attention travaux ! De la Grande Percée au Stockfeld*, catalogue d'exposition des archives de Strasbourg, 2010.
- Marie-Hélène BENETIERE et Frédérique BOURA (dir.), *Jardins en Alsace : quatre siècles d'histoire*, Strasbourg, Lieux Dits, 2010.
- Thierry HATT, *Parcellaire foncier et parcellaire morphologique à Strasbourg au XVIIIe siècle : Comparaison du plan relief de 1725 et du plan Blondel de 1765*, Strasbourg, 2005.
- Katia KARLI, *Strasbourg de l'Antiquité à la ville actuelle : l'empreinte du castrum, permanence, transformation, déformation des tracés*, mémoire de master de l'école nationale supérieure d'architecture de Strasbourg, 2007.
- Katia KARLI, *Évolution du tissu urbain strasbourgeois du XVIIIe siècle à nos jours, évolution de la forme urbaine*, Strasbourg, Université Marc Bloch, 2008.
- Katia KARLI, *Connaissance du parcellaire et du patrimoine bâti strasbourgeois*, rapport de stage, Ville et Communauté urbaine de Strasbourg, 2011.
- Marie POTTECHER (dir.), *1400 : l'Alsace dans l'Europe Gothique*, Strasbourg, Lieux Dits, 2008.
- Jean-Jacques SCHWIEN, *Strasbourg : document d'évaluation du patrimoine archéologique urbain*, Tours, Centre national d'archéologie urbaine, 1992.

La naissance d'une nouvelle discipline : le plan d'extension strasbourgeois
— Hartmut Frank

- Gerd ALBERS, *Entwicklungslinien im Städtebau. Ideen, Thesen, Aussagen 1875-1945. Texte und Interpretationen*, Düsseldorf, Bauwelt Fundamente 46, Bertelsmann Fachverlag, 1975.
- Reinhard BAUMEISTER, *Stadterweiterungen in technischer, baupolizeilicher und wirthschaftlicher Beziehung*, Berlin, Verlag von Ernst & Sohn, 1876.
- Gerhard FEHL et Juan RODRIGUEZ-LORES (dir.), *Stadterweiterungen 1800 – 1875. Von den Anfängen des modernen Städtebaus in Deutschland*, Hamburg, Christians Verlag, 1983.
- Gerhard FEHL et Juan RODRIGUEZ-LORES (dir.), *Städtebaureform 1865 - 1900*, 2 Bände, Hamburg, Christians Verlag, 1985.
- Cornelius GURLITT, *Handbuch des Städtebaus*, Berlin, Der Zirkel, Architekturverlag GmbH, 1920.
- Werner HEGEMANN, *Der Städtebau*, 2 Bände, Berlin, Verlag von Ernst Wasmuth, 1911/1913.
- Giorgio PICCINATO, *La costruzione dell'urbanistica. Germania 1871-1914*, Roma, Officina Edizioni, 1977.
- August ORTH, « Berlin und seine Zukunft (1875) », dans *Festreden Schinkel zu Ehren 1846-1980*, sélectionné par Julius Posener, AIV Berlin, 1980, p. 168-182.
- Josef STÜBBEN, *Der Städtebau*, Handbuch der Architektur IV.9., Darmstadt, Verlag von Arnold Bergsträsser, 1890.
- Anthony SUTCLIFFE, *Towards the Planned City: Germany, Britain, the United States, and France 1780-1914*, Oxford, Palgrave Macmillan, 1981.
- Raymond UNWIN, *Grundlagen des Städtebaus*, Berlin, Otto Baumgärtel, 1910.
- Robert WUTTKE (dir.), *Die Deutschen Städte, geschildert nach den Ergebnissen der ersten deutschen Städte-Ausstellung zu Dresden 1903*, Leipzig, Verlag Friedrich Brandstätter, 2 Band, 1904.

L'extension de Strasbourg dans la perspective des extensions urbaines en Europe après 1850
— Bernard Gauthiez

- G. BARBEY, A. BRULHART, G. GERMANN et J. GUBLER, « Genève », INSA, *Inventaire suisse d'Architecture 1850-1920*, Delémont, Frauenfeld, Fribourg, Genève, Glarus, Berne, SHAS, 1982.
- Coll., *L'université impériale de Strasbourg, le site de la porte des Pêcheurs*, sous la direction de la Région Alsace et l'Université de Strasbourg (Jardin des sciences), Lyon, Lieux Dits, 2012.
- Philippe-Jacques FARGÈS-MÉRICOURT, *Description de la ville de Strasbourg avec un aperçu des changements, améliorations et embellissements qui ont eu lieu de 1828 à 1840*, Paris, F. G. Levrault, 1840, p. 30-31.
- Bernard GAUTHIEZ « Changement politique et aménagement urbain dans les villes en Europe au XIXe siècle », dans *Villes rattachées, villes reconfigurées XVIe-XXe siècles*, sous la direction de Denise TURREL, Tours, CNRS/Université de Tours, 2003, p. 231-246.
- M. MASQUELEZ, « Historique de l'agrandissement de Lille », Association française pour l'avancement des sciences, compte-rendu de la 3e session, Lille, 1874 ; Paris, 1875, p. 161-169.
- M. Z., « Strasbourg, sa description, ses fortifications, son rôle militaire avant la guerre de 1870 », *Mélanges militaires*, 2e série, XIV-XV, 1873.
- Charles Albert OPPERMANN, *300 projets et propositions utiles*, Paris, Chez l'auteur, 1866, p. 129-30.

La construction des valeurs d'héritage de la *Neustadt* de Strasbourg
— Sophie Eberhardt

- Jean-Yves ANDRIEUX (dir.), *La réception du mouvement moderne : image, usage, héritage*, Université de Saint-Étienne, 2005.
- Jan ASSMANN, *Das kulturelle Gedächtnis. Schrift, Erinnerung und politische Identität in frühen Hochkulturen*, München, Verlag C.H. Beck oHG, 2002. Traduit en français : Jan ASSMANN, *La mémoire culturelle. Écriture, souvenir et imaginaire politique dans les civilisations antiques*, traduit de l'allemand par Diane Meur, Paris, Aubier, collection historique, 2010.
- Jean-Pierre BABELON et André CHASTEL, *La notion de patrimoine*, Paris, Liana Levi, 2004.
- Karl BAEDEKER, *Allemagne du Sud et Autriche : manuel du voyageur*, Leipzig, Baedeker, 9e collection, 1888, p. 12.
- Karl BAEDEKER, Das *Elsass, Strassburg und die Vogesen : Reisehandbuch*, Leipzig, K. Baedeker, 1942.
- H.-J. DEMOLIÈRE, *De Paris à Strasbourg, à Reims, à Chaumont, à Metz, à Thionville, à Forbach, à Épinal et à Wissembourg*, Paris, Hachette, 1861.
- Michel DEUTSCH, François LOYER, François (textes) François NUSSBAUMER (photographies), *Le voyage à Strasbourg*, Strasbourg, Nussbaumer F, 1998.
- Adolphe JOANNE, *Les bords du Rhin illustrés : itinéraire descriptif et historique des bassins du Rhin, du Neckar et de la Moselle*, Paris, Hachette, 1863.
- Paul JOANNE, *Vosges, Alsace et Forêt-Noire*, Parie, Hachette et Cie, 1903.
- Aloïs RIEGL, « Der moderne Denkmalkultus, sein Wesen und seine Entstehung », dans *Gesammelte Aufsätze*, Augsburg-Wien, 1919. Traduction en français : Aloïs RIEGL, *Le culte moderne des monuments*, traduit de l'allemand par Jacques Boulet, Paris, Seuil, 1984.
- Michaël WERNER et Bénédicte Zimmermann (dir.), *De la comparaison à l'histoire croisée*, Paris, Le Seuil, 2004.

BIOGRAPHIES DES MEMBRES DU COMITÉ SCIENTIFIQUE ET DES AUTEURS DE L'OUVRAGE

COMITÉ SCIENTIFIQUE :

Né à Paris en 1949, **Jean-Louis Cohen** est architecte et historien. Ses recherches ont porté notamment sur l'architecture et l'urbanisme du XXe siècle en France, en Allemagne, en Italie, en Russie et aux États-Unis, les formes de l'internationalisation et les cultures nationales. Entre 1998 et 2003, il a élaboré et conduit le projet de cité de l'architecture et du patrimoine dans le Palais de Chaillot de Paris. Depuis 1994, il occupe la chaire Sheldon H. Solow en histoire de l'architecture à New York University. Il a conçu de nombreuses expositions au Centre Pompidou, au Pavillon de l'Arsenal, au Centre canadien d'architecture, à l'Institut français d'architecture et au Museum of Modern Art.

Bernard Gauthiez est professeur à l'université Lyon 3 après avoir été architecte et urbaniste de l'État aux ministères de l'Équipement puis de la Culture, postes où il a été chargé notamment du projet d'agrandissement de Kourou, en Guyane, à la fin des années 1980, maintenant réalisé, et des études urbaines à la direction de l'architecture et du patrimoine entre 1999 et 2005. Outre l'enseignement et l'encadrement de thèses, son activité de recherche au sein de l'UMR/CRNS 5600 porte sur la transformation des villes, l'histoire de l'urbanisme, les mécanismes fins à l'œuvre dans la formation du paysage urbain. Il est aussi l'auteur de nombreux articles et chapitres d'ouvrages, notamment *Espace urbain, vocabulaire et morphologie*, de la série des Vocabulaires du ministère de la Culture, publié en 2003 aux Éditions du Patrimoine.

Alexandre Kostka est professeur des universités (université de Strasbourg), et co-directeur du master Erasmus mundus « Euroculture ». Ancien élève de l'école normale supérieure de Saint-Cloud, il est membre du laboratoire SAGE (Société, Acteurs, Gouvernement en Europe, UMR 7363) et conduit des travaux de recherche sur les relations artistiques culturelles franco-allemandes, aux XIXe-XXe siècles, la propagande artistique pendant la Première Guerre mondiale, la figure du comte Harry Kessler, et la *Neustadt* de Strasbourg. Il a publié *Weimar-Paris/Paris-Weimar. Kunst und Kulturtransfer um 1900* (Tübingen, Stauffenburg, 2004) et, avec Françoise Lucbert (dir.) : *Distanz und Aneignung 1870-1945. Kunstbeziehungen zwischen Deutschland und Frankreich. Relations artistiques entre la France et l'Allemagne* (Berlin, Akademie Verlag, 2004).

Daniel Payot, né en 1952, est agrégé de philosophie. Il est professeur à l'université de Strasbourg. Ses enseignements et recherches portent principalement sur la question de l'art dans les pensées contemporaines. Il est, depuis mars 2008, adjoint au Maire de Strasbourg, chargé de l'action culturelle. Parmi ses publications figurent : *Lignes de jours* (avec Sylvie Villaume, L'Harmattan, 2010), *L'art africain entre silence et promesse* (Circé, 2009), *Après l'harmonie. Benjamin, Adorno et quelques autres* (Circé, 2000), *Des villes-refuges. Témoignage et espacement* (éditions de l'Aube, 1992), *Le philosophe et l'architecte. Sur quelques déterminations philosophiques de l'idée d'architecture* (Aubier Montaigne, 1982).

Minja Yang est présidente du centre international Raymond Lemaire pour la conservation à l'université catholique de Louvain (Belgique). Depuis 2010, après trente ans de carrière aux Nations Unies, et vingt ans à l'Unesco, elle devient membre du bureau de l'Association des biens français du patrimoine mondial (ABFPM) et conseillère des centres culturels de rencontre. Elle fut directrice adjointe du Centre du patrimoine mondial de l'Unesco, et directrice du bureau régional d'Asie du sud à New Delhi. Son travail se concentre sur le potentiel du développement durable, la conservation des biens culturels et la promotion des industries culturelles dans les pays en voie de développement.

AUTEURS :

Sabine Bengel, née à Kehl (Allemagne), est historienne de l'art, d'archéologie et d'histoire moderne à Berlin, Munich et Florence. Elle soutient une thèse de doctorat en 2007 (publiée en 2011) à l'université technique de Berlin consacrée aux parties orientales de la cathédrale de Strasbourg et plus particulièrement à la construction du croisillon sud. Elle est responsable du riche fonds documentaire de la fondation de l'Œuvre Notre-Dame depuis 2003 et auteure de plusieurs publications sur la cathédrale de Strasbourg et ses restaurations.

Franck Burckel, né en 1976 à Strasbourg, se passionne dès son adolescence pour les forts de la ceinture de Strasbourg. Après des études en histoire de l'art et en archéologie à l'université de Strasbourg, il travaille durant cinq ans pour l'association du fort de Mutzig (Feste Kaiser Wilhelm II). En 2008, il rejoint l'équipe des archives de Strasbourg où il est chargé des animations et de la communication. Parallèlement, il encadre les bénévoles qui restaurent et ouvrent au public le fort Grossherzog von Baden — Fort Frère à Oberhausbergen. Il est également vice-président du Cercle d'études et de sauvegarde des fortifications de Strasbourg.

Anne-Marie Châtelet est professeure d'histoire et de cultures architecturales à l'école nationale supérieure d'architecture de Strasbourg. Ses recherches portent sur l'architecture de divers types d'édifices, la formation et le métier d'architecte, et l'historiographie de l'architecture, embrassant l'Europe et, particulièrement, la France et l'Allemagne durant la période contemporaine. Elle a notamment publié *La naissance de l'architecture scolaire* (Paris, Champion, 1999), *Le souffle du plein air (1904-1953) La genèse et l'ascendant des écoles de plein air et de leur architecture* (Genève, Métis-Press, 2011) et des articles dans le *Dictionnaire des historiens d'art allemands* (Paris, CNRS, 2010), *Le régionalisme, architecture et identité en Europe septentrionale* (Paris, Éditions du Patrimoine, 2001).

Michaël Darin a obtenu sa licence en philosophie et en sociologie à Jérusalem, son diplôme d'architecte à Londres et son doctorat en histoire urbaine à Paris. Il a enseigné à l'école nationale supérieure d'architecture de Nantes, puis celle de Versailles et occupe aujourd'hui le poste de professeur d'histoire de l'architecture et de la ville à l'école nationale supérieure de Strasbourg. Ses recherches portent sur l'histoire morphologique des villes et l'histoire typologique de l'architecture. Il a publié récemment *La Comédie urbaine* (Paris, Infolio, 2009) et *Patchworks parisiens* (Paris, Parigramme, 2012).

Maître de conférences en histoire de l'art contemporain à l'université de Strasbourg depuis 2008, **Hervé Doucet** est spécialiste de l'histoire de l'architecture. Il enseigne également au sein du master Géographie, Aménagement, Environnement et Logistique des Échanges (GAELE) de l'institut de géographie de l'université Paris IV Sorbonne (depuis 2004) et du master *Urban and Regional Planning* de l'université Paris-Sorbonne-Abu Dhabi (depuis 2009). De 2005 à 2008, en tant qu'adjoint conservateur, il a participé à la création de la galerie d'architecture contemporaine du musée des monuments français (Cité de l'architecture et du patrimoine). Ses recherches portent principalement sur l'architecture de la période Art nouveau, le régionalisme et le logement social. Le Prix Georges Sadler-Académie de Stanislas (Nancy) a salué son ouvrage *Émile André. Art nouveau et modernités* (Arles, Honoré Clair, 2011).

Historienne de l'art (Paris I Panthéon-Sorbonne) et titulaire d'un master en gestion du patrimoine mondial obtenu à l'University College Dublin (Irlande) en 2009, **Sophie Eberhardt** acquiert ses premières expériences professionnelles au sein de diverses structures et institutions spécialisées dans le patrimoine et l'architecture en Espagne, en Irlande et en France, notamment au ministère français de la Culture et de la Communication et auprès de l'Association des biens français du patrimoine mondial (ABFPM). Doctorante en contrat CIFRE (Ville et Communauté urbaine de Strasbourg/ Université Jean Moulin Lyon 3/ Université de Strasbourg) depuis 2011, ses recherches portent sur la réception de l'architecture de la *Neustadt* dans le cadre du projet de candidature à l'extension de la Grande-Île à la *Neustadt* au patrimoine mondial de l'Unesco.

Hartmut Frank, architecte diplômé à la Technische Hochschule de Berlin en 1969, il a enseigné l'histoire et la théorie de l'architecture à la Hochschule für bildende Künste de Hamburg (1975-2005), puis à la HafenCity Universität où il est professeur émérite depuis 2011. Il a publié des livres et des essais sur l'architecture et l'urbanisme des XIXe et XXe siècles. Commissaire de plusieurs expositions d'architecture, il est professeur et chercheur invité en France, en Espagne, en Italie et au Canada. Il co-dirige également depuis 30 ans avec Jean-Louis Cohen des recherches sur les relations franco-allemandes.

Emmanuel Fritsch, né en 1966 à Colmar, est chargé de recherches depuis plus de vingt ans au service de l'inventaire du patrimoine (Région Alsace). Après des études de sociologie, il s'est progressivement spécialisé dans l'étude des objets religieux en Alsace et des artistes ou artisans auxquels on les doit, et cela tant dans le cadre de son activité professionnelle que grâce à des recherches personnelles, principalement centrées sur les orfèvres alsaciens. Depuis 2010, il participe à l'opération d'inventaire de la *Neustadt* de Strasbourg.

Philippe Grandvoinnet, architecte diplômé par le gouvernement et docteur en histoire de l'architecture, est chercheur associé à l'école nationale supérieure d'architecture de Versailles et à l'université de Strasbourg. Titulaire d'un diplôme d'études approfondies en histoire sociale et culturelle de l'architecture et des formes urbaine et d'un 3ᵉ cycle en sauvegarde du patrimoine bâti moderne et contemporain, il est l'auteur de nombreuses publications sur l'architecture et le patrimoine du XXᵉ siècle. Il est depuis 2012 architecte et urbaniste de l'État au ministère de la Culture et de la Communication, architecte des bâtiments de France, chef du service territorial de l'architecture et du patrimoine des Hautes-Alpes.

Andreea Grigorovschi est architecte-urbaniste, diplômée de l'école nationale supérieure d'architecture de Strasbourg et de l'institut national des sciences appliquées de Strasbourg, et doctorante au laboratoire AMUP. Sa thèse de doctorat explore les cultures de projet urbain/métropolitain à l'œuvre dans la métropole transfrontalière, et plus particulièrement l'articulation entre leurs dimensions politique, sociale et physique, approfondissant le cas de Strasbourg — métropole rhénane. Parallèlement à ses activités scientifiques, elle s'investit dans l'enseignement et garde un lien proche avec la pratique opérationnelle dans le champ du projet de territoire.

Olivier Haegel a suivi des études d'histoire de l'art et d'archéologie à l'université des sciences humaines de Strasbourg, il est aujourd'hui technicien supérieur au service de l'inventaire du patrimoine à la Région Alsace. Ses travaux et recherches portent sur l'architecture civile du XVIIIᵉ au XXᵉ siècles, les jardins, la peinture régionaliste du XIXᵉ et de la première moitié du XXᵉ siècle et sur l'histoire patrimoniale de la région.

Thierry Hatt, professeur agrégé de géographie et professeur d'informatique en classes préparatoires aux grandes écoles au Lycée Fustel de Strasbourg (1972-2005), membre associé de l'EA3400 de l'université de Strasbourg, contribue dès 1974 à l'introduction nationale de l'informatique en classe. Il mène de nombreux projets collectifs publiés, contribue aux séminaires de master et doctorat en histoire, géographie à l'université de Strasbourg et à l'école nationale supérieure d'architecture de Strasbourg Images de la VilleÉ), développe depuis 2001 un SIG sur Strasbourg aux XVIᵉ-XXIᵉ siècles, en y intégrant le plan-relief de la ville de 1725 ; travaux publiés dans les revues et sur l'Internet à l'adresse : http://bit.ly/Publication-Thierry-Hatt.

François Igersheim, agrégé d'histoire, professeur au lycée Kléber de Strasbourg (1972-1992), publie en 1981 l'*Alsace des notables* (1870-1914) et « Strasbourg le gouvernement de la cité (1870-1914) », dans le tome IV de l'*Histoire de Strasbourg* (G. Livet et F. Rapp). En 1992, il soutient sa thèse d'histoire politique et sociale sur « le département du Bas-Rhin de 1848 à 1870 », et entre à l'institut d'histoire de l'Alsace de l'université. Il soutient en 2002 une habilitation d'histoire patrimoniale et historiographie, sur « l'Alsace des historiens, la fabrique des monuments 1681-1914 », et est chargé de la chaire d'histoire de l'Alsace de l'université de Strasbourg. Il a été rédacteur en chef de la *Revue d'Alsace* (2002-2012) et est actuellement coordinateur du *Dictionnaire historique des institutions de l'Alsace du Moyen-Âge à 1815*.

Delphine Issenmann a suivi une formation en histoire, histoire de l'art et gestion du patrimoine culturel ainsi qu'en histoire et médiation des sciences. Chargée des collections au sein du Jardin des sciences de l'université de Strasbourg, elle coordonne depuis 2004 le recensement des collections d'instruments scientifiques et étudie, dans le cadre de l'inventaire de la *Neustadt*, le patrimoine architectural du campus impérial. Elle a notamment participé à l'ouvrage collectif *L'université impériale de Strasbourg ; le site de la Porte des Pêcheurs* (Lyon, Lieux Dits, 2012).

Benoît Jordan est archiviste-paléographe, diplômé de l'école pratique des hautes études — section sciences religieuses. Conservateur en chef du patrimoine aux archives de Strasbourg, membre de la commission diocésaine d'art sacré et secrétaire de l'association Conservatoire du patrimoine religieux en Alsace, il a rédigé des études sur l'histoire d'Alsace, notamment dans le domaine de l'histoire religieuse.

Diplômée de l'école nationale supérieure d'architecture de Strasbourg en 2007, **Katia Karli** a poursuivi des travaux de recherche sur l'évolution du tissu urbain et du patrimoine bâti strasbourgeois au cours d'un master recherche puis d'une thèse de doctorat en sciences historiques, débutée en 2009. Elle a participé à une première publication *Jardins en Alsace* (Lieux Dits, 2010). Forte d'une expérience de plusieurs mois auprès d'une députée européenne et d'une spécialisation en archéologie, elle contribue actuellement au sein de la mission patrimoine de la Ville de Strasbourg à la construction du projet d'extension de la Grande-Île à la *Neustadt* au patrimoine mondial de l'Unesco.

Raphaël Labrunye est architecte diplômé par le gouvernement et docteur en histoire. Il mène une activité d'études patrimoniales et de maîtrise d'œuvre au sein de son agence Architecture & Patrimoine pour la ville de Suresnes, la direction régionale des affaires culturelles Bourgogne ou le ministère de la Justice. Maître assistant associé à l'école nationale supérieure d'architecture de Normandie, il poursuit son travail de recherche au sein de l'équipe ATE (Architecture Territoire Environnement) autour des questions posées par l'intervention sur les ensembles de logements de l'après-guerre (recherche du Ministère de la Culture, avec Benoît Carrié).

Elisabeth Loeb-Darcagne est historienne de l'art et conférencière du patrimoine. Elle est aussi l'auteur de l'ouvrage *Sept siècles de façades* publié en 2012, qui a été récompensé par le prix de l'association des Amis du Vieux Strasbourg la même année.

François Loyer est historien de l'architecture et de la ville. Il a été journaliste, professeur d'université (à Rennes puis à Strasbourg), directeur de recherche au CNRS (Centre André-Chastel, université de Paris-Sorbonne). Grand Prix du Patrimoine, il a assumé la direction du centre des hautes études de Chaillot puis de la Commission du vieux Paris. On lui doit une quinzaine d'ouvrages ainsi que de nombreux articles sur l'architecture et le patrimoine des XIXᵉ et XXᵉ siècles. Il prépare actuellement un ouvrage sur l'architecture de la Grèce contemporaine (1821-1912), dans le cadre de l'École française d'Athènes.

Yves Luginbühl est ingénieur agronome, docteur en géographie, directeur de recherche émérite au centre national de la recherche scientifique (France) et ancien membre de la Casa de Velázquez. Président du comité scientifique du programme « Paysage et développement durable » du ministère de l'Écologie, du Développement durable et de l'Énergie, membre du comité national des biens français du patrimoine mondial, membre du conseil scientifique du patrimoine naturel et de la biodiversité, président du conseil scientifique et technique de la Mission du Val de Loire et co-rédacteur de la Convention européenne du paysage.

Cristiana Mazzoni est architecte diplômée de l'IUA de Venise, et docteur en urbanisme et aménagement de l'université Paris VIII. Professeur HDR en ville et territoire à l'ENSA de Strasbourg et directrice du laboratoire AMUP (EA 7309). Elle a assuré la direction de recherches sur les espaces de la mobilité dans les métropoles européennes pour le MCC et le MEDDE. Elle a publié des livres et articles sur l'architecture de la mobilité dans les territoires métropolitains et sur l'histoire des idées urbaines. Actuellement, elle est responsable scientifique pour l'équipe de Strasbourg du programme POPSU2 du PUCA.

Jean-Philippe Meyer est né en 1953 à Benfeld. Suite à un doctorat en histoire de l'art, sous la direction d'Anne Prache (Université de Paris IV Sorbonne), il devient documentaliste et chercheur au service de l'inventaire du patrimoine (Région Alsace). Ses publications portent sur l'architecture romane de l'Alsace et la cathédrale de Strasbourg.

Klaus Nohlen (Dr.-Ing.), architecte, professeur émérite d'histoire de l'architecture à l'université des sciences appliquées de Wiesbaden (Allemagne). Directeur d´études invité à l'école pratique des hautes études de Paris, membre de l'institut allemand d'archéologie. Ses travaux portent notamment sur l´architecture romaine, en particulier le sanctuaire de Trajan à Pergame dont il a conçu et dirigé l'anastylose, et sur l'architecture officielle à Strasbourg entre 1871 et 1918. Il a également conduit des travaux comme expert de la préservation du patrimoine architectural dans plusieurs pays d´Europe, en Georgie, Israël, Turquie et Syrie.

Docteur en histoire médiévale depuis 2001 (Université de Paris IV Sorbonne), **Elisabeth Paillard** est chercheur au service de l'inventaire du patrimoine (Région Alsace) depuis 2004. Elle se consacre aux opérations d'inventaire urbain depuis 2006 et au patrimoine en réseau depuis 2007.

Conservatrice du patrimoine et chef du service de l'inventaire du patrimoine de la Région Alsace, **Marie Pottecher** est historienne et historienne de l'art. Elle dirige l'étude d'inventaire du patrimoine urbain de la *Neustadt* de Strasbourg engagée par la Région Alsace en 2010 en partenariat avec la Ville et la Communauté urbaine de Strasbourg. Dans ce cadre, elle travaille sur les questions relatives à l'urbanisme et à la politique urbaine.

Maurice Seiller (1949-2013) a été l'un des pionniers de l'archéologie du bâti en France. Passionné d'archéologie médiévale, ses recherches ont porté, à partir des années 1970, sur les maisons en pans de bois et sur les charpentes médiévales et modernes en Alsace. Chercheur associé à l'unité mixte de recherche 7044, il a étroitement collaboré avec des archéologues, des dendrochronologues, des chercheurs impliqués dans l'*Arbeitskreis für Hausforschung*, mais aussi avec le service de l'inventaire et du patrimoine (Région Alsace) et le service de la conservation régionale des monuments historiques (CRMH).

Sébastien Soubiran est docteur en histoire des sciences. Il est directeur-adjoint du Jardin des sciences au sein duquel

ANNEXES

il coordonne entre autre la politique muséale de l'université de Strasbourg. Auteur de plusieurs publications sur les musées et collections universitaires, il a notamment dirigé la publication l'ouvrage collectif, *Patrimoine et communautés savantes,* avec S. Boudia, A. Rasmussen (Rennes, Presses universitaires de Rennes, 2009).

René Tabouret, né en 1925, ingénieur de l'école centrale de Paris depuis 1948, vit à Strasbourg depuis 1951. Conseiller municipal (1959-1964), il dirige ensuite un bureau d'études de génie civil jusqu'en 1972 et devient assistant à l'école des Beaux Arts en 1967, puis professeur à l'école nationale supérieure d'architecture de Strasbourg où il développe l'enseignement « projet urbain, enjeux et processus ». Il est également président du conseil scientifique du *Centro Internazionale di Studi sul Disegno Urbano*, à Florence entre 1989 à 2001.

Wolfgang Voigt, né en 1950, est historien de l'architecture et docteur ingénieur, habilité à conduire des recherches après des études en architecture à l'université Leibniz d'Hanovre, une thèse obtenue en 1986 puis une habilitation en 1998. Chercheur à l'université de Brême (1979-1981) aux archives municipales de Hanovre (1982-1984) et au service des monuments historiques et sites protégés de Hambourg, il conduisit ensuite des études à l'université des arts plastiques de Hambourg (1986-1995) et devint professeur remplaçant en histoire de l'architecture (1993-1994). Après des recherches doctorales conduites sous la direction de Hartmut Frank (Hambourg) et Jean-Louis Cohen (Paris/New York), il fut ensuite employé à l'institut d'art de Chicago (1994-1995) puis jusqu'en 1997, directeur adjoint au musée d'architecture allemand, à Francfort-am-Main www.voigt-architektur.com.

Maxime Werlé, né en 1973, est archéologue au pôle d'archéologie interdépartemental rhénan (PAIR). Après avoir travaillé, jusqu'en 2005, pour l'institut national de recherches archéologiques préventives (Inrap), il est également chercheur associé à l'unité mixte de recherche 7044 et membre de la commission régionale des sites et monuments d'Alsace. Spécialisé en archéologie urbaine et en archéologie du bâti, il consacre particulièrement ses activités de recherche à l'étude des habitats du Moyen Âge et de l'époque moderne à Strasbourg et à celle des enceintes urbaines médiévales d'Alsace.

Niels Wilcken a fait ses études en histoire de l'art, histoire et langues romanes aux universités de Kiel (Allemagne) et de Nancy. Tout en occupant des vacations au musée d'Orsay à Paris et un emploi aux archives municipales de Metz, il termina sa thèse de doctorat sur l'architecture publique en Alsace-Lorraine (1871-1918) en 1999. Aujourd'hui il vit à Sarrebruck où il dirige une société organisant des voyages culturels. Il est l'auteur de plusieurs ouvrages consacrés à Metz.

Toits de la rue des Grandes-Arcades.

CRÉDITS PHOTOGRAPHIQUES ET CARTOGRAPHIQUES

PHOTOGRAPHIES

© **Architekturmuseum der Technischen Universität, Berlin** : Fig. 5 p. 225, fig. 6 p. 227.
© **Archives de Strasbourg**, Stéphane Aréna : plan p. 10, plan p. 12 (bas), fig. 5 p. 19, fig. 3 p. 23, fig. 1 p. 53, fig. 3 p. 55, fig. 4 p. 56, fig. 5 p. 57, fig. 1 p. 60, , fig. 1 p. 113, fig. 6 p. 117, fig. 8 p. 118, fig. 2 p. 136, fig. 3 p. 137, fig. 1 p. 159, fig. 2 p. 167, fig. 4 p. 198, fig. 2 p. 231, fig. 3 p. 232, fig. 4 p. 233, fig. 5 p. 234, fig. 3 p. 243.
© **Bibliothèque du tourisme et des voyages** : Fig. 2 p. 241.
© **Bibliothèque nationale de France** : Fig. 1 p. 230.
© **Bibliothèque nationale et universitaire de Strasbourg** : plan p. 11, plan p. 12 (haut), fig. 2 p. 96, fig. 1 p. 122, fig. 2 p. 123, fig. 5 p. 153, fig. 1 p. 240.
© **Cercle d'études et de sauvegarde des fortifications de Strasbourg** : Fig. 2 p. 54.
© **Dernières Nouvelles d'Alsace** : Fig. 4 p. 244.
© **Direction des affaires culturelles d'Alsace – Denkmalarchiv,** Olivier Munsch : Fig. 1 p. 166, fig. 3 p. 167.
© **Éditions Sutton** : Fig. 4 p. 31, fig. 6 p. 32.
© **Inventaire général — Région Alsace**
Bernard Couturier : Fig. 1 p. 142.
Jean Erfurth : Fig. 3 p. 151.
Emmanuel Fritsch : Fig. 4, p. 177.
Christophe Hamm : Fig. 1 p. 183.
Frédéric Harster : Fig. 6 p. 20, fig. 1 p. 27, fig. 2 p. 29, fig. 3 p. 30, fig. 5 p. 32, fig. 2 p. 62, fig. 1 p. 72, fig. 2 p. 73, fig. 5 p. 75, fig. 7 p. 77, fig. 5 p. 99, fig. 6 p. 100, fig. 2 p. 106, fig. 3 p. 107, fig. 4 p. 108, fig. 5 p. 108, fig. 6 p. 108, fig. 8 p. 109, fig. 9 p. 110, fig. 10 p. 111, fig. 2 p. 142, fig. 3 p. 143, fig. 4 p. 144, fig. 5 p. 145, fig. 6 p. 145, fig. 1 p. 174, fig. 3 p. 177, fig. 2 p. 185, fig. 3 p. 186, fig. 5 p. 187.
Claude Menninger : Fig. 1 p. 16, fig. 3 p. 18, fig. 2 p. 22, fig. 1 p. 67 (Université de Strasbourg — Jardin des Sciences), fig. 3 p. 74, fig. 4 p. 74, fig. 6 p. 76, fig. 5 p. 84-85, fig. 2 p. 87, fig. 3 p. 88, fig. 4 p. 88, fig. 5 p. 89, fig. 6 p. 90, fig. 7 p. 91, fig. 9 p. 93, fig. 3 p. 97, fig. 1 p. 150, fig. 2 p. 150, fig. 4 p. 152, fig. 6 p. 154, fig. 3 p. 161, fig. 2 p. 176, fig. 5 p. 178, fig. 2 p. 190.
Marie Pottecher : Fig. 1 p. 96.
Abdessalem Rachedi : Fig. 8 p. 91.
Frantisek Svardon : Fig. 4 p. 139, fig. 4 (droite) p. 70.
© **Médiathèque de la Ville de Strasbourg** : Fig. 3 p. 124, fig. 4 p. 126, fig. 5 p. 127.
© **Musée de la Ville de Strasbourg,** Mathieu Bertola : Fig. 4 p. 202.
© **Œuvre Notre-Dame** : Fig. 2 p. 199, fig. 3 p. 200.
© **Particuliers**
Simon Inglis - www.playedinbritain.co.uk : Fig. 2 p. 114.
Hartmut Frank : Fig. 1 p. 220, fig. 2 p. 221, fig. 3 p. 222, fig. 4 p. 224.
Philippe Grandvoinnet : Fig. 4 p. 168, fig. 5 p. 171.
Raphaël Labrunye : Fig. 6 p. 173.
Dieter Leistner : Fig. 4 p. 115, fig. 7 p. 118, fig. 9 p. 119.
Klaus Nohlen : Fig. 1 p. 21.
Rosenheimer Verlagshaus : Fig. 3 p. 114, fig. 5 p. 116.
Gilles Targat — www.gillestargat.com : Fig. 7 p. 109.
Wolfgang Voigt : Fig. 2 p. 160, fig. 4 p. 163.
© **Réunion des musées nationaux – Grand Palais,** René-Gabriel Ojéda : Fig. 1 p. 134.
© **Université de Strasbourg — Jardin des Sciences** : Fig. 2 p. 68, fig. 3 p. 69, fig. 4 p. 70.
© **Ville et Communauté urbaine de Strasbourg**
Luc Boegly : première de couverture, rabats, quatrième de couverture, p. 9, p. 14-15, p. 34-35, p. 102-103, p. 148-149, p. 194-195, p. 255.
Christophe Hamm : Fig. 2 p. 17, fig. 4 p. 18, fig. 4 p. 24, fig. 5 p. 247.
Frantisek Zvardon : Fig. 4 p. 139, fig. 1 p. 197.

CARTES

© **Inventaire général — Région Alsace,** Abdessalem Rachedi : Fig. 7 p. 147.
Audrey Schneider : Fig. 5 p. 71, fig. 1 p. 78, fig. 2 p. 80, fig. 3 p. 81, fig. 4 p. 82, fig. 1 p. 86.
© **Musée des plans-reliefs de Paris** : Fig. 5 p. 42-43.
© **Particuliers**
Bernard Gauthiez (2013) : Fig. 7 p. 237.
Andreea Grigorovschi (2013) : Fig. 1 p. 37, fig. 2 p. 38, fig. 7 p. 46, fig. 8 p. 47, fig. 9 p. 48, fig. 10 p. 49.
Jérémie Jamet, master franco-allemand KIT Karlsruhe © ENSAS (2013) : Fig. 5 et 6 p. 140.
Thierry Hatt (2001-2004, 2012) : Fig. 3 p. 39, fig. 4 p. 40, fig. 5 p. 42-43, fig. 6 p. 44, fig. 11 p. 50, fig. 12 p. 51.
© **Ville et Communauté urbaine de Strasbourg,** Katia Karli (2013) : Fig. 4 p. 187, fig. 1 p. 212, fig. 2 p. 213, fig. 3 p. 214, fig. 4 p. 215, fig. 5 p. 216.

DESSINS

© Maxime Werlé : Fig. 1 p. 205, fig. 2 p. 206, fig. 3 p. 206, fig. 4 p. 207, fig. 5 p. 208, fig. 6 p. 209.

ABRÉVIATIONS

AVCUS : Archives de la Ville et de la Communauté urbaine de Strasbourg
ADBR : Archives départementales du Bas-Rhin
BNUS : Bibliothèque nationale et universitaire de Strasbourg
CE : cabinet des estampes et des dessins de Strasbourg
CUS : Communauté urbaine de Strasbourg.
DRAC Alsace, *Denkmalarchiv* : Ministère de la Culture, direction régionale des affaires culturelles d'Alsace, conservation régionale des monuments historiques, fonds ancien *Denkmalarchiv*.
ENSAS : École nationale supérieure d'architecture de Strasbourg
MH : Musée historique de la Ville de Strasbourg
MNT : Modèle numérique de terrain
MPR : Musée des plans-reliefs de Paris
SIG : Système d'Information Géographique de la CUS

Éditions Lieux Dits
17, rue René Leynaud — 69001 Lyon

Dépôt légal : août 2013
ISBN 978-2-36219-079-7
256 pages, 192 images

Conception graphique et photogravure :
Éditions Lieux Dits

Impression :
Imprimé en France - 109551306O7

PEFC 10-31-1470 / Certifié PEFC / Ce produit est issu de forêts gérées durablement et de sources contrôlées. / pefc-france.org